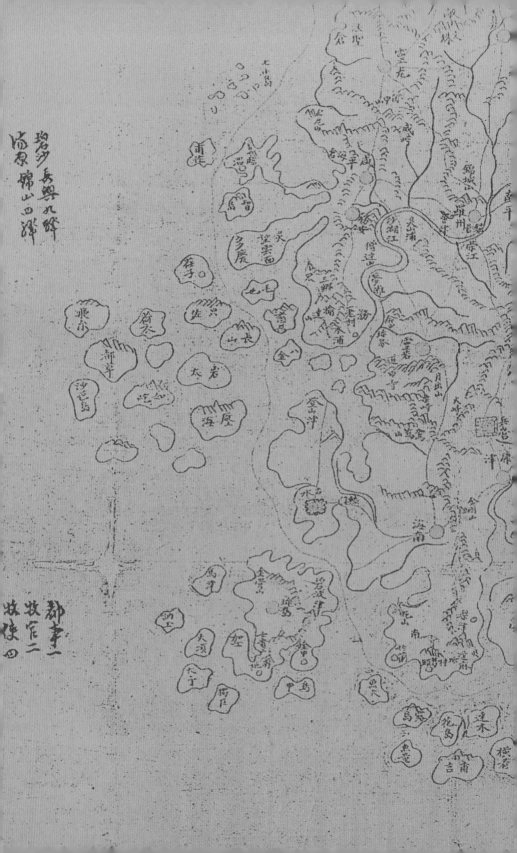

섬문화 답사기

孤島의 일상과 역사에 관한 서사

어떤 사람은 나라의 재력이 빈약한데 (……)
내 생각에 섬은 우리나라의 그윽한 수풀이니
진실로 경영만 잘하면
장차 이름도 없는 물건이 물이 솟아나듯,
산이 일어나듯 하리니(……).

或曰 國力貧弱, (何以增官,) 臣以爲海島者,
我國之幽藪也. 苟一經理, 將有無名之物,
水湧而山起, (綾遠之司, 將與戶曹相.)
《경세유표》 제2권 〈추관형조(秋官刑曹)〉에서

완도
편

孤島의
일상과 역사에 관한
서사

김준 지음

섬문화
답사기

보누스

섬은 나의 운명이다

두 달 동안 아무 일도 할 수 없었다. 어떤 생각도 할 수 없었다. '세월호' 트라우마였다. 그사이 섬을 찾는 사람은 크게 줄었다. 섬여행을 하거나 등산을 하는 사람들이야 다른 곳을 찾으면 되지만 섬사람들은 어떡하란 말인가. 절대 똑같은 일이 일어나지 않도록 하겠다던 약속은 잊혀져가고, 호들갑스럽게 내놓은 대책은 실효성이 없다. 세월호 희생자 가족들의 아픔은 헤아릴 수 없지만 섬에 사는 사람이 겪어야 할 불편함도 말로 다하기 어렵다. 똑같은 대한민국 국민으로 의무를 다하는데도 말이다. 그것이 그들의 운명이라지만 섬사람에게만 짐을 지우는 것은 너무 가혹하다. 섬에서 태어난 것이 죄인가.

완도의 바다는 동서로 70킬로미터가 넘는다. 그 위에 50여 개의 유인도와 600여 개의 무인도가 푸른 별처럼 떠 있다. 그 별로 가는 길은 완도는 말할 것도 없고 고흥의 녹동, 강진의 마량, 해남 땅끝에도 있다. 완도군이 바다를 경계로 고흥·장흥·강진·해남과 접해 있기 때문이다. 행정구역이라는 이름으로 금을 그었지만 바닷물을 따라 어류들이 오가듯이 섬사람들도 뭍과 섬을 오가며 삶을 나누어 왔다.

그래서 완도를 이해하려면 고흥, 장흥, 강진, 해남의 역사와 문화, 그리고 그곳에 사는 사람들의 삶을 엿봐야 한다. 여러 곳에 뿌리를 내리고 척박한 섬살이를 해온 탓이다. 그래서 완도는 어느 지역보다 다양한 자연생태와 문화가 오롯이 남아 있다.

김 양식을 가장 먼저 가장 많이 했던 곳이 완도다. 그 후 미역과 다시마 양식으로 이어졌고, 지금은 어류 양식과 전복 양식으로 부흥기를 맞고 있다. 지역별로 살펴보면 노화도·보길도·소안도는 전국 전복생산량을 좌우할 만큼 많은 양식을 하고 있다.

하지만 '소금이 나오는 맷돌'을 얻은 듯 더 많은 전복을 얻으려는 어민들의 욕심 때문에 바다가 병들어가고 있다. 바다는 끝이 없고 먼저 차지하는 사람이 임자라는 잘못된 생각이 가져온 결과다. 평일도와 생일도는 다시마로 먹고산다. 이곳에는 사람이 누울 자리는 없어도 다시마를 널 자리는 꼭 마련해야 한다. 그래서 좋은 땅이 나오면 농사를 짓기 위해 땅을 갈고 일구는 것이 아니라 돌을 깔고 습기가 올라오지 않도록 갈무리를 한다. 약산도와 고금도는 마을 가까운 바다에 매생이 발을 매달기 위한 대나무가 빼곡하게 꽂혀 있다. 파도가 많은 바다에서는 매생이가 잘 자라지 않는다. 그래서 마을 가까운 후미진 곳에서 자란다. 그런데 조금이라도 바다가 오염되었다면 매생이는 흔적도 없이 빠져나간다. 이런 조건을 갖춘 바다가 완도군 고금면과 약산면, 강진군 마량면과 대덕읍 사이의 바다다.

섬 중에는 농사가 잘되고 마을의 안녕을 기원하는 당산제나 풍어와 뱃사람들의 안전을 염원하는 풍어제, 갯제가 사라지지 않고 전승되는 마을이 많다. 노화읍에 속한 넙도는 매년 정월이면 소를 잡아 당할머니에게 바치는 당산제가 이어지고 있으며, 약산면 당목리는 큰 몽돌을 신체로 모시고 정월이면 당산제를 지낸다. 슬로시티로 주목을 받고 있는 청산도에서는 사람이 죽으면 바로 땅에 묻지 않고 초분을 하는 풍습이 지금도 남아 있다. 한 가족의 허락을 받고 초분을 하고 다시 매장을 하는 과정을 몇 년에 걸쳐 지켜볼 수 있었고, 사진과 함께 책에 소개했다.

옛날부터 삼남대로를 통한 육로는 완도와 추자도의 바닷길을 거쳐 제주도로 이어졌다. 송강도 추사도 이 길을 통해 제주도로 유배를 갔고, 제주목사를 비롯한 많은 관리들도 이 길을 이용했을 것이다. 옛날에는 제주도까지 노만 저어 가기에는 너무 험하고 먼 길이라 바람을 등에 지고, 조류를 타야 했다. 그 길목이 완도였다. 옛 소안도 면사무소로 가는 큰길가에 세워진 제주목사 공덕비가 이를 잘 말해준다. 높은 양반들이 섬 주민들에게 무슨 공덕을 베풀었을까. 뭍사람들도 가렴주구에 목숨을 잇기도 힘들었을 텐데. 물산이 턱없이 부족한 섬에서 높은 양반들을 잘 모셨기 때문인지 바람과 물때가 좋지 않으면 한 달이고 두 달이고 머물렀을 것이다. 그 짐은 고스란히 섬 주민의 몫이었을 것이다. 그러고도 주민들이 스스로 제주목사의 공덕비를 세웠을까. 모르긴 해도 그 돌에는 섬 주민의 피눈물이 새겨져 있을 것이다.

청산도에는 물질하는 여자들이 많다. 모두 제주에서 배를 타고, '이어도사나' 뱃노래에 맞춰 노를 저어 신천지를 찾아 건너온 사람들이다. 오직 테왁과 망사리와 소중이 한 벌만 가지고 말이다. 낯선 땅이 설고 외로운 잠녀들은 섬에서 남정네와 눈이 맞아 아이 낳고 눌러앉았다. 해녀들은 저 멀리 충청도의 외연열도와 동해의 독도, 심지어 러시아까지 물질을 오가던 사람들이라 완도는 앞바다나 다름없었을 것이다. 하늘길이 열리기 전에는 이 길 외에 달리 방법이 없었다. 그래서 뱃길은 문화의 이동로였다.

완도의 섬을 오가는 일이 녹록치 않았다. 물때에 따라 계절에 따라 시시각각으로 변하는 것이 바다이다. 잡히는 어류가 다르기 때문에 지켜보는 시간도 오래 걸렸다. 어느 날은 등대지기(항로 표지원)와 지새우고, 하루는 꼬박 배 위에서 보내기도 했다. 바람이 불어 섬에 묶이는 날도 있었다. 찾는 사람이 거의 없는 외딴 섬을 지키는 노부부에게 신세를 지기도 했다. 작은 선외기를 타고 눈과 비를 헤치며 작은 섬으로 달리던 일도 있었다. 물이 많이 빠져 선창에 배를 댈 수 없어 되돌아가는 날도 있었다. 겨울을 나기 위해 모두 뭍으로 나간 텅 빈 섬에서 객만 홀로 남겨지기도 했다.

무엇보다 잊을 수 없는 것은 20여 년 전 '소안도의 밤'이다. 그날이 내 인생의 섬여행 첫날밤이었다. 그 섬에 살던 주민들은 대부분 '일제강점기 식민통치에 반대하는 조선인', '불령선인'으로 낙인찍혀 감시를 받았다. 섬사람이 모두 항일운동가였다. 주민들 스스로 학교를 만들어 일본 말이 아니라 우리말을 가르치고, 마을을 돌아다니며 연극과 노래로 민족의식을 고취시켰다. 항일운동을 이끌던 지도자들이 옥에 갇히자 섬 주민들은 겨울에도 방에 불을 넣지 않고 고통을 함께 나누기도 했다. 해방이 된 후 민족항일운동은 사회주의운동으로, 한국전쟁을 거치면서 '반공'이라는 굴레로 바뀌었다. 자식들은 반듯한 곳에 취직하기 힘들었고, 민주화의 바람이 불고서도 경찰의 감시는 한동안 계속되었다.

노인은 이방인에게 밤새 숨을 죽이며 살아온 이야기를 털어놓았다. 평생 가슴에 새겨둔 기억들을 풀어놓는 노인의 눈시울은 점점 붉어졌다. 책으로 읽었던 우리 민족의 근현대사를 작은 섬마을에서 귀와 눈으로 확인했다. 산산이 부서진 것은 개인사와 가족사뿐 아니라 마을 주민들도 갈라놓았다. 치유는 고사하고 맘 놓고 하소연 한 번 해보지 못한 노인은 밤새 봇물이 쏟아지듯 말문이 터졌다. 세월이 흘러 섬사람은 독립유공자로 인정을 받았고, 멋진 기념관도 지어졌다. 여름철이면 고기잡이 체험을 하려는 관광객으로 북적댄다. 그리고 전복 양식으로 꽤 부유한 섬이 되었다. 이제 그 노인의 상처는 아물었을까.

이뿐인가. 동아시아의 바닷길을 장악하고 해상무역을 개척한 장보고가 세운 청해진, 노량에서 일본과 마지막으로 싸우다 목숨을 잃은 이순신이 처음으로 누웠던 고금도, 고산 윤선도가 만들려고 했던 별천지 보길도의 세연정, 오래된 미래 청산도, 임금에게 진상을 한 신비한 약초들이 많았다는 약산도, 모래울음 소리가 십 리에 이른다는 신지도 명사십리, 작은 목포라 할 만큼 번성했고 파시가 섰던 노화도, 작은 섬을 가장 많이 거느린 평일도, 김 양식으로 개도 만 원짜리를 물고 다녔다는 금당도, 모두 별처럼 반짝이는 섬들이다.

이제 장보고는 해신이 되었고, 청산도는 슬로시티로 지정되어 새로운 관광의 대명사가 되었다. 뱃길을 대신해 신지도, 약산도, 고금도 등은 다리가 놓여 자동차를 직접 운전해 섬으로 들어갈 수 있게 되었다. 신지도와 고금도를 잇는 다리도 완공을 앞두고 있다.

물때라는 말을 이해하는 데 3년이 필요했다. 생소한 말과 섬살이를 이해하기 위해 섬사람을 많이 괴롭혔다. 그들은 바다농사를 위해 수없이 회의를 했다. 그들에게 평등의 원리를 배웠다. 바다의 선물에 감사할 줄 알고 뭇생명에게도 음식을 나누는 지혜를 배웠다. 오늘날 이야기하는 거창한 생태계 서비스를 섬사람들은 수백 년 전부터 알고 있었다. 선물만 주는 것이 아니라 재앙도 주는 것이 바다다. 하지만 재앙의 원인을 살펴보면 어김없이 인간의 탐욕이 만들어낸 결과다. 바다가 병들면 가장 먼저 섬사람들이 병든다. 그리고 뭍사람들의 식탁을 위협한다. 안전은 뱃길에만 필요한 것이 아니다. 밥상 위에도 안전이 중요하다. 어쩌면 섬과 바다는 안전한 먹거리의 마지막 보류가 될지도 모른다.

그래서 평생 바다와 더불어 살아온 섬 노인들의 경험과 지혜가 예사롭지 않다. 이제 섬사람은 늙고, 바다도 병들고 있다. 급하다. 늦기 전에 그 지혜를 도시의 선남선녀들에게 알리고 싶었다. 섬문화 답사기를 쓴 이유다. 한 걸음 한 걸음, 여수·고흥편과 신안편에 이어 완도편에 이르렀다. 섬과 인연을 맺어준 완도에 대한 고마움과 미안함을 대신하고자 한다. 섬 길을 걸으면서 뜻하지 않는 만남도 이루어졌다. 꼭 만나고 싶었던 시인, 섬을 노래하는 이생진 선생님을 만났다. 몇 차례 같이 섬 길을 걷는 호사도 누렸고, 분에 넘치는 추천글도 써주셨다. 섬 여행을 즐기는 '섬으로' 가족들도 만났다. 모두 고마운 분들이다. 아직도 가야 할 섬이 많아 행복하고 설렌다. 그 길에 기꺼이 함께 해준 박윤태 대표님과 들풀님과 출판사 가족에게 감사할 뿐이다.

끝으로 남편을 섬에 빼앗긴 아내와 주말에 번번이 아빠의 빈자리를 느껴야 했던 별아, 바다, 푸른, 보리에게 이 책을 드린다.

소청도에서 인천으로 나오는 배 안에서
김준

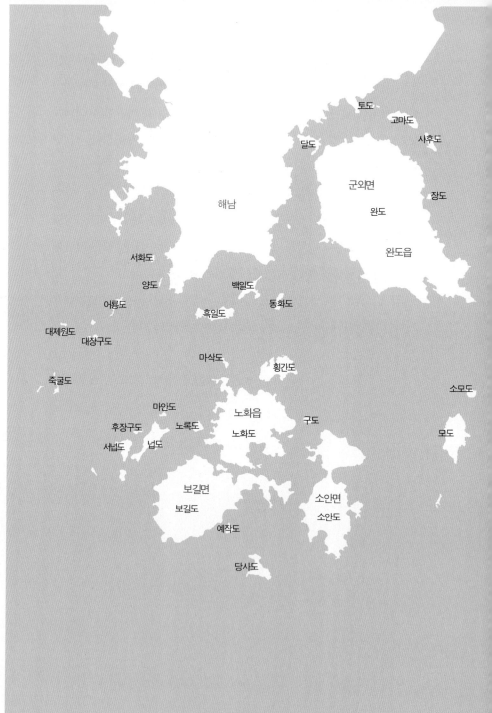

해남

토도
고마도
사후도
달도
군외면
완도
장도
완도읍
서화도
양도
백일도
동화도
어룡도
흑일도
대제원도
대장구도
마삭도
횡간도
죽굴도
소모도
마안도
노화읍
구도
모도
후장구도
노록도
노화도
서넙도
넙도
보길면
소안면
보길도
소안도
예작도
당사도

거문도

금당면
금당도
비견도
허우도

극면   넙도
고금도   초완도

신도
충도

약산면
약산도

금일읍
평일도

신지면   생일면
신지도   생일도   소랑도
부도
우도   다랑도
섭도

모황도

덕우도

원도

장도   장도
청산면   황제도
청산도

여서도

차례

서문 | **도서별곡** 섬은 나의 운명이다 _ 4

완도읍
1 그 섬에 가면 빙그레 웃는다 | 완도 _ 19

군외면
2 작은 것이 아름답다 | 달도 _ 51
3 뭍인가 섬인가 | 토도 _ 60
4 치자 꽃향기, 뭍에까지 퍼질까 | 고마도 _ 66
5 바지락은 와글와글 시끄럽다 | 사후도 _ 72
6 장보고가 살아났다 | 장도 _ 82
7 꽃섬, 미녀는 어디로 갔을까 | 동화도 _ 90
8 흰나리, 영험한 당할머니가 산다 | 백일도 _ 99
9 거무나리, 땅끝을 바라보다 | 흑일도 _ 108
10 섬으로 출근한다 | 서화도·양도 _ 113

고금면
11 충무공, 고금도에 눕다 | 고금도 _ 125
12 매생이, 섬의 운명을 바꾸다 | 넙도 _ 136
13 봉화 오르면 데리러 갔제 | 초완도 _ 146

약산면
14 산에는 '약초', 바다에는 '매생이' | 약산도 _ 153
   완도선

금당면

15 '만 원'짜리를 물고 다니던 개들은 어디로 갔을까 | 금당도 _ 173

16 집주인은 떠나고 | 비견도 _ 189

17 야! 너 출세했다 | 허우도 _ 196

금일읍

18 다시마, 잠자리를 넘보다 | 평일도 _ 205

19 청해가 가져온 선물, 소라섬 | 소랑도 _ 216

20 어장은 좋은데 교통이 불편하다 | 신도 _ 221

21 젊은이가 섬으로 오는 이유 | 충도 _ 226

　　　따비

22 작은 멸치가 섬을 살린다 | 다랑도·섭도·부도 _ 237

23 자식 몰래 섬을 찾는 이유 | 우도 _ 246

24 먼 섬에 들다 | 황제도·장도·원도 _ 253

생일면

25 샘물아 콸콸 솟아라 | 생일도 _ 271

　　　오늘이 몇 물인가

26 한 번 오면 또 올 수 있는 것을 | 덕우도 _ 291

신지면

27 바다가 희망이다 | 신지도 _ 307

28 병든 몸을 섬에 맡기다 | 모황도 _ 319

청산면

29 오래된 미래, 희망을 꿈꾼다 | 청산도 _ 333

　　　산 자들을 위한 씻김굿, 초분 : 완도의 초분에서 매장까지 기록

30 불편함이 행복입니다 | 모도 _ 369

31 저 돌담은 누가 쌓았을까 | 소모도 _ 379

32 아이고 섬, 징합소 | 장도 _ 386

33 작은 섬, 큰 꿈을 꾼다 | 여서도 _ 392

소안면

34 달 뜨는 섬에 들다 | 소안도 _ 405
  해방의 땅 소안도, 소안항일운동사
35 사람은 죽으면 별이 된대 | 당사도 _ 427
36 무엇보다 무서운 것이 바람이여 | 횡간도 _ 435
37 요리사를 꿈꾸는 젊은 이장 | 구도 _ 444

보길면

38 고산은 왜 보길도로 갔을까 | 보길도 _ 453
39 신들이 사는 섬 | 예작도 _ 467

노화읍

40 작은 목포, 전복으로 살다 | 노화도 _ 477
  조선의 섬은 어떤 곳이었을까
41 수사슴, 짝을 그리워하다 | 노록도 _ 491
  전복, 완도를 전복시키다
42 넙도바다, 노화의 상권을 결정했다 | 넙도 _ 497
43 하늘이 내린 천연 양식장 | 서넙도 _ 504
44 바다에 홀리다 | 후장구도 _ 510
45 작은 섬의 시집살이 | 마안도 _ 517
46 사람이 그립다 | 죽굴도 _ 524
47 섬이 사라졌어요 | 대제원도·대장구도 _ 531
48 작은 섬에 사람이 살 수 있는 것은 | 어룡도 _ 539
49 작은 섬의 서러움을 누가 알까 | 마삭도 _ 545

편집자의 변(辯) _ 552
부록 _ 555
섬 가는 길 | 1928년 〈도서순례기〉 소개
유인도에서 무인도로 변한 섬 | 완도군 무인도서 등록 현황
연륙·연도 현황 | 참고문헌 | 찾아보기

일러두기

- 본 섬문화 답사기 시리즈는 2011년 현재부터 사람이 살고 있는 전국의 유인도를 직접 탐방하여 취재한 내용을 지역별로 엮어갈 예정입니다. 다만 지금은 무인도일지라도 유인도 시절에 독특한 사연을 가지고 있거나 섬 생태계에서 국내외에 보전해야 할 가치가 높은 생태계를 갖고 있는 경우에는 포함시켰습니다. (예: 장도 등)

- 각 섬별 본문 마지막의 개황에 나와 있는 각종 통계와 자료는 《대한민국 도서백서大韓民國 島嶼白書》(2011년 행정안전부 발행), 《전남의 섬》(2002년 전라남도 발행)을 참조했고, 30년 변화자료는 《도서지島嶼誌》(1973년, 1985년 내무부 발행), 《한국 도서백서韓國 島嶼白書》(1996년 내무부 발행)를 참고했습니다. 본문과 참조 자료 사이의 일부 통계 불일치는 필자의 현지 취재 시점과 자료 사이의 시간 흐름에 따른 변화이며, 구 통계 중 일부 데이터가 오자로 보이긴 하지만 확인할 수 없어 그대로 인용합니다.

- 2010년 현재 연륙교로 연결된 섬 아닌 섬도 본서 기획의 전체적 맥락을 위해 같이 조사하여 게재합니다. (예: 완도 본섬, 달도 등)

- 각 섬 제목에 붙은 숫자는 부록의 '섬 가는 길'에 표시한 숫자와 같습니다. 섬은 완도 본섬을 기준으로 시계 방향으로 편재했습니다.

- 본문에 사용한 사진은 대부분 필자가 촬영한 것이며, 외부 도움을 받은 일부 사진은 저작권 표시를 따로 하였습니다.

- 본문에서 언급한 참고문헌 중 도서는 《 》부호로, 논문·신문·예술작품·지도 등은 〈 〉로 표시했습니다.

완도군 완도읍

고금면

군외면

1
완도읍

신지면

노화읍

보길면

소안면

1 완도

1

그 섬에 가면
빙그레 웃는다
완도읍 완도

장 구경은 불 구경, 싸움 구경 다음으로 재미있다. 이보다 재미있는 것이 또 있던가. 오래전, 미황사에서 개최한 산사음악회가 끝난 후 땅끝마을에서 머문 적이 있었다. 그곳 마을 주민들은 밤새 횃불을 들고 낙지를 주웠고, 새벽에는 그물을 털어 숭어를 잡았다. 동이 틀 무렵 잡은 숭어와 낙지를 가지고 남창장으로 향했다. 지금은 장터를 새로 마련했지만 당시에는 해남에서 완도로 가는 국도 양쪽에 장이 섰다. 남창장은 해남 송지·북평·북일 지역은 물론이고 완도 본섬, 고마도, 사후도, 토도 등 작은 섬사람들이 이용하는 오일장으로 송지장과 함께 해남을 대표하는 전통 시장이다. 특히 완도 나들목에 위치해 있고 새롭게 장옥을 마련해 지역주민은 물론이고 오가는 관광객들에게 꽤 인기다. 완도의 나들목 원동에서 왔다는 어민에게서 전어를 한 보따리나 샀다.

조음도, 완도에 딱 어울리는 이름이다
완도는 큰 산과 긴 계곡이 없어 하천이 발달하지 못했다. 따라서 하구에 만들어지는 너른 농경지도 없다. 겨우 산비탈을 일구어 만든 계단식 논이나 청산도처럼 구들장논에 의지할 수밖에 없다. 오죽하면 작은 육답을 가지고 있는 마을을 대야리라 했을까. 대부분 갯벌을 막아 식량을 해결했다. 정도리 간척지, 약산 우두리 간척지, 고금면 청룡·회룡·

신라시대에 완도를 조음도라 부르기도 했다. 조금에서 비롯된 말로 해석한다. 물이 들 때만 배가 드나들 수 있는 섬이라는 의미다. 노둣돌을 놓고 건너다닐 만큼 물이 빠지지는 않고 배를 타야만 하는데 물이 많이 빠지면 배를 대기 어렵다. 조금에 열리는 뱃길이다.

세동리 간척지, 금당도 차우리 간척지가 대표적이다. 완도에서 농사를 지을 수 있는 면적은 전체 면적의 25퍼센트로 대부분 간척으로 마련한 농경지다. 땅에 농사를 짓고 살기 어려웠으니, 일찍부터 김 양식, 미역 양식, 톳 양식, 광어 등 가두리 양식, 전복 양식 등 '바다농사'에 의존할 수밖에 없었다.

완도가 독립된 행정체제를 갖춘 것은 1896년이다. 섬으로 이루어진 군을 만들어야 한다는 논의는 영조 때 시작되었다. 이도재가 고금도에서 귀양살이를 하면서 섬이 육지에 귀속되어 섬사람이 이중삼중으로 겪는 차별과 피해를 직접 보았기 때문이다. 그는 유배에서 풀려 전라관찰사로 전주로 부임한 후 섬으로 이루어진 군의 필요성을 인식하고 조정에 건의를 했던 것이다. 그 결과 건양 원년(1896년) '칙령 제13호'에 의해 장흥군 38개 섬, 영암 30개 섬, 강진 23개 섬, 해남 9개 섬 등 100여 개의 도서를 통합하여 19개 면으로 완도군이 탄생했다. 날짜는 2월 3일로 완도군이 탄생한 날이다. 당시 완도에 속한 섬의 수는 48개, 서(嶼) 52개, 호수 6127호, 인구 27,440명이었다. 19개 면은 군내면·군외면·신지면·농소면·남면·조약면·생일면·평일면·금당면·득량면·청산면·여서면·소안면·보길면·노화면·추자면·비금면·팔금면·도초면 등이다. 지금은 제주에 속한 추자면이나 신안에 속한 비금·팔금·도초, 보성에 속한 득량면 등도 완도군에 속했다. 이듬해 비금과 도초는 지도군으로 이속시켰고, 1914년 다시 팔금은 무안군에, 득량도는 고흥에, 추자도는 제주에 이속시켰다. 당시 칙령 내용은 아래와 같다.

칙령 제13호

제1조 전주부, 나주부, 남원부의 여러 섬을 나눠 3개 구역을 정하여 다음 3개 군을 만든다. 완도군, 돌산군, 지도군.

제2조 군청의 위치와 관할구역은 아래와 같이 둔다.

완도군(위치, 완도) 구역 : 영암, 강진, 해남, 장흥 4개 군에 있는 섬은 완도군에

돌산군(위치, 돌산) 구역 : 흥양, 낙안, 순천, 광양 4개 군에 있는 섬은 돌산군에

지도군(위치, 지도) 구역 : 나주, 영광, 부안, 만경, 무안 5개 군에 있는 섬은 지도군에 관할케 한다.

제3조 칙령 제101호 지방관제 제13조에 따라 군에 군수 1인을 두고 주사 5인으로 한다.

제4조 군의 등급은 개국 504년(1895년) 칙령 102호 각부 직원 봉급 제1조 주사 봉급에 따르되 4등 연봉 이하로 한다.

제5조 본령은 선포 일로부터 시행한다. (건양 원년 2월 3일)

이때 완도군에 편입된 4개 군의 큰 섬들로는 영암군 제도면(44리)에 속한 충도·노록도·동서넙도·구룡도·어룡도·가도·장고도(대·소)·죽굴도·매안도·보길도·노아도, 서도면(25리)에 속한 소안도·백일도·흑일도·자지도·구도·화도·횡간도·사근도·추자도, 북평종면 달도, 송지종면 어불도 등이 있다. 장흥군은 제도면에서 평일도·일산도(생일도)·가이도·소랑도·내덕도·금당도·황제도·신도·두리도·저도·벌라도·대랑도·장재도·대소화도·우도, 회령면 득량도, 부서면 고마도(雇馬島, 군외면 불목리 고마도와 다름)의 섬이다. 강진군은 완도(진리-불목리)·모도(동리·서리)·소모도(모북리)·고금도·신지도·조약도·청산도(여서도), 백도면의 고마도·사후도·죽도, 대구면의 가우도 등이다. 해남군은 은소면의 완도 체도 서남부지역(중분리-원동), 화이면 마로도(상마도·중마도·하마도) 등이다.

자료 : 《지방행정구역발전사》(1979)

신라시대에는 완도를 조음도(助音島)라 불렀다. 《삼국사기》에 따르면 '중사(中祀)'를 지내는 곳의 하나가 '청해진淸海鎭(助音島)'이다. 그런데 청해진과 괄호 안의 조음도를 어떻게 해석할 것인가가 논란이었다. 즉 조음도가 완도(체도)와 장도 중 어느 곳인가 하는 점이었다. 《청해진 완도군 향토사》는 중사를 지낸 다른 지역 제사지를 보면 모두 군으로 주서되어 있기 때문에 청해진은 제사를 지낸 장도를, 조음도는 장도가 속하는 완도를 의미한다고 풀었다. 참고로 신라시대 국가제사는 대사·중사·소사로 구분했다. 이 중 대사는 수도권에서, 중사는 지방에서 지냈다. 중사를 지낸 곳은 오악·사진·사해·사독과 속리악(삼년산군)·추심(대가야군)·상조음거서(서림군)·오서악(결기군)·북형산성(대성군)·청해진(조음도) 등이다.

옛날 사람들은 지명을 허투루 쓰지 않았다. 모양, 쓰임새, 내력 등을 따져서 지었다. 조음도의 '조음'은 조금(潮減 : 음력 8일과 23일)의 이두표기라는 설이 있다. 완도의 지형과 해양 환경을 살펴보면 그럴듯하다. 완도의 여객선터미널이나 화응포 등 큰 선창도 간척과 매립으로 수심을 확보하기 전까지 배가 드나드는 것이 어려웠다. 특히 물이 많이 빠지는 사리에는 선창 구실을 할 수 없었다. 조금에야 비로소 안심하고 배를 타고 오갈 수 있었다. 이를 두고 '조금나루' 혹은 '낮은개'(포구)라 했다. 이러한 지형 특성으로 지명을 지은 사례가 여수 화양면의 나진, 신안 흑산면의 천촌리(여튼기미), 무안군 망운면 조금나루 등이다. 조차가 크고 리아스식 해안이 발달한 서해안과 남해안에서 쉽게 찾을 수 있다. 이런 곳은 갯벌이 발달해 김 양식에 적합하다. 완도가 일찍 김 양식이 발달할 수 있었던 배경이다. 수온과 조류와 지형 지질이 해조류 양식에 적합했다. 완도가 일찍부터 김 양식의 메카가 될 수 있었던 것도 따지고 보면 '조금 선창' 덕분이다. 양식 기술이 발달하지 않았던 시절이라 깊은 바다에는 시설을 할 수도 없었다. 김 양식을 비롯한 해조류 양식은 선창 주변 낮은 곳에서 시작되었다. 2014년 완도에서 개최된 '해조류박람회'의 출발도 조금 선창이다. 해조류 양식이 발달한 완도의 옛 지명인 조음도는 완도를 가장 잘 설명하는 지명이다. 고금도처럼 농사를 지을 수 있는 땅을 마련한 것이나 사후도나 고마도, 넙도처럼 김 양식을 많이 할 수 있었던 것도 이런 환경 때문이었다. 청해진 본영이 있었다는 장도가 그랬다. 주민들은 그곳을 조금 선창이라고 했다. 지금은 나무다리가 만들어져 무시로 건널 수 있게 되었다. 이와 달리 조음도를 작은 섬이라고 해석해 장도라 주장하기도 한다.

후삼국시대의 완도는 미스터리다. 기록이 없기 때문이다. 다만 견

훤과 왕건의 해상권 다툼의 대상이 되었을 것으로만 추정할 뿐이다. 청해진이 무너지고, 병력과 주민들이 벽골군으로 이주 후 완도가 역사에 등장한 것은 가리포진이 설치(1855년)되면서였다. 그래서 완도를 이해하려면 가리포진을 꼭 짚고 넘어가야 한다. 조선시대 수군진은 군사권만이 아니라 행정 전반을 맡았기 때문이다. 가리포진이 독립된 수군진이 되면서 완도를 동서로 나누어 청해 내면과 청해 외면이라 했다. '청해'라는 지명이 완도를 말한다는 증거다. 가리포진 객사도 '청해관'이라 했다. 완도군청 맞은편 언덕 위에 청해관이 복원되어 있다. 또 죽청리 당목 아래 우물을 '청해정'이라 했다. 반역이라는 이름으로 청해진의 유민들이 강제 이주 당하고 난 후 '청해'라는 이름이 공식적으로 복권된 것이다. 그 후 지금까지 청해는 완도의 대명사가 되었다.

완도는 언제부터 사용한 이름일까

그럼 완도라는 지명은 언제 등장한 것일까.《청해진 완도군 향토사》는 세 가지의 지명설을 소개했다. 첫째, 초목이 무성하여 왕골과 같다 하여 왕골관의 관도(官途)라 했다는 설이다.(《청해비사》) 둘째, 산림이 울창하여 궁궐 재목 생산을 위해 국원(國苑)으로 지정함으로써 원도(苑島)가 완도로 와전되었다는 설이다.(《청해비사》) 셋째, 851년 벽골제로 끌려간 청해진 유민들이 강제노역의 타향살이에 시달려 고향 생각만 하면 빙그레 웃음이 절로 나오는 섬이라 해서 빙그레 웃는 완(莞)의 완도가 되었다는 설이다.(《완도군지》, 1992)

　새로 만들어진 완도대교를 건너면 6차선의 넓은 길이 완도읍까지 시원스럽다. 오른쪽에는 상왕봉이 우뚝 솟아 있고, 왼쪽에는 도암만이 펼쳐져 있다. 곧장 완도읍으로 달려 청해관 앞에 멈췄다. 지금은 도심의 중심지로 변한 완도군청 일대가 한 세대 전에는 바다였다. 장보고

청해진이 무너진 후 완도가 다시 역사에 등장한 것은 가리포진이 설치된 후다. 완도군청 맞은편에 있는 완도 객사자리가 가리포진이 설치된 곳이다.

도 이곳 어디에서 바다를 내려다보았을 것이다. 청해진이 혁파된 후 고려시대 완도는 구심점을 잃었고, 동쪽 강진군(망리에서 불목리)·해남군(서남쪽 중분리에서 대산리)·영암군(북쪽 영흥리에서 용계리)으로 나누어졌다.

완도라는 땅 이름은 1250년 처음 등장한다. 《신증동국여지승람》에 고려 고종 때 정언(正言) 이영(李穎)이 "고려의 정언 이영이 완도에 귀양을 왔는데, 그의 작은 아버지인 중 혜일을 따라와서 찾아보고 곧 섬으로 들어가서 절을 세우고 살았다"고 했다. (《신증동국여지승람》 권37, 강진현 고적) 고려시대에 완도는 어땠을까. 《고려사지리지》에 따르면 완도는 장흥부(금일·금당·생일)·탐진현(완도 본섬의 동북부와 고금·신지·약산·청산)·영암군(군외 일부 도서와 소안·노화·보길)·해남현(완도 본섬 서남부)에 속했다. 사실 조선 초기까지도 조정은 섬에 대한 인식이 없었다. 그저 유배지 정도로 생각했다.

완도 전경(1917년)

완도 전경(1970년대)

완도의 현재 모습

섬에 대한 관심을 갖기 시작한 것은 해안 방어 때문이었다. 직접적으로는 왜구의 잦은 침입이 원인이었다. 오죽했으면 왕이 특별히 대책을 세울 것을 명했겠는가. 특히 1555년(명종 10년) 대마도에 세력을 둔 왜구(해적)들이 침략해 달량진(해남 남창), 장흥, 강진을 거쳐 어란진(해남), 금갑진(진도)을 짓밟았다. 당시 유일하게 해남성만 수성한 것을 기념해 심은 나무가 해남군청 앞에 있는 '수성송'이다.

섬에 무관심한 것은 지금도 크게 다르지 않다. 뭍에서 30분 거리에 있는 섬이지만 하루에 한두 번 뱃길이 열리는 경우는 부지기수고 객선이 다니지 않는 곳도 많다. 신안 흑산도의 해안도로는 첫 삽을 뜬 지 27년 만에 마지막 구간이 연결되었다. 육지 같으면 생각이나 할 수 있는 일인가. 수십만 명의 관광객이 오는 섬이 이럴진대 작은 섬에 사는 주민들은 무슨 말을 하겠는가. 여객선터미널에서 이틀에 한 번씩 가는 배를 기다리는 노부부는 우리도 세금을 내는 대한민국 국민이라고 목소리를 높였다. 독도 문제가 심각해지기 전까지 섬의 가치에 대해 진중하게 논의한 적이 있었던가. 예나 지금이나 달라진 것이 없다.

땅끝 유감

해남을 두고 '국토의 시작'이라 말한다. 우리나라의 땅끝이란 의미다. 그럼 '섬'은 국토가 아니란 말인가. 이 무슨 해괴한 망발인가. 섬사람들의 심기를 불편하게 했다. 그래서일까. 완도 사람들이 진짜 땅끝을 들고 나왔다. 완도군 정도리가 해남 갈두리보다 더 남쪽에 있다는 논리였다.

완도군은 1969년 연륙교가 완공되었다. 육지가 되었으니 해남 갈두리보다 남쪽에 있는 완도 정도리가 땅끝이라는 논리다. 한 걸음 나아가 '신땅끝 관광지 개발계획'을 수립했다. 해남군이 발끈한 것은 당연했다. 앞으로 다리가 놓이고 간척사업이 이어지면 매번 땅끝을 바꿔야 하느냐는 것이었다. 결국 이 논쟁은 특별한 합일점 없이 해프닝으로 끝났다.

완도는 수산물은 흔하지만 쌀이 귀한 섬이다. 육답이라고 해야 대야리·죽청리·장좌리의 소규모 농지와 대구·대신·부흥·화개리 산자락 밑에 위치한 다랭이논이 전부였다. 상황봉을 기준으로 동쪽은 대부분 갯벌이었다. 지금의 평야지대는 갯벌을 매립해 마련한 농지들이다. 완도에서 가장 너른 경지 면적은 화흥포 간척지로 마련되었다. 바다를 매립해 마련한 농경지는 초기에는 정도리 간척지와 중도리 간척지였다. 섬 중에서 농지가 많은 지역은 고금도와 노화도다. 이곳도 대부분 갯벌 위에 일군 간척농지들이다. 농지만 그런 것이 아니다. 오늘날 완도읍 내 시가지는 간척과 매립으로 만들어졌다. 지금의 군청, 보훈회관, 객사(청해관), 해방기념비, 경찰서장 관사로 이어지는 곳이 해안선이었다. 시가지는 현 완도중학교까지로, 나머지는 갯벌과 바다였다. 옛 사진을 보면 완도군청 앞에 있는 구슬을 닮은 상록수림으로 우거진 주도(천연기념물 28호, 1962년 지정) 좌우로 김 양식장이 있었다. (26쪽 두 번째 사진 참조)

완도읍은 광복 전에 두 차례(1925년, 1944년)의 매립으로 조성되었다. 첫 매립 사업은 일본인 덕영직도(德永直道)가 주도한 것으로, 청해시장에서 중앙시장 뒷길을 거쳐 구 수협 앞 제일부두 입구로 이어지는 곳이었다. 오늘날 구 시가지에 해당한다. 매립 광경을 보기 위해 완도 각지에서 사람들이 모여들기도 했다. 해방 직전 시작된 간척사업은 1945년 중단되었다가 영세민 취로사업용 밀가루 덕에 1963년에 완공되었다. 이때 개인들이 매립에 참여해 땅을 차지하기도 했다. 이후 1960년대 두 차례의 매립이 더 있었다. 그리고 1970년대 현재 인공폭포에서 장보고마트로 이어지는 장보고대로 일부 지역과 1980년대 국제항 부지 확보와 관광호텔 부지 확보를 위해 매립하였다. 마지막으로 최경주공원 일대가 매립되어 공원과 해조류박람회장으로 활용되었다.

해태, 뱃길을 열다

태풍이 지나간 뒤 날씨는 한결 선선해졌다. 주말을 맞아 섬의 가을 향취를 만끽하려는 사람들로 완도 여객선터미널은 북적였다. 대부분 청산도에 가려는 여행객이다. 슬로시티로 지정된 뒤 청산도는 관광객이 증가하면서 하루에 10여 차례 배를 운항하고 있다. 완도항에서는 제주로 가는 뱃길도 열려 있다. 완도항이 좋은 항구가 될 수 있었던 것은 주변에 신지도가 있었기 때문이다. 수심이 깊고 배가 접안하기 좋은 곳은 양항의 필요조건은 되지만 충분조건에 이르지는 못한다. 주변에 방파제 역할을 할 섬들이 모여 있어야 한다. 그래서 예로부터 고흥군 나로도 축정항, 여수시 거문도항, 군산의 고군산도항이 최고의 항이 되었다. 완도는 여기에 연륙교와 연도교가 만들어지면서 육지와 연결되는 교통체계가 갖추어졌다.

완도의 섬 사이로 여객선이 운항을 시작한 것은 일곱 개의 읍·면에 순항선조합(巡港船組合)이 만들어지고 난 뒤인 1921년이었다. 그 전에는 완도의 섬과 섬을 연결하는 철제 증기선 '후시까마루(伏木丸)'와 '기미가아요마루(君代丸)' 두 척이 월 2~3회 완도항과 오사카를 운항했다. 완도 지역의 청장년과 여성들을 일본인이 운영하는 공장에 취업시키기 위한 조치였다. 이 항로를 개설한 것도 식민지 수탈과 노동력 착취를 위해서였다. 또 부산을 출발해 여수와 완도를 경유해 목포로 왕래하는 조선기선회사의 선박이 야간을 이용해 운항했다. 이를 '조기(朝汽)'라고 불렀다.

완도는 섬으로 이루어진 군이다. 진도, 해남, 강진, 고흥, 여수까지 남해안의 지자체와 접하고 있다. 그래서 뱃길이 더욱 중요하다. 1921년 객선이 뱃길을 연 이래 연륙·연도교가 생겼지만 여전히 뱃길은 완도 교통의 중심이다.

순항선조합이 설립되고 나자 섬과 섬을 연결하는 여객선이 본격화되었다. 물론 그 전에도 나룻사공이 있어 섬사람들의 발이 되어주었다. 보리가 나는 철에는 보리로, 나락(쌀)을 걷는 철에는 나락으로 일 년에 두 차례 뱃삯을 지불했다. 오늘날처럼 선비를 지불하고 배표를 사서 배를 탄 것은 1920년대 이후의 일이다. 순항선조합 운영 경비는 각 면이 일정 비율로 부담했다. 또 각 면에 한 명씩 운영위원을 선출하여 의회를 구성하고 집행은 군수가 맡았다. 분담금제가 폐지된 것은 1941년이다.

그리고 원동과 남창 사이 도선을 흡수하고 고금면과 약산면까지 포함된 완도읍면 순항선조합을 완도군 읍면 순항선조합으로 확대했다. 순항선조합은 20.6톤급 소형선을 구입해 '완도환'이라 이름을 지었다. 완도환은 완도항을 중심으로 신지·고금·약산·금일의 동부권과 청산·소안·노화의 남부권으로 나누어 격일제로 운항하였다. 당시 완도항 내에는 완도환 외에 완도경찰서 경비정 제3작환(鵲丸)이 유일했다. 완도환은 1925년 25톤급으로 새로 건조했다. 격일제에서 매일 운항으로 바뀐 것은 1934년 전라남도의 수산감시선(53톤) 남붕환(南鵬丸)을 구입해 객선으로 개조하면서였다. 이렇게 객선을 매일 운항할 수 있었던 것은 승객의 증가보다는 해태(김)의 검사와 판매 중심지인 완도항으로 해태를 운반하는 운반 수입이 막대했기 때문이었다. 당시 청산면을 제외하고 모든 면에서 김이 생산되었다.

해방이 되자 해태의 대일본 수출이 중단되었다. 당장 순항선조합의 수입이 문제였다. 완도 관내만 운항해서는 운영비를 감당할 수 없었다. 결국 완도호는 완도를 출발해 해남 남창 어란진, 벽파진을 경유해 목포에 이르는 항로를 취항했다. 그리고 완도 읍면 도서 간 운항을 하는 남붕환의 적자를 메웠다. 그래도 남붕환은 완도의 동부와 남부로 나누어 격일로 운항을 했고, 이후 화물선 동신호(24톤급)를 구입하여 여객선으로 개조하고 동부 항로에 매일 운항했다. 당시 목포 항로는 황금노선이었다. 민간기업에서도 경쟁이 심했다. 다행히 완도호는 시설이 우수해 목포항에서 인기가 높았다.

한국전쟁기에는 식량과 연료를 가득 실은 완도호가 완도항에서 유엔군 폭격으로 전소당하기도 했다. 동신호도 기총사격으로 크게 파손되었다. 동신호를 매각해 89톤급 홍초호를 구입해 목포항로에 투입하기도 했다. 하지만 이미 육상교통이 편리해져 여객이 날로 감소했다. 게다가 117톤급 디젤기관선 명륜호(明倫號)가 취항하여 경쟁이 심화되었다. 이후 1961년 순항선조합이 해체되어 막을 내렸다. 대신에 민간기업이 섬사람들의 발길을 책임졌다. 그리고 1962년과 1981년 종항이 지정되고, 1982년 항운완도출장소가 개설되었고, 1991년 무역항과 국제항으로 지정되었다.

다리를 놓다

옛날에는 완도에서 광주로 가려면 원동에서 배를 타고 나와 남창에 내려서 버스(광주여객이나 금성여객이 있었음)를 타고 7~8시간을 달려야 했다. 혹여 서울에 가려면 다시 고속버스나 기차를 타고 왔던 시간만큼 다시 달려야 했다. 그래서 섬사람들에게 연륙교나 연도교는 숙원사업이다. 표가 필요한 정치인들은 다리를 잘도 팔았다. 공약대로 되었다면 우리나라 섬은 대부분 차를 운전해 들어갈 수 있었을 것이다. 섬사람들이 배를 타지 않고 광주를 오갈 수 있게 된 것은 1965년 남창과 달도를 잇는 연도교가 만들어지고, 1969년 한국전쟁으로 파괴된 한강철교 잔해로 완도와 달도가 이어지면서였다. 당시 다리 폭은 4.7미터로 좁아서 한 개 차선 통행만 가능했다.

해남 남창에서 완도—달도의 138미터 수로를 잇는 다리는 6천만 원의 도비를 투입해 방조제로 대신했다. 그 결과 바닷물이 소통되지 않아 완도 본섬은 물론 고마도나 사후도·백일도·흑일도 그리고 해남 북일과 북평, 강진 신전면 일대에서 김 양식을 하던 어민들이 큰 타격을 받았다. 당시 해남군 북평면 남창리와 완도군 군외면 원동리 사이 10여 개의 어촌에서 1천여 명이 굴, 고막, 바지락 등 양식어업에 종사하고 있었다. 결국 제방이 주민들의 생계를 위협하고 불만이 높아지자 10여 년 후 재시공을 하여 연도교로 바꾸었다.

완도에 자동차가 처음 들어온 것은 1926년이다. 일제강점기 일본인 삼미지홍(三尾知弘)이 택시 한 대를 들여온 것이 최초였다. 이 자동차는 완도읍에서 군외면 원동까지 운행되었다. 하지만 택시를 타는 것은 하늘에서 별을 따는 것만큼 어려웠고, 대부분 원동까지 걸어 나와 나룻배를 타고 남창으로 건너와 버스를 이용했다. 버스가 완도읍까지 들어온 것은 1969년 원동과 달도를 잇는 다리가 준공된 뒤였다. 그때는 금

^위 1920년 완도 공립보통학교의 김 건조 실습 시간.

^{아래} 1960년대 김 뜨기 모습.

일제강점기에는 학교에서 김의 양식과 가공 실습을 했다. 완도 본섬의 대신리·화흥리·달도·고마도·사후도 인근 바다에서 김 양식을 많이 했다. 해방 후 1960~70년대 조류가 세고 수심이 깊은 청산도·생일도·보길도 등 일부 지역을 제외하고는 모두 김 양식을 했다. 완도에서 늦게까지 김 양식을 했던 곳은 노화읍 넙도, 고금면 척찬리, 충도, 금당면 가학리 등이다. 지금은 당인리, 넙도 등 일부 지역에서만 양식을 하고 있다.

성여객과 광주여객이 노선을 운행했다.

다리가 놓이기 전에는 육지인 해남군 북평면 남창에서 완도 원동까지 발동선으로 30분을 가야 했다. 완도교의 개통으로 교통이 편리해지면서 완도와 인근 도서 주변에서 잡은 어획물의 유통 중심지이자 수산시장의 중심으로 성장했다. 1960년대 준공된 완도교는 1등교였지만 교통량이 크게 증가하면서 1985년 제2완도교를 준공하였다. 그 후 2012년 세 번째로 완도대교가 완공되었다. 이제 광주에서 완도까지 두 시간이면 닿는다. 서울까지도 자가용으로 네다섯 시간이면 족하다.

바람과 파도가 빚은 시간들, 정도리 '몽돌과 마을 숲'

완도에서 명승을 찾는다면 정도리를 빼놓을 수 없다. 그곳에는 마을 숲과 몽돌이 유명하다. 구계등 숲에는 서나무·팽나무·동백나무·갈참나무 등이 숲을 이룬다.

자연이 만들어낸 흔적에 눈을 맞추다 보면 오묘하고 신비로움에 감탄사가 절로 나온다. 어떤 예술가가 이보다 더 아름다운 작품을 창조해낼 수 있을까. 자연이 준 장관에 고개가 숙여진다. 소안도·보길도·횡간도, 다도해의 크고 작은 섬들이 육지에 준 선물일까. 물비늘처럼 반짝이는 바다가 준 보물일까. 뒤를 돌아보니 울창한 마을 숲이 시린 겨울 하늘을 이고 있다. 바다와 숲 사이 크고 작은 둥근 돌이 얼굴을 맞대고 촤르르 싸, 촤르르 싸 시간을 쏟아낸다.

아이들 머리만 한 것에서부터 십 원짜리 동전만 한 것까지 귀엽고 둥근 돌이 아홉 골을 이루었다. 파도와 바람이 만들어낸 시간의 얼굴, 구계등이다. 바다 속에서 숲까지 아홉 개의 고랑과 둔덕이 있어 구계등(九階嶝) 또는 구경(九耕)딱지라고 불렸다. 언제부터 쌓였는지 가늠하기 어렵다. 그저 수만 년이라 해두자. 어차피 인간의 시간으로 가늠하기 어렵지 않은가. 마을 숲 뒤에는 마을이 동편과 서편으로 나뉘어 있다. 그 사이에 구시러골·주래등들·안창들·신농장이 있다. 파도와 바람을 운명처럼 여겨야 했던 사람들이 피눈물로 만들어낸 논과 밭이다. 서편 주래등 위에 당집을 짓고 마을 숲에는 할머니를 모셨다. 지금도 정월이면 사람들은 마을의 안녕과 풍어와 풍년을 기원하며 정성스레 제를 올린다.

구계등과 마을 숲이 아름다운 진짜 이유는 다른 곳에 있다. 그곳에 마을 사람들 삶의 흔적이 고스란히 묻어 있기 때문이다. 갯벌과 해안이 쉽게 무너지는 것도 잘 보존되는 것도 사람들 때문이다. 나무뿌리까지 파서 땔감으로 사용해야 했던 시절에도 마을 숲은 신성한 공간으로 지켜냈다. 법성포의 숲쟁이나 신안 섬마을의 우실숲, 남해의 물건리 어부림들도 마찬가지다. 돈에 눈이 멀어 몽돌을 팔아 돈을 챙기려는 것을 막은 것도 마을공동체였다. 국가가 나서기 전에 마을의 전통과 문화가 숲과 몽돌을 지켜냈다. 숱한 태풍에도 마을의 피해를 줄일 수 있었던 것은 몽돌과 마을 숲 때문이다. 거친 파도를 온몸으로 막아내며 모난 돌은 몽돌이 되고 나무는 영글어갔다. 몇 그루 굴참나무가 쓰러졌다. 쓰러진 나무 위에 버섯이 돋고 열매들이 씨를 내렸다.

몽돌이 쌓이는 동안 마을 숲 어린나무는 아름드리나무로 자랐다. 굴참나무·서어나무·새우나무·감탕나무·가시나무 등 셀 수 없다. 나무에 기대어 마삭줄·송악·멀꿀·콩자개덩굴이 자란다. 나무에는 새들이 깃들었다. 숲길 구석에 주민들이 작은 오두막을 짓고 마을신을 모셨다. 이보다 더 멋진 숲이 있을까. 자연과 인간이 만들어낸 조화로운 공간, 그곳을 국립공원이라 부른다.

거친 파도를 헤치고 배가 화흥포 선창에 닿았다. 뱃속에 저렇게 큰 차가 들어갈 수 있을까. 처음 배를 타려고 포구에 도착했을 때 들었던 생각이다. 줄잡아 30여 대는 넘을 듯했다. 포구로 섬사람들이 쏟아진다. 부모님의 정성이 담긴, 돈을 만들기 위해 잘 갈무리한 갯것들이 차에 실려 뭍으로 나온다. 포구는 섬사람들의 새로운 삶의 이정표다. 정지머리에 위치한 화흥포는 소안도와 보길도로 가는 뱃길의 시작이다. 예전에는 감귤을 가득 실은 제주화물선이 오갔다. 정도리는 일제시대부터 간척을 했던 마을이다. 특히 정도리 신농조합은 전국에서 보기 드문 간척의 역사를 가지고 있다. 일제강점기 마을 주민들이 부엌에서 한 줌 두 줌 쌀을 모아 조합을 만들어 마을 앞 갯벌을 막았다. 그렇게 만든 논이다. 너른 논은 수확이 많은 논, 박한 논이 섞여 있었다. 논을 만들 때야 목표가 있어 한마음으로 일을 했겠지만 그 후 어떻게 농사를 지었을까. 궁금했다.

미역바위나 김 양식장처럼 공동으로 운영하였다. 지금도 그 흔적이 남아 있다. 몇 년마다 한 번씩 추첨해 농사를 짓는 땅을 정하여 순환 경작하는 균등분배의 원리가 적용되었다. 이렇게 논을 만들고 마을공동체를 일굴 수 있었던 것도 구계등 몽돌과 마을 숲 덕분이다. 마을 주민들이 매년 제사를 지내는 것은 자연에 바치는 감사의례이리라.

몽돌 밭에는 멸치 삶는 솥이 걸려 있다. 수천 년의 시간 위에 놓인 인간의 삶의 시간이다. 몽돌밭이 더욱 아름다운 이유다. 시간여행을 하는 동안 멸치를 삶는 솥 주인이 나타났다. 발걸음을 재촉한다. 마음과는 달리 발걸음이 자꾸만 미끄러진다. 몽돌밭은 마음이 급하다고 빨리 갈 수 없다. 서둘렀다간 매번 헛발만 내딛고 만다. 마음을 비우고 사뿐히 걸어야 한다. 멸치를 말리는 그릇이 비행접시처럼 날리고, 그늘막이 연이 되었다. 주인은 몽돌로 눌러 도구들을 갈무리하는 중이다. 그런데 갯바람을 막은 두꺼운 점퍼 뒤에 '국립공원'이라 적혀 있다. "동네사람이에요?" "아니어라우. 읍에 살아라." 읍에서 온 국립공원 지

가만히 귀를 기울여본다. 저 소리는 분명 '천상의 소리'다. 하늘과 땅과 바다가 만나 만들어낸 소리다. 수백 년 아니 수천 년, 지구가 만들어지기 전에 간직한 태고의 음악이다. 바다와 하늘과 땅이 화하면 콰르르, 콰르르. 바다와 하늘과 땅이 빙그레 웃을 때는 좌르르, 좌르르. 노래를 한다. 걸음걸음 움직일 때마다 자그락 자그락 따라온다.

킴이다. 마음씨도 곱다. 한 사람은 외국에서 시집온 여성이다. 오늘은 내 눈도 마음도 호사를 누린다. 천년의 시간이 빚은 아름다움 앞에서 인간의 무분별한 개발은 오만에 지나지 않는다. 위대한 것은 인간이 아니라 결국 자연인 것이다.

석장포를 아시나요

몽돌밭에서 열댓 명의 여행객들이 기념사진을 찍느라 소란스러웠다. "아저씨. 사진 하나 찍어주이소. 고맙습니데이." 경상도 아지매들이었다. 이들이 빠져나간 구계등에는 다시 파도 소리와 좌르르, 좌르르, 바닷물이 빠져나가면서 구르는 몽돌 소리만 들렸다. 꼬르륵 꼬르륵. 몽돌 소리에 취해 배꼽시계 소리를 듣지 못했다. 혼자 다니다 보면 점심이 늘 문제였다. 급히 완도읍으로 빠져나가다 원장머리라는 곳에서 차

석장포 풍경. 작은 수로 많은 적을 이기려면 주변 지형에 밝아야 하고 하늘의 도움을 받아야 한다. 즉 지역민의 도움을 받아야 한다. 영화 <명량>은 이를 전쟁이라 했다. 고창 출신인 최강은 임진왜란이 일어나자 의병을 모집해 큰 공을 세우고 가리포첨사로 부임을 했다. 그리고 1605년 완도의 석장포로 왜군을 끌어들여 긴 전쟁의 종지부를 찍었다.

를 세웠다. 77번 국도변에 세워진 해전기념비가 발목을 잡았다. 석장포가 한눈에 들어오는 곳이었다. 바닷물이 막 빠지기 시작하는 시간이었다. 내친 김에 마을로 들어섰다. 40여 호가 사는 전형적인 선창 마을이었다. 아낙들이 하나둘 조새와 바구니를 들고 물 빠진 선창으로 내려왔다. 굴을 까기 위해서였다. 어제 잡은 멸치들이 꾸덕꾸덕 마르고 있었다.

석장포는 정도리에 있는 화흥포가 열리기 전 노화·보길·소안 방면으로 가는 배를 탔던 곳이었다. 좋은 자연 선창을 가지고 있었기 때문이다. 남쪽에 있지만 큰개머리가 남서쪽으로 길게 뻗쳐나와 파도를 막아주었다. 또 육지 안쪽으로 깊이 들어온 후미진 곳에 마을이 들어앉아 바람을 탈 위험도 없다. 하늘이 주신 선창이다. 수심만 좋았다면 완도항이 이곳에 만들어졌을지도 모른다. 이러한 지형을 이용해 가리포첨사 최강은 우리나라 해전사에 길이 남을 전투를 벌였다.

최강은 1559년(명종 15년, 을미) 경상도 고성에서 태어났다. 무과에 급제한 후 임진왜란이 발생하자 형, 조카 등과 함께 의병을 규합하여 진주목사 김시민 장군과 합세하여 큰 공을 세웠다. 또 김덕령 의병장에 소속한 별장으로 참여하여 많은 공을 세웠다. 임진란 이후 그 공을 인정받아 가리포첨사가 되었다. 최강은 1603년 11월 24일 가리포첨사로 부임하였다. 1605년 6월 7일 진도 남쪽에 있는 망대(지금은 남망산이라 부름)로부터 청산도 밖 여서도에서 왜선 30여 척이 가리포 쪽으로 들어오고 있다는 전갈을 받았다. 최첨사는 넓은 바다에서 왜군과 맞서 싸우는 것은 손실이 크다고 판단하였다. 당시 가리포진에는 전마선 5척에 150여 명의 병력이 있었다. 장군은 적들을 최대한 육지로 유인하여 섬멸하는 작전을 세웠다. 그리고 석장리로 들어오는 길목에 불화살을 갖춘 병력을 매복시켰다. 가리포진과 석장포는 고개 하나를 사이에 두고 있다.

물때를 기다렸다. 당시만 해도 석장리 안쪽까지 바닷물이 들어왔다. 완도 남서쪽 끝에 있는 큰개머리에서 남동쪽 끝까지 바닷물이 들어오는 길목이 3~4킬로미터에 이르지만 안으로 들어오면 300미터에 불과해 양쪽에 매복해서 싸우기 좋은 곳이다. 게다가 밀물에는 마을 앞까지 바닷물이 들어와 배를 타고 들어올 수 있지만 물이 빠지면 갯벌 위에 얹혀 꼼짝할 수 없다. 첨사는 이때를 노린 것이었다.

물이 들자 장군은 5척의 배를 이끌고 모도 앞까지 나갔다. 그리고 도망가는 척하며 중도리와 석장리로 나누어 유인했다. 왜선도 두 패로 나누어 추격해왔다. 마침내 최 장군의 불화살이 하늘 높이 오르자 길목에 매복해 있던 수병들의 불화살이 왜선을 향해 날아들었다. 갑작스런 공격에 혼비백산한 왜선은 대부분 선창에 갇혔고, 겨우 세 척만 도망을 쳤다. 이마저 추자도까지 추격하여 전멸시켰다.

우리 군선과 병력의 피해는 하나도 없었다. 명량해전에 비해 규모는 작지만 해전사에 길이 남을 전략과 전술로 승리를 거둔 성과였다. 이후 최 장군은 경상좌수사로 영전했다. 1614년 최첨사가 돌아가셨다는 소식을 들은 가리포 유지들이 고성까지 찾아가 3년상을 치렀다. 임진왜란 이후 곧잘 완도 인근에 출몰해 노략질을 일삼던 왜구들의 모습을 더는 볼 수 없어 너무 고마웠기 때문이다. 혹자들은 임진왜란의 마침표를 찍은 것이 석장포해전이라 평가하기도 한다. 그 후 400여 년 만인 1993년 석장포가 한눈에 내려다보이는 원장마리에 의숙공최강장군(義肅公崔堈將軍)의 가리포해전대첩비가 세워졌다. 늘 다니던 길에서 뒤늦게 발견한 작은 선창에 기록된 역사는 완도를 찾을 때마다 새록새록 떠오를 것 같다.

당인리는 해남과 마주하고 있는 완도에서 꽤 큰 마을이다. 김 양식과 전복 양식을 겸할 만큼 좋은 마을어장을 가지고 있다. 농사지을 땅은 적지만 멀리 백일도, 흑일도, 동화도 등 작은 섬까지 포함하는 큰 바다를 가지고 있다.

우리나라 최초의 주민자치, 작은 섬에서 시작했다

또 완도에서 빼놓을 수 없는 인물이 허사겸이다. 300년 전의 인물을 찾아 나섰다. 남창에서 완도로 들어가는 길목이 시원스럽게 뚫렸다. 달도를 지나 곧장 원동리로 돌아 서부도로로 향했다. 원동리에서 신학리, 대문리, 삼두리, 당인리까지 이어지는 서부해안도로는 완도에서 경관이 좋은 곳이다. 드라이브 중간에 갯바람공원, 일몰공원, 미소공원 등 작은 쌈지공원과 쉼터에서 섬과 바다를 볼 수 있다. 아름다운 완도와 갯사람들의 여운을 담고 싶다면 이 길을 권한다. 특히 바다 건너 달마산 너머로 지는 노을이 으뜸이다.

태풍이 쓸고 간 생채기가 너무 심했다. 당인리 포구에 북서풍을 막기 위해 심어놓은 방풍림 소나무가 지난 태풍에 부러졌다. 활엽수는 잎이 모두 떨어져 새 잎이 난 나무들도 있었다. 아무리 깊은 상처도 시간이 지나면 아물기 시작한다. 솔로몬 왕이 아버지 다윗의 반지에 새겨준

글귀는 내가 섬 길을 걸으면서 잡는 화두다. 자연이 내게 일러준 지혜다. 섬사람들이 들려준 처세술이다.

"이 또한 지나가리라."

섬을 걷는 길은 힐링이다. 나의 순례 길이다. 주말이면 어김없이 섬을 찾는 것은 나를 치유하는 길이다. 태풍으로 선창에 밀려온 양식 시설들과 새로 만들고 있는 물김 채취선이 주민들의 체념과 적응의 반복된 삶을 대변하고 있었다.

당인리는 큰 인물이 출생할 것이라는 이야기가 있어 대인리라 불렸다. '당인천리' 혹은 '된네'라고도 했다. 이 마을은 해남 땅끝 앞에 있는 상리·중리·하리 그리고 백일도·흑일도·동화도 등 작은 섬도 포함하고 있다. 농사지을 땅은 적지만 바다와 섬을 가지고 있어 바다농사를 지을 어장이 넓다.

백성들의 안위를 책임져야 할 관리들이 더 설치며 섬사람을 수탈했다. 섬사람들은 이들을 섬 밖으로 몰아내고 스스로 자치기구를 만들었다. 이를 주도한 이가 허사겸이다. 당인리 포구가 보이는 곳에 모셔져 있다.

이곳은 세상 사람들에게 널리 알려지지 않은 허사겸이란 큰 인물이 태어난 마을이다. 그는 1857년 군외면 당인리에서 태어나 봉건사회의 부패가 극에 달해 탐관오리들의 부정과 탐학이 끝이 없던 시기를 보냈다. 평안도와 삼남 지방에서 민란이 끊임없이 발생하던 시기였다. 그 무렵 가리포진에 첨사 이상돈이 부임했다. 가리포진은 1521년(중종 16년) 해안 방어를 위해 완도에 설치한 수군진이었다. 부임한 첨사는 비자나무를 비롯한 완도 특산물을 강제로 징발했다. 중앙이나 지방 관아로부터 멀리 떨어져 있어 섬사람들은 이중 삼중의 수탈에 시달렸다. 마침내 1883년 허사겸을 비롯한 의인들은 섬사람들과 함께 분연히 일어났다. 그리고 첨사를 섬 밖으로 축출했다. 그리고 옥에 갇힌 무고한 백성들을 석방시켰다. 뿐만 아니라 군중대회를 열어 자치기구인 향도청을 설치하고 향도유사로 최여안을 추대하였다. 섬 주민들 스스로 자치행정을 시도했던 것이다. 우리나라 최초의 주민자치였다. 하지만 민중봉기가 발생한 이듬해인 1884년 3월 23일 관부는 허사겸을 비롯한 주모자를 체포했다. 강진 병영으로 끌려가 허사겸은 모든 일의 책임을 지고 27세 젊은 나이로 처형되었다. 향도유사로 선출된 최여안도 형장의 이슬로 사라졌다. 또 문사순은 장독으로 돌아오던 중 배 안에서 목숨을 잃었다. 나머지 최도일·최여집·박의중·이사욱은 장형과 유배를 당했고 조자근은 화는 면했지만 심한 고초를 당해야 했다. 군외면 당인상리에 허사겸과 그 부친의 묘가 있다. 묘소 건너편에 창의사를 지어 민중봉기를 주도한 지도자들의 위패를 봉안했다.

　《청해비사》를 쓴 소남 김영현은 허사겸 선생을 추모하는 시를 남겼다.

　서산에 지는 해는 붉은 피로 물들었고

화흥포 여객선터미널 앞에서 작업중인 어머니들. 완도의 섬으로 가려면 완도 여객선터미널과 화흥포 여객선터미널에서 배를 타야 한다. 완도는 여러 지역에서 들어와 정착을 한 곳이기에 뱃길만큼이나 다양한 삶과 문화를 간직하고 있다.

청초의 맺힌 이슬 방울방울 눈물이라
해안에 치는 물결 목이 메여 울건만은
오고가는 행인들은 무심히도 지나간다.

이 민중봉기를 계미년에 일어난 민초들의 반란이라 해서 계미민란(癸未民亂)라 불렀다. 왕 중심으로 기술된 역사책의 정의였다. 동학농민전쟁보다 10년이나 앞서 발생한 민중봉기였다. 하지만 안내판도 없어 그냥 지나칠 뻔했다. 겨우 묘지 앞에 세워진 표지판을 보고서야 확인할 수 있었다. 소박한 묘지가 긴 여운을 주었다.

자전거를 탄 한 무리가 묘지 옆을 지나 공원에 멈추었다. 흑일도와 백일도는 물론 당인리 포구도 한눈에 들어왔다. 바다는 곳곳에 김 양식과 전복 양식 시설들로 빼곡했다. 11월이다. 이제 막 물김 생산이 시작될 시기다. 아니나 다를까, 곳곳에 김 채취선들과 작업선들이 분주

완도는 더 이상 섬이 아니다. 아니, 다리로 연결된 섬이다. 해남 남창은 달도와 잇고, 달도는 완도 큰 섬의 원동리와 연결했다. 한강철교를 가져와 뱃길을 대신했던 다리는 몇 번 옷을 갈아입더니 산뜻하고 멋진 새 옷으로 단장했다.

하게 오갔다. 1960년대와 1970년대 완도 경제를 쥐락펴락했던 김 양식이다. 지금은 전복 양식으로 바뀌었지만 당인리는 아직도 김 양식의 원조라는 자존심을 유지하고 있다. 마을 사람들이 그 어렵던 보릿고개를 넘길 수 있었던 것도 바다가 있었기 때문이었다.

개황 | 완도(莞島)

일반현황

위치 | 전남 완도군
면적 | 90.23km² **해안선** | 60km **연륙(연도)** | 1969년
가구수 | 9,838 **인구(명)** | 22,461(남: 11,398 여: 11,063) **어선(척)** | 1,442 **어가** | 2,544

공공기관 및 시설 [완도읍]

공공기관 | 완도군청(061-550-5114), 완도경찰서(550-7226), 완도교육지원청(552-0709), 완도군보건의료원(550-6720), 농업기술센터(550-5961), 광주지방법원(554-9809), 완도등기소(554-2381), 완도119안전센터(530-0926), 완도기상대(552-0141), 국민건강보험공단(554-5612), 국립공원다도해해상관리사무소(552-3387), 대한지적공사출장소(554-3787), 완도우체국(550-0110), 광주은행 완도지점(552-1553), 완도읍사무소(550-6110), 농협중앙회 완도군지부, 완도농협(552-5903), 강진완도축협(554-1788), 완도금일수협(552-0069), 전남서부 어류양식수협(552-2095)
교육기관 | 화흥초등학교(552-8597), 청해초등학교(552-1041), 완도중앙초등학교(552-3280), 완도초등학교(552-2385), 완도여자중학교(554-3582), 완도중학교(552-2388), 완도고등학교(554-0409), 완도수산고등학교(552-2393)
폐교현황 | 완도초등 구계분교
전력시설 | 한전계통 **급수시설** | 지방상수도시설 3개소, 간이상수도 시설 2개소

여행정보 [완도읍]

교통 | **육상교통편** | 서울, 부산, 광주, 목포, 순천, 여수 등을 연결하는 고속버스, 직통직행버스가 아주 편리하게 운행되고 있음.
[고속버스] 서울↔완도: 07:45부터 17:30까지 1일 4회 운행, 소요시간은 6시간.
[직행·직통버스] 완도↔광주: 06:20부터 20:05까지 직행·직통이 15분 간격으로 운행.
완도↔목포: 06:20부터 17:45까지 1일 10회 운행(직행).
완도↔여수: 직행버스로 1일 2회(11:17, 14:20) 운행.
완도↔서울: (직행) 08:50부터 17:30까지 60분 간격으로 운행.
완도↔부산: (직행) 07:30부터 15:20까지 1일 4회 운행.
읍내 교통 | [군내버스] 완도여객 군내버스가 완도버스터미널을 기점으로 하여 30분 간격으로(동부↔서부) 양방향으로 운행.
완도버스터미널, 원동버스정류소, 불목군내버스정류소, 삼두군내버스정류소.
[택시] 청해택시, 제일택시, 완도개인택시 등이 86대 영업.
여행 | 상록수림, 장도 청해진유적, 청해진 수석공원, 완도향교, 정도리 구계등, 완도 수목원, 원불교 수련원, 완도 어촌 민속전시관
[등산코스]
제1코스: 대구리마을 표지석-쉼봉(심봉)-상황봉-관음사자-상여바위-건드령바위-대야저수지(에덴농원)
제2코스: 죽청리 LPG충전소-헬기장-밧재-하느재-상황봉-백운봉-송곳바위-대야 제2저수지
특산물 | 연근해: 고등어, 도미, 삼치, 갈치, 멸치, 붕장어 ; 양식: 김, 미역, 다시마, 전복
특이사항 | 주도의 상록수림, 장도 청해진유적, 완도향교, 정도리의 구계등, 수목원 등이 있다. 특히 신라시대 청해진을 설치하고 동북아시아 해상원을 장악했던 장보고대사의 정신과 이념을 기리기 위한 장보고축제가 유명하다.

공공기관 | 군외면사무소(061-550-6341), 군외치안센터(552-6112), 군외우체국(552-6004), 군외보건지소 (550-6811), 완도기상대(불목)(552-0141), 완도수목원(554-8528), 전남청소년수련원(삼두)(552-0833), 원불교소남훈련원(불목)(552-6655), 군외상수도(550-5865), 청해포구해신촬영장(555-4500), 군외농업협동조합 (553-4513), 완도금일수협 군외지점(552-505)

교육기관 | 군외초등학교(신학)(552-5962), 군외중학교(원동)(552-5527)

폐교현황 | 군외남초등학교(1999년 폐교), 황진분교(1999년 폐교), 초등불목분교

전력시설 | 한전계통 **급수시설** | 지방상수도시설 3개소, 간이상수도 시설 2개소

교통 | 배편

육상교통편 | 원동버스정류소를 통해서 완도와 연결되는 전국의 고속버스 직행·직통버스, 일반버스 등을 이용할 수 있음.

[직행·직통버스] 완도↔광주: 직통·직행버스(06:00부터 20:05까지 30분 간격으로 운행

완도↔목포: 직통·직행버스(07:10부터 17:40까지 배차간격 50분, 소요시간 1시간 50분)

완도↔여수: (직행) 11:17 / 14:20, 1일 2회 운행 소요시간 3시간

지역내 교통 | [택시] 개인택시 2대, 완도택시 7대 등 9대가 영업

＊완도는 1969년 연륙교가 완공되어 30년 변화 자료가 없음.

완도군 군외면

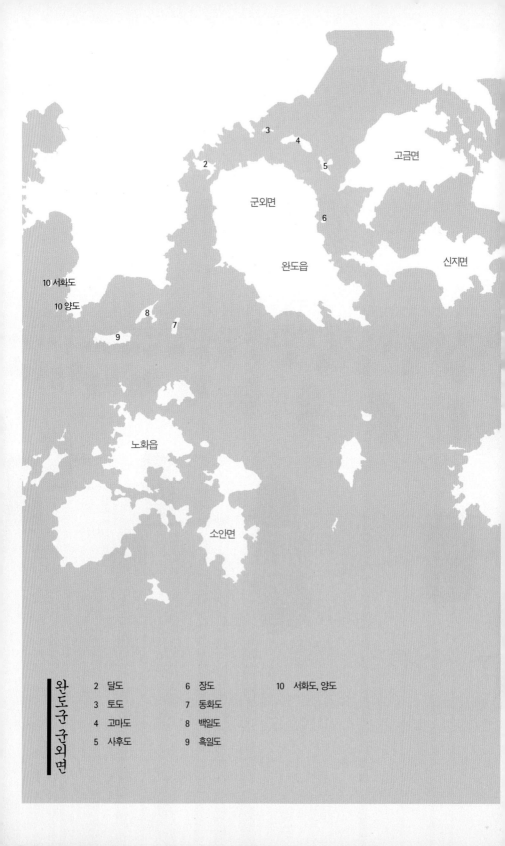

고금면

신지면

고마도

사후도

토도

달도

장도

군외면

완도읍

10 서화도

10 양도

백일도

동화도

흑일도

노화읍

소안면

완도군 군외면

2   달도
3   토도
4   고마도
5   사후도

6   장도
7   동화도
8   백일도
9   흑일도

10   서화도, 양도

2
작은 것이 아름답다
군외면 달도

완도와 해남 사이에 징검다리처럼 놓여 있는 작은 섬, 달도다. 만일 달
도가 없었다면 완도와 해남을 잇는 연륙교는 1960년대가 아니라 적어
도 10년이나 20년은 뒤에 이루어졌을 것이다. 해남 남창에서 완도 원
동까지 2킬로미터에 이른다. 최근에 만들어진 압해대교가 1,500미터,
1980년대 만들어진 진도대교도 350미터다. 징검다리 역할을 하는 달
도가 있어 한강철교를 가져다 연륙을 할 수 있었다.

염수마을과 달도마을

달도에 최초로 입주한 성씨는 문씨·최씨이고, 그 후 경주 김씨·김해 김
씨가 들어와 마을을 이루었다. 마을이 배의 닻처럼 생겨서 '닻도'라고
부르다 '달호' '달도'라고 했다. 또 다리가 놓이기 전에 나룻배로 해남
과 완도를 연결하며 '다리섬'이라 해서 달도가 되었다는 설도 있다.

　달도에는 염수마을과 달도마을이 있다. 염수마을은 20여 가구, 달
도마을은 40여 가구가 살고 있다. 이 중 염수마을은 지명에서 엿볼 수
있는 것처럼 소금을 구웠던 마을이다. 지금은 매립하여 농사를 짓고 있
다. 이진마을이 한눈에 들어오는 언덕에서 염수마을에 사는 이씨를 만
났다. 산비탈 다랭이밭에 고추를 심기 위해 멀칭 작업을 마치고 지주를
세우고 있었다. 이씨는 옛날 소금가마가 모두 다섯 개 있었다고 기억

물이 생명이다. 섬에서는 특히 그렇다. 정유재란 때 구토와 설사를 하던 충무공도 달도의 샘물을 먹고 진정이 되었다. 그래서 '호남대장군 약샘'이라 이름을 지었다. 바닷물이 들면 사라지고 빠지면 나타나는 우물이다. 갯일을 하는 어머니들이 갯벌을 오가며 요긴하게 사용하고 있다.

했다. 해방둥이인 이씨는 해남 남창마을에 살다 어렸을 때 달도로 들어왔다. 다리가 물길을 막기 전까지 섬사람들은 김 양식을 했었다. 큰 규모는 아니었지만 값은 지금보다 훨씬 좋았다. 당시 한 톳에 6천~7천 원을 받았다. 지금은 5천 원 받기도 빠듯한 형편이다. 화폐가치를 고려하면 당시 섬사람들에게 김이 어떤 가치를 갖고 있었는지 짐작할 수 있다. 한 집에 여덟 척 정도가 허용량이었다. 50미터도 안 되는 김발 여덟

개로 생계를 유지했다. 남창과 달도를 잇는 제방형 다리가 만들어지면서 물길이 끊겼다. 김 양식에 치명적이었다. 마을 사람들은 하나둘 섬을 떠났다. 남은 사람들은 최근까지 바다 양식 대신 소를 키우며 살았다. 한육우가 140여 마리에 이를 정도였다. 지금은 작은 논과 밭에 의지해 살고 있다.

바닷물이 들자 어머니 두 분이 함지박을 이고 갯벌에서 나왔다. 함지박 안에서 고둥이 더듬이를 내밀고 바깥 동정을 살피고 있었다. 바지락도 출수공을 내밀었다. 자신이 함지박 안에 잡혀 있다는 것을 모르는 걸까. 자신의 처지를 모르는 철부지가 어찌 바지락뿐이겠는가. 그래도 바지락은 현지 적응이 뛰어나다. 빠르면 보름, 늦어도 한 달이면 패각이라 불리는 껍데기를 주변 색깔과 비슷하게 바꿀 수 있는 능력을 갖췄다. 그러니 껍데기를 보면 펄에 살았는지 모래밭에 살았는지 짐작할 수 있다. 한 어머니는 잡은 낙지를 들어 올렸다. "어머니, 여기에 샘이 있지 않나요? 바닷물이 빠져야 보인다는데." 불현듯 장군샘 생각이 났다. 샘 이름도 예사롭지 않다. '호남대장군 약샘'이다.

바다 속에서 솟아오르는 샘이다. 제주도에서는 용천수를 많이 보았지만 작은 섬 달도에 용천수라니. 정유재란 당시 충무공이 달도에서 샘물을 마시고 구토와 설사가 나왔다는 이야기가 전해진다. 신기하게 바닷물이 빠지면 물맛이 짜지 않고 맛이 좋다. 달도 건너편은 해남 북평면 이진이다. 이곳에는 1648년(인조 26년)에 쌓은 곳으로 추정되는 성이 있다. 1990년 일부 복원을 했다. 지금도 돌담과 마을 안길로 이용하고 있다. 자연석으로 쌓은 이진성 안에 두 개의 우물이 남아 있다. 또 인근에서 보기 드문 현무암이 많이 발견되어 옛날에 제주와 잇는 뱃길이었을 것으로 추정했다. 제주에서 말을 싣고 육지로 운반할 때 말이 움직여 배가 뒤집히는 것을 막기 위해 실었던 돌이라는 것이다. 또 충무공이 백의종군 중 통제사로 재임명되어 회령포(장흥군 대덕면 회진리)에서 거제 칠천량에서 대패하고 남은 배 열두 척을 끌고 울돌목으로 향하다 이곳에 하루를 머물러 몸을 추슬렀다고 한다. 최근 삼남대로로 탐방로가 만들어져 간혹 걷는 사람들을 볼 수 있다. 달도 사람들은 이진성과 마주한 망뫼산에 사당을 짓고 매년 보름이면 샘물을 헌수하는 당제도 지내고 있다.

고마도에 마도진이라는 수군진이 있었다. 조선시대 이야기다. 마도진에 근무하던 한 관원에게 절세미인의 딸이 있었다. 마침 달도 출신의 기골이 장대하고 용모가 준수한 병사가 있었다. 둘은 첫눈에 반해 서로 사랑을 했다. 신분이 낮은 병사는 드러내놓고 상관의 딸을 좋아할 수 없었다. 몰래 밀회를 즐겼다. 하루는 배를 타고 인근 섬 사후도로 건너가 시간 가는 줄 모르고 사랑을 했다. 고마도 동남쪽에 사후도가 있다. 사랑을 하면 눈이 먼다는데 하루 이틀이 지나고 한 달이 지났다. 그 사이 고마도에 있던 마도진은 마량으로 옮겨졌다. 뒤늦게 이를 알고 돌아가려고 했지만 엄한 군율과 부모의 꾸지람이 두려웠다. 이도 저도 못하고 그대로 머물러 있었다. 처녀의 아버지도 딸과 사위를 보고 싶었지만 선뜻 부를 수 없어 애만 태우다 세상을 뜨고 말았다. 그래서 달도(딸도)와 사후도(사위도)라는 이름이 붙었다고 한다.

'허망한 장'에 사람이 몰려든다

남창과 달도를 잇는 남창교는 두 개다. 박정희 대통령 때 만들었다 철거한 것까지 하면 세 개였다. 겨우 100미터 거리에 불과한데 무슨 사연이 많아 다리가 세 개나 놓였을까. 처음에는 다리가 아니라 물이 통하지 않는 제방을 쌓아 위에 도로를 만들었다. 완도대교보다 5년 앞섰다. 육지 사람이 되고 싶은 욕망 탓에 후폭풍은 생각지 않았다. 남창

사람이 다니기 편리하도록 흐르는 물길을 막아 방파제를 쌓아 도로를 만들었다. 물이 흐르지 않으니 물고기가 사라지고, 김 양식을 할 수 없게 되니 그 피해는 고스란히 주민들에게 돌아갔다. 뒤늦게 방파제를 걷어내고 다리를 놓았다. 소통은 인간에게만 소중한 것이 아니다. 자연의 소통도 매우 중요하다.

과 달도 사이에 제방이 완공되자 이제 달도와 완도를 이었다. 완도대교는 1968년 임진강 철교를 옮겨와 재조립했다. 부산의 영도대교에 이어 우리나라에 세워진 두 번째 연륙교다.

이렇게 첫 번째 남창교가 제방 형태로 완공된 뒤 재앙이 시작되었다. 인근 어민들의 생명줄이나 다름없는 김 양식을 더 이상 할 수 없게 된 것이었다. 직접 피해를 입은 주민은 달도·토도·고마도·사후도·갈도·원동·만수·내동 등 완도 군외면과 해남 북평면 일대 어민들이었다. 당시 김 양식은 참나무를 갯벌에 박아 김발을 매서 양식하는 방법이었다. 송·죽·매로 등급을 매기면 늘 최고 등급을 받던 김이었다. 물길이 막히자 최하 등급으로 곤두박질을 쳤다.

20년이 지난 1981년에야 제방을 걷어내고 다리를 놓았다. 20년은 자연의 시간 속에서는 그리 오랜 시간이 아니었으나 인간의 시간으로는 강산이 두 번이나 바뀔 시간이었다. 이미 뻘이 쌓여 더 이상 김 양식

물과 함께 사람이 살기 위해서 꼭 필요한 것이 소금이다. 달도의 염수마을에는 자염을 생산하는 소금가마가 다섯 개나 있었다. 소로 갯벌을 갈고, 바닷물을 뿌리고, 짠물을 만들어 가마에 넣고 끓여서 만들었다. 지금은 논으로 바뀌었다. 소나무 뒤로 보이는 마을 앞 갯벌이 그곳이다.

을 하기 어려웠다. 그 무렵 완도의 다른 곳에서도 김 양식이 쇠퇴하고 있었다. 바다도 땅처럼 가꾸지 않고 계속해서 한 가지 작물만 양식하면 박토가 된다. 최근 휴식년제가 제기되는 것도 이런 이유 때문이다. 그런데 어리석은 인간들은 어류 양식이나 전복 양식에서 똑같은 짓을 되풀이한다.

물이 빠지자 조심스럽게 다리 밑으로 내려갔다. 옛 선창에 쇠를 벼르고 연장을 만들던 대장간의 흔적이 남아 있었다. 물이 빠지자 제방을 쌓았던 돌들이 바닥에서 모습을 드러냈다. 남창은 목포에서 여수와 부산으로 왕래하는 수백 톤급 화물선과 여객선이 머물던 선창이었다. 주변 바다는 김·꼬막·바지락·각종 어류 들이 풍성했고, 해남에는 곡물이 풍족했다. 상인들이 모여드는 것은 당연지사였다. 지금도 2일과 7일이면 어김없이 5일장이 열린다. 상설시장과 대형마트가 시골까지 파고들어 5일장이 설 자리를 잃어가지만 남창장은 여전히 씩씩하다. 강진·해남·완도의 갯것과 농산물이 다 모이기 때문이다. 또 해남 땅끝, 강진, 완도를 연결하는 사통팔달의 요지다. 바닷물은 청산도에서 생일, 신지, 약산, 고금을 거쳐 강진 도암만으로 들고 남창과 달도 사이로 빠져나간다. 사람만 모여드는 것이 아니라 갯것들이 모여든다. 탐진강을 따라 흘러내린 영양염류는 바닷물과 만나 숭어·민어·돔·낙지·주꾸미·전어를 살찌우고 어민들을 키워냈다. 완도 먼 섬 청산도와 제주 추자도 사람들도 멸치를 잡아 남창장으로 가지고 왔다. 생필품을 구입하기 위해서였다. 뱃길로 가장 가까운 육지가 남창이었기 때문이다. 어물전이 풍성하고 길목이 좋아 공산품도 성시를 이루었다. 이런 이유로 마을 사람들이 옛날 다리마저 걷어내고 조류 소통이 좋은 아치형 다리를 만들어줄 것을 건의했다.

10년 전 봄으로 기억된다. 해남 북일 안평에서 하룻밤을 묵고 새벽에 열리는 남창장을 구경한 적이 있다. 완도로 가는 국도 2차선 갓길을 비집고 숭어·낙지·주꾸미·민꽃게 등 어물과 보리·배추·대파·마늘과 봄나물 등 채소들이 자리를 잡았다. 내가 묵었던 민박집 주인은 간밤에 잡은 숭어를 들고 나가 한 마리에 1천 원 가격으로 팔았다. 장은 오전에 파장하기 일쑤였다. 그래서 남창장을 '허망한 장'이라 했다. 전문장돌뱅이 몇 명만 그릇이나 옷을 가져와 해가 중천에 오를 때까지 손님을 기다릴 뿐이었다. 그런데 이젠 사정이 다르다. 새 장옥이 4차선 도로 옆에 마련되었다. 옛날 5일장의 풍경은 사라졌지만 허망한 장은 면했다. 오후 늦도록 장이 열린다. 청산도 등 완도가 섬 관광의 명소로 주목을 받으면서 오가는 관광버스들이 곧잘 남창포구에 멈춰 물 좋은 생선을 찾는다.

다행히 남창장 주변에는 좋은 물목들이 산재해 있다. 5일장의 꽃은 주민들이 펼쳐놓은 노점이다. 노점을 할 수 있는 장소도 마을별로 정해

두었다. 그래도 장날마다 좋은 목을 차지하려는 실랑이가 멈추질 않지만 큰 소란 없이 유지되는 것이 5일장이다. 교통편이 편리해 광주는 물론 멀리 서울과 대구, 부산에서 온 관광버스들이 들른다. 오전에 잠깐 열리던 허망한 장은 손님이 많아 해가 지도록 열리는 '골장'이 되었다. 해남과 완도를 잇는 국도는 곧고 넓게 뚫렸다. 시간이 단축되고 소통도 원활해졌다. 그런데 바닷물의 소통은 더디다. 관광객들은 5일장에서 물이 좋은 갯것을 원하고 어민들은 바다와 갯벌을 지키며 살고 싶어한다. 소통이 필요하다. 바다도 사람도.

개황 | 달도(達島)

위치 | 전남 완도군 군외면 달도리
면적 | 1.13km² **해안선 |** 7.2km **육지와 거리 |** 2km(해남군)
연륙(연도) | 1969년 (해남 남창-달도, 완도군 군외면 원동-달도)
가구수 | 110 **인구(명) |** 217(남: 109 여: 108) **어선(척) |** 24 **어가 |** 85
어촌계 | 달도리

폐교현황 | 달도분교(1995년 폐교)
전력시설 | 한전계통
급수시설 | 광역상수도

특산물 | 낙지, 굴, 전복, 광어
특이사항 | 2009년 2월 농림수산식품부 지정 '농어촌테마공원 조성사업' 마을로 선정. 호남대장군 약샘 정비, 해양공원가 '개매기 체험장'과 낚시터를 조성.

30년 변화 자료

구분	1973	1985	1996
주소	전남 완도군 군외면 완동리		
면적(km²)	3.20		
인구(명)	951		
	(남: 488 여: 463)		
가구수	158		
급수시설	우물 24개		
전력시설	–		
어선(척)	106		
어가	94		

＊어선은 동력선과 무동력선을 합한 것이고 어가는 반농반어 가구를 합친 것임. 이하 섬 전체 자료가 같은 기준임.
＊달도는 1969년에 연륙되어 1975년 자료에만 섬 통계를 냈고 그 후로는 육지로 간주됨.

3
뭍인가 섬인가
군외면 토도

남창으로 들어가는 13번 국도 옛길이 차들로 꽉 찼다. 2일과 7일에 열리는 5일장이다. 두 바퀴째 구경을 하다 널찍한 함지박이 비좁다며 펄떡펄떡 뛰는 전어를 보았다. 방금 그물로 건져 온 것이 분명하다. 주인은 새벽에 첫물을 보지 못해 늦게야 도착했다며 바닷물이 뚝뚝 떨어지는 전어를 시장바닥에 펼쳐놓았다. 빨리 팔고 바다로 가야 한다며 싼값에 듬뿍 담아주었다. 가격도 가격이지만 토도 앞에서 잡아 왔다는 말에 무심한 마음도 돌리려던 발길을 멈추었다.

"어머니, 토도로 갈라면 어디로 가야 허요?"

갑자기 묻는 말에 전어를 봉지에 담다 고개를 들었다. 50대 후반으로 보였다.

토도는 행정구역으로는 군외면 황전리에 속하는 섬이다. 하지만 들고나는 길은 해남군 북평면 갈두리와 만수리로 통한다. 우체국 택배도 전화번호도 식수도 모두 해남 북일면에서 가져왔다. 오직 행정구역만 완도일 뿐이다. 일러준 대로 도로와 농로를 지나니 갯벌로 이어졌다. 그런데 길이 아니라 바다다. 아직 노두길이 물에 잠겨 있었다. 어디에도 토도로 가는 길이라는 안내판도 찾을 수 없었다. 촌로들에게 길을 물어 겨우 노두 길목에 도착했다. 해안을 따라 작은 나무에 '삼남 길'을 알리는 리본이 달려 있었고 시멘트 방조제에는 페인트로 쓴 이정표

물이 빠지면 뭍이 되는 섬이 적잖다. 토도가 그렇다. 그런데 그 길이 완도 땅이 아니라 해남 땅이다. 그래서 더 서럽다. 더구나 완도에는 크고 작은 섬이 얼마나 많은가. 섬으로 가는 길을 찾아 한참을 헤맸다. 물이 빠진 뒤에야 그 길을 찾을 수 있었다.

가 선명했다. 하지만 입구에는 토도를 알리는 이정표보다는 노란 바탕에 검은색으로 쓴 '경고문'이 반겼다.

> 본 지역은 해남군 북일면 갈두리 어촌계 고막 양식장(면허번호 제 10234)으로 고막종표 살포지역입니다. 갈두마을 주민 외에 타 지역민은 출입을 제한하오니 무단출입하여 수산물을 채취시 불법행위로 고발조치하오니 불미스러운 일이 발생하지 않도록 주의 바랍니다.

그리고 '적발되면 범칙금 100만 원에 처함'이라는 문구가 붉은 색 바탕에 흰 글씨로 선명하게 씌어져 있었다. 그곳에서 토도마을까지는 670미터 걸어서 10분 거리였다. 그런데 노두길 대부분이 해남 갈두마을에 속하는 마을어장이다. 마을어장 위로 차 한 대 겨우 빠져나갈 수 있는 시멘트 길이 토도 주민들이 오가는 길이다. 그 길마저 막는다면 토도는 배를 탈 수도 걸어 나갈 수도 없는 고립된 섬이다. 바닷물이 조금만 빠져도 배를 타고 오갈 수 없기 때문이다.

그러니 어장을 둘러싼 갈등이 심할 수밖에 없었다. 이럴 때 힘이 약한 섬사람들이 피해를 본다. 고스란히 토도 주민들 몫이었다. 한 달이면 며칠은 노두가 잠겼다. 길을 조금만 높이면 무시로 섬 밖으로 걸어서 나갈 수 있으련만 마을어장에 피해가 있다며 뭍사람들의 반대가 심했다. 물이 들면 완도군 군외면 남선리에서 불을 피워 신호를 보내고 섬에서 배를 가지고 마중을 나갔다.

노두를 건너자 토도마을이라는 작은 표지석이 나타났다. 그리고 옆에는 공적비가 외롭게 서 있었다. 여수수산학교를 졸업한 후 완도, 무안, 목포 등의 영세어민을 위해 석화 양식 기술 보급에 앞장선 김개수(金介守)의 공적비였다. 1965년 토도 주민들이 세운 것이었다. 섬 북쪽 해안은 암반과 돌이 발달했고, 남쪽 마을과 접한 곳은 혼합 갯벌과 펄갯벌이 발달했다. 북쪽에는 석화 양식이 잘되었고, 남쪽에는 조간대 상부는 바지락에, 하부는 김 양식에 적합했다. 작은 섬이지만 30~40여 가구가 살 수 있었던 것도 이런 주변 환경 때문이었다. 또 섬은 높지 않고 완만해 밭으로 이용할 수 있었다.

섬 주민들이 많이 이용하는 시장은 남창 5일장이다. 노두를 건너 두 번이나 버스를 갈아타야 5일장에 갈 수 있었다. 택시를 이용하면 편하겠지만 택시가 섬 마을까지 들어오길 꺼려한다. 바닷물이 들면 당연히 들어올 수 없지만 물이 빠져도 염기에 차가 부식된다며 꺼렸다. 이래저래 섬 주민들만 서러웠다. 차라리 해남으로 행정구역을 옮겨달라고 하소연도 해보았다. 자치단체마다 한 가구 한 사람이라도 인구를 늘리려고 야단인데 가당찮겠는가. 게다가 작은 섬을 포기하면 주변 바다까

위 토도리 전경.
아래 토도는 해남군 남창생활권이다. 옛날부터 남창장에서 생필품을 구입했고, 마늘과 낙지를 내다 팔았다. 버스가 있을 리 없고 조차가 심해 무시로 배를 이용할 수도 없다. 택시를 부르면 갯길을 가로질러 섬으로 들어오길 꺼려한다. 그래서 선택한 것이 사륜오토바이다.

지 잃게 된다. 완도의 그 많은 섬 중에 인구도 몇 명 되지 않는 작은 섬을 주목해주길 바랄 수도 없다. 육지와 가까워 좋겠다는 사람도 있지만 속 모르는 소리다. 해남과 완도의 경계에 있으면서 어느 쪽에서도 환영을 받지 못하고 있는 섬이다.

개황 | 토도(兎島)

위치 | 전남 완도군 군외면 토도리
면적 | 0.12km² **해안선** | 1.7km **육지와 거리** | 0.68km(해남군 북일면 갈두리)
가구수 | 23 **인구(명)** | 40(남: 18 여: 22) **어선(척)** | 19 **어가** | 9
어촌계 | 토도리

전력시설 | 한전계통
급수시설 | 해수담수화 1개소

특산물 | 굴 양식
특이사항 | 주변 해안은 넓은 갯벌지대로 해남군 북일면까지 이어져 간조 때는 직접 걸어 다닐 수 있다.

30년 변화 자료

구분	1973	1985	1996
주소	전남 완도군 군외면 황진리	전남 완도군 군외면 토리	전남 완도군 군외면 토도리
면적(km²)	0.43	–	–
인구(명)	269	136	63
	(남: 127 여: 142)	(남: 70 여: 66)	(남: 30 여: 33)
가구수	41	35	24
급수시설	우물 17개	우물 24개	우물 24개
전력시설	–	한전계통	한전계통
어선(척)	34	35	17
어가	39	32	9

4

치자 꽃향기,
뭍에까지 퍼질까

군외면 고마도

김 팔아 돈만 벌면 땅을 샀다. 믿을 수 있는 것은 땅뿐이라 생각했다. 바다 것은 내 주머니에 들어와야 내 것이지만 땅은 도망가지 않았다. 노력한 만큼 준다고 믿었다. 그래서 바다에서 김 농사를 지어 뭍에 땅을 샀던 것이다. 고마도 사람들이 그랬다. 고마도는 도암만 끝에 위치해 있다. 농사지을 땅이 없으니 얼마나 땅 욕심이 많았을까. 도암만은 탐진강 물이 흘러드는 곳으로 강진읍까지 바닷물이 들어오는 하구 지역이다. 완도 본섬과 고금도가 도암만과 끝자락을 가로막고 있다. 바닷물은 밀려오면 도암만 안으로 들어 강진읍 턱밑까지 올라간다. 수심이 깊지 않아 뱃길이 불편하지만 갯벌이 발달하고 탐진강에서 많은 영양분이 내려왔다. 따라서 산란을 하기 위해 다양한 물고기가 만으로 찾아들었다.

그런데 고마도 사람들에게 어장은 생소한 이야기다. 강진 사람들이 마을 코앞 어장까지 와서 낙지도 잡고 전어도 잡아가기 때문이다. 물고기에 고마도 사람들 것 강진 사람들 것이라고 표시가 있는 것도 아닌데 야속하다. 고마도 사람들은 일찍부터 김 양식으로 바닷일을 시작했기 때문이다. 섬 주변이 김 양식을 하기 좋은 환경이었다. 바다가 깊지 않아 나무를 박아 지주를 세우기 좋고 조류 소통이 활발해 김 품질이 좋았다. 늘 일손이 부족했다. 당시 한 집에 3대에 걸쳐 10명이 넘게 사는 가구도 많았다. 김 양식 철이면 해남·강진·무안에서도 일을 하려는 사람들이 몰려들었다. 한철 머슴살이를 하는 것이었다. 지금은 60여 가구에 불과하지만 한때 100가구가 훨씬 넘었다. 또 품질이 좋아 일본으로 수출하면 최고 평가를 받았다. 주변에 갯벌이 좋고, 조류 소통이 원활하며, 탐진강 물이 들어와 영양염류가 풍부했기 때문이었다. 완도 본섬 사람들도 부러워했던 '돈섬'이었다.

강진청자축제 행사장에서 수십 명의 여성들이 도암만 갯벌에서 꼬막을 캐고 있는 모습을 보았다. 지금은 상상할 수 없는 광경이다. 바지락은 또 얼마나 많았던가. 모두 농지로 바뀌어 농사를 짓는 곳도 있지만 쌀농사가 돈이 되지 않고 인건비도 건지기 어렵다며 묵히는 곳도 많다. 이모작이 기본이지만 쌀농사가 끝나면 반년은 노는 땅으로 변한다. 그 길목에 섬이 있으니 얼마나 풍요로웠겠는가.

그런데 위기가 닥쳤다. 사초리를 비롯해 도암만 안에 크고 작은 갯벌이 사라지고 농지가 만들어지면서 해양생태계에 큰 변화가 생겼다. 우선 바닷물의 흐름이 눈에 띄게 약해졌다. 설상가상으로 탐진댐이 만들어지면서 하구로 흐르던 강물도 줄었다. 산란을 위해 찾던 고기들도 눈에 띄게 감소했다. 조류 소통의 영향을 받는 김 양식도 시름시름 하다 중단되었다. 바닷물이 올라오지 않고 강물도 내려가지 않았다. 자연스레 완도 남쪽 끝 청산도까지 내려가던 물발도 약해졌다.

대신 석화 양식을 시작했다. 그전에 잠깐 토도와 고마도 사이에 물이 빠지면 드러나는 '신등'에서 바지락을 잡아 일본으로 수출하기도 했다. 지금은 20여 가구가 석화 양식을 하고, 23가구가 낙지통발을 하고 있다. 몇 집에서 전복치패를 생산하고 있다. 또 10년 전부터 치자 재배를 시작했다. 아마 단일 마을에서 재배하는 것으로는 전국에서 으뜸일 것이라 했다. 문제는 뱃길이었다. 한 달에 엿새는 두어 시간 기다려

물이 많이 빠지는 날은 배를 이용할 수 없다. 바닷물이 들어올 때까지 기다려야 한다. 그리고 한참을 걸어야 한다. 고구마와 굴을 시장에 파는 것도 녹록치 않다. 다리를 놓아주기를 기대하지만 '표'가 되지 않아 정치인들은 관심도 없다.

야 도선을 탈 수 있다. 물이 빠지면 불목리 선창에 배를 접안할 수 없기 때문이다. 이런 일도 있었다. 마을 이장이 들려준 웃지 못할 이야기다.

"우리 마을에 젊은 청년이 도시로 나가 성공을 해 참한 아가씨를 만났제라. 둘은 서로 사랑을 해 결혼을 약속하고 부모님의 허락을 받기로 했던 모양입디다. 부모님에게 소개시키려고 불목리 선장에 도착해 배를 기다렸제라. 그때는 지금처럼 선창에 대합실도 없었제라. 겨울철이라 얼마나 바람이 셌겠오. 하늬바람이 칼바람잉께. 배를 타기 위해 한참을 기다렸어라. 갯벌 위 노두로 걸어 나와 배를 탔지만 내내 찬바람에 나오는 눈물을 참을 수 없었제라. 다행히 결혼을 해 잘살고 있지만 그 아가씨는 당시 결혼을 심각하게 고민했다고 했어라. 결혼을 한 후 부부는 부모님을 모시고 뭍으로 나가부렀어라. 지금도 고향은 찾지 않는다고 하요."

이렇게 뭍사람들이 불편하게 생각했던 섬이지만 한때 집값이 뭍보

작은 섬을 오가는 배는 주민들이 배를 짓고 운영을 하거나 지자체가 짓고 주민들이 운영을 한다. 세월호 침몰 이후 안전이 사회문제로 제기되고 있다. 작은 섬을 오가는 배도 버스공영제처럼 제도개선이 필요하다.

다 비쌌다. 이곳에서 집 한 채를 사려면 불목리의 두 채 값을 주어야 했다. 옛날 이야기다. 김 양식어장이 좋았기 때문이다. 양식을 하기 위해 셋방살이도 마다하지 않았다. 마을 주민도 김 양식장을 얻으려면 결혼해 분가를 해야 하고 쌀 네 가마 값에 해당하는 입어료를 내야 했다. 외지인은 두 배나 더 내야 했지만 김 양식을 할 수 있는 권리인 '행사권'을 얻기란 어려웠다. 그때는 정월 초하루에 갯제를 성대하게 지냈다. 지금도 중단되지 않고 명맥이 이어지고 있다. 저녁에 사후도로 건너가 양식장 갯벌을 몰래 파 와서 고마도 김 양식장에 뿌리기도 했다. 김 양식이 잘되길 기원하는 완도만의 독특한 풍습이었다.

지금은 굴 양식과 치자와 고구마 농사로 근근이 생계를 유지하고 있다. 마을을 돌아보니 묵히는 밭이 거의 없다. 가난한 시절 식량을 하기 위해 개간을 했던 산비탈에도 치자나무가 심어졌다. 그런데 문제는 유통이었다. 섬에서 생산한 농산물이 뭍에까지 가려면 적어도 대여

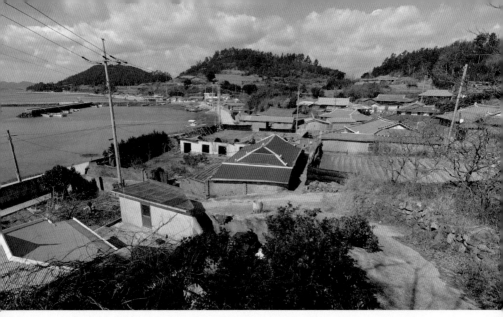

섬은 작고 농사지을 땅은 부족했지만 바다는 풍요로웠다. 도암만으로 드나드는 길목에 있어 김이 잘되었기 때문이다. 김 양식을 하려면 쌀 네 가마를 마을에 내놓고 주민들의 허락을 받아야 했을 만큼 값어치가 있었다. 이제 치자농사에 기대를 걸고 있다.

섯 번은 손수레와 트럭에 올리고 내리기를 반복해야 한다. 노인들뿐인 섬에서 쉽지 않은 일이다. 그래서 마을 주민들은 숙원처럼 노두길을 원하고 있다. 다행히 해남 북일면 만수리에서 토도까지는 노두길이 놓였다. 토도에서 고마도까지는 1킬로미터도 되지 않는다. 다리가 아니라 물이 들면 잠기고 차가 오갈 수 있는 노두길을 선택한 것도 이런 이유 때문이다.

무궁화나 배롱나무 꽃이 피면 첫서리가 시작되고 치자꽃 피면 장마가 시작된다. 이장은 조심스럽게 우리 섬에서 치자꽃축제를 하면 어떻겠냐고 물었다. 치자꽃 향기는 바다에서 일을 하던 사람들이 취할 정도로 강하다. 한 마을에서 생산하는 양으로는 전국 최고일 거라고 자랑했다. 이를 위해서도 토도와 노두길 연결이 절실하다는 것이다. 치자꽃 향기가 바다 건너 뭍에까지 퍼질지 기대된다.

개황 | 고마도(古馬島)

일반현황

위치 | 전남 완도군 군외면 고마리
면적 | 1.26km² **해안선** | 6.5km **육지와 거리** | 1.4km(군외면 불목항)
가구수 | 77 **인구(명)** | 133(남: 71 여: 62) **어선(척)** | 44 **어가** | 66
어촌계 | 고마리

공공기관 및 시설

공공기관 | 고마보건진료소(061-555-0164)
폐교현황 | 고마분교(2000년 폐교)
전력시설 | 한전계통
급수시설 | 식수난 지구

여행정보

특산물 | 전복 양식, 바지락, 돔, 농어, 감성돔
특이사항 | 지명은 마도진에서 유래되었는데 마도진이 마량으로 옮겨가자 옛날 마도진이 있었던 곳이라 하여 고마도라 하였다고 한다. 또 다른 유래로 통일신라시대 장보고가 군마를 길렀다 하여 고마도라 불렀다는 이야기도 전해지고 있다.

30년 변화 자료

구분	1973	1985	1996
주소	전남 완도군 군외면 불목리	전남 완도군 군외면 고마리	좌동
면적(km²)	2.9	–	–
인구(명)	808	548	255
	(남: 412 여: 396)	(남: 287 여: 261)	(남: 127 여: 128)
가구수	131	111	88
급수시설	우물 104개	우물 92개	우물 90개
전력시설	–	한전계통	한전계통
어선(척)	125	96	27
어가	104	45	60

＊면적에서 –표시는 1985, 1996년이 모두 같은 것임. (이하 다른 섬에도 동일하게 적용됨.)

5

바지락은
와글와글 시끄럽다
군외면 사후도

"완도 관내에서 우리만 한 어장지가 없었지."

　사후도에 살고 있는 남자 중 나이가 가장 많은 김부출 노인이 담 너머 바다를 보면서 중얼거렸다. 병인생으로 1926년에 태어났다. 백수를 앞두고 있는 나이였지만 손수 연장을 들고 집을 수리할 만큼 정정했다. 그 바다는 노인에게 예사로운 바다가 아니다. 논도 밭도 없는 작은 섬에서 가족을 건사하며 가장 노릇을 하도록 해준 바다였다. 바람받이에 사는 주민들에게 태풍은 연중행사였지만 작은 섬을 붙들고 사는 것을 운명처럼 받아들였다. 지칠 만도 하지만 바람에 날아간 함석지붕을 다시 주워 지붕을 얹었다. 어머니는 태풍으로 끊어진 도로와 부서진 집 틈새에서 일찌감치 베어둔 참깨를 내와 볕을 쬐었다. 연이은 태풍으로 햇살도 잔뜩 물을 먹었다.

　객선 없이도 마을 사람이 배를 가지고 운행하는 뱃길에 섬사람들은 익숙할지 모르지만 객(客)에게는 불편하다. 더구나 초행길은 불편함을 넘어 불안하다. 이 길이 맞나 몇 번이고 확인을 했다. 사후도로 가려면 완도로 가는 큰 길에서 빠져나와 옛날 국도로 접어들어야 한다. 사후도는 완도읍 대야리에 속하는 섬이다. 배를 타는 선창도 대야리에 있다. 작은 수목원과 육상가두리를 지나면 배를 탈 수 있는 선창에 이른다. 처음 골목길로 들어서면서 이게 섬으로 가는 선창길이 맞나 의심했다. 한 번은 배 시간을 놓쳤고, 또 한 번은 바람으로 배가 뜨질 않았다. 그렇게 세 번째 만에 사후도행 도선에 몸을 실었다. 승객은 나 혼자였다. 소주 두 상자, 맥주 한 상자가 동행이었다.

사후도의 모양은 기울어진 ㅅ자 형이다. 마을은 북서풍을 피하고 남동풍을 막아주는 쪽에 자리를 잡았다. 고금도 농상리를 마주 보는 동남쪽이다. 하지만 연이어 불어닥친 태풍 볼라벤과 삼바를 피할 수 없었다. 배가 닿는 선창에서 마을로 들어가는 길이 종이처럼 찢어졌다. 마을로 들어가는 길은 외길이다. 담이 무너지고 슬레이트와 함석으로 얹어놓은 지붕이 몇 장 날아갔지만 마을이 비교적 온전했다. 다행스럽고 신기했다. 진입로가 부서진 것도 바람보다는 파도가 제방 도로를 계속해서 두들기면서 무너진 것이었다. 작은 섬에 마을 터를 잡기까지 수백 년 동안 얼마나 많은 일들을 겪었겠는가. 허투루 자리를 잡지 않았을 게다. 선장이 무너질 듯한 도로를 지나 선창으로 트럭을 운전했

섬사람들이 가장 무서워하는 것은 바람이다. 지난번 태풍 볼라벤은 정말 무서웠다. 파도가 심하지 않는 사후도 안쪽 후미진 곳의 도로를 종이처럼 찢어놓았다. 매년 그 강도가 세지고 있다.

다. 방금 배로 싣고 온 생필품을 운반하기 위해서였다. 마을에서 운영하는 구판장은 40여 가구가 생활하는 작은 섬에서 유일한 상점이다. 물건을 팔아서 인건비도 건지기 어렵지만 선장은 구판장 사장도 겸하고 있었다.

사후도는 조선 숙종에 김해 김씨, 이씨, 조씨 등이 들어와 마을을 형성했다. 강진읍으로 들어가는 중요한 뱃길이라 인근 고마도에 수군진(1521년)을 설치했다. 그리고 완도에 가리포진(1522년)이 설치되면서 수군진은 강진 마량으로 옮겼다. 옛날 진이 설치되었다 해서 고마도(古馬島)라고 불렀다. 사후도는 고마도 옆에 있는 섬이다. 돔, 농어 등이 많아 낚시꾼들이 많다.

《호구총서》(1789)에는 사후도가 강진현 백도면에 속한 섬이라 했다. 이후 완도군 창설(1896년)로 군내면에 속하였지만 1914년 행정구역 개편으로 군외면 영풍리에 통합되었다. 조선 효종 때 귀양 가던 박씨와 양씨가 들어와 정착했다고 한다. 《청해진 완도군 향토사》(완도군문화원)에는 1900년 초에 해태가 많이 생산되어 각처에서 이주하여 130여 호가 되는 큰 마을로 번창했다고 한다. 《전남의 섬》(전라남도)에는 해방 후 복도에 해태 양식어장이 개발되면서 80가구에 500여 명이 넘는 인구가 상주했다고 기록되어 있다. 복도(복섬)는 도암만 내에 사내호 방조제 근처에 있는 무인도를 말한다. 김 노인이 말한 '완도에서 김으로 일등지'였다는 사실이 확인된 셈이다.

1900년대 초라면 '염홍'이라 해서 대나무를 쪼개 엮어 만든 김발(죽홍이라고도 함)을 만들어 양식을 하던 시절이다. 고마도와 함께 도암만 입구에 위치해 있고, 탐진강의 깨끗한 물이 유입되어 영양염류가 풍부했다. 게다가 수심이 깊지 않고 갯벌이 발달해 지주식 김 양식을 하기 적합한 환경을 갖추었다.

마을어장으로 뱃길과 찻길을 잇다

김 양식은 오래가지 않았다. 강진읍 사초리 인근과 해남 북평 일대의 갯벌을 매립하여 사내호 방조제를 막으면서 복섬 일대의 김 양식장이 큰 타격을 받았다. 게다가 양식 기술이 발달하면서 어장이 진도의 구지도와 해남의 어불도 밖 어장처럼 수심이 깊은 바다로 옮겨졌다. 넓은 바다에서 대규모 양식이 가능해지자 소규모의 지주식 김 양식은 가격 경쟁력을 잃었다. 사후도 주민들에게는 큰 타격이었다. 지금처럼 어업 보상을 받을 수 있는 상황도 아니었다. 80여 호에 이르던 가구도 40여 호로 줄었다. 남아 있는 주민들은 양식어업 대신에 낙지통발을 선택했다. 사후도에 거주하는 42가구 중 22가구가 통발로 낙지잡이를 하고 있다. 통발낙지는 2월에서 시작해서 7월까지 이어진다. 낙지는 일년산이다. 여름에 알을 낳고 죽는다. 간혹 9월에도 통발을 넣기도 하지만 큰 기대를 하지 않는다. 대신에 찬바람이 날 무렵에는 뻘떡게(민꽃게)가 많이 든다. 아침에 해남 남창을 지나다 들린 남창장(2일, 7일장)에서 뻘떡게가 많이 나와 있는 것을 확인했었다. 막 잡아온 전어도 많았다. 겨울을 제외하고 통발 넣는 것은 계속하지만 철 따라 들어오는 것은 조금씩 다르다.

이렇게 낙지와 뻘떡게를 잡아 한 달에 30만~40만 원의 소득을 올리고 있다. 장소가 아주 좋으면 50만 원까지 소득을 올린다. 젊고 힘이 좋은 사람은 통발을 500여 개 넣지만 보통은 200개 정도로 낙지를 잡는다. 사면이 바다이기 때문에 어장은 좋지만 예전처럼 낙지가 많지 않다. 어업 자원은 줄어 소득이 예전 같지 않기 때문에 통발을 놓는 어장을 둘러싼 갈등이 생길 법도 했다. 그렇지만 마을 주민 김가주(74세, 기묘생)씨는 그런 일은 절대 일어나지 않는다고 했다. 그 이유는 마을에서 오래전부터 정해놓은 어장 운영 규칙 덕분이었다. 사후도는 두 달

여름철 반찬으로 게장만 한 것이 없다. 특히 '독게'라 부르는 민꽃게로 담근 게장은 꽃게와 달리 오래 두고 먹을 수 있고 값도 저렴하다. 사후도에서는 물때에 맞춰 한 달에 한두 번씩 통발을 놓는 자리를 바꾼다. 오래된 마을 어장의 운영 방식이다.

에 한 번씩 추첨을 해서 통발을 넣을 어장지를 정한다. 이를 두고 '제비 추첨'('주비추첨'이라고도 함)이라고 한다. 보통 100미터에서 150미터 간 격으로 마을어장을 구분해두고 추첨을 한다. 그리고 선정된 어장에 두 달 동안 통발을 놓는다. 이렇게 어장을 운영하는 것은 해태(김) 양식 을 할 때부터 시작된 것이다. 김씨도 같은 방법으로 추첨해 20여 년 전 까지 김 양식을 했다. 가장 많이 할 때가 89호에 500여 명이 섬에 살았 다. 이때 어장을 나누기 위해서 했던 방법이 '주비추첨'이었다. 완도에 서 어장을 나눌 때 이용하는 방법이다. 어장지를 깨끗하게 정리한 후 좋은 곳과 나쁜 곳을 구분하고 각각 마을 가구 수만큼 나눈 후 추첨 을 해서 결정하는 방식이다. 마을 주민이 모두 어장지를 이용할 권리가 있는 것은 아니다. 어촌계원으로 인정된 사람들만 행사를 할 수 있다. 한 번 통발을 놓게 되면 5일 만에 걷어 올린다. 이를 두고 '물을 본다'고 한다. 통발로 잡은 낙지는 완도수협이나 남창장 등에 내다 판다. 한

번에 5만 원에서 10만 원 정도 소득을 올린다. 섬사람들의 용돈벌이나 어민들의 정체성을 잃지 않을 만큼 잡히는 셈이다.

낙지 수입 외에 바지락도 사후도의 중요한 수입원이다. 바지락은 4월이나 5월, 8월 두 번 작업을 한다. 이렇게 바지락 작업을 하게 되면 가구당 한 사람씩 나와서 채취를 한다. 이것을 두고 주민들은 '개를 튼다'고 한다. 바지락만 아니라 자연산 굴을 깔 때도 한 집에서 한 명씩 나와서 작업을 한다. 물이 빠졌을 때 갯벌이 드러난 곳은 주민들이 직접 나가서 작업을 하지만 수심이 6~7미터에 이르는 곳에 있는 물바지락은 작업 배를 이용한다. 능력을 갖추고 있는 주민들이나 외지인에게 임대를 주기도 한다. 이렇게 해서 마련한 비용은 도선 운영비와 버스 운영비로 활용하고 있다. 도선은 출향인사 중 서울에서 건설회사를 운영하는 사람이 건조해서 마을에 기부를 했다. 도선 운영비는 기름값과 선장 임금까지 해서 한 달에 200만 원 정도 소요되고 있다.

매일 아침이면 7시에 버스가 대야리에 도착해 있다가 나가는 마을 주민들을 읍내까지 실어다 준다. 그리고 다시 11시에 읍내에서 선창까지 운행한다. 이렇게 버스를 운영하는 데도 1년이면 1천600만 원의 돈이 소요된다. 결국 버스와 도선 운영을 위해 1년이면 3천500여 만 원이 필요하다. 섬에 살기 때문에 부담해야 하는 비용이다. 이 비용은 고스란히 바지락 밭에서 나오는 것이다.

옛날에는 소치도(蘇雉島)라 했다. 섬에 모래가 많고 까마귀가 많아 사오도(沙烏島)라고도 했다. 사후도라는 지명과 관련해서는 '사위도와 딸도'라는 지명 설화가 전해오고 있다.(〈달도〉편 참조) 또 사후도 삼신할머니 전설이 전해온다. 주민들은 섬을 지키는 삼신할머니가 육지에서 잡귀잡신이 들어오지 못하게 막아준다고 믿고 있다. 이 할머니는 마을의 액운을 없애주며, 마을 사람이 무슨 잘못을 하면 꿈에 나타

사후도에서 나이가 가장 많은 김 노인은 사후도 맥가이버다. 오만가지 연장과 도구들이 즐비하다. 건강을 지키는 비결을 묻자 딸싹딸싹 손노릇을 하며 필요한 것은 뚝딱 만들어내는 데 있다고 웃으신다. 집 안 구석구석 그의 손노릇이 가지 않는 곳이 없다.

나 마을 앞 당산에서 잘못을 빌고 뉘우치게 했다. 그 후 잘못을 뉘우친 한 마을 사람이 산신당을 지었다. 마을 사람들은 지금도 매년 정월이면 정성을 다해 제를 올린다. 그것이 사후도의 당산제와 갯제로 이어지고 있다.

딸싹딸싹 손노릇이 건강 비결이여

농사지을 마땅한 땅도 없고 일할 공장도 없는 작은 섬마을에 사람들이 모여 살 수 있는 것은 갯벌이 있기 때문이었다. 그게 마을어장이다. 김 농사를 짓던 마을어장에서 지금은 낙지를 잡고 있다. 그 고마움을 알기 때문에 섬사람들은 정월이면 잊지 않고 갯제를 지내고 있다. 갯제는 당산제와 함께 지낸다. 당산제는 나쁜 기운이 없고 운이 좋은 남자 두 명과 여자 한 명이 준비한다. 마을 의례는 12월 그믐부터 준비를 해서 초사흘 낮 12시에 올라가 깨끗하게 청소하고 4시 무렵에 지낸다. 당산제가 끝날 무렵에 마을 선창에서는 청년들이 농악놀이를 하고 집집마다 제물을 차린 상을 줄지어 길 따라 내놓고 제를 지낸다. 이를 '갯제'라고 한다. 당산제와 갯제의 전통은 지금도 이어지고 있다. 다만 젊은 사람들이 없어 농악소리는 멈추었다. 지난해에는 선창에 주민들이 차려놓은 제물이 10상이 넘지 않았다. 한때 집집마다 상을 내올 때는 70, 80상이 즐비했다. "그땐 정말 볼 만했어." 김 노인과 세 살 차이로 평생을 붙어산 할머니가 불쑥 끼어들었다. "몇 년 전까지 우리 집 노인이 쇠를 쳤어." 김 노인이 마을 농악의 상쇠였다. 김 노인은 바다 건너 큰 섬 고금도에 있는 농상리에서 태어났다. 여섯 살 때 아버지가 남의 집 보증을 섰다가 망하는 바람에 집과 땅 등 재산을 모두 날렸다. 살길이 막막해지자 일가친척들이 있는 사후도로 들어왔다. 일가친척들이 많아 의지하며 살 수 있을 것 같았기 때문이었다.

김 노인은 섬이 가장 활기가 넘쳤던 시기를 1960~1970년대로 기억했다. 한창 젊은 시절이었다. 무엇보다 힘은 들었지만 해태 양식으로 바다농사가 잘되던 시절이었다. 당시에는 한 집에 20~30척 정도 김 양식을 했었다. 지금은 수백 척 혹은 천여 척 규모로 양식을 하는 어가들도 있다. 당시에는 갯벌에 대나무를 박아 김발을 매는 지주식이다. 지금처럼 채취선이 있었던 것도 아니었다. 엄동설한에도 맨손으로 바닷물에 잠긴 김을 뜯었다. 가공공장이 없던 시절에 직접 김틀에 떠서 말려 송·죽·매·동의 네 등급으로 나누어 일본에 수출했다.

김 노인은 나이보다 훨씬 젊어 보였다. 지금도 생각 같아선 쇠를 잡을 수 있을 것 같지만 몸이 예전 같지 않다고 한다. 왜 그렇지 않겠는가. 팔순이 훌쩍 넘고 아흔 줄을 바라보고 있는 고령인데.

이야기를 마친 김 노인은 마당에서 또닥또닥 망치질을 하며 뭔가 만들고 계셨다.

"어르신 젊음을 유지하는 비결이 뭐예요?"

"뭐가 있것어. 이렇게 딸싹딸싹 일하는 것이제. 손노릇이 비결이여."

할머니가 손수 만든 콩나물과 게장과 막 담은 김치 그리고 사골국에 밥 한 그릇 뚝딱 비우고 나왔다. 대문 옆 헛간에는 잘 정리된 공구함에 갖가지 도구와 작업에 필요한 부품들이 잘 정리되어 있었다.

섬에는 관문 역할을 하는 큰 선창과 회관 동남쪽에 있는 조금 선창이 있다. 고마도와 마주하는 평안구미와 김 양식을 많이 했던 복섬 바다가 있다. 복섬은 사초리 간척과 함께 조성된 사내호 동쪽에 있는 섬으로 도암만(일제강점기에는 강진만이라 함) 동쪽에 있는 작은 섬이다. 김 양식을 많이 했던 곳이다. 간척사업으로 바닷물의 흐름이 활발하지 않았다. 또 김 양식 기술이 발달하면서 수심이 깊은 바다로 양식어장이 바뀌면서 도암만의 김 양식도 사라졌다. 대신에 낙지잡이와 패류 양식이 활발해졌다.

개황 | 사후도(伺候島)

일반현황

위치 | 전남 완도군 군외면 사후리
면적 | 0.69km²   **해안선 |** 5.8km   **육지와 거리 |** 1.4km(완도항)
가구수 | 61   **인구(명) |** 101(남: 53 여: 48)   **어선(척) |** 32   **어가 |** 56
어촌계 | 사후리

공공기관 및 시설

공공기관 | 사후도보건진료소(061-552-9674)
폐교현황 | 군외초등 사후분교(2002년 폐교)
전력시설 | 한전계통
급수시설 | 간이상수도 1개소, 우물 1개소

여행정보

특산물 | 바지락, 굴, 김, 톳, 멸치, 마늘, 고추, 참깨
특이사항 | 섬 이름은 본래 사조도라 하였는데 주위에 달도(딸도)가 있어서 사위를 뜻하는 사후도로 불렸다 한
다. 조선시대 섬 입구에 마도진이 있었기에 마도진에 속한 사후선(정찰배)이 있었던 곳으로 사후도라 칭한 것
으로 보인다.

30년 변화 자료

구분	1973	1985	1996
주소	전남 완도군 군외면 영풍리	전남 완도군 군외면 사후리	좌동
면적(km²)	1.89	–	–
인구(명)	504	373	187
	(남: 276 여: 228)	(남: 185 여: 188)	(남: 97 여: 90)
가구수	80	78	67
급수시설	우물 11개	우물 67개	우물 54개
전력시설	–	한전계통	한전계통
어선(척)	66	66	19
어가	54	54	55

6
장보고가 살아났다
군외면 장도

음력 열이레 보름이 막 지났다. 물이 가장 많이 드는 여덟 물이다. 마을 앞 해안도로를 바닷물이 넘본다. 바닷물이 일렁일 때마다 바람도 덩달 아 불어댔다. 바람 끝이 청양고추보다 매섭다. 하늘은 겨울답지 않게 눈이 시리도록 깨끗하고 푸르다. 장섬으로 가는 길이 열리기를 기다리 고 있었다. 장섬은 장도를 말한다. 지금은 나무다리가 놓여서 무시로 건널 수 있지만 몇 년 전까지만 해도 물이 빠져야 장도에 들어갈 수 있 었다. 기사식당에서 점심을 먹고 휴게실에 앉아 주민에게서 마을과 장 보고, 송징에 얽힌 장섬(장도) 이야기를 들었다. 한 시간이 훌쩍 지났지 만 청해진 본영이었던 장섬으로 가는 길은 여전히 닫혀 있다. 정성이 부 족한 것일까. 아무래도 두어 시간 더 기다려야 할 것 같다.

장섬은 장좌리 주민들이 고구마를 캐고 마늘을 심던 밭이었다. 한 바퀴를 도는 데 30분도 채 걸리지 않는 작은 섬, 정상에 후박나무와 동 백 숲이 아담하게 우거져 있을 뿐, 민둥산이었다. 이곳이 통일신라시대 중국과 일본을 잇는 해상무역의 거점이라니, 믿기지 않는 일이다. 게다 가 이 좁은 섬 어디에 일만이나 되는 군사가 주둔하고 있었을까. 복원 해놓은 토성을 따라 걸으며 상념에 잠겼다. 장.보.고. 그 흔적을 찾아 구석구석 유심히 살폈다.

천년 '기억', '역사'가 되다

장도는 장좌리에서 150미터 떨어진 마을어장 안에 있는 작은 섬이다. 섬은 땅을 일구어 밭농사를 짓고 갯벌을 일구어 김 농사를 지었다. 마을 사람들은 농사가 잘되고 마을이 편안하기를 바라며 장도에 신을 모셨다. 중국과 일본은 물론 남쪽 이슬람국가까지 오가며 바다 실크로드를 꿈꿨던 청해인의 근거지는 겨우 몇 마지기 밭뙈기로 치부되었고, 오직 마을 사람들만 일 년에 한 차례 갯길을 건너 마을신을 맞으러 갈 뿐이었다. 그 길에 예쁜 나무다리가 놓였다. 하늬바람이 몇 차례 불자 바닷물은 마지못해 섬 밖으로 물러났다. 사물을 앞세우고 단숨에 장섬에 들어섰다. 그 바람에 매서운 바람이 굴 밭을 스치고 장섬과 매단(장좌리 해송숲) 사이를 훑고 신지대교로 달아났다. 언제 나왔는지 감태를 뜯는 몇 명의 여자들이 나무다리 밑에서 꼼지락거렸다. 엎드려 갯벌바닥에 붙은 감태를 매다 허리가 아픈지 일어서 기지개를 폈다. 장보고 전시관 옥상에서 보니 그 모습이 칠게가 먹이활동을 하다 엄지발을 드는 모습과 같다.

장보고는 유년기 '궁복', '궁파'로 불렸다. 활을 잘 쏘아 붙여진 이름이다. 젊은 시절 당나라 서주 무령군에 들어가 큰 공을 세워 30세(819년)에 군사 1,000명을 지휘하는 군중소장이 되었다. 당시 중국 동해안에는 재당 신라인이 집단으로 거주하며 선박 제조 및 수리, 해운업, 목탄 제조, 칼과 소금 등을 생산하며 살고 있었다. 이들 재당 신라인은 중국 동해안은 물론 페르시아와 일본까지 잇는 무역상들이었다. 당의 지방통제력이 약화된 틈에 해적들이 기승을 부렸다. 특히 재당 신라인을 잡아 노비로 팔아 외교 문제가 발생하기도 했다.

장보고는 귀국하여 신라 흥덕왕에게 해적을 막기 위해 청해진을 설치해야 한다고 건의하였다. 당시 경제적으로 어려움을 겪던 흥덕왕은 매서운 하늬바람이 거세게 불던 날도 어머니는 장섬 앞 갯벌에서 김태를 매셨다. 물발이 좋은 갯벌 위에 겨울철에 잠시 나타
났다 사라지는 김태를 매는 날이면 밥상 위에 아버지의 막걸리가 오른다. 쌉쌀한 맛 뒤에 밀려오는 달콤함과 비릿한 바다
내음이 그립다.

큰 부자가 된 장보고의 도움이 필요했다. 그에게 서남해 지역 관할권을 승인해주고, 군사 1만과 대사라는 직함을 내려주었다. 그래서 장보고를 일컬어 '청해진대사'라 불렀다.

청해진 터는 완도 장좌리 장도를 중심으로 대야리와 죽청리 일대로 추정하고 있다. 몇 차례 발굴로 장섬에서 토성과 우물, 자기편과 제기 등 유구와 유물이 발견되었다. 게다가 섬 주변에서 열을 지어 박혀 있는 직경 30센티미터 안팎의 목책이 확인되어 틀림없는 청해진 본영으로 추정하고 있다. 이 밖의 당시 여러 자료를 통해 완도는 물론 강진·영암·해남 등 서남해 일대는 청해진 관할의 섬이었을 것으로 생각된다.

해상에 해적활동이 심해지자 완도 청해진, 남양 당성진, 강화 혈구진 등에 군진을 설치하였다. 군진은 지방호족들의 사병집단이었다. 중앙 군력이 궁벽한 어촌이나 섬에까지 영향력을 미칠 만큼 힘을 갖지 못했기 때문이다. 장보고 세력도 마찬가지였다. 나중에 해상무역을 통해 동아시아 해상권을 장악하고 영향력이 커지면서 중앙정치를 넘어 딸을 문성왕(839~856년)의 비로 들이려고 했던 것이다. 경주 귀족의 견제를 받은 것은 당연했다. 이후 신라 왕위 계승에 휘말려 귀족 김양의 사주를 받은 염장에 의해 841년 암살당했다. 청해진도 폐지되고 1만여 군대와 주민들은 전라북도 김제 벽골군으로 강제 이주되었다. 동아시아 해상권을 장악했던 해신 장보고는 이후 고려와 조선은 물론 해방 이후에도 정치권력에 의해 '역신'으로 낙인찍혀 기록은 물론 기억에서도 사라졌다. 반역의 땅으로 동토가 된 후 재평가를 받는 데 천년의 세월이 필요했다.

송징 장군, 장보고 옷을 입다

장보고가 다시 청해진에 나타난 것은 그가 암살당한 뒤 약 천 년 후였

장도는 고추도 심고 고구마도 심고 마늘도 심는 장좌리 주민들의 텃밭이었다. 다만 섬 꼭대기에 마련된 장군당은 함부로 들어가는 것도 주변의 나무를 꺾는 것도 금기시했다. 농사를 지으며 무심히 보았던 목책과 우물과 언덕들이 청해진 군사들이 생활했던 흔적이라니.

다. 장도를 어장으로 이용하던 장좌리 주민들이 마을신으로 송징을 모셨던 것이 계기였다. 설화와 역사의 뒤섞임은 여러 곳에서 확인할 수 있다. 고산과 왕인, 홍길동, 심청 등은 모두 지역문화 혹은 축제와 관광자원화라는 명목으로 우리 앞에 나타난 것들이다. 이때 앞장서는 사람은 전문가요 이용하는 사람은 정치인이다. 지방자치제가 시작되면서 지역정체성을 만들어내려는 목적과 선거가 이를 부추겼다. 때론 지나치게 포장되기도 한다. 이런 포장의 이면에는 정치와 문중이 개입한 경우가 많다. 성역화 사업이나 현창 사업이라는 이름으로 추진되기도 했다.

옛날 장좌리 주민들은 장섬과 마을 사이 물길을 막아 고기를 잡았다. 수심이 낮고 물발(조류)이 좋은 장섬 일대는 완도에서 가장 먼저 김 양식이 시작된 곳이다. 김 양식으로 인근 죽청리와 대야리 논을 부치기도 했다. 이렇게 해서 번 돈으로 일찍부터 자식들을 목포로 유학을 보내기도 했다. 지주식 김발이 쇠퇴하면서 김 양식은 중단되었고 일부 석

작은 섬에 1만의 군대가 어찌 모여 있었을까. 성곽과 우물이 발견되었다. 주민들은 그 섬 정수리에 나무를 심고 마을의 안녕과 풍어를 기원하는 당산제를 지냈다.

화 양식과 미역 양식, 낙지잡이(주낙), 바지락 양식을 하고 있다.

장좌리 사람들은 정월 보름 새벽 동이 트기 전 장섬에 오른다. 장보고와 청해진 장병들의 넋을 위로하는 마을 제의를 지내기 위해서다. 매년 이 시간이면 물길이 열려 굿을 하면서 섬에 오를 수 있었다. 하지만 이젠 더 이상 기다릴 필요가 없다. 나무다리가 놓였기 때문이다. 이것도 시간이 지나면 익숙해질 것이므로 당장은 어색하고 몸에 맞지 않는 것이라도 어쩔 수 없다. 사물 소리가 새벽을 뒤흔들었다. 정성스럽게 마련한 제물을 지게에 지고 성문을 지나 토성을 따라 장군당으로 향했다. 제를 지내고 열두군물을 행한 후 이번에는 배를 타고 내려온다. 이때 해적을 물리치는 '전승락', 청해진으로 환진하는 배굿 '선승락' 등이 재현되었다. 굿판이 배 위에서 이루어지는 터라 예전처럼 배를 이용할 수밖에 없다.

장섬에 있는 제당 이름도 언제부턴가 장군당이 되었다. 그리고 장

장섬은 산비탈을 일궈 장좌리 주민이 고추도 심고 마을도 심었던 텃밭이다. 옛날 목책을 두르고 흙을 쌓아 성을 만들었던 청해진의 근거지란다.

보고를 주신으로, 정년과 혜일대사를 부신으로 모시고 있다. 정년과 혜일대사는 실존 인물이다. 노인들은 1980년대 초반까지 장보고가 아니라 송징 장군을 모셨다고 기억했다. 삼별초 장군이었다고 알려진 송징은 인근 해적들을 소탕하고 약탈한 곡물을 인근 마을 주민들에게 나누어 주는 선정을 베풀었다고 한다. 특히 활을 잘 쏘았다. 관련된 설화도 전해온다. 송 장군은 설화와 구전에서 장보고의 특징과 일치한다. 그래서 마을 주민들과 연구자들은 장섬에 모셔진 송 장군은 장보고와 동일 인물이라 추정한다.

우리 역사를 해양사로 본다면 역사는 해양의 시대와 해금의 시대로 구분할 수 있다. 고려시대까지를 '해양의 시대', 고려 말 이후 조선시대를 '해금의 시대'라고 부른다. 해양의 시대에는 해로를 통해 사신·학자·승려·상인 들이 교류했지만, 해금의 시대는 해양 대신 육로를 이용했다. 시대가 영웅을 만드는 모양이다. 해양의 시대는 해상무역왕 '장보고'를 낳고, 해금의 시대는 성웅 '이순신'을 낳았다. 양란 이후 계속된 열강의 통상 요구는 철저한 쇄국정책으로 이어졌다.

이렇게 '기억된 역사'는 시대정신과 민초들의 호명에 따라 등장했다. 최영 장군·임경업 장군·남이 장군·김덕령 장군, 사도세자 등 정치권력에 의해 비극적으로 생을 마감한 인물들은 무속과 민간신앙에서 신격화되어 재등장한다. 장보고가 그렇다. 마을 주민들에 의해 모셔졌던 송 장군은 장보고로 변신해 마을을 넘어 지역문화·해양문화의 아이콘으로 등장하고 있다. 마을로 들어와 갯제를 지낸다. 그리고 샘굿과 지신밟기를 한 후 마을 주민들이 음식을 나누어 먹으며 난장이 펼쳐진다.

＊장좌리 장도는 청해진 터로 추정되면서 성곽과 유물 발견은 있었으나 현대적 의미의 통계 자료는 드러난 것이 없음.

7

꽃섬,
미녀는 어디로 갔을까

군외면 동화도

해남 북평면 시골 마을에는 영전백화점이라는 가게가 있다. 아이스크림에서 외발수레까지, 생필품에서 농자재와 양식자재까지 없는 것이 없다. 그래서 슈퍼마켓, 전자상가, 공업사, 택배업, 관광안내소까지 다양한 역할을 맡고 있다. 겉은 허름하지만 안을 보면 허투루 지은 이름이 아니라는 것을 알 수 있다. 2대째 운영하고 있는 백화점의 주인 김병채(66세)씨는 섬사람들이 물건을 주문하면 직접 배달하기도 했다. 백화점 이야기를 한 잡지에 소개한 것이 인연이 되어 가끔 지나는 길에 쉬어간다. 동화도로 가는 길에 영전백화점에 잠깐 들렀다. 김씨는 주말이라 물건을 하기 위해 광주로 출타 중이었고 아내가 가게를 지키고 있었다. 간단히 요기를 하고 섬에서 만나볼 사람도 소개를 받았다. 그런데 가는 날이 장날이라고 백화점 주인이 소개해준 김지호(1945년생)씨는 고장난 배를 수리하기 위해 남창으로 나가고 없었다.

섬을 한 바퀴 둘러보는 시간은 담배 한 대 피울 시간이면 족했다. 마을이 한눈에 들어오는 폐교에 올라 꼽아보니 여섯 가구가 살고 있었다. 그중 두 집은 최근에 지었다. 또 한 집은 집을 짓기 위해 자재들을 선창에서 올리고 있었다. 모두들 섬을 떠나고 있는데 누가 이렇게 교통도 불편한 작은 섬으로 들어오는 것일까. 논이 있는 것도 아니고, 밭이라고 해봐야 손바닥만 한 텃밭이 전부였다. 그렇다고 양식장도 보이질

예부터 일 년에 한 명씩 양귀비가 무색할 만한 절세가인이 태어난다는 섬이다. 그런데 미인박명이라고 꽃이 피기 전에 시들어버리는 것이 문제였다. 그래서 꽃섬이라 했다. 지금은 그 섬을 동화도라 부른다.

않았다. 도깨비 방망이라도 가지고 있는 것일까. 궁금했다. 같은 배를 타고 온 젊은 부부는 전복 먹이를 줘야 한다며 총총걸음으로 선창에 내려갔다. 더 이상 사람도 보이지 않고 갈 곳도 없는 신세가 되었다. 볕이 잘 드는 아래채 마루에 앉아 고양이와 해바라기를 하고 있는 할머니를 발견했다. 멈칫거릴 것도 없이 다가갔다. 그리고 다음 배가 올 때까지 한 시간여 이야기를 나누었다.

남의 나이 한 살 먹었소

해남 남창이 고향인 할머니는 일제 말기 처녀 공출을 피해 작은 섬으로 시집왔다. 그 많은 곳을 두고 선친이 동화도를 선택한 이유는 두 가지였다. 가장 큰 이유는 객선도 없고 섬에 사는 사람도 적어 이곳까지 처녀 공출을 하러 오지 않을 것이기 때문이었다. 동화도는 해남 땅끝에서 손을 뻗히면 닿을 만큼 빤히 보이는 곳에 있는 작은 섬이다. 두 번째 이유는 남창에서 가깝고 친척이 살고 있어 안심이 되었기 때문이다.

그런데 기구한 운명의 장난인지 남편은 결혼 후 10년 만에 세상을 떠났다. 공출은 피했지만 대신 얻은 섬살이는 녹록치 않았다. 옛날 이야기를 하는 동안 할머니의 시선은 허공을 향했다. 할머니가 시집온 유씨 집안은 동화도의 땅을 대부분 소유하고 있는 '섬주인' 집안이었다. 섬주인이라는 말은 인근 흑일도와 백일도를 돌아보면서 내내 들었던 말이다. 그 사이 섬 토박이들은 모두 섬을 떠났다. 철새가 텃새 되는 세상이라지만 동화도에는 할머니보다 오래 머무른 사람은 없다.

할머니의 유일한 즐거움은 양지마루에 앉아 고양이와 함께 해바라기를 하는 것이다. 섬을 찾아간 날도 할머니는 그렇게 앉아 계셨다. 할머니 옆에 앉아 점심때 먹으려고 가지고 간 바나나와 귤을 할머니와 나누어 먹었다. 고양이가 무심한 듯 경계의 눈빛도 없이 쳐다보았다. 할머니가 바나나를 조금 떼어서 고양이에게 건네주었다. 나이가 몇이시냐고 물었는데도 한참 바나나를 드시다가 문득 고양이에게 이야기하듯 "놈의 나이 한 살 먹었어"라며 대답했다. 처음에는 무슨 말인지 알아듣지 못했다. 남의 나이라니. 그게 무슨 말인가. 할머니는 내 궁금증에 답이라도 하듯 말을 이었다. 여든 살까지는 자신의 수명을 다한 것이요, 이후부터는 남의 나이를 사는 것이란다.

할머니 이야기를 들으니 며칠 전에 인터넷에서 읽은 인간 수명과 관련된 우화가 떠올랐다. 조물주가 소를 만들어 60년을 살도록 했다고 한다. 단, 사람을 위해 평생 일만 해야 한다고 했다. 소가 말했다. 너무 길다고 30년만 살겠다고. 다음에 개를 만들어 30년을 살라고 했다. 단, 사람을 위해 평생 집을 지켜야 한다고 했다. 개가 말했다. 너무 길다고 15년만 살겠다고. 다음에 원숭이를 만들어 30년을 살도록 했다. 단, 사람을 위해 평생 재롱을 떨어야 한다고 했다. 원숭이가 말했다. 너무 길다고 15년만 살겠다고. 마지막으로 사람을 만들어 25년을 살도록 했다. 단, 생각할 수 있는 머리를 주었다. 사람이 말했다. 소가 버린 30년, 개가 버린 15년, 원숭이가 버린 15년, 모두 60년을 전부 달라고 했다. 그래서 인간은 25살까지는 그냥 살고, 55살까지는 소처럼 일만 하고, 퇴직해 15년은 개처럼 집만 보고, 15년은 원숭이처럼 손자들 앞에서 재롱을 떨며 살다 간다는 것이다.

그렇다면 할머니의 삶은 어떤가. 스무 살까지는 우화처럼 그럭저럭 살았다. 부모가 계셨으니 가능했다. 결혼을 한 후에는 자식을 낳고 10년은 가정을 이루며 살았다. 그리고 남편이 떠났다. 고칠 수 없는 병을 얻었으니 별 도리가 없었다. 초등학교를 졸업한 아이들도 하나둘 섬을 떠났다. 중학교가 없으니 달리 방법이 없었다. 큰 집에 덜렁 혼자 남았다. 남편이 이승에 남겨준 것은 작은 집과 자식들 그리고 자그마한 산비탈 밭뙈기였다. 산을 일구어 고구마를 심고, 갯바위에서 미역과 톳을 뜯어 생활했다. 다행히 자식들은 잘 커주었다. 한 아이는 국가공무원이 되었고, 다른 아이는 큰 회사에 취직도 했다. 정말 소처럼 일도 하고 개처럼 집도 지키며 살았다. 때론 집을 팔아버리고 홀홀 떠나고 싶었다. 아이들이 팔지 말라고 말렸다. 하지만 행여나 자식들이 팔자고 하면 더욱 서운해할 사람은 할머니였다. 남편을 보내고 자식들과 살면서 뭍에서 물을 길러 와 흙을 이기고, 산에서 나무를 해 기둥을 세워 지은 집이었다.

할머니는 이야기를 하다 자신이 직접 지은 안채를 바라보기도 했다. 할머니의 눈빛을 가늠할 수 없었다. 바깥채 가마솥에는 산에서 캐온 약초들이 가득했다. 장작을 지펴 푹 삶아 약물을 내서 자식들에게 보내려고 준비하고 계셨다. 매년 겨울이면 하는 연례행사였다. 처마에는 며칠 전에 만들어놓은 메주가 대롱대롱 달려 있었다. 조물주가 인정한 나

신안 주씨가 고명딸을 유씨에게 시집을 보내면서 꽃섬을 딸려 보낸 뒤로 동화도는 유씨의 섬이 되었다. 유씨 집안으로 시집와 평생 섬을 지키고 있는 '섬 임자' 할머니가 살고 있다.

이를 훌쩍 넘어 남의 나이까지 살면서도 일을 놓지 못하고 있었다.

그런데도 할머니의 얼굴은 밭고랑처럼 주름은 깊었지만 표정은 온화하고 어린아이처럼 해맑았다. "작은 섬마을에서 젊은 여자가 할머니가 되도록 혼자 살아온 세월을 어찌 다 말로 하것소"라며 말을 잇는 표정은 한도, 원망도 없이 그저 편안해 보였다. "거의 한평생을 일만 하고 살아오면서도 할머니 같은 얼굴을 가지려면 어떻게 해야 할까요?"라고 묻자 대답 대신 빙그레 웃기만 하셨다. 그녀의 얼굴은 자연이었다.

절세가인이 사는 섬

옛날부터 동화도에는 해마다 양귀비를 무색케 하는 절세가인이 한 사람씩 태어났다. 그런데 괴이하게 17, 18세의 꽃봉오리 같은 처녀가 되면 이름 모를 병으로 시름시름 앓다가 허망하게 죽어버리곤 했다. 그래서 예쁜 딸이 태어나면 기쁘면서 한편으로 진자리에서 죽기를 바라기도 했다고 한다. 이렇게 애달픈 이야기가 유래되어 꽃처럼 피었다가 열매를 맺지 못하고 시들어간다고 해서 이 섬을 '꽃섬' 혹은 '화도'라고 했다고 한다. 실제로 화도 처녀들은 예쁘고 착하고 건강하다고 소문이 났다. 이윽고 영전백화점 주인이 소개해준 김씨를 만났다. 그는 영전리 출신이다. 젊어서 섬으로 들어와 김 양식을 했다. 지금은 낭장망으로 멸치잡이를 하고 있다. 그도 "산에서 나무를 해 가지고 오면, 저 건너 밭에서 몸에서 빛이 날 정도로 이뻤다"며 절세가인을 실제로 보았다고 했다.

1980년대 초반까지 12가구에 60여 명의 주민들이 밭농사와 톳 등 해초를 채취하며 살았다. 섬 주변의 수심이 깊고 바람이 거세어 완도의 다른 섬처럼 해조류 양식을 할 수 없었기 때문에 가난을 면치 못했다. 당시에는 여객선이 오지 않아 외지로 나가려면 10리쯤 떨어진 백일도까지 건너가 하루에 두 번 운항하는 객선을 타야 했다.

할머니는 뭍에 나가셨는지 없었다. 김씨는 할머니를 '섬 임자' 집이라 불렀다. 섬에 살던 강릉 유씨 집안으로 시집을 왔다. 그 집안은 섬 땅의 대부분을 소유하고 있었다. 꽃섬 주변에는 백일도와 흑일도가 있다. 조선 숙종 때 신안 주씨가 백일도에 들어와 주변 섬에 정착했다. 이후 강릉 유씨가 들어와 마을을 이루었다. 신안 주씨는 세 섬을 매입해 큰아들에게 백일도를, 작은아들에게 흑일도를, 딸은 꽃섬에 정착한 유씨에게 시집을 보내고 섬을 주었다고 한다. 지금도 백일도와 흑일도는 종가를 '섬 임자'라고 불렀다.

간첩이 나타났다

김씨에게서 들은 이야기다. 한 번은 섬에 첫 배치를 받아 순찰을 돌던

대구 출신 전투경찰이 혼비백산하여 내려왔다. 말을 제대로 하지 못하며 뱉은 말이 '가-안-첩', 간첩이었다. 얼마 전 멀지 않은 섬 횡간도에 간첩이 나타나 완도는 물론 전국이 발칵 뒤집혔던 터라 모두 긴장했다. 그 경찰과 함께 산속으로 들어가 간첩이 남긴 것으로 보이는 흔적을 살폈다. 동굴처럼 움푹 들어간 곳에 동물 뼈와 남아 있는 음식물이 남아 있었다. 당시 마을 일을 보던 김씨가 흔적을 보고 박장대소를 했다. 당제를 지내고 헌식을 해놓은 흔적이었다. 지금 당제는 멈추었지만, 꽃섬에 아홉 집이 살 때까지 당산제를 지냈다. 섬 임자 안주인이 늘 음식을 장만했다. 제물 중에서 빠져서는 안 될 제물이 검은 새끼돼지였다. 다른 제물은 완도읍이나 남창에 가서 구했지만 돼지만은 노화도에서 구입했다.

섬사람들은 갯바위에 붙은 톳을 채취해 생계를 유지했다. 한 집에 두 명씩 나와서 채취한 톳은 품질이 좋은 것은 일본으로 수출까지 했다. 자연산 미역도 생계에 큰 보탬이 되었다. 해초를 채취할 수 없는 계절이면 산에서 약초를 뜯었다. 이렇게 번 돈으로 해남에 땅을 사서 농사를 짓기도 했다. 하지만 톳의 일본 수출이 중단되면서 네댓 가구는 뭍으로 이사를 가고 말았다. 매년 지내던 당제가 끊긴 것도 그 무렵이었다. 다른 섬도 그렇지만 당제나 갯제가 중단되는 이유를 보면 동화도처럼 마을의 중요한 생업수단을 지속하기 어려울 때, 기독교의 유입, 양식업의 도입이나 변동 등이다. 그런데 놀랍게 그 이면에는 수출 중단, 수온 상승 등 시장과 환경의 영향이라는 이유가 있었다. 물론 종교적인 경우는 다른 설명이 필요하다.

섬을 지키던 사람들은 모두 섬을 떠났다. 새로 집을 짓는 사람들은 전복 양식을 하려고 들어온 사람들이다. 산뜻하게 새집을 지은 사람도 마찬가지다. 대규모 전복 양식지에서는 좋은 전복을 길러낼 수 없거나

머지않아 양식이 어려울 것이라는 판단으로 새로운 어장을 찾아 나선 사람들이다. 바다가 거칠고 바람이 많아 양식이 불가능한 곳에서 '해초권'이라 부르는 어장 이용권을 비싼 값에 얻고 집을 사서 들어올 만큼 매력적인 곳으로 바뀌었다. 오히려 조류 소통이 좋아 양식하기 좋은 곳이 되었다.

작은 섬살이는 그렇게 녹록치 않았다. 1990년 초반까지만 해도 접안 시설이 제대로 갖춰져 있지 않아 정기여객선인 새마을호마저도 오지 않았다. 섬에서 나가는 사람이 있을 때 선착장에 하얀 깃발을 세워두면 배가 들어왔다. 신안의 한 섬에서는 최근까지 붉은 깃발을 세워 놓아야 도선이 오는 섬도 있었다. 다른 어떤 통신수단보다 강렬한 방법이다. 전깃불도 1980년대에 겨우 들어왔다. 지척의 해남 땅에서 환하게 밤을 밝힐 때 섬사람들은 무슨 생각을 했을까. 절세미인은 찾지 못했지만 할머니의 맑은 얼굴이 긴 여운으로 남아 있다.

개황 | 동화도(東花島)

일반현황

위치 | 전남 완도군 군외면 백일리
면적 | 0.40km² **해안선 |** 3.5km **육지와 거리 |** 2.3km(해남군 땅끝 갈두항)
가구수 | 7 **인구(명) |** 9(남: 3 여: 6) **어선(척) |** 5 **어가 |** 7

공공기관 및 시설

폐교현황 | 폐교시설(1991년 폐교)
전력시설 | 한전계통
급수시설 | 없음. 식수난 지구

여행정보

교통 | 배편 | 해남군 토말에서 흑일도와 백일도를 경유하여 연결되는 여객선이 운항.
특산물 | 전복 양식
특이사항 | 동화도는 백일도를 중심으로 동쪽에 있어서 동화도라 칭하며, 보통 화도 또는 꽃섬이라 부른다.
꽃섬이라 부르게 된 유래는 이곳에서 태어난 미녀는 자라서 처녀가 되면 이유 없이 죽어갔다고 한다. 그래서 꽃
과 같이 피었다 열매를 맺지 못하고 시들어가는 처녀들의 혼을 달래고자 섬 이름을 꽃섬이라고 부르게 되었다
고 함.

30년 변화 자료

구분	1973	1985	1996
주소	전남 완도군 군외면 당인리	전남 완도군 군외면 동화리	전남 완도군 군외면 백일리
면적(km²)	0.13	-	-
인구(명)	72	33	30
	(남: 30 여: 42)	(남: 15 여: 18)	(남: 13 여: 17)
가구수	15	10	7
급수시설	우물 1개	우물 14개	우물 2개
전력시설	-	자가발전(발전기 1대)	자가발전(발전기 1대)
어선(척)	1	9	6
어가	14	9	7

8
흰나리, 영험한
당할머니가 산다
군외면 백일도

며칠 만에 다시 남성리 선창을 찾았다. 역시 차를 댈 곳을 찾느라 이곳 저곳을 기웃거리다 겨우 자리를 잡았다. 선창이 왁자지껄했다. 스무 명쯤 되는 사람들이 모여서 배를 기다리고 있었다. 이들 중에는 어린아이를 데리고 온 여자들도 있었다. 며칠간 단체로 여행을 다녀오는 섬 주민들로 보였다. "부산으로 놀러 갔다 오는 사람들인가 봐요?" 인상이 좋아 보이는 젊은이에게 물었다. "뭔 한가한 소리여. 면허증 따러 갔다 오는구만." 생긴 것과 달리 돌아오는 대답은 무뚝뚝하고 퉁명스러웠다.

소나무를 심다

남성리 선창에는 작은 여객선터미널을 겸하고 있다. 완도군 군외면 원동에 있던 터미널을 해남 북평면 남성리로 옮겼다. 원동 선창은 수심이 낮아 바닷물이 많이 빠질 때는 배를 접안하기 어렵고 보통 때도 배를 접안해놓고 머무를 수 있는 시간이 한 시간이다. 섬 주민들이 당일치기로 일을 보고 돌아올 수 없었다. 반면에 남성리 선창에서 배를 이용하면 아침에 시장을 보거나 일을 볼 수 있었다. 동화도와 백일도 등 50여 가구가 주로 이용하는 작은 선창이지만 주말이면 자가용은 물론이고 대형 버스들이 빼곡하다. 주말에 많은 차들이 주차해 있는 것은 손맛

^위 백일도·흑일도·동화도, 모두 주씨가 '섬 임자'였다. 그중 백일도가 가장 큰 섬이다. 마을 앞 해변에는 흰 모래가 아름다웠고,
^{아래} 방풍림 뒤에는 쌀농사를 지을 큰 논이 있었다. 김 양식으로 돈을 많이 벌어 '돈섬'이라 불렀다.
묻에서 설명절을 쇠고 들어온 주민 몇 사람이 반찬거리나 만들어보자며 노화도가 보이는 해수욕장 앞바다에 그물을 쳤다. 해
가 질 무렵이면 물고기들의 활동이 더욱 활발하다. 숭어가 쫀득쫀득 맛이 좋은 계절이다.

을 즐기려는 사람들 때문이다. 완도와 해남 사이에 작은 섬과 갯바위가 주요 포인트다. 경제성이 없기 때문에 '명령항로'로 지정해 배를 운영하고 있다.

배 안에서 만난 노인은 그래도 지금은 사정이 좋아졌다며 옛 뱃길은 정말 불편했다고 했다. 아침 9시에 완도읍에서 여객선이 출발하면 원동과 남창을 거쳐 백일도, 노화도, 소안도, 삼양진, 어란, 진도 벽파, 목포로 이어지는 뱃길이었다. 목포에 오후 4시가 다 되어 도착했다. 지금의 섬사랑호는 그때와 비하면 교통이 좋은 편이다. 그리고 급한 일이 있으면 자신의 배로 직접 해남 땅끝이나 완도를 오갈 수 있으니 큰 불편이 없다.

백일도는 신안 주씨와 유씨가 입도하여 마을을 이루었다. 신안 주씨는 재력이 얼마나 튼튼했든지 백일도·흑일도·동화도를 매입했다. 그리고 장남에게 백일도를, 차남에게 흑일도를, 동화도는 고명딸에게 주어 섬에 살던 유씨 집안에 출가시켰다. 주민들로부터 이런 이야기를 들었을 때 전설인 줄 알았다. 그런데 실제로 섬의 소유자가 그 성씨 종손 집안이었다. 그리고 주민들은 그 집을 '섬 임자'라 불렀다.

선착장에서 마을에 이르는 길에 조성된 해송숲이 아름다웠다. 지난 태풍으로 많은 소나무가 뿌리째 뽑혔고, 양식용 자재들이 어지럽게 쌓여 있었지만 위풍당당한 자태는 숨길 수 없었다. 마을은 해송 너머 안쪽으로 자리를 잡았다. 서쪽으로는 산이, 동쪽으로는 해송숲이 바람을 막아주었다. 소나무가 심어진 언덕은 모래는 온통 모래뿐이다. 바람과 파도가 가져온 모래가 만들어놓은 언덕이었다. 모래가 쌓이지 않았다면 모래 위에 나무를 심지 않았다면 마을이 자리할 수 있었을까. 마을과 해송숲 사이에는 꽤 넓은 논이 있었다. 하지만 몇 해쯤 농사를 짓지 않아 논에는 갈대가 자리를 잡았다. 습지로 바뀌어 논의 흔적을 찾기 어렵다.

해송숲이 언제 심어졌는지는 알 수 없었다. 주씨들이 섬에 자리를 잡은 지 9대째라고 하니 수령이 300년은 족히 될 듯싶다. 마을 주민은 '대동아전쟁' 때 비행기 소리가 나면 해수욕장에서 놀다 소나무 밑에 엎드렸다고 했다. 지난 태풍으로 몇 그루가 뿌리째 뽑혔다. 이곳을 주민들은 '불등'이라 불렀다. 모래밭이나 모래갯벌을 풀치, 풀등이라 부르는데, 같은 의미로 해석된다. 해당화가 많이 피었고 잔디(갯잔디로 생각됨)가 넓게 펼쳐져 소를 많이 키웠다. 모래 질이 좋아 일제강점기에 많이 채취해 갔지만 지금처럼 방파제를 쌓고 난 후 모래는 더욱 많이 빠져나갔다.

해와 달, 백일도와 흑일도

흑일도는 산이 험하지만 백일도는 산이라야 구릉이며, 겹산이기 때문에 밭이 많고 논도 있다. 해가 잘 들어 곡식도 잘되어 풍족했다. 그래서 백일도를 '흰나리' 혹은 '해나리'라 했다. 반대로 이웃한 흑일도는 '검나리' 혹은 '거무나리'라 했다. 두 섬은 낮과 밤을 의미했다. 즉 해와 달로 해석할 수도 있었다. 그렇다면 바다는 우주쯤 될까. 작지만 큰 이름이다.

흰나리라는 지명을 백일도 해수욕장의 하얀 모래로 설명하기도 한다. 참돌이 부서져 세월이 흘러 만들어진 모래라고 했다. 가는 모래로 이루어진 해수욕장은 차가 다닐 수 있을 정도로 단단해 물놀이를 하기에 최적이었다. 그런데 일제강점기에 규사 채취로 좋은 모래는 사라졌다. 해방 후에도 부산 사람이 광업권을 확보해 채취해 갔다. 또 선착장을 쌓으면서 그나마 남아 있던 모래도 유실되고 있다.

마을은 구촌과 신촌으로 나누어져 있다. 해송 안쪽이 구촌이며, 분교 인근에 늦게 형성된 마을이 신촌이다. 백일도는 김 양식으로 유명했다. 신촌은 대부분 1970, 80년대 김 양식으로 분가하면서 형성된 마을이다. 백일도는 김 양식을 많이 했지만 10여 년 전부터 전복 양식으로 바뀌었다. 식량은 자급할 정도는 되었다. 해송숲 안쪽으로 꽤 넓은 논이 있어 쌀농사도 지었다. 김 양식을 많이 하던 시절에는 분교 학생이 80여 명에 이르렀고, 60호가 살았다. 이 무렵에는 백일도를 '돈섬'이라 했다. 개들이 500원짜리를 물고 다닐 만큼 소득이 높았다. 당시 김 양식은 가구당 40~50책이었다. 지주식 김 양식으로, 손으로 채취해 가공하던 시절을 생각하면 규모가 큰 편이다. 톳 양식도 꽤 큰 소득원이었다. 일본으로 전량 수출하던 시절이었다. 수출이 중단된 후에는 톳뿌리를 신지나 노화에서 양식하는 사람들에게 판매했다. 톳 양식은 자연산 톳뿌리를 줄에 끼워서 양식 줄에 감아서 하고 있다. 김처럼 인공포자를 붙일 수 없기 때문이다.

완도의 작은 섬들도 요즘에는 귀한 몸이다. 전복 양식 때문이다. 일찍 전복 양식을 시작한 큰 섬은 어장이 노후화되고 양식 시설이 밀집되어 폐사량이 계속 늘어나고 있다. 좋은 어장지로 작은 섬의 바다가 주목을 받으면서 섬마을의 가치도 높아지고 있다.

지금은 43호가 거주하고 있다. 그중 23가구가 전복 양식을 하고 있다. 전복 양식은 140칸 정도를 대략 5개씩 하고 있다. 몇 가구는 멸치잡이도 겸하고 있다. 남성리 선창에서 같은 배를 타고 온 20여 명의 젊은이들이 모두 전복 양식을 하는 마을 주민들이었다. 이들은 대부분 두세 척의 배를 가지고 있다. 이들이 배를 운항하기 위해서는 면허가 필요하다. 아침에 본 사람들은 단체로 부산에서 면허시험을 치르고 오는 길이었다. 고향을 떠났다 전복 양식을 하기 위해 귀향한 젊은 사람들도 10여 명에 이른다. 이웃한 동화도는 외지인들이 집을 구매할 때 '해초권'도 함께 구입을 한다. 해초권이란 갯바위의 해조류 채취권만 아니라 전복 양식권 등도 포함된다. 그래서 집값이 1억~2억 원에 이른다. 백일도는 마을회의를 통해 외지인에게 권리를 팔 수 없도록 자치법을 바꿨다. 전복 양식장도 5년 주기로 추첨을 하고 어촌계와 행사계약을 해서 양식을 하고 있다. 과거 김 양식을 할 때는 매년 주비추첨을 했다.

영험한 백일도 당할머니

백일도에서는 개를 잡아먹으면 사람들에게 재앙이 닥친다는 이야기가 전해지고 있다. 보신탕을 즐기는 사람들에게 금기는 욕망을 더욱 부채질한다. 정말 참을 수 없으면, 약으로 먹는다는 핑계로 뭍에서 잡아먹고 한 달이 지난 후에 돌아와야 했다. 그런데 어느 날 청년들이 몰래 섬에서 개를 잡아 보신탕을 만들어 먹었다. 그날 새벽에 '온넘어' 갯바닥이 시꺼멓게 변하고 말았다. 미역과 톳이 자라는 갯바위가 마치 개가 그을린 것처럼 변한 것이다. 유조선 사고로 유출된 기름이 해안을 덮친 것이었다. 마을에서 회의를 통해 개를 잡아먹은 사실을 밝혀냈다.

이것만이 아니었다. 학교 아래쪽 바다에서 검은 물체가 물속으로

자연조건의 영향을 크게 받는 섬마을은 농촌에 비해 마을의 평안과 풍어를 기원하는 제의가 발달했다. 할머니
당이나 할아버지당이 대표적이다. 소나무나 느티나무 등을 신목으로 모시거나 당집에 돌, 철마, 신위 등을 신체
로 모시기도 한다.

들어갔다 나왔다를 반복했다. 간첩으로 오인해 집중사격을 했다. 횡
간도 간첩 사건 이후였다. 물가로 올라온 시체를 보니 '물개'였다. 마을
에서 난리가 났다. 물개도 '개'라는 이유 때문이었다. 그런데 총을 쐈던
경찰이 동화도로 헤엄쳐 가다 행방불명이 되었다. 나중에 그 경찰은 피
투성이가 되어 물개가 올라왔던 자리에서 발견되었다.

　마을 주민들이 당할머니의 영험함에 고개를 숙인 것은 다음 이야기
때문이었다. 육지에서 건너온 호랑이가 배가 고팠는지 개를 물고 가다
'개 잡아먹은 봉우리'에 개를 두고 흑일도로 건너갔다. 보리를 찧으려
고 나왔던 어머니가 절구통으로 호랑이를 때려잡았다. 당할머니가 호
랑이를 혼냈던 탓에 힘을 잃고 기진맥진하던 참이었다.

　주씨가 직접 겪은 이야기도 들려주었다. 큰집 누나가 시집을 갈 때
였다. 육지에서 신랑 측 친구들이 돛을 단 배를 타고 들어오다 침몰했
다. 나중에 확인해보니 친구들 몇몇이 백일도에는 개를 잡아먹으면 들

어갈 수 없다는 이야기를 듣고 일부러 개를 잡아먹었다는 것이었다. 정말 그렇게 영험한지 시험을 해보자는 심산이었을 것이다. 당할머니를 뵙고 싶었다. 길이 없어 올라가기 어려울 것이라는 주민의 이야기를 뒤로하고 길을 나섰다.

해가 질 무렵 당할머니를 찾아 산에 올랐다. 밑에서 보면 우뚝 솟은 소나무가 눈에 들어왔지만 길이 없어진 숲 속에서 청미래덩굴이나 잡목들을 헤치며 찾아가는 길이 만만치 않았다. 첫 번째는 도전을 했다 길을 찾지 못하고 내려왔다. 해가 얼마 남지 않았다. 내일 아침에는 흑일도로 가야 하므로 아쉬운 마음에 다시 방향을 잡고 숲으로 들어갔다. 그리고 길을 찾지 않고 정상을 향해 올라갔다. 마침내 우람한 소나무와 아담한 당집에 이르렀다. 아름드리 소나무가 군락을 이루고 있었다. 그중 네댓 가지는 한 뿌리에서 비롯된 것이었다. 나무둥치를 살펴보니 어른들 대여섯 사람이 손을 맞잡아야 할 정도로 굵었다. 이 나무가 그 영험한 당할매구나 싶었다. 아쉽게 몇 그루는 수명을 다해 쓰러졌지만 남은 소나무만으로도 위엄을 충분히 느낄 수 있었다. 소나무 밑에는 제물을 묻는 장소도 있었다.

그 사이 주위가 어두워졌다. 산에서 내려왔다. 학교 옆 빈터에서 삼겹살을 굽고 있었다. 바다에서는 그물을 넣어 숭어를 잡고 있었다. 명절을 지내고 섬마을로 돌아온 주민들 몇 명이 모여 술자리를 갖고 있었다. 그 너머로 검은 섬이 가깝게 다가왔다. 흑일도였다.

개황 | 백일도(白日島)

일반현황

위치 | 전남 완도군 군외면 백일리
면적 | 1.01km² **해안선** | 8.9km **육지와 거리** | 1.7km(해남군 땅끝 갈두항)
가구수 | 46 **인구(명)** | 101(남: 53 여: 48) **어선(척)** | 27 **어가** | 31
어촌계 | 백일리

공공기관 및 시설

공공기관 | 백일도경찰초소(061-554-2113)
폐교현황 | 군외초등 백일분교
전력시설 | 한전계통
급수시설 | 없음. 식수난 지구

여행정보

특산물 | 김, 톳, 전복
특이사항 | 맑고 깨끗한 하얀 모래와 부싯돌이 빛을 발하여 육지에서 보면 하얗게 보여 하얀 섬이란 뜻에서 백일도라 칭했다.

30년 변화 자료

구분	1973	1985	1996
주소	전남 완도군 군외면 당인리	전남 완도군 군외면 백일리	좌동
면적(km²)	0.85	-	-
인구(명)	313	252	148
	(남: 158 여: 155)	(남: 126 여: 126)	(남: 81 여: 67)
가구수	45	57	52
급수시설	우물 281개	간이상수도 12개소, 우물 1,645개	간이상수도 3개소, 우물 1,215개
전력시설	-	한전계통	한전계통
어선(척)	34	53	37
어가	43	54	34

9

거무나리,
땅끝을 바라보다
군외면 흑일도

모처럼 편안하게 잠을 잤다. 당산나무를 찾으려고 산길을 헤맸던 탓에 몹시 피곤했다. 섬에서 만난 팔순 노부부가 마련해준 잠자리가 피곤을 한 방에 날려버렸다. 길 가는 나그네가 하룻밤 머무르기를 원했을 때 어머니는 따뜻하게 맞아주었다. 자식들은 모두 도시로 나갔고, 섬집은 노부부만 있었다. 전기장판으로 겨우 냉기를 면했고, 늘 먹는 반찬에 숟가락만 하나 더 얹었지만 그동안 머물렀던 어떤 집보다 아늑했다.

노부부에게 인사를 하고 흑일도로 향했다. 인근에 있는 동화도·백일도와 흑일도는 지척에 있지만 섬 사이를 오가는 뱃길은 한 번뿐이다. 흑일도와 백일도 두 섬 사이로 겨울바람이 매섭게 파고들었다. 섬의 크기로는 흑일도가 백일도보다 크다. 하지만 농사를 짓는 쓰임새로는 백일도가 훨씬 알차다. 흑일도는 검은 모래가 있어 검은 섬이라 했다고 한다. 하지만 어디에도 검은 모래는 없었다. 백일도의 서쪽에 위치해 해가 지는 섬이라서 흑일도라 했다는 이야기도 전해진다. 노인들은 흑일도를 두고 '거무나리'라 불렀다. 검은 섬이라는 말이다. 흑일도는 백일도와 마찬가지로 주씨 집안 소유였다. 다만 섬의 종손이 다를 뿐이었다. 흑일도는 이런저런 사정으로 많은 땅이 외지인의 소유로 넘어갔다.

흑일도는 완도보다는 해남 송지면이 가깝다. 섬 주민들은 자신의 배로 7분이면 땅끝 선착장에 이른다. 여객선을 타고 가도 10분 이내면

위 흑일도는 해남 땅끝마을에 가깝고 교통도 좋아 완도보다 해남이 생활권이다. 주민들은 완도 남성리와 해남 토말로 이어지지만 뱃길 중에서 해남으로 통하는 배를 이용한다. 이른 아침 주민들이 해남으로 가는 배를 기다리고 있다.

아래 군외흑일분교. 완도군 군외초등학교에 속하는 분교라는 표시가 아직도 폐교된 학교 교문에 남아 있었다. 1975년에 분교를 졸업한 주씨는 초등학교를 졸업하고 해남으로 유학을 갔다 40여 년 만에 고향으로 돌아왔다. 벗들 중에는 완도로 유학을 간 친구도 많다.

도착한다. 하지만 완도로 직접 가는 여객선은 없다. 완도군 군외면 당인리에 속하지만 일찍부터 해남생활권이었다. 배도 땅끝 선착장에서 출발하는 배를 타고 노화읍 산양과 횡간도를 들렀다 오는 배를 이용하는 것이 편리하다. 해남 남성리에서 출발해 동화도와 백일도를 거쳐

흑일도의 당산나무는 구실잣밤나무다. 주민들은 잿밤나무라고 부른다. 열매가 도토리처럼 길쭉하며 맛은 밤보다 고소하다. 그 크기가 어른 다섯 명이 손을 잡아야 안을 수 있을 만큼 크다. 섬은 작지만 아흔아홉 골짜기가 있어 숲이 좋다. 멀리서 보면 숲이 우거져 검은 섬이다. 옛 지명 '거무나리'가 여기서 비롯되었을 것 같다.

흑일도에 이르는 섬사랑호도 있지만 뱃길이 불편하다.

선창에 도착하자 주민 몇 사람이 땅끝으로 가는 배를 기다리고 있었다. 선창에는 벌써 파래 채취를 마친 주민들이 김이 모락모락 나는 커피를 한 잔씩 하고 있었다. 가볍게 인사를 한 후 마을로 들어갔다. 도착한 곳은 학교였다. 교문이나 운동장의 상태로 보면 오래전에 폐교된 흔적이 역력했지만 교실 안에는 깨끗한 커튼이 쳐 있고 냉장고 등 집기류들이 보였다. 누군가가 살고 있었다. 흑일분교는 군외초등학교에 속했다. 분교를 졸업하면 의무적으로 완도로 유학을 가야 했다. 군외면으로 가는 것보다 가까운 해남 땅끝으로 진학하는 아이도 있었다. 해남으로 가려고 졸업을 앞두고 6학년 때 해남에 있는 초등학교로 전학을 해야 했다.

섬마을을 기웃거리다 젊은 주씨 부부를 만났다. 어제 땅끝에서 미사를 드리고 들어오는 길이라고 했다. 아무리 뜯어봐도 섬에 사는 사람들의 입성은 아니었다. 50대 초반쯤 되는 그는 거무나리가 고향이었다. 1975년 분교를 졸업(9회)하고 완도로 유학을 갔다. 그리고 40여 년 만에 돌아왔다. 아내 몸이 편치 않았기 때문이라고 했다. 직접 지었다는 집 안에 들어서니 바다가 한눈에 들어왔다. 탄성이 절로 나왔다. 부부에게는 일상이 되어버렸는지 감탄에 대수롭지 않은 반응이었다. 주씨가 섬에 들어온 지 3년이 되었다. 요즘 그는 행복한 고민에 빠졌다. 들어와서 시작한 파래 양식으로 제법 어부 흉내를 내기 시작하면서 적으나마 돈을 벌었다. 요즘은 전복 양식에 투자할 것인가, 지금 하고 있는 파래 양식에 만족할 것인가 고민 중이라고 했다.

마당에서 본 앞 바다가 하얗다. 파도가 거칠다. 다행히 지난 태풍에 큰 피해는 없었지만 목돈을 투자해야 하는 전복 양식에 선뜻 나설 수 없다. 휴양을 하러 고향으로 내려와서 소일 삼아 자그마하게 파래 양식을 시작했다. 그런데 남들이 하는 것을 보니 슬슬 욕심이 났던 것이다.

주씨가 마을 숲을 보여주겠다며 마을 뒤 당숲으로 안내했다. 당집은 상록수림에 묻혀 있었다. 마을에서 신체로 모시는 당산나무인 잿밤나무의 굵기가 자그마치 어른 다섯이 팔을 벌려야 잡을 수 있을 정도였다. 둥치만 큰 것이 아니라 아주 건강하고 잎도 무성했다. 밖에서 보면 영락없이 검은 숲이었다. 주씨는 옛날에는 지금보다 숲이 더 울창했다고 말했다. 작은 섬이지만 골짜기가 아흔아홉 개에 이를 만큼 산이 깊었다. 그래서 어떤 가뭄에도 물이 마르지 않았다. 혹시 거무나리 혹은 검은 섬이란 숲을 두고 이른 말이 아닐까. 신안의 흑산도나 여수의 금오도의 섬 이름처럼 말이다. 마을 앞 소나무 방풍림도 울창했었다. 지금은 몇 그루가 남아 있을 뿐이다. 하지만 그것만으로도 옛 방풍림의 위용을 짐작할 수 있을 것 같았다.

개황 | 흑일도(黑日島)

위치 | 전남 완도군 군외면 흑일리
면적 | 1.93km² **해안선** | 7.9km **육지와 거리** | 0.92km(해남군 땅끝 갈두항)
가구수 | 43 **인구(명)** | 69(남: 29 여: 40) **어선(척)** | 29 **어가** | 43 **어촌계** | 흑일리

폐교현황 | 흑일분교(2000년 폐교)
전력시설 | 한전계통
급수시설 | 간이상수도 1개소

교통 | **배편** | 해남 땅끝마을에서 배를 타고 3분 정도 소요
특산물 | 전복, 파래
특이사항 | 백일도의 서편에 위치하여 해가지는 섬이란 뜻으로 흑일(검은나리)도라 부른다.

30년 변화 자료

구분	1973	1985	1996
주소	전남 완도군 군외면 당인리	전남 완도군 군외면 흑일리	좌동
면적(km²)	1.58	–	–
인구(명)	208	157	101
	(남: 111 여: 97)	(남: 80 여: 77)	(남: 56 여: 45)
가구수	36	35	47
급수시설	우물 4개	간이상수도 1개소, 우물 17개	간이상수도 1개소, 우물 17개
전력시설	–	한전계통	한전계통
어선(척)	17	32	29
어가	35	33	45

10

섬으로 출근한다

군외면 서화도·양도

"갈산 선창 말고요. 송지해수욕장 어민회관 앞으로 오세요."

어제 통화했던 서화도 주민 김경수(1970년생)씨의 목소리가 봄바람처럼 들려왔다. 광주에서 출발하면 두어 시간 만에 도착하는데 예상보다 한 시간 늦게 도착했다. 한 치 앞도 분간할 수 없을 정도로 안개가 끼어 엉금엉금 기어왔기 때문이다. 그 사이 김씨는 나를 기다리다가 옆집 파래 양식 시설을 뒤집는 일을 도와주려고 바다에 나가 있었다. 서화도와 양도는 땅끝마을에서 지척에 있지만 모두 완도에 속하는 섬이다. 완도군 행정의 목표는 설군 이래로 단일생활권을 만드는 일이었다. 하지만 인구가 몇 명 되지 않는 곳까지 행정력을 기대하는 것은 무리다. 이럴 때마다 애꿎은 마을 책임자들이 귀찮은 일을 떠맡는다. 김씨처럼 흔쾌히 응해주는 경우도 있지만 행정에 하고 싶은 이야기를 듣다마는 경우도 흔하다.

서화도는 동화도와 함께 '꽃섬'이라는 불리는 섬이다. 동쪽에 있는 꽃섬, 서쪽에 있는 꽃섬이라니 아름다운 지명이다. 그런데 어디를 기준으로 한 것일까. 백일도는 해와 달이 기준이다. 선조들은 마을 이름 섬 이름도 허투루 짓지 않았다. 또 주변과 견주어 어울리도록 했다. 서화도도 동화도와 마찬가지로 '미인박명'이라는 아픈 설화가 전해지는 곳이다. 이 섬은 1913년 노화읍에서 박씨가 입도하여 마을을 이루었다.

서화도는 동화도와 견주어 지은 이름이다. 마을 앞과 뒤의 바다는 온통 전복 양식이 덮었다. 다른 작은 섬과 달리 가구 수도 7가구까지 줄어들다가 17가구로 늘었다. 해남과 5분 거리에 있어 섬에 집이 있지만 출퇴근이 가능한 섬이다.

섬은 땅끝에 위치한 송호리해수욕장에서 불과 1킬로미터 밖에 위치해 있다. 섬과 해수욕장 사이에는 김·파래·전복 양식 시설로 가득 찼다. 멀리 파래 양식장에서 선외기 한 척이 하얀 물보라를 일으키며 다가왔다. 파래 양식이 끝나는 시점이었다. 파래를 채취하고 나서 양식 시설을 뒤집어놓으면 발에 붙은 남은 파래가 쉽게 떨어져 청소하기가 쉽다. 이 일을 하다 전화를 받고 달려오고 있었다. 김씨는 생각보다 젊은 어민이었다. 섬에서 만나는 사람들은 나이 든 사람이 많았다. 더구나 작은 섬은 더욱 그렇다. "우리 마을 사람들은 다 젊어요." 김씨뿐만 아니라 마을에 두어 가구를 제외하고는 모두 40대와 50대의 젊은 층이라고 했다. 30대의 젊은이도 있다고 했다. 더욱 놀라운 것은 이들이 외지 사람들이 아니라 모두 주민이라는 점이다. 초등학교를 졸업하고 섬을 떠난 젊은 사람들이 뭍에서 생활하다 들어온 경우다. 모두 전복 양식 때문이다.

서화도에서 본 해남 송지면 땅끝이 손에 잡힐 듯 가깝다. 그 사이가 해남과 완도의 경계다. 전복 양식이 활발해지자 시군 간은 물론 어민들 사이에도 좋은 바다를 차지하기 위한 다툼이 치열하다.

　　서화도는 18가구가 사는 작은 섬이다. 완도군 군외면에 속하지만 면사무소 가기가 서울 가기보다 더 번거롭다. 객선이 없기 때문에 직접 배를 가지고 가지 않으면 해남으로 나가 버스를 두 번은 갈아타야 한다. 가장 멀리 떨어진 섬이며, 해남군 송지면과 가까워 옛날부터 해남 생활권이었다. 서화도와 양도는 흑일도와 함께 흑일 어촌계에 속했다. 몇 개의 마을이나 섬이 한 개의 어촌계로 묶인 경우 규모가 작은 마을이 피해를 입는 경우가 많다. 중요한 결정을 어촌계 총회에서 하기 때문에 1인 1표 원리에 따르면 언제나 큰 마을 뜻대로 할 수 있다. 작은 섬이나 마을의 어장을 합법적으로 큰 마을에서 좌지우지할 수 있다. 같은 어촌계에 속하는 어장이기 때문이다. 서화도를 비롯해 노화도 인근 작은 섬들은 이미 겪었거나 여전히 작은 섬의 설움을 겪고 있다. 수산업법에 의해 어촌계는 섬 주변 마을어업권을 갖는다. 우리가 섬이나 어촌에 갔다가 바닷가에서 바지락이나 톳 등 수산물을 함부로 뜯을 수 없는 것도 어업권 때문이다. 섬사람들도 모두 모여서 수산물을 채취할 시기를 결정한 후 어장에 들어갈 만큼 엄격하다. 특히 마을어장에서 나오는 생산물의 가치가 높을 때는 어업권이 더욱 소중해진다.

서화도 선창을 따라 10여 척의 컨테이너 주택이 놓여 있었다.

"낚시꾼들이 많이 오나 보죠. 이제 낚시꾼들이 오기 시작하겠네요. 숙박도 하나요?"

그때야 김씨는 내 질문을 알아들었는지, 웃으면서 주민들이 사는 집이라고 알려주었다. 원래 주민들이 사는 집은 섬 꼭대기에 있었다. 경사가 너무 심해 노인들이 다니기 어려워 지금은 대부분 아래로 내려왔다. 아직도 몇 집은 위에서 살고 있다. 배에서 내려 우선 섬 위에 있는 마을로 올라갔다. 중간쯤 올라가자 나도 힘이 들고 숨이 찼다. 그런데 칠순 팔순이 다 된 노인들은 오죽할까. 그제야 김씨가 했던 말이 이해가 갔다. 경사가 급해 힘들기도 하지만 미끄러질 위험도 있었다.

그래서 선창 일부를 매립해 작업장을 지어 생활하고 있다. 옛날 마을 위로 올라가자 그곳에도 몇 동의 가건물이 있었다. 옛집을 그대로 사용하는 가구는 두어 집에 불과했다. 안쪽으로 들어가는데 빈집과 부서진 집 뒤로 동백꽃이 탐스럽게 피었다.

30년 전만 해도 서화도는 7가구에 불과했다. 그 후, 한 마을에 20가구가 넘으면 어촌계를 독립할 수 있다는 말을 듣고 사람을 모았다. 마을을 떠나 해남 인근에서 양식을 하는 고향 사람들을 설득하기도 했다. 그 결과 17가구까지 늘었다. 가구가 늘면서 가장 큰 문제는 식수였다. 섬이 작아 식수원을 찾기 어려웠기 때문이다. 바닷가에 있는 우물 하나로 버텨야 했다. 겨울철에는 늘 식수가 부족해 외부에서 물을 지원받아야 했다. 지금도 해수담수화사업이 진행 중이다.

최근에 한 가구가 더 들어와 모두 18가구가 살고 있다. 7, 8가구는 외지에서 전복 양식을 하기 위해서 들어온 사람들이고 나머지 10여 가구는 원래 마을 주민들이다. 원주민들도 도시에서 생활하던 자식들이 전복 양식을 하기 위해서 들어왔다. 완도에서 전복 양식을 많이 하는 섬으로 알려진 노화도는 이제 한계에 이르렀다. 전복 양식을 계속하려면 시설을 대폭 줄여야 한다. 또 한 틀 안에 넣은 전복의 양을 줄여야 한다. 심지어 휴식년제까지 권한다. 현실은 어민들이 모두 받아들이기 어려웠다. 눈치 빠른 사람들은 인근에 작은 섬으로 이사해 새로운 양식장을 마련하고 있다. 특히 동화도나 서화도 등 인근 섬을 주목하고 있다. 전복 양식장을 하기 위해서는 조류 소통도 좋고 태풍으로부터도 안전해야 한다. 서화도는 육지에서 가깝고 주변에 조류를 막는 섬이나 시설들이 없어 조류 소통이 원활하다. 또 전복 양식에 가장 큰 피해를 주는 태풍은 땅끝이 막아준다. 전복 양식은 시설투자 비용이 높고, 어린 치패가 상품이 되어 팔리려면 최소 3년에서 5년 정도 버틸 수 있어야 한다. 그 사이에 태풍이나 큰 파도로 타격을 받으면 회복하는 데 많은 시간이 필요하다.

김씨는 해남 송지면에서 김 양식을 하다 6년 전에 부모님이 지키고 있는 섬으로 들어왔다. 전복 양식을 하기 위해서였다. 그동안 투자와 관리 비용만 들어가다 올해부터 돈을 만질 수 있을 것 같다고 했다. 학교에 다니는 아이들 때문에 집은 해남에 두고 있다. 서화도에서 전복 양식을 하는 젊은 사람들은 모두 같은 상황이다. 양식 철에 섬에 들어와 작업을 하고 바쁠 때는 잠시 섬에 머물지만 대부분 뭍에서 생활한다. 이제 섬은 직장인 셈이다.

서화도 사람들은 어룡도나 제원도까지 가서 낚시로 돔이나 상어를 잡아 생활했다. 김 양식을 시작한 것은 20년 전이다. 완도에서 김 양식이 쇠퇴하기 시작할 무렵이었다. 아직 처녀지나 다름없는 곳이라 김이 잘되었다. 어장을 하려고 섬으로 들어오려는 사람들도 있었다. 그리고 5, 6년 전부터 전복 양식을 시작했다. 처음에는 노화도 사람이 들어와 집과 해안권(양식권)을 사서 정착했다. 당시에도 해안권은 1억 2천여 만 원에 거래되었다. 그 후 몇 사람이 2억 정도에 어장을 사서 들어왔다. 지금은 사려는 사람은 있지만 팔려는 사람은 없다. 동화도에서도 비슷한 상황을 확인할 수 있었다. 전복 양식이 호황을 누리자 뭍에 나갔던 자식들이 돌아왔다. 서화도가 젊은 사람들이 많은 이유다. 그리고 한 가구당 300여 칸이 넘지 않도록 마을자치법을 정했다. 밀식을 막고 지속가능한 양식어장을 만들기 위해서였다. 노화도 전복 양식장을 보고 배운 학습효과였다.

양도는 해남군 송지면 갈산마을에서 작은 선외기로 5분 거리에 있는 작은 섬이다. 섬 서쪽과 동쪽 바다에 김·미역·다시마·전복 양식장이 많이 있다. 따뜻한 봄날 양도 선창에 도착했다. 개가 요란하게 짖어대며 경계를 했다. 사람이 없는 것일까. 섬 동쪽 사면 중간에 집이 하나 있고, 그 아래 바닷가에 작업장이 있었다. 그 옆에서 한 남자가 전복 가두리 그물을 손질하고 있었다.

양도는 1996년까지 무인도였다. 섬의 주인인 용씨가 친척과 함께 집을 짓고 입주를 했다. 용화진이다. 입도한 목적은 양식 때문이었다. 수산업법에 따르면, 섬의 소유주라 하더라도 무인도인 경우에는 인근 어장의 양식권을 주장할 수 없다. 수산업법에는 '마을어업의 어장에서 수산동식물을 포획·채취'할 수 있는 사람은 '어업신고를 한 자로서 마을어업권이 설정되기 전부터 해당 수면에서 계속하여 수산동식물을 포획·채취하여 온 사실이 대다수 사람들에게 인정되는 자'이다. 또 마을어업은 '일정한 지역에 거주하는 어업인의 공동이익을 증진하기 위하여 어촌계나 지구별 수산업협동조합에만 면허한다'고 규정하고 있다. 용

양도는 한 가구가 사는 섬이다. 마을이라기보다는 양식을 위한 어업권을 얻기 위해 거주한다고 해야 할 것 같다. 주변이 온통 전복 양식장이다. 섬의 가치보다 바다의 가치가 더 높아 무인도가 되지 않는 섬이다.

씨 가족이 식수도 불편하고 객선도 없어 일상생활이 어려운 작은 섬에 거주하기로 결정한 것은 바다를 이용하기 위한 선택이었다.

　양도는 흑일 어촌계에 속한다. 흑일도 사람들이 어장허가를 얻어서 합법적으로 양식을 할 수 있는 곳이다. 양도에 사람이 살지 않기 때문이다. 만약 양도에 주민이 거주한다면 상황이 달라진다. 흑일 어촌계에 속하는 서화도 주변 바다는 양도와 달리 서화도 주민들이 이용하는 어장이다. 결국 용씨가 주거지를 마련하면서 우여곡절 끝에 인근 바다의 양식권을 갖게 되었다. 가치로 본다면 섬 면적의 경제적 가치보다는 섬 주변 어장의 가치가 훨씬 크다. 전복 양식장만 해도 수 헥타르에 이르며, 미역 양식과 다시마 양식도 하고 있다. 마을어업이라 하기에는 옹색하고 개인 양식장이라 해도 될 성싶다. 땅보다 높아진 바다의 가치는 환영하지만 '공유수면'이라는 바다의 특성이 사라질까 우려스럽다.

개황 | 서화도(西花島)

일반현황

위치 | 전남 완도군 군외면 흑일리
면적 | 0.11km² **해안선 |** 0.9km **육지와 거리 |** 0.76km(해남군 땅끝 갈두항)
가구수 | 16 **인구(명) |** 30(남: 15 여: 15) **어선(척) |** 4 **어가 |** 16

공공기관 및 시설

폐교현황 | 군외초교 화도분교(1991년 폐교)
전력시설 | 한전계통
급수시설 | 없음. 식수난 지구

여행정보

교통 | 배편 | 정기여객선 운항 없음. 송호리에서 소형 어선으로 왕래.
특산물 | 전복
특이사항 | 아픈 데도 없이 앓다가 죽어간 처녀들이 많았기에 이들의 넋을 달래려고 '화도'라 했으며, 백일도를 중심으로 동쪽에 있는 섬이 동화도, 서쪽에 있어 서화도라 칭했다고 전해짐.

30년 변화 자료

구분	1973	1985	1996
주소	전남 완도군 군외면 당인리	전남 완도군 군외면 서화리	전남 완도군 군외면 흑일리
면적(km²)	0.07	-	-
인구(명)	44	33	24
	(남: 21 여: 23)	(남: 16 여: 17)	(남: 14 여: 10)
가구수	7	7	8
급수시설	우물 1개	우물 8개	우물 2개
전력시설	-	자가발전(발전기 1대)	자가발전(발전기 1대)
어선(척)	3	8	5
어가	7	7	8

개황 | 양도(羊島)

일반현황

위치 | 전남 완도군 군외면 당인리
면적 | 0.07km² **해안선 |** 1.7km **육지와 거리 |** 4.5km(해남군 땅끝 갈두항)
가구수 | 1 **인구(명) |** 6(남: 4 여: 2) **어선(척) |** 2 **어가 |** 1
어촌계 | 흑일

공공기관 및 시설

전력시설 | 자가발전(발전기 1대)
급수시설 | 없음. 식수난 지구

여행정보

교통 | 배편 | 해남 송호리 해수욕장에서 배로 5분 정도 소요.
특이사항 | 양도는 전남 해남군에서 500m 떨어져 있으며 양도는 용하진씨가 아버지로부터 증여받은 개인 소유의 땅. 1998년 전복 양식을 목적으로 처음 이주하여 무인도에서 유인도가 되었음.

＊1996년까지 무인도였다가 한 가구 입주로 유인도로 전환되어 30년 변화 자료가 없음.

완도군 고금면

11 고금면

12 13

고금면

약산면

군외면

완도읍

신지면

노화읍

청산면

소안면

완도군 고금면

11 고금도
12 넙도
13 초완도

11
충무공, 고금도에 눕다
고금면 고금도

노을이 강진만을 지나 마량포구로 쏟아지자 반짝이던 은비늘 물결이
자줏빛으로 번졌다. 배가 지나가자 윤슬은 산산이 부서졌다. 고마도
근처 어장에서 오후 물때를 보고 들어오는 어선이었다. 예전 같으면 고
금과 약산, 금당과 금일 등 인근 섬에서 들어오는 배로 부산할 포구가
한산했다. 이제 더 이상 배를 타지 않아도 되기 때문이다. 고금대교는
2007년, 약산대교는 1999년, 잇달아 개통되었다.

　고금도라는 지명은 19세기에 편찬된《만기요람》에 나와 있다. 후
삼국시대 고금도에 대한 기록은 없다. 다만《세종실록지리지》와《신
증동국여지승람》에 고이도라는 유사한 명칭이 등장한다.《세종실록지
리지》전라도 나주목 강진현에는 "해도가 넷이 있다. 완도, 조약도, 선
산도(청산도), 고이도(皐爾島)이다"라고 소개되어 있다. 또《신증동국
여지승람》에는 "완도는 현(강진현)의 남쪽 60리 되는 바다 가운데 있
다"며, 딸린 섬으로 고이도(古爾島), 조약도, 신지도가 소개되어 있다.
이때 고이도의 한자는 각각 다르지만 고금도로 추정된다.

전략적 요충지
충무공이 그랬던 것처럼 남망산에 올랐다.《난중일기》에 "남망산에 올
라 좌우를 살피니 적들이 다니는 길과 여러 섬들이 헤아릴 수 있을 만

충무공 이순신을 모신 충무사. 충무사는 명나라 장수 진린이 고금도에 딸린 작은 섬 묘당도에 관우를 모시기 위해 세운 것으로 해방 후 유림들이 재건하여 충무공을 모셨다. 옆에 월송대라는 곳은 노량에서 전사한 이순신의 시신을 처음 봉안한 곳이다.

큼 역력히 보인다. 참으로 요충지다. 그러나 형세가 외롭고 위태롭기 때문에 부득이 이진으로 옮긴다"고 했다. 이진은 해남 북평면에 있다. 완도 군외면과 마주 보고 있는 요충지다. 가파른 길을 오르자 절집이 반겼다. 남망산(151.8미터)은 높지 않지만 남쪽으로 청산도가, 동쪽으로는 신지도와 생일도가 한눈에 들어오며 멀리 여수에서 서남해로 올라오는 배들을 한눈에 볼 수 있는 곳이다.

백의종군 이후 다시 지휘봉을 잡은 충무공이 회령포(장흥 회진), 어란진, 금갑진, 남도포진을 돌아 전라우수영으로 돌아왔다. 명량해전을 승리로 이끈 후 수군 진영을 잠시 목포 보화도(고하도)에서 옮겼다. 그리고 다음 해 드디어 고금도 덕동에 수군 진영을 설치했다. 덕동진은 생일도의 백운산, 조약도의 망봉산, 신지도의 기선산, 청산도의 응봉산, 완도의 삼망산, 고금도의 봉황산과 망덕산 등으로 싸여 있어 적의 동태를 살피기 좋은 곳이다.

며칠 후 고금도를 다시 찾았다. 강진 마량을 지나 고금대교를 건넜다. 곧바로 충무리로 향했다. 덕동리에 있는 자연마을이다. 이곳이 1598년 2월 18일 정유재란 때 수군 본영을 설치하고 명나라 수군과 연합작전을 펼쳤던 곳이다. 1914년 행정구역 개편으로 도동과 잉동을 합하여 덕동이라 불렀고, 1947년까지 고금면사무소가 있었다. 마을 뒤 망덕산은 이순신이 산봉우리에서 망을 보았던 곳이며 정상에 장군바위가 있다. 또 산 너머 화성리에는 수병들의 식수를 해결하기 위해 충무공의 지시로 팠다는 어란정이 있다. 인근 윤동마을은 수군 본영이 설치될 때 소금을 생산하기 위해 염전을 만들었던 곳이여 활 쏘는 장소인 사정터가 전해오고 있다. 윤동마을 앞에는 해남도를 에워싼 작은 무인도가 있다. 충무공은 이 섬에 노적을 쌓고 허수아비를 세워 옷을 입혀 수병으로 위장을 했다. 그리고 횟물을 내려 보내 쌀뜨물로 위장했다고 한다.

강진현에 딸린 고금도가 주목을 받은 것은 정유왜란 때 임시수군진이 설치되면서였다. 명량해전에서 승리한 충무공이 이듬해(1598) 수군 8천 명과 인근 지역에 있는 군민 1500호를 모집하여 고금도 덕병에 진을 구축했다. 《선조실록》에는 그 이유를 이렇게 적고 있다.

고금도는 호남좌우도의 내외양을 제어할 수 있는 요충지로 산봉우리가 중첩되어 있고 후망(候望)이 잇대어 있어 형세가 한산보다 배나 좋습니다. 남쪽에는 지도(현 신지도)가 있고, 동쪽에는 조약도가 있으며, 농장도 많고 한잡인(閑雜人)도 거의 1천5백여 호나 되기에 그들로 하여금 농사를 짓게 하였습니다. 흥양(현 고흥)과 광양은 계사년부터 둔전을 하였던 곳으로 근민을 초집하여 경작할 생각입니다.

임진왜란 이전에도 왜적들이 자주 서남해안을 침입해 노략질을 일삼아 조정에서는 골치를 앓고 있었다. 세종 때는 상소를 올려 완도는 방어하기 어렵고 위험하니 백성들이 거주하는 것을 금지시켜 달라는 상소를 올리기도 했다. 수군진을 설치하거나 백성들이 섬에 거주하는 것을 금하는 '도서금주령'(島嶼禁住領)을 선포하기도 했다. 결국 대규모 왜적이 해남 달량진으로 침입해 완도, 강진, 영암, 장흥을 점령한 사건이 발생했다. 을묘왜변 혹은 달량진사변이 그것이다.

쌀과 소금과 전쟁

서남해로 들어오는 뱃길은 약산도와 고금도와 신지도를 통해 명량해협으로 들어오는 길과 먼 바다 청산도를 통하는 바닷길 두 길이다. 이곳을 빠져나온 조운선이나 무역선은 진도 울돌목을 통해 서해 북쪽으로 올라간다. 윗길은 내만에 있는 섬 사이 뱃길로 안전하지만 아랫길은 먼 바닷길이라 수월치 않다. 두 곳 다 전략적인 요충지다. 강진·해남·완도·진도 지역에 달량진(해남 남창), 진도 금갑도진(1431년, 진도군 의신면 금갑리), 가리포진(1521년, 완도읍 군내리), 마량진(강진 대구면 마량), 어란포진(해남 송지면 어란리), 신지진(1595년, 완도 신지면 송곡리), 이진진(1627년, 해남 북평 이진), 삼도진(1883년, 완도 노화읍 도청리), 청산진(1866년, 완도군 청산면 당리) 등을 설치했다.

고금대교를 건너 청룡리와 도남리를 지나 곧장 충무리로 향했다. 지금은 간척이 되어 농지로 바뀌었지만 그곳에 묘당도라는 작은 섬이 있었다. 그곳에 충무사가 있다. 사실 충무사보다 더 눈여겨보아야 할 곳이 노량해전에서 전사한 이순신의 시신을 처음으로 봉안했다는 월송대이다. 그곳에 '이순신가묘유허'가 있다.

충무공이 고하도에서 이곳으로 진을 옮긴 것은, 적은 군사력으로 많은 적과 싸울 수 있는 최적의 장소이며, 농사를 지어 군졸을 먹여 살릴 수 있는 땅이기 때문이었다. 《고금면지》(1953년)에는 "비록 도서이나 풍랑의 격심이 없는 고로 연화부수격(蓮花浮水格)이요, 산세는 금수(錦繡)요, 토지는 옥야(沃野)라. 곡물이 많고, 어렴시초(魚鹽柴草)의 부족함이 없으며, 육지와 교통은 강진 마량을 통하므로 임의대로 왕래할 수 있으니, 이 모두가 사람이 살 만한 곳"이라 했다. 고금도를 지나면 곧장 완도와 해남을 지나 진도로 이어지는 뱃길이다. 뱃길은 서해로 곧장 올라갈 수 있고, 육로는 해남에서 시작되는 삼남대로로 연결되는 요충지이다.

고금도는 마량을 건너온 지맥이 고금 북동부와 북서부에 지남산, 덕암산, 봉암산으로 솟아 자리를 잡았다. 반대로 섬 중앙과 남쪽의 덕암리·농상리·도남리 일대는 비교적 너른 평야가 발달했다. 같은 책에는 가교리 앞에 화염전, 용지포와 회룡제 인근에 천일염전이 있었다고 했다. 최근까지도 가교리와 덕동리에 염전이 있었다. 완도에서는 드물게 고금면과 노화읍에 천일염전이 있었다.

충무공은 고금도에서 죽음으로 전쟁의 종지부를 찍었다. 이순신 외에 가리포첨사 이영남, 낙안군수 고득장, 명나라 장수 등자룡 등이 전사했다. 덕동리에는 이순신을 모신 '충무사'가 있다. 고금면 노인회에서 매년 충무공 탄신일(음 4.28)에 조촐한 음식을 마련해 제를 지내고 있다. 충무사는 명나라 장수 진린이 묘당도에 세운 사우다. 정유재란이 끝나고 본국으로 귀환을 할 때 덕동 묘당도에 동무, 서무, 외삼문을 건립하여 관우를 봉안했다. 이후 장수 진린의 위패를 동무에, 충무공의 위패를 서무에 봉안했다. 정조 15년(1791년)에 관왕묘는 탄보묘(誕報廟)라는 사액을 받았다. 이듬해 명나라 진린 장군의 부장 등자룡을

항동과 화성 마을은 고금도에서 굴 양식을 많이 하는 마을이다. 겨울이면 굴막에서 굴을 까는 모습을 볼 수 있다. 여행객들이 깨끗하고 싱싱한 각굴이나 깐굴을 구입할 수 있다.

추배했다. 일제강점기 사우건물이 매각되고 제향을 중단하였다. 해방이 되자 관내 유림들이 '충무계'를 구성하여 충무공의 사우를 건립하고 제사를 지냈다. 현존하는 충무사다. 1960년에는 가리포첨사 이영남을 추배했다. 고금면 노인회에서 매년 충무공 탄신일에 조촐한 음식을 마련해 제를 지내고 있다.

이곳에는 몇 년 전까지 천일염전이 있었다. 혹시나 싶어서 충무사에 참배를 한 후 마을로 내려와 마을 노인들에게 옛날에 소금을 굽지 않았느냐고 물어보았다. 예상이 적중했다. 이곳에서 소금을 구웠다고 했다. 바닷물을 가마솥에 넣고 끓여 만든 '자염(煮鹽)'을 두고 하는 말이다. 전쟁에서 무기가 생명이라면 소금과 쌀은 목숨이다. 당시 자염을 생산했던 사람들은 대부분 수군이었다. 갯벌에 물이 빠지면 갈아 소금을 만들었다. 물이 잘 들지 않는 갯벌은 막아 논을 만들었다. 쌀과 소금, 둘을 얻을 수 있는 곳이 고금도였다. 충무공이 고금도를 선택한 결정적인 이유였을 것이다.

'고금쌀' 먹지 않는 사람은 완도 사람이 아니다

고금도는 완도 본섬에서 제일 가깝고 큰 섬이다. 농지도 많다. 쌀농
사가 위기라지만 섬사람들은 여전히 벼농사에 기대어 살고 있다. '완
도 출신 치고 고금도 쌀을 먹지 않고 큰 사람이 없다' 할 정도다. 본섬
을 제외하고 유일하게 고등학교가 있는 것도 먹고살 것이 풍부했기 때
문이다. 대개포간척으로 항동마을과 척찬리 사이에 있던 갯벌은 논으
로 변했다. 이제 완도를 넘어 전국 섬 중에서도 농사로는 빠지지 않는
다. 방조제가 막히면서 전형적인 어촌이었던 항동마을은 농촌 마을로
변했다. 마을 주민들은 농촌공사로부터 농지를 임대해 농사를 짓고 있
다. 아직 분양이 이루어지지 않아 '가경작' 상태다. 주민들 연령이 고령
화되면서 문전옥답도 묵히는 판인데 얼마나 분양신청을 할지 의문이
다. 간척농지는 주민들에게 우선 분양을 하지만 참여하지 않을 경우
외지에 있는 큰 자본이 들어온다. 농사가 전혀 없었던 어촌마을 항동
리는 60여 호 중 10여 호가 농사를 짓고 있다. 만약에 갯벌로 남아 있
었다면 칠순 팔순 노인들도 고막·낙지·바지락을 채취했을 것이다. 농
지로 변해버린 대개포간척의 예전 갯벌은 고막·낙지·바지락·감퇴·고동
등 안 나오는 것이 없는 황금갯벌이었다. 이곳 갯벌낙지는 완도의 명품
이었고 일 년이면 500여만 원의 소득도 거뜬했다. 지금은 꿈도 꾸지 못
할 일이 되어버렸다.

　석치(돌고개)를 지나 회룡리 고개를 넘자 아담한 마을과 바다가 한
눈에 들어온다. 갯벌이 좋은 상정리다. 어장이 좋아 굴과 바지락 양식
이 잘되는 마을이다. 굴과 바지락은 식물 플랑크톤과 유기물을 먹는
친환경 어업자원이다. 바지락과 굴 양식을 한다고 사료를 주었다는 이

갯벌은 섬 주민들에게 텃밭이다. 어머니는 실하게 여문 바지락 살만 냉동 보관해두었다가 추석에 자식들에게 보낸다. 중국산 바지락 대신에 고향산 바지락을 먹는 것은 이들만이 누리는 특권이다.

야기를 들어보지 못했다. 상정리 앞 갯벌에서 100여 명의 어머니들이 바지락을 파고 있다. 햇볕과 갯벌에서 올라오는 반사열로 어머니들 얼굴이 새빨갛다. 사우나에 앉아 있듯 얼굴에서는 땀이 뚝뚝 떨어진다. 올여름에 두 번째 "개를 텄다." 지난봄에도 두 차례 개를 열었다. 어머니들은 몸뻬 바지에 헐렁한 셔츠를 입고 색이 바랜 노란 수건을 머리에 썼다. 바지락 망에 있는 끈을 바지가 내려가지 않도록 허리춤에 질끈 묶고 있다. 여름에 개를 여는 것은 고향으로 휴가 오는 자식들을 위한 것이다. 추석에도 며칠 동안 개를 튼다. 명절을 쇠기 위해서다. '개'는 갯벌이나 바위(여) 등 해조류나 패류가 서식하는 마을공동어장을 말한다. 마을 주민들은 바다와 갯벌을 공동으로 이용할 수 있도록 다양한 규칙을 만들었다. 법으로 정한 것은 아니지만 오랫동안 주민들은 그에 따라 갯벌에 들어갔고 정한 양만 채취했다. 하루 작업을 하면 8만~10만 원 정도 수입이 된다.

냉장고에 넣어두고 반찬거리로 이용하는 사람도 있지만 마량으로 가져가 판다. 상정리 가구 수가 130호 정도라고 하니 일을 할 수 없는 집을 제외하고는 모두 바다로 나온 셈이다. 고금도 소득은 김 양식이었다. 회룡리·상정리·도남리·척찬리·항동리·가교리·세동리 등 섬을 김발이 에워쌌다. 김은 금방 포화상태가 됐다. 기대했던 만큼 수입원이 되지 못하자 미역 양식을 시작했다. 하지만 그마저 오래가지 못했다. 양식어업은 대개포간척사업으로 중단되었다. 물길이 변했기 때문이다.

지금은 상정리·척찬리·항동리·덕동리 등 고금도 남부지역에서 굴 양식을 하고 있다. 봄·여름철에는 농사를 짓고 찬바람이 불면 굴 양식을 한다. 굴은 겨울철 알 굴로 판매하고 있다. 마을 갯가에는 포자를 얻기 위해 나무 기둥을 세우고 굴 껍질을 매달아 놓았다. 이렇게 일 년이 지나면 포자가 붙는다. 이 껍질을 굴비 엮듯 묶어 깊은 바다로 옮긴다. 이것이 수하식 굴 양식이다.

간척논이 한눈에 들어오는 항동리 모정에 너댓 명의 남자들이 모여서 삶은 돼지고기를 안주로 막걸리를 마시고 있다. 마침 출출하던 차에 잘됐다 싶어 인사를 하자 반갑게 맞으며 술잔을 권한다. 술이 한 순배 돌자 황금갯벌에 대한 기억이 끝없이 풀어져 나온다. 배곯았던 시절 황금들녘을 꿈꾸며 막았던 갯벌이었다. 지금 이들에게 남아 있는 것은 어족자원이 풍성했던 갯벌에 대한 아쉬움뿐이다.

"갯벌은 우리 것이었지만 막아지는 순간 넘의 것이제."

마을개발위원장의 말이 돌아오는 내내 귓전을 맴돈다.

개황 | 고금도(古今島)

일반현황

위치 | 전남 완도군 고금면
면적 | 43.23km² **해안선 |** 77.3km
육지와 거리 | 0.5km(강진군 마량항)
연륙(연도) | 2007년 고금대교(강진군-완도군)
가구수 | 2,235 **인구(명) |** 4,570(남: 2,171 여: 2,399) **어선(척) |** 1,213 **어가 |** 947
어촌계 | 가교리·교성리·내동리[고금]·넙도리·농상리·대곡리·덕동리·도남리·봉명리·봉성리·봉암리·부곡리·상정리·세동리·연동리·영부리·용초리·장중리·장풍리·장항리·척찬리·청용리·청학리·충무리·칠인리·항동리·화성리·회룡리

공공기관 및 시설

공공기관 | 고금면사무소(061-550-5606), 고금치안센터(553-0113), 완도고금우체국(553-1004), 보건지소(550-6833), 덕동보건진료소(553-0319), 고금119안전센터(053-0986), 완도농협(552-5778), 강진완도축협(553-7114), 완도수협(553-1211)
교육기관 | 고금초등학교(555-5312), 고금중학교(553-1367), 고금고등학교(553-1206)
폐교현황 | 고금초등덕동분교, 가교분교(가교), 덕도분교(덕동), 고금남교(회룡), 용초분교(청용), 척찬분교(도남), 초등청학분교(청용),
전력시설 | 한전계통 **급수시설 |** 간이상수도 1개소, 해수담수화 1개소

여행정보

교통 | 배편
섬내교통 | [버스]고금여객(061-554-7954)이 대형버스 2대와 소형버스 1대로 영업중.
대형버스 1대는 상정―석치―가교 간을 06:40부터 18:45시까지 1일 9회 왕복운행.
대형버스 1대는 가교―석치―약산당목 간을 06:20부터 18:55까지 1일 9회 왕복운행.
소형버스 1대는 기타 지역을 시간대별로 운행하여 섬내 주민들의 교통편익에 최대한 부응하고 있음.
[택시] 고금개인택시(553-1100)와 고금영흥택시(553-0077) 5대 등 6대의 영업용 택시가 영업을 하고 있음.
여행 | 충무사, 선사시대 고인돌 **특산물 |** 유자
특이사항 | 고금도는 군사적 요충지로서 임진왜란 때 이순신 장군이 수군본영을 설치한 곳. 문화재로는 충무사(사적 제114호)가 있으며 월송대 전설이 전해지고 있다.

30년 변화 자료

구분	1973	1985	1996
주소	전남 완도군 고금면	전남 완도군 고금면 농상리	전남 완도군 고금면
면적(km²)	43.4	43.23	-
인구(명)	16,790	12,013	7,212
	(남: 8,572 여: 8,218)	(남: 5,977 여: 6,036)	(남: 3,588 여: 3,624)
가구수	2,706	2,518	2,248
급수시설	우물 281개	간이상수도 12개소, 우물 1,645개	간이상수도 3개소, 우물 1,215개
전력시설	자가발전	한전계통	한전계통
어선(척)	1,400	1,585	-
어가	1,840	1,346	686

12

매생이, 섬의 운명을 바꾸다
고금면 넙도

완도에서 유일하게 명령항로에도 포함되지 않는 섬, 객선이 없는 섬, 그런데 완도에서 소득이 가장 높은 섬. 넙도를 말한다.

넙도를 찾아가는 길은 쉽지 않았다. 고금대교를 건너 가교리로 접어들었다가 마을로 향했다. 가교리는 고금대교가 만들어지기 전까지 강진 마량에서 들어오는 나들목이었다. 뱃길에서 자동차길로 바뀌면서 가교리 선착장은 낚시꾼이 자리를 잡고 손맛을 즐기는 한산한 마을 선창으로 바뀌었다.

넙도로 가려면 가교리 음마동 선착장에서 배를 타야 한다. 마량에서 금일을 오가는 배가 운항을 할 때는 넙도에 들렀다. 하지만 연륙교와 연도교가 완공되면서 마량에서 출발하던 금일 가는 배가 약산 당목항 객선터미널로 옮겨졌다. 간헐적으로 넙도에 닿던 객선마저 끊겼다. 완도에서는 유일하게 명령항로가 없는 섬으로 전락하고 말았다. 넙도는 강진 마량에서 7분, 고금 가교리 음마동에서 2분이면 닿는다. 육지와 아주 가깝다.

넙도는 1500년경 윤동에 살던 오씨가 들어와 거주하면서 마을을 이루었다. 1914년 덕동리로 통합되었다가 1952년 윤동리(음마동)에 소속되었다. 최근 넙도리로 독립하였다. 넙도는 사면이 갯벌로 이루어져 있다. 매생이양식으로 소득을 올리고 있으며 조류 소통이 좋아 어족

넙도의 매생이 양식장. 옛날 김 양식을 했던 바다에 매생이가 자리를 잡았다. 예전에는 매생이가 김에 붙어 천덕 꾸러기 신세를 면치 못했지만 지금은 매생이에 섞인 김이 어민들의 눈총을 받는다. 바다와 갯벌을 잘 보전한 탓에 매생이가 효자 노릇을 하고 있다.

자원이 풍부하다. 낚시를 즐기는 사람들을 상대로 하는 낚시대절선도 다섯 척이나 있다.

넙도 주변에는 인도와 초완도 두 섬이 있다. 면적은 초안도가 가장 넓고 다음이 인도다. 초안도는 주민등록상 다섯 가구가 살고 있다. 실제로 세 가구가 생활을 하고 있다. 한때 전복 육상종묘사업을 하겠다고 시설을 했지만 부서진 시설만 남겨두고 섬을 떠났다. 남은 가구와 외지에서 들어온 사람들은 매생이 양식으로 생활하고 있다. 물이 빠지면 넙도와 연결되는 인도는 면적은 넙도보다 크다. 하지만 경사가 급하고 배를 정박할 수 있는 곳이 없어 일찍부터 사람이 살기 어려웠다. 대신 섬 남쪽과 동남쪽은 수심이 깊고 갯바위가 발달해 갯바위 낚시나 선상 낚시로 좋다. 또 동쪽과 서북쪽에는 갯벌이 발달해 일찍 김 양식을 많이 했던 지역이며 최근에는 우리나라 최고의 매생이 종패지다. 종패지가 없는 많은 매생이 양식을 하는 마을들에 종패를 공급하고 있

매생이 채종지. 넙도 옆에는 원도라는 무인도가 있다. 매생이 양식을 할 수 있었던 것도 원도의 바닷가에 포자가 많이 들기 때문이다. 벼의 못자리처럼 매생이 채종지가 원도에 형성되었다. 사람이 살지 않는 섬에도 우리가 미처 확인하지 못한 가치가 무궁하다.

다. 무인도라고 해서 마구 개발을 해서는 안 되는 이유다.

매생이 양식법을 개발하다

겨우 선창에 도착을 했지만 막막했다. 날씨는 아침부터 푹푹 쪘다. 뭍에 나가려고 막 섬에서 나온 가족들이 차에 오르고 있었다. "넙도에서 나오는 길이세요. 혹시 이장님 전화번호 알 수 있어요." 지푸라기라도 잡는 심정으로 말을 걸었다. "어디서 나왔어요. 배가 없어서 사선으로 가야 해요." 자동차 시동을 걸던 젊은이의 도움으로 어렵지 않게 넙도에 도착했다. 그리고 선착장에서 기다리고 있던 오보선(1950년 생) 이장을 만날 수 있었다.

매생이 양식으로 생활하기 전에는 김 양식으로 생활했다. 집집마다 정해진 양식어장에 김발을 설치해 김을 떴다.

김 양식으로 높은 소득을 올린 탓에 일찍부터 아이들을 뭍으로 보내 교육을 시켰다. 노화도나 소안도 어민들은 목포로 유학을 보냈지만 고금과 약산 어민들은 광주로 보냈다. 완도 본섬에는 중학교와 고등학교가 있었으며, 고금도에도 고등학교가 있었다. 넙도처럼 작은 섬이나 중고등학교가 없는 섬 학생들은 초등학교를 졸업하면 목포나 광주에 있는 중고등학교로 유학하는 경우가 많았다. 물론 경제적인 여유가 있어야 했다. 이를 가능케 한 것이 김 양식이었다. 하지만 넙도에도 위기가 찾아왔다.

고마도와 사후도가 그렇듯이 도암만에 사초리와 도암리 간척 등으로 물길이 바뀌면서 김 양식은 날로 쇠퇴했다. 게다가 양식 기술의 발달로 부류식 김들이 대량생산되고 일본수출도 제한되면서 1990년대 후반 지주식 김 양식은 크게 위축되었다. 넙도 김 양식도 이러한 수산 양식 변화로 수출에 큰 영향을 받았다.

초기 김 양식에 최대의 문제는 매생이였다. 김 양식 시설을 해놓으면 김만 아니라 파래와 매생이가 붙어 좋은 값을 받을 수 없었다. 지금도 그렇지만 소비자들은 윤이 반짝반짝 나고 아무런 잡태가 없는 김을 원했다. 염산을 뿌리고 파래와 매생이를 제거했던 것도 그런 이유에서였다. 간혹 매생이만 훑어서 장흥장이나 강진장에 갖다 팔아서 돈을 마련하기도 했다. 지주식 김 양식으로 소득을 올릴 수 없게 되자 천덕꾸러기 매생이를 생각해냈다. 매생이는 전라도 연안에 강진·장흥·완도에 자생하는 해조류였다. 일찍부터 국을 끓이거나 무쳐서 먹었다. 이 맛에 길들여진 전라도 사람들은 찬바람이 불면 시장에서 매생이를 찾았다. 넙도 섬사람들은 더 이상 김 양식을 지속하기 어렵게 되자 매생이에 관심을 갖기 시작했다. 물론 지금처럼 매생이가 효자 노릇을 할 것이라는 생각을 꿈에도 꾸지 못했다. 그저 용돈벌이 정도나 생각했다.

넙도와 딸린 섬 원도 주변 조간대가 최적의 매생이 채종지였던 것이다. 넙도 주변 채종은 70퍼센트 성공할 정도로 성공률이 높다. 매생이 채묘는 10월 초에 시작해 중하순까지 이어진다. 채묘는 보름에서 20일 정도 하며 이후에는 바다에 시설을 한다. 매생이는 김처럼 양식으로 채묘를 할 수 없었기 때문에 바다에서 포자(종자)를 붙여야 했다. 이를 채묘라고 하며 그 장소를 채종지라고 부른다. 양식장에서 바로 채묘를 해서 매생이를 기르기도 하지만 발육상태가 좋지 않다. 일찍부터 매생이 양식을 시작한 넙도 사람들은 인근 마을에 입어료를 주고 어장을 빌려 양식장을 확대했다. 현재 충무리 넙고지, 장룡리, 죽선리, 덕동, 화성, 항동, 척찬 등 고금도 일대의 매생이 어장들은 대부분 넙도 주민들이 시작한 곳들이다. 매생이 양식으로 돈을 벌기 시작한 마을 주민들은 임대기간이 끝나자 직접 양식을 하겠다며 기간을 연장해주지 않았다. 매생이는 조류가 거칠고 북풍이 있는 곳은 잘되지 않는다. 신지면, 약산 득암리, 고금 용초리, 봉명리 등에서 매생이가 잘되지 않는 이유다.

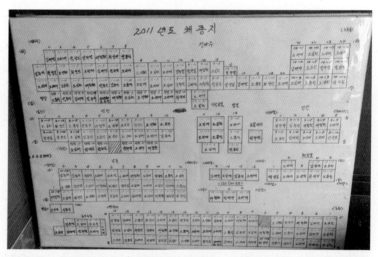

넙도 주민들의 매생이 채종지 지도. 섬 주민들은 바다를 평등하게 지속가능하게 이용하기 위해 매년 비옥한 곳과 그렇지 않은 곳을 구분하여 따로 추첨을 해서 바다농사를 짓는다. 이를 지키지 않을 때 바다는 병이 들고 어촌도 무너진다.

마을 입구에는 같은 크기로 만들어진 열일곱 개의 작은 창고가 있었다. 쓰임새가 궁금했다. 오 이장이 직접 창고 문을 열었다. 면세유가 가득 담긴 석유통과 그물 등 어구들이 들어 있었다. "우리 마을에는 17가구가 살고 있어요. 집집마다 창고를 하나씩 만들었어요. 관광지는 아니지만 깨끗한 마을로 만들고 싶었어요."

지금 넙도에서 사는 주민은 모두 17가구다. 오 이장의 섬마을 가꾸기는 5년 전부터였다. 수협에서 정년을 하고 기업 CEO 경력을 갖춘 오씨는 몸이 불편한 어머니를 모시기 위해 은퇴를 하고 고향으로 돌아왔다. 완도수고를 졸업했지만 줄곧 금융 업무만 맡았던 그에게 양식업은 너무 큰 도전이었다. 마을 사람들이 어장에서 일을 하고 있으면 열 일 제쳐두고 쫓아갔다. 때로는 뭍에 나갔다 돌아오는 길에 바다에서 일을 하는 주민을 만나면 옷도 갈아입지 않고 달려가 일을 도와주었다. 그냥 양식 노하우를 알려 달라고 할 수는 없었다. 그렇게 노력한 덕분에 첫해 매생이 농사에서 최고 소득을 올렸다. 다음부터는 오랫동안 바다농사를 지어온 마을 주민들이 오히려 오씨에게 물어왔다.

오씨와 이야기를 마치고 마을회관을 나왔다. 회관 입구에는 금년의 채종지를 표시해둔 안내판이 눈에 띄었다. 김이 그랬던 것처럼 매생이는 섬사람들에게 목숨이다. 그렇지만 영원한 것은 없다. 또 언제 매생이가 넙도를 떠날지 모른다. 매생이가 넙도 바다에 오래 머무르도록 하기 위해서 가장 신경을 쓰는 것이 오염이다. 김 양식을 할 때도 염산 냄새만 맡아도 매생이가 달아난다고 했다. 넙도에서는 소나 돼지는 키울 수 없다. 가축배설물이 바다로 들어오는 것을 막기 위해서다. 뿐만 아니라 섬 주민들에게 자주 저축을 많이 하자고 이야기한다. 바다농사는 인간의 노력도 중요하지만 자연에 의존한다. 전복 양식으로 재미를 많이 보던 보길도 사람들도 단 한 번의 태풍으로 큰 타격을 받았다. 재해보상이라고 해봤자 5천만 원 이상 받지 못한다. 어민들이 스스로 준비를 해야 하기 때문이다. 다행히 매생이는 큰 투자를 필요로 하지 않는다. 자연재해로 잃을 것이 그만큼 적다. 전복처럼 최소 3년 정도 키워야 하는 부담도 없다. 일 년 후에 다시 시작하면 된다. 더욱이 겨울철에 하는 양식어업이라 태풍 피해를 받을 우려는 없다. 수온의 변화로 풍년이 들거나 흉년이 드는 차이만 있을 뿐이다. 하지만 작은 배에서라도 기름이 유출되거나 해양오염이라도 생기는 날이면 매생이는 큰 타격을 받는다. 그래서 소나 돼지 등 배설물이 문제가 되는 가축은 마을에서 기르는 것을 금지했다.

회관에서 나와 선창을 돌아 인도가 있는 곳으로 걸어갔다. 바닷물이 빠져서 넙도와 인도는 갯벌로 연결되어 있었다. 걸어서도 인도로 갈 수 있었다. 조간대 상부에는 줄지어 나무들이 박혀 있었다. 가까이 다가가자 이장이 뒤따라오며 궁금증을 해결해주었다.

"요것이 매생이 채종지여라. 좀 깊으면 밑에 돌을 깔아 조건을 맞

넙도의 마을 공동창고. 작은 섬이지만 깨끗하고 잘 정돈되어 있다. 사용한 어구와 지저분한 양식자재들은 모두 창고에 보관한다.

추지라. 조금만 깊으면 김이 붙고 조금만 낮으면 매생이가 잘 안 붙어라."

넙도의 채종지는 1등지부터 14등지까지 나누어져 있다. 그리고 각 등지마다 17개로 나뉘어 있다. 매년 각 등지마다 추첨을 해서 채종지를 결정한다. 뿐만 아니라 각 등지마다 채묘 상황을 점검해서 김이 붙거나 채묘가 잘되지 않는 곳은 수심을 바꾸거나 위치를 조정해서 다음 해에 채묘를 한다. 이렇게 매년 주민들이 스스로 채묘 상황을 모니터링하고 최적의 환경을 만들기 위해서 노력하기 때문에 10년째 매생이 채묘의 메카를 유지하고 있는 것이다.

넙도 매생이는 조기생산으로 널리 알려져 있다. 단순히 자연환경이 좋아서가 아니다. 끊임없는 노력으로 얻어낸 명성이다. 매생이 품질은 수위에 의해 결정된다. 조금만 깊어도 김이 붙고 조금만 낮으면 잘 자라지 않는다. 마을 주민이 양식을 하면서 얻은 결과를 공유하며 연구해서 얻은 것이다. 오씨도 130척의 양식 중 20척을 조기생산하고 있다. 성공과 실패 확률이 반반이다. 수심을 깊게 하면 잘 자라지만 잡태가 오기 쉽고 품질이 떨어진다. 오씨는 매생이를 생산해 소비자와 직접 거래하고 있다. 마을 주민들은 보통 100~150척 규모로 양식을 하고 있다. 마을어장에서 30~50척 규모, 외부에서 100여 척 규모의 어장을 임대해 양식을 하고 있다. 2010년 수협에 집계된 어업소득만 해도 5천만 원이 넘는다. 완도에서 소득이 가장 높은 섬이다.

이렇게 소득이 높아지면서 젊은 사람들도 하나둘 섬으로 돌아오기 시작했다. 50대 이하의 젊은 층도 10여 명에 이르며 30대도 있다. 나를 배에 태워준 젊은이도 30대였다. 젊은 사람들이 들어오면서 마을 분위기도 바뀌었다. 이들이 섬에 정착할 수 있도록 하기 위해서 소득만 아니라 문화와 복지 수준도 높여야 했다. 일찌감치 폐교를 마을에서 인수했다. 당구대와 탁구대를 마련하고 체육관으로 개조해 주민들이 이용할 수 있도록 만들었다. 마을회관도 최신으로 리모델링해서 출향인사들이 언제라도 고향에 들어와 머물 수 있도록 배려했다.

오씨가 이장으로 있으면서 섬의 숙원사업이었던 담수화시설과 공동작업장을 완공했다. 그리고 부잔교도 설치했다. 최근에는 자율어업공동체로 선정되었다.

이렇게 마을사업을 할 수 있었던 것은 넙도리를 읍마동에 속한 마을에서 독립했기 때문이었다. 17가구에 불과하지만 가구소득이 완도에서 가장 높고 배만 해도 40여 척을 가지고 있다. 그만큼 어업활동이 활발하다. 100여 가구가 거주하며 배가 20여 척에 불과한 마을에 선착장 시설을 해야 하는가, 가구는 적지만 배가 많은 마을에 해야 하는가. 오씨가 내세운 넙도 개발의 논리였다. 넙도의 숙원은 뱃길이다. 마량이 주 생활권이라 지금도 시장을 보거나 일을 보기 위해서는 직접 배를 가지고 나간다. 넙도는 완도에 속하지만 우편물도 마량에서 받고 있다.

개황 | 넙도(笏島)

위치 | 전남 완도군 고금면 윤동리
면적 | 0.11km² **해안선** | 2.0km
육지와 거리 | 2.0km(강진군 마량항)
연륙(연도) | 2007년 고금대교(강진군~완도군)
가구수 | 26   **인구(명)** | 34(남: 19 여: 15)   **어선(척)** | 30   **어가** | 13

공공기관 및 시설

폐교현황 | 고금초등 넙도분교(1997년 폐교)
전력시설 | 한전계통   **급수시설** | 없음, 식수난 지구

여행정보

교통 | 배편 | 강진 마량항에서 소형 어선을 이용.
특이사항 | 섬의 형태가 양쪽 날개 모양으로, 조류 소통이 좋아 어장이 잘되어 넙도라 부르게 되었음.

30년 변화 자료

구분	1973	1985	1996
주소	전남 완도군 고금면 윤동리	전남 완도군 고금면 덕동리	전남 완도군 고금면 윤동리
면적(km²)	0.11	–	–
인구(명)	115	58	35
	(남: 53 여: 62)	(남: 28 여: 30)	(남: 16 여: 19)
가구수	17	15	15
급수시설	우물 2개	우물 14개	간이상수도 1개소, 우물 7개
전력시설	–	한전계통	한전계통
어선(척)	19	15	15
어가	17	13	15

13

봉화 오르면 데리러 갔제

고금면 초완도

넙도의 이장님 배를 탄 김에 초완도를 들러보자고 부탁했다. 달리 갈 방법이 없기 때문이다. 옛날 같으면 윤동 어느 자리에서 불을 올려 섬에 있는 아버지에게 신호를 보냈다. 그럼 노를 저어 가족을 데리러 나왔다. 그게 옛날 이야기냐고? 아니다. 1980년대까지 그랬다.

초완도는 넙도리에 딸린 섬이다. 모두 세 가구가 살고 있다. 한 가구는 초안도에 넓은 땅을 가지고 이런 저런 사업 구상을 하는 사람이고, 나머지 두 사람은 김 양식을 하고 있다. 많이 살 때는 14가구까지 살았다. 초완도를 푸랭이섬이라고 부른다. 풀과 나무가 무성하여 왕골밭과 같다고 해서 초완도라 했다. 1600년경 고금면 윤동리에서 사람들이 들어와 살기 시작했다. 1971년 13가구 96명이 살았다. 미역이나 김 양식을 하지 않고 자연산 미역과 톳을 채취해 살았다. 섬과 뭍을 연결하는 유일한 방법은 초소에서 무전을 쳐서 완도읍에 알리는 것뿐이다. 나머지는 봉화로 대신했다. 고금도 윤동리 선창 인근에 불이 올라오는 자리를 보고 '자네 아이들 왔나 보네'라고 알려주면 노를 저어데리러 갔었다. 작은 섬이지만 산이 급경사라 농사를 지을 땅이 없다. 1990년대 초 일반여객선이 운항하던 시절에도 마량과 금일(생일)을 오가는 길목에 있었지만 기항하지 않았다. 당시 넙도에는 배가 닿았다. 낙도벽지 명령항로라도 10가구 미만의 도서에는 기항하지 않아도 된

넙도리에 딸린 초완도는 세 가구가 매생이 어장을 운영하며 생활하고 있다. 넙도와 마찬가지로 정기여객선이 없으며 사선을 이용해야 한다.

다는 규정 때문이었다. 당시 모두 일곱 가구가 있었다.

금일에서 배를 세 척이나 가지고 미역 양식을 하던 김종석씨는 20여 년 전 초완도에 자리를 잡았다. 마량에 살던 처남에게 땅을 사라고 수백만 원을 준 것이 초안도 섬살이의 계기였다. 몇 마지기 논을 사고 나머지는 초안도 사람과 노름을 했다. 처남은 노름판에서 집문서를 담보로 초안 사람에게 돈을 꿔주었다. 몽땅 잃은 초안 사람은 집마저 다른 사람에게 임대를 주고 뭍으로 나가 중국집을 했다. 돈을 받으러 간 김씨는 돈 대신 집과 염소를 받았다. 그리고 염소를 굶겨 죽일 수 없어 키운 것이 섬에 눌러앉게 되었다.

마을 주민들이 김씨처럼 들어온 외지인에게 쉽게 어장을 허락하지 않았다. 수협법보다는 '마을법'이 우선했던 시절이다. 지금도 크게 다르지 않다. 새로 어장을 내는 것은 더 어려웠다. 당시 면허는 군에서 신청하고 도에서 내주던 시절이었다. 새로 어장을 내려면 우선 큰 마을인 넙도 주민들의 동의를 얻어야 했다. 당시 화폐로 100여 만 원을 마을에 내놓아야 가능했다.

지주식 김 양식에서 부류식 김 양식으로 전환하던 시절이었다. 그렇지만 넙도와 초완도는 부류식으로 전환할 수 있는 환경이 아니었다. 또 지주식 김 양식에는 매생이가 붙어 제값도 받지 못했다. 파래가 붙은 김은 시장에서 찾는 사람이 있었지만 매생이가 붙은 김은 거들떠보지도 않았다. 섬사람들이 떠난 것도 이 무렵이었다. 그런데 얼마나 아이러니한가. 매생이 때문에 섬을 떠난 사람들이 이제는 매생이 때문에 살고, 또 일부는 돌아오고 있으니 말이다.

그렇게 들어와 그 땅에 집을 지었다. 나무를 이용하는 아궁이에서 연탄 아궁이, 기름보일러로 바꾸면서 그렇게 24년이 흘렀다. 담벼락에 솥을 걸고 고구마를 삶고 있던 김씨의 아내가 고구마를 내왔다. "그놈의 좋지도 않는 소리는 그만하고 고구마나 드쇼." 귀가 닳도록 들었다는 눈치였다. 처갓집과 좋지 않는 인연으로 작은 섬에 눌러앉았다니 듣기도 싫었을 것 같다. 김씨도 주춤주춤 화제를 바꾸었다.

김씨가 반장을 맡고 있을 때였다. 당시 문 군수가 순시차 섬에 들어왔다. 몇 차례 이장이 있는 넙도리의 도움을 받아 도로도 포장하고 선착장도 만들 생각이었다. 하지만 자기 마을이 아니라 관심도 없었다. 하는 수 없이 군청을 들락거렸다. 군수가 그러한 사정을 듣고 순시차 들렀다고 주민들의 의견을 듣고 싶어 했다. 그런데 주민들은 "곧 섬을 떠날 생각이요. 개발은 무슨 개발이요"라고 반응했다. 반장은 난감했다. 그 뒤로 넙도는 마을길을 넓히고 선착장을 새로 했지만 초완도는 그대로 방치되었다. 지금도 사정은 크게 다르지 않다. 1991년 폐교된 초등학교(고금초등학교 초도분교) 자리에는 새로 들어온 사람이 집을 짓고 매생이 농사를 하고 있다.

개황 | 초완도(草完島)

위치 | 전남 완도군 고금면 넙도리
면적 | 0.32km²
해안선 | 3.8km   **육지와 거리 |** 0.6km(장흥군 대덕읍)
가구수 | 3   **인구(명) |** 5(남: 3 여: 2)   **어선(척) |** 3   **어가 |** 3

공공기관 및 시설

폐교현황 | 고금초등초도분교(1991년 폐교)
전력시설 | 한전계통   **급수시설 |** 해수담수화 1개소

여행정보

교통 | 배편 | 강진 마량항에서 소형어선을 이용.
특이사항 | 풀과 나무가 무성하여 왕골밭과 같다 하여 초완도라 불렀음. 각종 어패류와 해조류가 생산.

30년 변화 자료

구분	1973	1985	1996
주소	전남 완도군 고금면 윤동리	전남 완도군 고금면 덕동리	전남 완도군 고금면 윤동리
면적(km²)	0.32	–	–
인구(명)	96	60	13
	(남: 54 여: 42)	(남: 30 여: 32)	(남: 9 여: 4)
가구수	13	15	6
급수시설	우물 2개	우물 13개	우물 6개
전력시설	–	한전계통	한전계통
어선(척)	1	12	6
어가	13	13	6

완도군 약산면

고금면

14
약산면

군외면

완도읍

신지면

생일면

청산면

소안면

14 약산도

14

산에는 '약초', 바다에는 '매생이'

약산면 약산도

겨울철이면 꼭 찾는 섬이다. 바다도 좋고 산도 좋지만 내가 그 섬을 찾는 진짜 이유는 '매생이'란 놈 때문이다. 매생이는 옛날과 달리 시장에 가면 쉽게 구할 수 있다. 그래도 바다에서 막 건져 올린 매생이만 하겠는가. 겨우내 움츠린 속을 확 풀어내는 진객이다. 술꾼들에게는 굴을 넣고 보글보글 끓인 매생이국만 한 속풀이국이 없다. 특히 남도의 매생이국은 걸쭉해 국이라기보다는 죽에 가깝다. 바삭하게 막 구운 돌김에 따뜻한 밥을 싸서 기름장에 살짝 찍어 입에 넣고 오물오물거리다 매생이국을 한 수저 떠서 후루룩 마셔보시라. 요즘에는 매생이를 재료로 죽, 칼국수, 김, 수제비, 전 등 다양한 요리로 이용하고 있다. 심지어 매생이라면까지 나온다. 청자와 옹기를 실어 나르던 강진 도암만을 지나 마량항에서 잠시 숨을 돌렸다. 연륙교가 만들어지기 전에는 이곳에서 고금도, 약산도, 금일도, 생일도로 가는 배를 탔었다. 겨울이지만 포구를 기웃거리는 사람들이 제법 많다.

약산도는 고려시대까지 탐진현에 속하다 조선에 이르러 탐진현과 도강현을 통합한 강진현에 편입되었다. 《신증동국여지승람》에 "조약도(약산도)는 선산도(청산도)·고금도와 함께 강진현에 속하며, 섬 둘레는 95리로 목장이 있다"고 했다. 약산에서 처음 사람들이 정착했을 것으로 추정되는 곳은 여동마을 일대다. 이곳에서는 패총과 고인돌 등이

진상용 약초를 재배했다는 섬을 세상에 알린 것은 약초가 아니라 겨울철 내만에 잠깐 선을 보였다 사라지는 매생이다. 염산의 '염' 소리만 들어도 사라져버린다는 건강한 바다의 지표종이라 할 만한 해조류다. 요즘 자식 대신에 효자 노릇을 톡톡히 하고 있다.

발견되기도 했다. 고려 말 추씨와 강씨가 입도하여 마을을 이루었다고 한다. 아마 입도조들은 농사짓기 좋고 갯벌에서 쉽게 식량을 얻을 수 있는 여동 일대에 정착했을 것으로 추정된다. 이곳은 낮은 구릉을 이루고 있어 농사를 지을 수 있고 삼문산바람을 막아주며, 북쪽과 남서쪽에 갯벌이 발달했다. 이후 관산리·장용리·우두리 일대로 주거지역이 확대되었을 것으로 생각된다. 약산이 강진현에 속했을 때 관중리에 도청(都廳)이 있었다고 한다. 지금으로 말하면 면사무소처럼 행정을 보는 곳이다. 주민들은 그곳을 '도청몰'이라고도 한다. 1896년 완도군이 설군되면서 조약면이 되었다가, 1914년 고금면에 통합되었다. 이후 1949년에 분리되어 약산면이 되었다. 삼문산을 중심으로 삼지구엽초와 100여 종의 약초가 자생하고 있어 조약도라 했다고 한다.

이것이 제일 가슴 아픈 돈이요

약산대교를 건너면 만나는 마을이 천동리다. 이 마을부터 북쪽으로 넙고·화가·장용·구성·가래·당목·어두 마을까지가 매생이 양식을 많이 하는 마을이다. 갯벌이 발달했기 때문이다. 과거에는 갯벌에 지주를 세우고 발을 매서 김 양식을 했다. 일명 '지주식 김 양식'이다. 한때 돈 꽤나 만졌던 마을이다. 하지만 양식 기술이 발달하면서 소규모의 지주식 김 양식은 가격경쟁력을 잃었다. 수십 년 똑같은 양식을 반복하여 마을어장도 노화되기도 했다.

"요것은 순전히 갯벌을 먹고 자라. 그래서 갯벌이 없는 곳은 매생이가 없어. 갯벌이 좋아야제."

몇 년 전에 천동리에서 만났던 오천규(1943년생)씨의 이야기다. 당시 어촌계장이었다. 담양에서 대나무를 가져와 매생이 양식을 시작했다. 지금처럼 다리가 놓이지 않았기 때문에 마량에서 배로 운반했다.

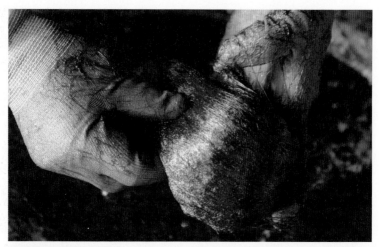

할머니가 생머리에 동백기름을 바르고 쪽진 머리만큼이나 아름답다. 한 덩어리를 '한 재기'라고 부른다. 김 양식이 한창일 때는 매생이가 섞이면 김은 하품으로 취급을 받았다. 이제 매생이에 김이 섞이면 가격을 제대로 받지 못한다. 인생사 새옹지마다.

양식 면적도 넓지 않았다. 약산에 매생이가 확대될 수 있었던 것은 다리 덕분이다. 매생이를 찾는 상인들이 쉽게 들어올 수 있어 유통이 쉬워졌기 때문이다. 판로가 안정되니까 지켜보던 마을 주민들이 하나둘 나서기 시작했다. 지금은 겨울철이면 갯벌에 온통 매생이 천지다.

매생이 양식은 김 양식처럼 기계로 채취하기 어렵다. 직접 손으로 한 올 한 올 뜯어내야 한다. 만일 매생이 양식도 김 양식처럼 대규모 양식이 가능하다면 마을 주민들 차지가 되지 않았을 것이다. 물이 빠지자 오씨 부부와 마을 주민들은 하나둘 작은 배를 타고 마을에서 빤히 보이는 선창 앞 매생이 양식장으로 나갔다. 그리고 사이좋게 나란히 배의 우현에 가슴을 붙이고 매생이를 쭈욱 쭈욱 훑어냈다. 한 시간가량 작업을 하더니 일어서서 허리를 폈다. 이제야 바다로 나가기 전에 "이 돈이 제일 가슴 아픈 돈이요"라고 했던 의미를 알 것 같았다. 힘이 들기 때문에 배에서 매생이를 채취하는 사람의 일당은 10만 원을 주고, 뭍에서 세

척하거나 섞여 있는 김을 추려내는 일을 하는 사람은 7만 원을 준다.

매생이는 《자산어보》에 "매산태(莓山苔)", 《신동국여지승람》에 "매산(莓山)"으로 소개되어 있다. 《자산어보》는 그 특징을 "누에 실보다 가늘고, 쇠털보다 빽빽하다. 길이는 몇 자에 이른다. 빛깔은 검푸르다. 국을 끊이면 연하고 미끄러우며 서로 엉키면 풀어지지 않는다. 맛은 매우 달고 향기롭다"고 했다. 매생이는 겨울철부터 정월 대보름까지가 제철이다. 주먹만 한 매생이 한 덩어리를 '한 재기'라고 한다. 비쌀 때는 5천 원, 쌀 때는 3천 원가량 했다. 오씨네가 만들어놓은 매생이 열 재기를 샀다. 어머니가 보통 매생이보다 크게 재기를 만들어주었다. 그리고 한 개를 덤으로 올려주셨다. 며칠 뒤 집 앞 대형 마트에서 가격을 살펴보니 8,500원이라 붙어 있었다. 현지에서 3만 원을 주고 샀으니 한 재기에 3천 원이다. 산지와 마트의 가격 차이가 이렇게 난다. 직거래가 소비자나 생산자에게 얼마나 필요한가 다시 실감했다.

이젠 '웬수'가 아니라 효자라니까

매생이는 약산도 외에 고흥 금산 월포와 도양 봉암, 장흥 회진 장산과 노력, 강진 마량, 해남 북평 만수 등 전라도 서남해안에서만 양식된다. 뻘밭, 자갈, 바위, 나무 등에 붙어 자란다. 수온에 매우 민감하고 오염된 곳에서 자라지 않는다. 또 김과 마찬가지로 날씨가 추워야 한다. 옛날에는 김 양식장에서 자란 매생이는 '잡태'였다. 농사로 말하면 벼농사를 짓는 곳에서 나는 '피'에 해당한다. 김 값을 떨어뜨리는 주범이라 염산으로 깨끗하게 제거했다. 소비자들이 파래나 매생이가 섞이지 않는 '깨끗한' 김을 원했기 때문이다. 그래서 어민들에게는 '웬수'였다. 지금은 입장이 바뀌었다. 매생이발에 붙은 김이 옛날 매생이 신세다.

"이놈의 김 때문에 매생이가 제값을 못 받는다니까."

나무가 예사롭지 않다. 마을 이름도 당목리이다. 당할머니에게 제사를 지낸 후 제물을 나누어 당산나무 아래 진설을 했다. "어쨌거나 이 길로 다니는 자동차 사고 없게 해주시고, 객지로 나간 자식들 모두 잘되게 해주십시오." 막걸리를 한 잔 올리는 할머니의 축원이다.

매생이 재기를 만들던 작업장에서 김을 추려내던 어머니가 한 말이다. 매생이 양식은 마을 앞 갯벌에서 이루어진다. 작은 배를 타고 손으로 채취하고, 세척과 가공도 특별한 기계나 기술을 필요치 않다. 섬 노인들이 매생이 양식에 매달리는 이유다. 오죽했으면 '요놈이 효자요'라며 자식보다 치켜세우겠는가. 매생이가 웰빙 음식으로 사랑을 받기 시작한 것은 오래된 일이 아니다. 서울 사람은 물론 전라도 사람들도 매생이를 아는 이가 적었다. 김대중 정권 시절 서울 한정식 집에 매생이가 등장한 후부터 매생이가 전국에 알려지기 시작했다고 한다. 음식의 대중화에도 정치력이 필요한 것일까.

매생이국은 예쁘게 먹어서는 안 된다. 부드럽기 때문에 수저로 뜨기도 사납다. 머리를 숙여 코를 박고 '후루룩' 소리를 내며 먹어야 한다. 소리를 크게 낼수록 매생이국이 흘러내리지 않고 잘 넘어간다. 국이 끓어도 김이 나지 않는다. 처음 먹어본 사람은 덥석 숟가락을 떠서 입에 먹었다가 입천장을 데기 십상이다. "미운 사위에게 매생이국을 준다"는 속담이 생긴 것도 이 때문이다. 아무리 밉다고 사위 입천장이 데게 할 장모가 있겠는가. 맨날 술타령하는 사위가 미워서 하는 말이 아닐까. 술꾼들이 최고의 속풀이국으로 꼽는 것도 매생이국이다.

왕에게 진상한 약초를 염소가 먹는다?

옛날부터 조약도에는 약재가 많이 있어서 어느 산이든지 '약산(藥山)'(약의 산)이라는 말이 있었다. 조약(助藥)과 뜻이 비슷하고 어감과 부르기 좋은 약산이란 말이 그렇게 해서 사용되었다고 한다. 어떤 문헌에 소개되었는지 확인할 수 없지만 약산에 129종의 약초가 있었다고 한다. 삼문산(장용산)·망봉산·너구털산 전체에 작약이 만발했고, 삼지구엽초가 얼마나 많은지 흑염소가 먹고 자라기도 했다. 봄에는 산에 더덕 냄새로 가득했다. 고려 공민왕의 넷째 왕자가 병이 들었을 때 약초를 구하기 위해 조정에서 조약도로 사람을 보냈다는 이야기도 있다. 문헌으로 확인된 기록은 아니지만 옛날부터 조약도에서 나는 약초의 효험이 알려졌던 모양이다. 그 약산은 섬의 진산인 삼문산(397미터)을 이르는 말이다. 삼문산은 공북산·동석산·검모산이 세 갈래 산줄기로 바다로 내려 뻗었다. 그리고 크고 작은 이십여 개의 작은 골에 마을이 앉았다. 약초를 먹고 자랐다는 흑염소가 특산품이다.

이곳에서 채취한 약초는 관서리 도청(진상용 약재를 관리하는 관청)에서 수집하여 '포대나루'를 통해 배로 직접 한양으로 올려 보냈다고 한다. 구전이다. '흑염소가 먹었다는 삼지구엽초'를 확인할 수 없다. 하지만 최근에 송원섭(1934년생)씨의 헌신적인 노력으로 재배에 성공해 말린 삼지구엽초와 종근을 보급하고 있다. 송씨는 야생 '꿩의 다리'가 삼지구엽초와 유사해 둔갑하는 경우도 많다고 일러줬다. 불현듯 생각나서 전화를 했더니 목소리는 그때보다 더 건강했다. 당시 걱정했던 판로도 해당 공사에서 전량 구입해 해결되었다고 알려줬다. 삼지구엽초를 재배하는 회원들도 20여 명으로 늘었다. 그중 몇 명은 꾸준하게 삼지구엽초를 재배하고 있다고 했다. 송씨의 삼지구엽초는 친환경인증까지 받았다. 지난 태풍에 열두 동의 재배시설 중 절반이 파괴되었다. 금년에는 야생에서 복원하려고 준비하고 있다. 삼문산에서 야생 삼지구엽초가 자생하는 것을 확인했기 때문이다. 최근 약산에서 재배한 삼지구엽초의 약 효과가 다른 지역의 것보다 2~3배, 야생은 4배가 높은 것으로 분석되었다. 삼지구엽초는 강원도나 지리산의 깊은 산속에 자생하는 식물로 약산도 삼문산에 서식했다고 한다. 음양곽(淫羊藿)이라고 불리는 삼지구엽초는 본초강목, 동의보감 등에 정력과 원기를 왕성하게 해주고, 기억력 증진, 수족·양명·명문 등에 좋아 신체를 보호해준다. 이 약초는 환경부에서는 멸종위기 종으로 지정하여 보호하고 있다.

바다는 막아지면 '남의 것'이여

약산도는 산세가 험하고 계곡이 좁고 급경사라 농경지가 발달하지 못했다. 대신에 좋은 어장을 가지고 있었다. 인근에 강진 도암만, 고금 대개포, 신지 송곡리와 신리, 약산 관산리, 장흥 진목리와 신리 등 갯벌이 발달해 어류의 산란과 서식지로 최적의 환경이었다. 이곳에서 김·미역·병포·진포·톳·청각 등 해조류와 굴·바지락·고막·소라·성게·해삼·전복 등 패류, 멸치·가오리·돔·농어·가오리·숭어·문어·장어·감성어·광어 등 다양한 어류가 서식했다. 약산면의 동남해안에 위치한 득암리·구암리·해동리는 침식으로 해식애와 갯바위가 많고 여가 발달해 돔과 감성어 등 고급 어류와 전복과 소라·성게·해삼 등이 많다. 반면에 관산리·장용리·우두리·사동리 등 고금도와 접한 서북해안은 수심이 낮고 갯벌이 발달해 김과 미역 등 해조류 양식과 낙지·바지락·갯지렁이·숭어 등 어업이 발달했다. 지금은 모두 간척과 매립으로 농경지로 바뀌었다. 관산리 간척사업으로 갯벌은 사라지고 330필지의 농지가 조성되어 농사를 짓고 있다. 농지는 지선어민보다는 외지인이 더 많은 땅을 소유하고 있다. 이곳만 아니라 강진·고금·신지·장흥 일대의 많은 갯벌도 간척사업으로 농경지로 바뀌었다. 관산리에서 만난 한 주민은 관산리 갯벌에 '낙지만 파 먹어도 잘살 수 있었을 것'이라며 아쉬워했다.

득암리에서 발견된 한 문서에서도 "완도군 조약도는 본래 정명공주의 궁방토이다. 임진왜란 후 인목대비가 사재를 출연하여 백성들을 모아 개간하여 국가로부터 소유권을 인정받은 사패지다"라고 기록되어 있다.(《도서문화》 제12집 참조) 정명공주는 조선 선조와 인목왕후 김씨의 딸이다. 인목대비 시절에 섬에 살던 백성들을 동원하여 개간·간척하여 궁방에서 쓰는 비용을 충당하는 궁방토로 바뀐 것으로 보인다. 그 농지가 어디인지 알 수는 없지만 추정컨대, 관산리 간척지 안쪽에 있는 관서리·천등리·우두리의 육답일 가능성이 크다. 모두 갯벌이 발달한 마을들이다. 이 농지는 갑오경장으로 목포정명학교에 팔렸다가 나중에 주민들의 항의로 유상으로 매입하여 오늘날에 이르고 있다. 조선시대에는 권력에, 최근에는 자본에 어장을 빼앗긴 셈이다. 마을어장은 주민들이 공동으로 이용할 수 있지만 막아지면 '남의 것'이 되는 것이다. 약산도에서 만난 주민이 했던 말이다. 이것이 '조약도 토지계쟁 사건'이다.

한편 득암리에는 '되반잭이 논배미' 전설이 전해오고 있다. 득암리 작살기미에 되반잭이 논이 세 마지기가 있었다고 한다. 다른 논에 비해서 소출이 많아 모든 사람들이 이 논을 탐냈다. 그런데 어찌된 일인지 갑자기 소출이 일반 논과 똑같아졌다. 논 주인이 궁금해 알아보니 '신지도 사람들이 몰래 건너와 논에서 흙을 가져가서 자신들의 논에 뿌렸다'는 것이다. 이를 자토(資土)라고 한다. 작살기미 논주인도 몰래 신지도로 건너가 자토를 해왔다. 이렇게 해서 소출이 자주 바뀌자 이 논을 '되반잭이 논'이라 부른다고 한다.

나무를 모시는 사람들

몇 년 전 아이들의 성화에 못 이겨 늦은 시간에 영화 〈아바타〉를 보기 위해 영화관을 찾았다. 세 시간 동안 상연된 영화는 3차원 영화의 극치를 보여주었다. 내 마음을 사로잡은 것은 현란한 그래픽이나 입체영상이 아니었다. 그것은 인간과 교감하는 '영혼의 나무'였다. 지난 정월에 약산도 당목마을 당산제에서 아바타의 '영혼의 나무'에 버금갈 만한 나

당제에 올리는 길지라는 한지다. 이를 두고 어떤 이는 '백지수표'라고 했다. 모든 소원을 들어주는 당할머니의 영험함을 믿기 때문이다. 하지만 정성이 지극해야 한다. 천 번은 빌어야 한다는 말도 있다. 절실함이 당할머니에게 전달되어야 하기 때문이다.

무를 보았다. 마을 주민들은 마을 숲 당집에 둥근 몽돌을 모셔놓고 매년 제사를 지낸다. 이날은 '개'(갯벌)를 막고 주민이 모두 모여 마을의 안녕과 풍어를 기원하며 하루를 즐긴다. '개'는 주민들의 생활터전이며 칠게와 도요새와 낙지의 생존공간이다.

제를 마친 주민들은 당할머니에게 올린 제주를 한 잔씩 주고받는다. 노인들은 슬며시 일어나 마을회관으로 들어간다. 마을 청년들과 여성들을 위한 배려다. 당집 앞에 차려놓은 음식을 이웃 마을 청년들에게 권한다. 이들도 당할머니에게 봉투를 내놓는다. 그 사이에 여자들은 당집 안의 음식을 당산나무 아래로 옮겨 놓는다. 당산나무는 예부터 액을 막고 소원을 빌었던 하늘과 인간을 연결하는 신목이었다. 막걸리 병을 든 할머니가 당산나무에게 소원을 빈다.

"어쨌거나 우리 마을 사람들 잘되게 해주시고 이 길로 다니는 자동차 사고 없이 해주시고 객지로 나간 자식들 모두 잘되게 해주십시오."

당목리 노인회장은 내게 몽돌이 당할머니로 변신한 사연을 들려줬다. 350여 년 전 당목리에 권씨·박씨·신씨, 세 성씨가 들어와 살았다. 마을길과 농사지을 땅을 만들던 중 돌 하나가 나와 괭이로 내려치자 피가 나왔다. 다른 쪽에서도 둥근 돌이 나왔는데 똑같은 일이 벌어졌다. 마을 사람들이 그 돌을 마을 숲으로 옮겨 제각을 짓고 당할머니와 당할아버지로 모시고 매년 정월 제사를 지낸다. 사진을 찍고 있는 나에게도 술잔을 내밀었다.

"기자 양반도 한잔 받어."

졸지에 직업이 기자로 바뀌었다. 운전해야 한다는 말에도 아랑곳하지 않고 "당할머니가 주는 잔은 받아야 써. 안 받으면 복을 차는 것이여"라며 술을 따라주었다. 거절할 수도 없었다. 우리 민족에게 당산나무는 어떤 의미일까. 어촌에서는 당산제와 갯제를 함께 지낸다. 당산나무가 하늘과 인간을 연결한다면 갯벌은 인간과 용왕을 연결하는 매체쯤 될 것이다. 씻김굿이 죽은 자의 이름으로 산 자를 위한 굿을 하듯 당제나 갯제도 하늘과 바다의 이름으로 마을의 안녕과 풍어를 기원하는 산 자들의 잔치다.

"우리 당할머니는 겁나게·용하요. 금년에 원하는 것 있으면 조용히 빌어보시오."

안주를 건네주던 할머니가 말을 건다. 지금이라도 늦지 않았으니 빨리 소원을 빌라는 눈치다. 뒤늦게 도착한 이웃 마을 청년회장도 당집에 들어가 당할머니에게 절을 하고 나온다. "사업 잘되게 해달라고 빌었네." 물어보지 않는 말까지 덧붙였다.

영혼의 나무는 〈아바타〉의 판도라 행성에만 있는 것이 아니다. 갯마을에도 있다. 당산나무 옆에는 교회가 있고 슈퍼마켓과 마을회관도 있다. 멸치를 잡는 낭장망과 낙지를 잡는 통발에도 당산나무의 영혼이

영화 〈아바타〉를 본 뒤에 당숲과 당집을 보아서일까. 전에 보았던 것과 다르다. 여름철 그 길을 지나다 울창한 숲에 또 한 번 놀랐다. 이렇게 좋은 마을 피서지가 어디 있단 말인가. 이보다 훌륭한 마을 경관을 어디서 찾는단 말인가. 그런데 마을 사람들은 정작 그 소중함을 모른다.

전해진다. 당산나무는 그냥 나무가 아니다. 사람들과 교감을 나누는 생명체다. 집안에 궂은 일이 생기면 사람들은 나무 앞에서 비는 것으로도 위안을 얻었고 한여름이면 더위를 피할 수 있는 피서지가 되기도 한다. 나무 아래 앉아 있으면 동네의 희로애락이 손에 잡힐 듯 들어온다. 과학이 아무리 발전을 해도 인간은 자연을 벗어나 살아갈 수 없다. 우리 조상들은 그것을 누구보다도 잘 알고 있었다. 조상들의 믿음은 지금까지 이어져 갯벌과 바다, 갯사람들의 살림을 지키는 문화로 이어지고 있다. 그것은 미신이 아니라 자연과 인간이 공존하는 지혜다.

요즘 새처녀 어디 있간디

산이 좋고 바다가 좋은 곳에 인간만 살겠는가. 신들도 모여들기 마련이다. 1980년대까지 이어오던 마을 제의들은 양식어업이 본격화되고 어장이 간척되면서 사라져갔다. 약산면 서부에 위치한 어두리는 김 양식이나 전복 양식 등 어장이 가장 활발한 마을이다. 매년 마을의 안녕과 풍어를 기원하는 당제와 갯제를 지냈다. 태풍 '매미'가 올라오던 날 약산도 어두리를 찾았다. 다리도 연결되지 않았던 때였다. 추석을 앞둔 탓에 귀성인파로 마량 선창은 북새통을 이루었다. 어두리는 갯제를 팔월에 지내는 독특한 마을이다. 보통 갯제는 정월 보름 무렵 저녁에 당제를 끝내고 다음 날 아침에 갯가에서 지내는 마을 의례다. 어두리의 갯제는 집집마다 제물을 선창에 차려놓기도 하고 마을 공동으로 제사를 지냈다. 제물은 보리범벅, 메밀묵, 삼실과 명태, 나물 등이며 지역에 따라 미역, 톳과 같은 해산물이나 돼지머리를 준비하기도 한다. 김 시세가 좋던 시절 어두리 갯제는 볼 만했다. 마을 처녀들이 가구별로 좀드리쌀과 약간의 돈을 거두어 음식을 준비했다. 제관은 삼부요인(마을 이장, 어촌계장, 새마을지도자)이었다.

166

"요즘 어디 새처녀들이 있간디, 다 똑같제."

선창에서 제물을 놓던 어머니가 옛날 이야기를 이어갔다.

"밥, 나물, 떡, 돼지고기도 차리고 부락에서 싹 장만해서 차리제. 옛날에는 처녀들만 가서 했제. 요새 어디 새처녀들이 어디 있어, 다 똑같제. 새처녀 때 오만 거 다 장만해서 지냈제. 바다에 김발 막은게, (김포자) 남의 부락으로 가지 말고, 우리 마을로 가서 엉거라 하고 지냈제. 옆에 가서 뻘도 훔쳐오고 정월보름에 지내고, 추석에도 지내고 두 번 지내제."

"적조도 없어져 불고 영원히 들어오지 않게 해주십시오."

어촌계장의 기원과 용왕님께 헌식하는 것으로 갯제는 끝이 나고 주민들이 선창에 둘러앉아 음식을 나누어 먹었다. 옛날에는 촛불을 켠 바가지에 액운을 담아 띄워 보냈다. 정월 보름 '갯벌 훔치기' 풍습도 있었다. 김이 잘 자라는 마을에서 갯벌을 훔쳐 와 자신들의 김 양식장에 뿌리거나 깨끗한 창호지에 싸서 갯제를 지내면 김 양식이 잘된다고 믿었다. 그래서 갯벌을 훔쳐 가지 못하도록 마을 청년들이 지키기도 했다. 어두리만 아니라 득암리에서도 갯제를 지내고 있다. 득암리는 마을 주위에 바위와 돌이 많아 붙여진 이름이다. 마을이 삼문산 정상에서 곧바로 바다로 뻗어 내린 동남쪽 급경사지에 자리해 있다.

산과 바다가 풍요롭던 약산도였다. 외지인들은 물론 주민들까지 가세해 무분별한 약초채취로 산이 무너지고 좋은 갯벌은 간척으로 잃었다. 산도 잃고 갯벌도 잃으니 바닷고기도 줄어들 수밖에 없었다. 이제 주민들이나 지자체는 삼문산으로 눈을 돌렸다. 생태탐방로를 만들고 진달래축제를 하고 약재도 심고 있다. 그 덕에 다시 바다가 살아나고 주민들의 생활도 나아지면 얼마나 좋을까. 그래도 얼마나 다행인가, 매생이를 선물로 주었으니.

●──완도선

바다에서 문화재를 찾는 것은 육지에서 발굴하는 것과 달리 어려움이 많다. 그래서 어민들의 도움이 절실하게 필요하다. 신안 증도처럼 그물에 걸려 올라온 경우가 가장 많다. 태안의 경우에는 주꾸미를 잡던 소라방에 고려청자가 걸려 올라와 발굴이 시작되었다. 군산의 비안도나 십이동파도는 조개잡이를 하던 민간인 잠수사에 의해 발견되었다.

완도선의 발굴은 1983년 12월 완도군 약산면 어두리 앞 바다에서 키조개를 캐던 잠수부가 몇 점의 그릇을 건져 올린 것이 계기가 되었다. 이미 신안해저유물의 경험 탓에 곧바로 발굴조사가 실시되었다. 천년 동안 바다 속에 잠겨 있어 심하게 부식되었지만 배밑[底板]과 삼[舷板] 등 배의 구조가 잘 남아 있었다. 소나무와 참나무, 남해안에서 자생하는 나무들로 건조한 배로 밝혀졌다. 발견된 곳의 지명을 따서 '완도선'이라 불렀다. 지금까지 발견된 전통배 중에 가장 오래된 구조선(救助船)으로 우리 배의 역사를 연구하는 데 소중한 자료가 되고 있다. 침몰한 배에서는 3만 점의 도자기와 솥, 청동그릇, 숟가락 등 선원들의 생필품과 도구들이 발굴되었다. 10톤 규모의 외돛배로 11세기 해남 진산리에서 그릇을 싣고 항해하다 침몰한 상선으로 밝혀졌다.

진산리 가마터는 고려시대 대표적인 녹청자 생산지다. 자그마치 가마가 104기나 조사되었다. 전라남도 해남군 산이면에 속하는 마을이다. 지금은 영산강사업으로 금호방조제를 쌓아 간척지를 조성했다. 영암호와 금호호 사이에 있는 산이반도 금호호변에 위치해 있다. 이곳은 내륙과 바다로 드나들기 좋은 곳이며, 영산강을 타고 내륙 깊은 곳까지 자유롭게 도자기를 수송할 수 있는 곳이다. 완도선은 이곳 가마에서 도자기를 싣고 진도와 해남, 완도 본섬을 지나 남해안으로 항해하다 약산도 앞바다에서 침몰한 것으로 추정된다.

완도선에서 발굴한 유물들

개황 | 약산도(藥山島)

일반현황

위치 | 전남 완도군 약산면 **면적** | 28.80km² **해안선** | 48.4km **육지와 거리** | 7.5km(강진군 마량항)
연륙(연도) | 2000년 (강진군 마량-고금도)
가구수 | 1,259 **인구(명)** | 2,515(남: 1,226 여: 1,289) **어선(척)** | 1,328 **어가** | 684
어촌계 | 가래리·가사리·관산리·관중리·구성리·구암리·넙고리·당목리·득암리·사동리·상득암리·신기리(약산·어두리·여동리·우두리·장용리·죽선리·천동리·해동리·화가리

공공기관 및 시설

공공기관 | 약산면사무소(061-550-6471), 약산치안파출소(553-9112), 약산우체국(553-9004), 보건지소(550-6841), 약산면농업인상담소(550-5164), 약산해동보건진료소(553-9234), 약산농업협동조합(본소)(553-9088)
교육기관 | 약산초등(장용)(552-1253), 약산중학교(553-2737), 약산고등학교(554-8749)
폐교현황 | 넙고분교(1994년 폐교), 어두분교(1999년 폐교), 우두분교(1998년 폐교), 득암분교(1993년 폐교), 해동초등(해동)
전력시설 | 한전계통 **급수시설** | 지방상수도 1개소, 간이상수도 1개소, 우물 6개소

여행정보

교통 | **섬내교통** | [버스] 약산여객버스 3대(061-554-1137)로 당목항에서 고금 가교항까지 철부도선 시간에 맞추어 운행. 고금여객버스(061-552-2592, 061-553-1033)도 약산 당목항까지 연장 운행하여 고금 가교항과 고금 상정항을 연계하여 강진 마량항과 완도항까지 이용객의 불편 없이 연결시킴.
[택시] 약산고속택시(061-553-8378) 6대로 영업중
[화물] 약산화물(061-553-8376)
여행 | 약산 연교도, 가사해수욕장, 삼문산(등산코스, 전망대, 진달래공원) **특산물** | 흑염소, 매생이
특이사항 | 장용산을 중심으로 산이 깊고 삼지구엽초 외 129종의 많은 약초가 자생. 애국지사 정남균 선생 추모비, 6·25 당시 전사한 분들을 모신 충혼탑, 어두리 앞바다는 해저유물매장지로 잘 알려져 있다. 가사해수욕장은 300m의 모래밭이 펼쳐지고 물이 맑고 깨끗하며, 천연림이 우거져 시원함을 만끽할 수 있다. 천혜의 갯바위 낚시터로도 유명. 삼문산을 중심으로 등산코스, 전망대, 진달래공원은 매년 많은 관광객이 찾고 있음. 1999년 고금도와 약산도 간 연도교와 2000년 강진군 마량과 고금도 간 연륙으로 접근성이 용이.

30년 변화 자료

구분	1973	1985	1996
주소	전남 완도군 약산면	전남 완도군 약산면 장용리	전남 완도군 약산면
면적(km²)	24.02	23.84	–
인구(명)	9,022	6,826	4,268
	(남: 4,504 여: 4,518)	(남: 3,510 여: 3,316)	(남: 2,142 여: 2,126)
가구수	1,498	1,455	1,300
급수시설	우물 496개	간이상수도 3개소, 우물 629개	간이상수도 3개소, 우물 217개
전력시설	–	한전계통	한전계동
어선(척)	781	1,002	890
어가	1,332	1,311	525

＊30년 자료 약산도편에 1996년은 조약도로 표기되어 있음.

완도군 금당면

금당면

15
금당면

16

17

고금면

약산면

금일읍

신지면

생일면

청산면

15 금당도
16 비견도
17 허우도

완도군 금당면

15

'만 원'짜리를 물고 다니던
개들은 어디로 갔을까

금당면 금당도

시계를 보니 점심시간 10분 전이다. 아침에 차우리 경로당에서 고추를 다듬고 있던 어머니들이 점심을 준비한다고 끼니 거르지 않게 오라고 했던 말이 생각났다. 어머니는 대문을 나서는 객에게 까딱하다간 점심을 굶을 수 있다는 말도 덧붙였다. 지금 곧장 선창으로 가면 배를 타고 갈 수 있을 시간이다. 점심을 먹고 쉬었다 다음 배로 나가야 하지만 잠깐 망설였다. 경로당을 살펴보았다. 식사 중이었다. 나는 넉살이 좋은 편은 아니다. 하지만 섬에만 들어오면 변한다. 노인들과는 특히 말이 잘 통한다.

"어머니, 저 왔습니다. 밥 좀 주세요."

"좀 일찍 오지. 국이 다 떨어졌어."

"괜찮아요. 물은 있지요?"

객지 나오면 고생이라며 머슴 밥그릇처럼 큰 공기에 밥을 수북하게 담아주셨다. 막 무친 콩나물, 무채, 멸치볶음까지 쟁반에 담았다. 술은 마시냐며 할머니가 묻자, 옆에서 밥을 먹던 할아버지가 뭘 물어보냐며 핀잔을 주었다. 국이 떨어져 아쉽다던 어머니가 사발에 술을 콸콸 따라주셨다. 새벽에 나오느라 아침도 먹지 못했다. 어머니들의 푸짐한 인심과 맛있는 반찬까지 게 눈 감추듯 먹어치웠다.

완도는 해남 끝자락에서 강진·장흥·고흥까지 크고 작은 섬들이 바

© 김경옥

목계책(왼쪽)과 목계전(오른쪽). 조선시대 임금님의 관을 만들고 배를 짓는 선재목으로 사용된 소나무를 보호하기 위해 만들어진 목계는 해방 후에는 당산제, 도제 등 마을 의례를 주관했고, 1960년대는 저수지 보수, 각종 희사금, 도로공사, 선착장 공사 등에도 참여했다.

다와 접해 있다. 그 사이 도암만과 보성만이 있어 물고기가 산란하고 성장할 수 있는 좋은 조건을 갖추었다. 조류 소통도 좋아 해조류도 잘 자란다. 일찍부터 김과 미역 양식이 활발했던 것도 이런 환경 때문이다. 금당도는 장흥의 회진과 고흥의 마량에 접한 섬으로 행정구역으로는 완도군에 속하지만, 장흥과 녹동에 생활권을 두고 있는 지역이다. 장흥 천관산이 개벽하면서 떨어져 나와 금당도가 만들어졌다고 한다.

봉산, 금당도

바닷가에 사는 사람들에게 소나무는 매우 특별하다. 역사적으로 보면 '봉산(封山)'이라 해서 '나무를 베는 일'을 엄하게 금했다. 관아의 건물과 병선을 만드는 재료로 이용된 소나무는 '송전'이라 해 특별 관리했다. 백성들은 관아와 병영에서 필요한 땔감, 숯, 장송목(관을 만드는 나무)을 바쳐야 했다. 나무를 바치지 못하면 화폐나 병선 만드는 일로 대신했다. 《정조실록》에는 "완도에서는 우수영에 매달 15파('파'는 손바닥으로 잡을 정도의 묶음 단위)의 땔나무와 한 달 걸러 한 번씩 20석의 숯을 상납했다"고 적고 있다. 18세기 장흥에 속했던 금당도는 섬 전체를 '봉산으로 만들어 벌채 위반에 대한 법을 엄히 규찰'하도록 했다. 금당도 소나무는 임금의 관을 만드는 황장목(黃腸木)과 배를 짓는 선재목(船材木)으로 사용되었다. 차우리에는 1870년부터 1986년까지 기록된 목계(木契) 문서가 전한다. 목계는 섬에서 채취한 목재가 재원이다. 목계는 매년 정월에 모임을 개최해 도제·산제·당산제·수제 등 마을 공동 의례를 행하였다. 목계의 주된 기능은 소나무를 확보하기 위한 것이었지만 1960년대에는 해태어장 매각, 저수지 보수, 학교사택 건축비, 향토방위대 희사금, 예비군 희사금, 도로공사 기금, 새마을사업, 선착장 공사 등 섬 주민 일상생활에 참여하기도 했다.

금당도의 중심지는 면소재지인 차우리다. 차우리에 속한 울포마을에 고흥 녹동항과 연결되는 금당항이 있다. 이곳 외에도 장흥 노력도와 연결되는 가학리항이 있다. 목계가 제 기능을 발휘하던 시기에는 금당도가 차우리 외에 육산리 세 개 마을로 나누어져 있었다. 이들 세 마을에만 이장이 있었다. 나머지 작은 마을들은 반장만 있었다. 금당도와 뱃길이 닿는 장흥과 고흥에는 모두 제주로 가는 뱃길이 열렸다. 섬의 동부에 속하는 마을은 울포항을, 서부에 속하는 마을은 가학항을 많이 이용한다. 수협을 이용하거나 잡은 생선을 판매할 때는 녹동항을 더 찾는다.

막걸리 맛은 찾을 길이 없네

섬으로 가는 길은 녹동길을 택했다. 거금도가 소록도와 연결되어 금당도와 육지 사이의 거리는 3킬로미터에 불과하다. 하지만 녹동항에서

㉖ 태풍이 지나간 뒤라 양식장은 물론이고 농사도 걱정이었다. 하지만 다행스럽게 금당도에서 가장 큰 마을이자 쌀농사를 많이 짓는 차우리의 벼들은 쓰러지지 않고 잘 버텼다. 옛날에는 논이 많아 목소리가 컸지만 지금은 양식어장이 좋은 마을이 큰 소리를 친다.

㉗ 주민들이 무더운 여름 마을회관에 모두 말린 고추에 묻은 먼지를 하나씩 마른 수건으로 닦아내는 일을 하고 있다. 밭이 많은 금당도는 고추와 깨 등을 많이 심는다.

거금도까지는 직선으로 12킬로미터, 뱃길로 14킬로미터 남짓 된다. 울포리에 닿자 공사 차량 두 대와 주민 몇 사람이 내렸다. 녹동에서 출발하는 배는 충도를 거쳐 금일읍 평일도가 목적지이다.

울포리에 사람이 살기 시작한 것은 조선 영조 때다. 인천 이씨들이 평일도에서 건너와 입주한 후 김해 김씨, 천안 이씨 들이 입주해 마을을 이루었다. 마을에서 빚은 술맛이 좋아 중국의 울금주와 견줄 만하다고 해서 울금이라 했다. 또 '울억금'이라 부르다 울포리(鬱浦里)라 했다고도 한다. 금당도에서 가장 인구밀도가 높은 곳이다. 면사무소, 우체국, 치안센터 등이 있다. 지금은 매립으로 옛 모습을 가늠하기 어렵지만 처음 섬을 찾았을 때만 해도 마을 안쪽까지 바닷물이 들었다. 밖으로는 비견도가 둘러싸고 좌우로는 섬 자락이 쭉 내밀어 선창은 울 안에 있는 것 같다. 혹시 '울금'이 '울구미', 즉 울 안의 선창과 같다는 의미에서 비롯된 것은 아닐까. 한자 지명으로 바뀌면서 억지춘향으로 이해하기 쉽고 주변 환경을 잘 설명한 지명들이 왜곡된 사례가 많다.

가을을 문턱에 두고 있지만 날씨가 더웠다. 더구나 태풍이 휩쓸고 지나간 뒤라 하늘이 맑았다. 금당도를 처음 찾았던 10여 년 전의 선창의 모습은 아니었다. 아이들이 재잘재잘 대는 소리에 고개를 돌려보니 첨벙첨벙 바지선 위에서 다이빙을 하며 물장난을 치고 있었다. 섬 아이들만 누릴 수 있는 특권이다.

고개를 넘으니 제법 넓은 논과 마을이 펼쳐졌다. 차우리다. 금당면에서 가장 큰 마을이다. 가학리와 서로 크다고 목소리를 높이지만 농지와 마을 크기로는 차우리가 앞선다. 옛날에는 논이 많은 차우리가 큰소리를 쳤지만 지금은 김·미역·전복 등 양식업에 일찍 눈을 뜬 가학리의 목소리가 크다. 금당도에서도 부자 동네로 꼽힌다. 앞서가던 트럭이 차우리에서 육산리로 가지 않고 세포리로 빠져나갔다. 차우리는 선창이 있는 울포, 작은 포구가 있는 세포 그리고 차우리까지 아우른 행정리다. 이외에도 톳 양식을 많이 하는 가학리, 행정구역의 중심지인 육산리 등이 있다. 금당도는 완도에 속하는 섬이지만 고흥군 녹동에 속하는 생활권이다. 섬사람들도 울포리에서 녹동으로 나가는 뱃길을 많이 이용한다. 농사나 어업에 필요한 자재들을 구입하기 쉽고, 육로 교통도 많기 때문이다.

금당면에서 가장 큰 마을이었던 차우리의 초등학교가 오래전에 문을 닫았다. 학생들이 재잘거렸을 교정에는 참새들이 짹짹거리고 있었다. 고개를 막 숙이며 여물어가던 마을 앞 문전옥답의 나락들이 연거푸 닥친 태풍에 말라버렸다. 일을 마치고 집으로 돌아가던 노부부가 쭉정이를 먹겠다고 달려드는 참새를 쫓아보지만 그때뿐이다. 새들은 텅 빈 학교로 날아갔다. 돌아서면 다시 나락밭에 내려앉았다. 쫓는 일도 지쳤는지 할머니는 손수레를 끌고 앞서가는 할아버지를 따라 골목 안으로 사라졌다.

차우리 경로당 옆에는 4백 년은 넘었을 큰 당산나무가 있다. 그 많은 태풍과 강풍에도 용케 견디더니 이번 태풍에는 힘에 겨웠던지 쓰러지고 말았다. 밑동을 살펴보니 안이 텅 비었다. 세월 탓이지 태풍 탓만은 아니었다. 매년 마을 주민들이 정성 들여 당산제를 지낼 때만 해도 큰 태풍에도 꿈쩍하지 않았다. 100여 가구를 굽어보며 한 가구 한 집 궂은 일 막아주고 좋은 일 가져다주던 영험함을 잃은 지 오래되었다. 당산제는 교회가 힘을 발휘하면서 미신이 되었다. 더 이상 태풍과 비바람을 이겨낼 힘이 없었다.

열댓 명의 마을 주민들이 모여서 말린 고추를 하나씩 수건으로 닦고 있었다. 마당에서는 점심 준비를 하느라 분주했다. 이런저런 이야기를 나누다 점심예약까지 해놓고 나왔다. 금당도는 농사짓는 땅이 거의 없

갯일은 기다림으로 시작한다. 1년이고 2년이고 바지락이 굵어지기를 기다려야 하고, 물때가 되어서 갯벌이 드러나기를 기다려야 한다. 그 시간은 조갯살이 여물어가는 시간이요, 삶이 다져지는 시간이다.

는 몹시 가난한 바위섬이었다. 지금도 부자 섬은 아니다. 지주식 김 양식을 많이 했던 1970년대 무렵에는 울포와 가학리가 밥술깨나 떴던 마을이다. 간척으로 농지를 조성한 육산리와 차우리는 농사가 중심이었다. 김 값이 시세가 없을 때는 농사를 많이 지어 마을세가 강했다. 트럭이 빠져나간 세포리로 향했다. 섬의 남쪽 끝 마을이다. 선창에 있는 몇 집의 지붕이 태풍으로 송두리째 날아가버렸다. 앞서 빠져나간 트럭이 그곳에 있었다. 지붕 수리를 하기 위해 들어온 사람들이었다. 포구가 좁고 긴 물길을 타고 들어온 곳에 위치한 마을이라 '가는개'라고 불렀다. 또 '지풍개'라는 지명도 남아 있다. 한자로 이름이 바뀌면서 세포리가 되었다. 웬만한 섬에는 세포나 가는개라는 지명 하나쯤은 있다.

금당도에서 어장이 가장 좋은 가학리는 힘이 센 마을이다. 김 양식을 할 때는 '개도 만 원짜리를 물고 다닌다'고 할 만큼 부자 마을이었다. 지금은 다시마 양식과 톳 양식으로 바뀌었다.

서칠룡의 논배미 이야기

차우리에서 점심까지 먹고 나니 마음이 느긋해졌다. 낮잠을 권하는 어머니들을 뒤로하고 밖으로 나왔다. 배가 도착하기 전에 가학리와 역케와 온금포, 신흥과 새추목도 돌아보고 싶었다. 몇 년 전 섬에 왔다 간 후로 가학리에서 온금포까지 해안도로가 만들어졌다. 그동안 이렇다 할 해안도로가 없던 상황이라 주민들의 바람이 이루어졌다. 관광객을 위한 것이지 마을과 마을을 연결하는 생활도로는 아니다. 금당도의 중심도로는 울포에서 가학리까지 이어지는 '금당로'다. 그 길 따라 차우리, 육동리, 가학리가 위치해 있다.

육동리는 섬 가운데 위치해 있다. 사방이 산으로 둘러싸여 바다가 보이지 않는 마을이다. 그래서 육골이라 불렀다. 시골에서 흔히 듣는 육답은 육지에 있는 농지를 말한다. 산골육답이라는 말도 간혹 사용한다. 섬에서는 간척농지와 비교해 사용한다. 육동마을에는 '서칠룡의 논배미 이야기'가 전한다.

마을에 인물도 좋고 말솜씨와 기지가 뛰어난 서칠룡이라는 호걸이 살고 있었다. 금당도가 장흥부에 속할 당시 오랫동안 면의 영수원(회계원)을 맡고 있었다. 그런데 그만 국가에 납부해야 할 세금을 사사로이 쓰고 말았다. 연대책임을 물었던 시기라 가족은 물론 친척에까지 피해를 줄 것이 뻔했다. 서씨는 무슨 생각을 했는지 세금을 바치러 간다며 한 달이 걸려 서울에 도착했다. 그리고 여러 날을 고급 여관에 머물렀다. 국세를 바치러 상경한 손님을 알고 있던 주인은 융숭한 대접을 했다. 서씨가 하는 일은 매일 한길에 나가 아이들에게 엽전을 나누어 주는 일뿐이었다. 납세일이 가까워오자 서씨는 머리를 싸매고 누워버렸다. 깜짝 놀란 주인이 찾아오자 "여기서 천 리 밖 금당에서 세금을 짊어진 짐꾼이 도착하지 않았다"며 내일 세금을 내야 하는데 큰일이라고 걱정을 했다. 주인은 우선 자기 돈으로 세금을 납부하고 짐꾼이 도착하면 달라고 했다. 우선 급한 불을 껐지만 이젠 주인 돈이 문제였다. 서씨는 능청스럽게 주인과 매일 남대문에서 짐꾼을 기다렸다. 돈을 짊어진 짐꾼이 올 리가 만무했다. 서씨는 "먼 길을 돈 짐을 지고 오는데 필경 사고가 난 것이 분명하다"며 죄송하지만 금당으로 내려가는 방법밖에 없다며 동행을 청했다. 주인도 돈을 받아야 했기 때문에 도리 없이 따라나섰다. 보성 봇재에 이르러 서칠룡은 "저기 보이는 곳이 조부님께서 간척을 해서 수만 석의 소작료를 받는 땅인데 논배미가 모두 바닷물에 잠겼다"라고 하면서 제방이 터진 것 같다고 대성통곡을 했다. 바다를 처음 보는 서울 사람은 농장을 잃은 서씨가 측은해 내일을 기약하고 돌아갔다. 이듬해 여관 주인이 돈을 받기 위해 봇재에 이르러 보니 여전히 논은 여전히 바다에 잠겨 있었다. 득량만 갯벌을 두고 하는 말이었다. "허허! 서칠룡의 논배미가 아직도 바닷물에 잠겼구나" 하며 체념했다고 한다. 지금 그 갯벌은 간척이 되어 농사를 짓고 있다.

'쏘쏘리바람'이 제일 무섭다

섬은 논과 밭이 부족하다. 식량을 자급하기 어려웠다. 대신 '갯밭'에서 미역과 톳을 채취해 뭍에 팔았다. 그리고 보리와 쌀로 바꿨다. 이를 '도부'라 하고 해조류를 팔러 다니는 사람을 '도부장수'라고 했다. 고금도에서는 '인꼬리'라 불렀고, 가거도 등 신안의 먼 섬에서는 '섬돌이'라 불렀다. 말린 해조류를 판매하는 도부는 마을 주민 몇 명이 모여서 갔다. 배를 빌려서 나가야 했기 때문에 뱃삯도 절약하고 객지에서 서로 도움을 주고받을 수 있었다. 봄과 가을 두 차례 가는 경우도 있지만 보통은 가을걷이를 끝낸 후에 갔다. 도부를 나가면 설 명절쯤에 돌아오는 경우도 있었다. 그 무렵 섬사람들은 농사를 마무리하고 육지에 쌀이 흔할 때다. 금당도에서는 육동 사람들이 많이 갔다. 주로 갔던 지역은 장흥과 보성이었다. 한 번은 육동 사람들이 도부를 나갔다 배가 뒤집혀 많은 사람이 죽었다. 지금도 같은 날 제사를 지내고 있다. 초가을에 부는 '쏘쏘리바람'이 문제였다. 하늬바람의 하나다. 지금처럼 기상예보가 발달하지 않았던 때는 경험과 자연의 다양한 징후로 날씨를 예측했다. 아침에 해가 게눈을 뜨면 배를 타고 멀리 나가서는 안 된다. 아침 일찍 동쪽에 빨간 수평선이 늘어선 것을 말한다. 이런 날은 동남풍이 거세게 분다. 주의를 해야 한다.

육동리를 지나 가학리로 가는 고개에 올라서면 삼산저수지와 간척 농지가 한눈에 들어온다. 가학리는 금당도에서 처음 사람이 살았다고 해서 개기리(開基里)라 불렸다. 섬에 사람 사는 터를 마련한 곳이다. 이후 마을 모양이 학처럼 생기고 그 학이 멍에를 넘는다고 해 '먹넘어'라

하다가 한자 지명으로 가학리(駕鶴里)라 정했다. 김 양식을 많이 했던 마을이지만 지금은 톳과 미역 다시마로 생활하고 있다.

득량만 끝자락에 떠 있는 금당도는 김·톳·미역 양식과 문어와 멸치가 많이 잡히는 황금어장이었다. 완도는 일찍 김과 미역 등 해조류 양식이 발달하였지만 계속되는 김 양식과 해양 환경의 악화로 어장을 계속하기 어려웠다. 반면에 금당도는 주변에 인접한 섬이 없고 바다가 넓고 조류 소통이 좋아 오랫동안 김 양식을 유지할 수 있었다. 30여 년 전까지 금당도의 김은 생산량과 품질 면에서 으뜸이었다. 일본으로 수출되어 호황을 누려, '개들도 만 원짜리를 물고 다닌다'고 할 정도였다. 당시 가학리의 한 주민은 초등학교 선생으로 부임한 동생을 설득해 학교를 그만두게 하고 김 양식을 했다고 한다. 그만큼 김 농사가 수지 맞았다는 것이다. 당시의 김 한 톳 값이 지금과 차이가 없었으니까 그럴 만했다. 금당도에서 바다 의존도가 가장 높은 마을은 가학리다. 지금은 톳과 미역·다시마와 가두리 양식을 많이 하고 있다. 가학리는 김 양식장을 나누는 데 규칙이 매우 엄격했다. 1970년대에는 가족 수와 거주 연수 등을 고려해 등급을 나누어 양식 규모를 분배했다. 물과 전기가 귀했던 시절에 사용요금도 김 양식을 해서 번 돈으로 지불했다. 금당도를 비롯해 완도 사람들에게 당시 김 양식은 단순히 경제행위가 아니었다. 생활이고 삶 자체였다.

당집

보통 당집은 마을과 떨어진 외진 곳에 있는데 가학리는 마을 가운데 당집이 있다. 당집에는 상당신위 하당신위라고 씌어진 위패가 있다. 그리고 백자로 보이는 흰 그릇 10여 개가 있다. 천장에는 창호지에 쌀을 담아 매달아둔 달걀 크기 정도의 쌀 봉지 20여 개가 주렁주렁 매달려

지금도 매년 정월이면 당제를 지내고 있다. 김 양식이 활발했던 시절에는 가을철에 김 포자가 잘 붙기를 비는 갯제를 지내기도 했다. 씨앗에 해당하는 포자가 어떻게 붙느냐가 한 해 농사를 결정하기 때문이다. 요즘은 인공으로 포자를 붙이지만 옛날에는 바다에서 직접 붙였다.

있다. 오래된 것은 누렇게 변색했다. 가학리 당집은 150여 년 정도 되었다. 당집은 구전으로 전해져 기록이 드문데 이곳은 비교적 잘 남아 있다.

당제는 정월에 원화주와 상화주라 부르는 제주 두 명을 선정해 지낸다. 원화주는 당 청소와 금줄을 준비하고 황토(지덕)를 사방에 놓는다. 그리고 '세미쌀'을 만들어 하당 천장에 매달아 놓는다. 상화주는 음식을 장만한다. 당제를 지내는 제관은 금기 사항이 많아 맡기를 꺼려한다. 그래서 수고비로 해조류 양식권 1등지(60미터)를 주었다. 나중에 쌀 한 가마를 주다 최근에는 현금으로 지급했다. 제관을 뽑는 일이 어려워지자 부부제관을 내세웠다. 모든 마을 일이 그렇듯 나중에는 이장 등 마을 임원이 맡아야 했다. 준비하는 제물은 고사리·돌갓·명태·김·청어 등이다. 나중에 청어 대신 숭어를 쓰기도 했다.

가학리는 당제 외에 '유황제'라 부르는 갯제도 지내고 있다. 지금처럼 양식이 발달하기 전에는 미역·톳·가사리 등 갱번에 의존했기 때문에 섣달그믐이면 '먹넘어' '대팽이' '찌뚱끝', 세 곳에서 제를 지냈다. 제물은 보리범벅·톳·김, 세 가지를 준비한다. 양식업이 발달한 후에도 전통은 이어져 일 년 동안 사고 없이 김·미역·톳이 풍작되게 해달라고 빈다. 지금처럼 인공포자(씨앗)를 붙이기 전인 김 양식 초기에는 포자가 잘 붙기를 기원하며 양식을 시작하는 가을철에 갯제를 지내기도 했다. 특별히 많은 투자를 하지 않고 갯벌에 대나무를 박아 김발을 하던 시기에는 포자가 잘 붙느냐 아니냐는 일 년 농사를 결정하는 일이었기 때문에 집집마다 팥밥을 지어 선영에 정성스레 상을 차리기도 했다. 팥밥의 색깔이 김 포자의 색깔과 유사했기 때문이다. 팥은 붉은색이 악귀와 액운을 막아준다고 하여 동짓날은 물론 각종 의례에 많이 사용한다.

갯제는 수산 의례로 완도에서는 김 양식과 깊게 관련되어 있다. 당제가 끝난 후 이루어지지만 당제와 다르게 날을 받아 하는 경우도 있다. 또 정월에 하는 당제와 달리 김 양식이 시작되는 8월에 갯제를 따로 지내는 마을도 있다. 당제가 제관에 의해서 엄격하게 진행되지만 갯제는 마을 주민 모두가 참여해 난장을 벌인다. '파젯굿'이라 해서 축제 형식을 띤 놀이로 발전하기도 한다. 이때 띠배나 허수아비(허제비)를 만들어 바다에 띄워 액운을 내보낸다.

뭍에서 당제를 지낼 때 마을 입구에 금줄을 치고 부정한 것들이 들어오지 못하게 하는 것처럼, 갯벌도 개막이라 해서 당제 기간에는 바다 출입을 막았다. 차우리에서도 음력 8월 서무샛날 김 농사가 잘되기를 바라는 '김발고사'를 지내기도 했다. 이를 주민들은 '수제'라고 한다. 마을 선창 밖 바닷가 바위에 보리범벅·돼지머리·명태·떡·나물을 차려놓고 남자 두 사람이 고사를 지냈다. 술을 올리고 재배한 후에 고기와 나물을 창호지에 싸서 보리범벅과 함께 차례로 던졌다. 이때 "유황님 우리 부락에 김 좀 잘 부착되게 해주십시오"라고 빌었다. 가정에서는 김발을 막는 날 '팥밥'을 해서 선영에 차려놓고 빌었다. 김발에 포자가 팥 색깔처럼 붉게 잘 붙기를 기원하는 의미였다.

아픈 기억은 오래간다

오래전에 가학리에 들렀다가 좌우익 갈등의 시기에 많은 마을 주민들이 희생된 아픈 이야기를 들었다. 당시 마을 주민들은 '보리 사건'과 '항가치 사건'으로 기억하고 있었다. 보리 사건은 1948년 '산사람'의 구호양곡을 수집한 사건으로 수십 명이 희생된 사건이다. 마을 입구에서 나이가 많은 할머니가 옛날 살아온 이야기를 하다 조심스럽게 '보리 사건'을 꺼냈다. (자세한 내용은 《도서문화》제17집(2001)에 정리되어 있다.) '산사람'은 좌익활동을 한 사람을 말한다. 이들에게 줄 구호양곡을 수집한 것이 발각되어 60, 70명이 희생된 사건이다. 이 사건의 핵심 인물로 지목된 박씨 등 7, 8명은 울포리 뒷산에서 처형되었다. 나머지는 목포형무소에 수감되었다가 1950년 음력 6월 6일 처형되었다. 좌우익 갈등의 불행은 여기서 그치지 않았다. 한국전쟁이 발생한 다음 해 1월경 부녀자들이 문양을 만들어 북한으로 보낸 것이 발각된 '항가치(손수건) 사건'으로 피해를 입기도 했다. 울포리 강성윤(63세)씨의 이야기다.

피비린내 나는 동족상잔의 비극이 일어나니까 거그서(서울이나 일본)에서 배운 사람은 그쪽으로 (사회주의) 싸악 머리를 돌려버린 거제. 한마디로 말하면 좌익으로 주로 서부가 많이 있었제. 이쪽은 (울포리) 우익파들이 많고 큰 피해는 안 봤어. 형제간끼리 친구들끼리 감정이 있으면 서로 잊자 그랬거든. 옛날 사람들이 많이 죽었어.

가학리 진장철(80세)씨의 이야기다.

보리쌀 준 명단이 발각되어 죽은 사람은 박화두를 필두로 정현주·이동석·이영주·정일만·정광균 등 수십 명이여. 사오십 명은 되제. (경찰 앞잡이에게) 돈 푼(준) 사람들은 완도경찰서에서 빠져나왔어. 인자 돈 안 준 사람은 넘어가고. 보리쌀을 모은 반장들은 안 되었어(뺄 수 없었다). 딴 동네에서는 문서가 발각되지 않았으니까 별 피해를 안 본 것이고. 나가서 활동한 사람들만 죽었지.

산속에 숨어 댕기는 사람들 옷 맨들어서 주고, 농사 지어가지고 몰래 쌀 갖다 주고 활동하라고 주고. 그래가지고 보리 준 문서가 발견되어 부렀어. 경찰이 끌고 들어간 것이여. 육이오가 딱 나니까 묶어다가 총으로 쏴불고 철사로 묶어다가 배로 끌고 가서 물에 빠쳐불고. 한 100명 죽었어.

주민들은 많이 배운 사람들이 목숨을 잃거나 섬을 떠났다고 기억했다. 혼란스런 상황에서 자신은 물론 가족과 마을 사람들의 안전을 위해서 한 선택들이 이데올로기라는 잣대로 희생되고 최근까지 연좌죄라는 족쇄로 이어져왔다. 또 각종 선거철이면 잠복해 있던 악령을 이용하는 못된 사람들도 있었다. 다시 마을을 찾았을 때는 아픈 기억을 꺼내는 사람이 없었다. 겉으로는 기억하는 사람도 없어 보였다. 나오는 배를 기다리는데 어머니 두 분이 비견도가 보이는 울포 선창에 나와서 물이 빠지기를 기다리고 있었다. 작은 함지박과 조새를 들고 있는 것으로 보아 굴을 까려는 모양이었다. 한 어머니는 금일읍에서 금당도로 시집을 왔다. 육지와 가깝고 김 농사를 지을 수 있다고 해서 시집을 왔는데 지금껏 갯일에서 벗어나지 못하고 있다며 웃으셨다.

개황 | 금당도(金塘島)

일반현황

위치 | 전남 완도군 금당면
면적 | 12.98km² **해안선** | 28.2km **육지와 거리** | 8km(고흥군 녹동항)
가구수 | 520 **인구(명)** | 1,068(남: 529 여: 539) **어선(척)** | 333 **어가** | 312
어촌계 | 가학리·봉동리·삼산리·세포리·신흥리[금당]·울포리·육동리·차우리

공공기관 및 시설

공공기관 | 면사무소(061-550-6610), 금당치안센터(844-0112), 완도금당우체국(844-0304), 보건지소(550-6871), 보건진료소(844-9899), 금일농협 금당지소(843-9717), 완도군수협 금당지점(843-9812)
교육기관 | 금당초등학교(843-9730), 금당중학교(843-2213)
폐교현황 | 가학분교(1995년 폐교), 차우분교(1999년 폐교)
전력시설 | 한전계통
급수시설 | 지방상수도 1개소, 우물 11개소

여행정보

교통 | 섬내교통 | [택시] 영업용택시 3대가 영업하고 있다.
여행 | 금당팔경, 금당적벽의 부채바위, 병풍바위, 대화도의 코끼리바위
특산물 | 문어, 멸치, 미역, 다시마, 김, 톳
특이사항 | 금당이라는 지명이 붙게 된 유래는 금일, 금당, 생일도의 금곡 등 금자의 지명이 붙은 것으로 보아 금이 산출된 고사에서 연유된 것으로 추정한다. 즉 금댕이가 금당으로 불리게 되었다고 한다. 이 고장에서는 정계, 법조계, 학계 등 많은 인물이 배출되었다. 문화재로는 열녀죽산안씨·경주정씨 비각과 열녀천안전씨비가 있으며, 농신제비, 상하당 설화 등이 전해진다. 동제로서는 상·하당제를 성대하게 지냈다.

30년 변화 자료

구분	1973	1985	1996
주소	전남 완도군 금일면 차우리	좌동	전남 완도군 금당면
면적(km²)	12.0	12.49	–
인구(명)	5,805	3,671	1,736
	(남: 2,936 여: 2,869)	(남: 1,901 여: 1,770)	(남: 904 여: 832)
가구수	870	792	591
급수시설	우물 22개	간이상수도 3개소, 우물 467개	상수도 시설 1개소, 우물 171개
전력시설	자가발전	한전계통	한전계통
어선(척)	696	452	623
어가	733	629	432

집주인은 떠나고
금당면 비견도

"내리기 전에 선장님에게 말씀해보세요. 차가 있으면 내려줄 것이고, 그렇지 않으면 울포에 내려야 해요."

선표를 구입하면서 비견도에 배가 닿느냐는 말에 표를 파는 아가씨가 한 말이다. 작은 섬사람은 이동의 자유도 없다. 내리라는 곳에 내리고 타라는 곳에서 타야 한다. 자가용도 아니고 공공버스도 아니니 딱히 할 말은 아니지만 객이라도 그런 대접은 서러운데 주인인들 오죽하랴. 녹동신항 여객선터미널에는 멀리 서귀포행과 거문도행 그리고 가까운 동송행, 신지행 배가 출항중이다. 동송행은 금당면 울포를 거쳐 금일읍 동송으로 가는 배편이며, 신지행은 충도, 신도, 동송, 신지로 이어지는 뱃길이다.

이 중 비견도를 경유하는 배편은 동송행이다. 하루에 세 번 아침, 점심과 오후에 오가고 있다. 금일도에서 금당도를 거쳐 금일 동송으로 가는 배편은 모두 여섯 차례. 이 중 세 차례만 금당도 앞 작은 섬에 들른다. 이것도 몇 년 전에 비하면 아주 나아진 것이다. 그 전에는 자동차가 섬에 들어가야 배가 들어갔다. 사람만 들어갈 수 없었다. 사람은 금당도 울포에서 내려서 사선을 이용했다. 오죽했으면 '우리가 화물보다 못하냐'며 항의를 하기도 했다. 운이 좋았다. 차가 없는데 선장은 울포를 거쳐 비견도에 내려주었다. 큰 은혜를 입은 양 고마웠다. 한

금당도와 비견도 사이로 하루에 여섯 차례 배가 오가지만 작은 섬 비견도에는 딱 세 번 들른다. 사람만 타고 있으면 내려주지 않을 때도 있다. 하지만 차가 있으면 꼭 들른다. 배표를 파는 아가씨가 해준 말이다. 오죽했으면 '우리가 화물보다 못하냐'고 했을까.

참을 걷다 혹시 카메라를 들고 있어 기자로 생각한 것 아닐까 하고 생각했다. 일반 방문객이나 주민이었다면 어땠을까. 조금 전까지 고맙던 마음이 싹 가셨다.

　비견도는 조선 정조 때 경주 정씨가 고흥군 시산도에서 들어와 마을을 이루었다. 많이 살 때는 70여 가구가 모여 살았다. 지금은 모두 23가구가 살고 있다. 섬 모양이 고래가 나는 것 같아 비경이라 했다가 비견도라 부른다고 한다. 비견도는 김·미역·톳이 주소득원이었다. 간혹 통발을 이용하여 낙지와 문어를 잡았다. 마을 앞에 용냉이굴은 용이 승천하면서 생긴 굴이라고 한다. 이 굴 속에서 짐승이 우는 소리가 들리면 마을에 큰 재앙이 생긴다는 속신도 있다. 파도가 심하면 파도 소리가 울려 짐승이 우는 소리처럼 들렸을 것이다.

　선창에서 내려 마을로 들어가는 트럭을 얻어 탔다. 새우 양식을 위해서 축제식 양식장을 보수하는 중이었다. 지난 볼라벤 태풍으로 방조제가 무너져 새우 양식장이 잠겼다. 낮은 곳에 위치한 집들도 무사하지 못했다. 무너진 방조제를 보수하느라 중장비 소리가 요란했다. 나를 태워준 트럭 운전사는 양식장을 관리하는 사람이었다. 언덕 위 마을회관 앞에 내려주고 차를 돌려 양식장으로 내려갔다.

비견도는 두 개의 섬이었다. 두 섬 사이의 바다는 좁은 곳은 20미터, 넓은 곳은 280미터 남짓 되었다. 객선은 금당도 울포와 마주 보는 작은 섬 선창에 닿기 때문에 사람들은 두 섬 사이에 징검다리를 놓아 건너 다녔다. 마을은 큰 섬에 있었고, 작은 섬에는 학교가 있다. 이곳은 간척되기 전까지 매생이가 아주 잘 자랐던 갯벌이었다. 섬 주민들은 흉년에 매생이를 매서(뜯어서) 죽도 쒀먹고 보릿고개도 넘었다. 지주식 김 양식이 잘되었다. 낙지도 많았고, 바지락과 파래도 많았다. 허우도에서 비견도로 시집온 어머니는 갯벌이 그대로 있었다면 지금은 '노다지'가 되었을 것이라며 아쉬워했다. 불과 40여 년 전 이야기다.

당시 간척 상황은 동아일보 1966년 8월 23일자 기사에서 확인되었다. 당시 비견국민학교 교장 송홍섭(당시 45세)의 제안으로 마을 앞 3만 평의 갯벌을 섬 주민들이 힘을 모아 간척을 했다. 그 공로가 인정되어 제1회 경향교육상(1965년), 전남도교육위의 향토학교지역사회개발상(1965년) 등을 받았다. 당시 비견도는 40호 3백 명의 주민들이 살고 있었다. 한때 70호까지 살았다고 한다.

당시 섬사람들은 제방을 쌓기 위해 추렴해서 돈을 만들었다. 밭을 팔아 돈을 마련하는 사람들도 있었다. 논을 만들면 나중에 분양받을 수 있다는 말 때문이었다. 당시 일을 한 사람들에게는 원조 밀가루가 제공되었다. 그렇게 원을 막아가다가 밀가루 원조가 중단되면서 방조제를 쌓는 일도 멈추었다. 주민들은 자신들이 없는 돈을 투자했던 터라 망연자실했다. 그래서 스스로 원을 막기로 했다. 뭍에서 돈을 빌려왔다. 그것이 문제였다. 일은 진척되지 않으면서 이자가 이자를 낳는 꼴이 되고 말았다. 중단할 것인가 계속할 것인가. 다시 사채를 내서 진행을 하기로 했다. 그런데 두 번이나 절반쯤 막다가 터져버렸다. 어렵게 원을 막았지만 이제 내부의 배수로와 경지 정리가 문제였다. 그런데 더 심각한 것이 이자를 갚는 것이었다. 주민들이 투자한 돈은 포기하고 수협에 대출받은 돈을 대신 갚아주는 조건으로 박 사장이라는 사람에게 팔게 되었다. 박 사장은 이곳에 새우를 키울 생각이었다. 초창기에는 새우 양식으로 재미를 보았지만 오래가지 않았다. 지금은 그 아들이 이어받아 새우 양식을 하고 있다.

섬사람들에게 해안은 목숨줄이었다. 갯벌이 발달하면 낙지와 바지락 등을 잡고 갯바위가 발달하면 미역과 톳 등을 채취했다. 이곳에서 하는 어업을 마을어업이라 한다. 마을어업은 '일정한 지역에 거주하는 어업인이 해안에 연접한 일정한 수심 이내의 수면을 구획하여 패류·해

주인이 떠나버린 집터를 일궈 마늘을 심었다. 돌담도 우물도 그대로 남아 있고, 집터의 주춧돌도 남아 있지만 마늘은 속절없이 잘도 자랐다.

조류 또는 정착성 수산동물을 관리·조성하여 포획·채취하는 어업'이다. 이렇게 마을어업을 할 수 있는 곳을 마을어장이라 부른다. 특정 마을이 우선적으로 어업 활동을 할 수 있는 영역이다. 마을어장의 크기는 마을의 힘에 따라 결정되었다. 힘이 센 마을은 넓고 좋은 자리를 차지했다. 또 해안에서 떨어진 무인도의 해조류 채취권을 갖기도 했다. 양식어업이 발달하기 전에는 해안을 서로 차지하기 위한 마을 간 분쟁이 잦았다. 또 양식어업이 발달한 후에는 마을 간 바다 경계를 둘러싼 싸움으로 확대되기도 했다. 지선어장 안에서 마을어업을 하기 위해서는 마을어촌계에서 시장이나 군수나 구청장의 면허를 받아야 한다. 그런데 마을마다 어촌계가 있었던 것이 아니다. 비견리처럼 작은 마을은 차우리나 울포리 등 큰 마을에 속했다. 《도서문화》에 기록된 정계순(68세)씨의 이야기에서 확인할 수 있었다.

> 행정구역이 차우로 되었을 때 해초 개포를 나누게 됐어. 그란께 차우리 즈그가 사람들 더 많이 살고 이장도 있고 그러니까 섬덩어리를 전부 즈그가 좋은 데를 가져불고 이쪽은 쪼까만 띠주고… 울포리는 면사무소가 있어 저짝을 띠주고……

마을어장을 나눌 때 '이장'이 있는 마을이나 '사람'이 많이 사는 마을은 '개포'가 좋은 곳을 가졌다. 개포는 미역·톳·가사리가 자라는 마을어장을 말한다. 비견도는 울포와 차우리와 바다를 사이에 두고 접해 있다. 금당도에서 경지 면적이 넓고 세력이 가장 큰 차우리와 행정 중심인 울포 사이에서 작은 새끼 섬인 비견도는 늘 치일 수밖에 없었다. 게다가 비견도는 독립된 행정리가 아니라 이장도 없었다. 차우리와 합해서 한 명의 이장이 배정되었다. 작은 섬에서 이장선거에 나온다고 될 리가 없었다. 그래서 이장은 늘 사람이 많은 차우리 차지였다. 50여 년 전 이야기다. 개포를 나누는 데 마을의 힘이 그대로 작용했다. 양식어업이 발달하기 전에는 돌김이나 돌미역을 채취하던 장소다. 양식업이 발달하자 김발을 막아 많은 소득을 올렸던 곳이다. 갯바위를 둘러싼 갈등은 법정싸움으로 번지기도 했다. 힘이 약했던 비견도 사람들은 자신들이 사는 섬 주변의 여와 바위 해초 채취권을 바다 건너 큰 마을에 고스란히 내주고도 항변할 수 없었다.

간척이 되면서 마을까지 연결하는 도로가 놓였다. 그 길 위에 2009년 폐교된 비견분교가 있다. 학교를 지나면 두 섬을 연결했던 작은 방조제가 있다. 모래와 자갈들이 퇴적된 위로 돌로 제방을 쌓았다. 양식장을 지나 언덕에 오르자 마을이 보였다. 마을회관 겸 경로당으로 사용하는 하얀 건물이 느티나무 옆에 오뚝 솟아 있다. 새우 양식장을 관리하는 사람이 나를 내려준 곳이다. 그곳에서 서북쪽으로 새우 양식장과 금당도가 있고, 남쪽으로 마을과 선창이 있다. 이 선창은 객선이 닿은 선창과 달리 섬사람들이 고기잡이배를 정박해두는 선창이다.

골목길로 접어들자 사람보다 빈집이 먼저 반긴다. 한두 집이 아니다. 집이 많지 않아 골목길이라 하기에 너무 짧지만 열댓 가구의 집 중 사람이 살고 있는 흔적을 찾을 수 있는 집은 다섯 손가락으로 꼽을 정도였다. 한 빈집은 주인이 섬을 떠났는지, 세상을 떠났는지 알 수 없지만 미역이 자리를 차지했다. 맞은편 집은 아주 허름하지만 빨래가 널어져 있고 장독들도 잘 닦여 있다. 사람이 살고 있다는 증거다. 밭에서 일을 하고 내려오던 팔순의 노인이 집터를 일구어 농사를 짓고 있는 마을 주민 곁으로 다가갔다. 서로 농담을 주고받아 나이 차이가 없는 줄 알았는데 스무 살 정도 차이가 난다고 했다. "묏자리도 파고 농사를 짓는데, 집터야 당연하제"라며 새삼스러울 것이 없다는 표정이다.

개황 | 비견도(飛見島)

일반현황

위치 | 전남 완도군 금당면 비견리
면적 | 0.69km² **해안선** | 6.4km **육지와 거리** | 8km(고흥군 녹동항)
가구수 | 39 **인구(명)** | 74(남: 36 여: 38) **어선(척)** | 31 **어가** | 34
어촌계 | 비견리

공공기관 및 시설

폐교현황 | 금당초등비견분교
전력시설 | 한전계통
급수시설 | 지방상수도 1개소

여행정보

특산물 | 김, 미역, 다시마, 톳, 감성돔, 오징어
특이사항 | 섬의 모양이 고래가 나르는 것과 같아 비경이라 하였으나 비견으로 개칭되었다고 한다. 용냉이굴의 설화가 전해지고 있다.

30년 변화 자료

구분	1973	1985	1996
주소	전남 완도군 금일면 비견리	전남 완도군 금일읍 차우리	전남 완도군 금당면 비견리
면적(km²)	1.32	-	-
인구(명)	359	220	69
	(남: 189 여: 170)	(남: 115 여: 105)	(남: 35 여: 34)
가구수	53	49	20
급수시설	우물 8개	우물 54개	우물 20개
전력시설	자가발전	한전계통	한전계통
어선(척)	42	53	23
어가	46	44	17

17

야! 너 출세했다

금당면 허우도

"연소선착장으로 오소. 거기 있으면 내가 나갈 건게."

허우도 이장님 목소리를 듣자 안심이 되었다. 섬사람들에게는 익숙한 일상이지만 자동차를 타고 어디든지 갈 수 있다고 믿는 뭍사람에게 바다는 답답함 그 자체다. 자동차를 타고 바다를 건널 수 없기 때문이다. 버스정류장에 익숙한 사람들은 선착장이 그 역할을 한다는 것을 받아들이기 쉽지 않다. 게다가 여객선터미널이 아닌 곳에서는 이정표를 찾는 것이 쉽지 않다. 허우도 가는 길. 어디서 배를 타야 할지 막막했다. 다행인지 거금도가 소록도와 녹동으로 연결되면서 허우도 뱃길은 좀 나아졌다. 거금도 서남쪽 연소마을에서 허우도까지는 2킬로미터 남짓 되는 멀지 않은 거리다. 마침 낚시를 하기 위해 허우도를 찾는 사람이 있어 같이 배에 올랐다. 배를 가지고 나온 주민에게 미안한 마음을 동행한 사람들과 나누었다. 한 사람은 허우도 출신이고, 다른 두 사람은 직장동료로 보였다. 경기도에서 순천만 정원박람회를 구경하려고 왔다가 낚시를 하기 위해 고향을 찾았다고 했다. 형제섬을 지나 허우도에 닿자 두 친구가 이구동성으로 "야 너 출세했다"라고 소리쳤다. 몇 가구 살지 않는, 여객선도 다니지 않는 작은 섬에서 올라와 큰 도시에서 직장생활을 하는 걸 두고 한 말일 것이다.

허우도에는 다섯 가구가 살고 있다. 이 중 세 가구는 어업을 하고

어부는 그물을 손질할 때를 안다. 고기잡이를 멈추고 바다에 넣어둔 그물을 끌어 올려 헤진 곳을 깁고, 낡은 것은 새것으로 바꾼다. 그리고 고기가 자신의 바다로 찾아올 때를 기다린다.

있다. 한때 30호에 130명의 주민이 살았다. 허우도와 배를 탔던 거금도 연소마을 사이에 작은 형제섬이 있다. 그곳에서도 두 명이 살았다. 지금은 무인도가 되었다. 주민들은 떠나고 도시에 사는 사람이 섬을 샀다. "우리 섬은 작고 막아주는 섬이 없어 양식은 못하고, 멸치낭장으로 살아라"라며 선창에서 만난 허우도 이장 김상석(1956년생)씨가 반갑게 맞아주었다. 선창에서 세 부부가 멸치 그물을 깁고 있었다.

허우도는 금당면 울포리에 속하다 독립했다. 1914년 행정구역이 개편되기 전에는 차우리에 속하는 마을이었다. 조선 순조 때 김해 김씨가 금일읍 동송리에서 입도했다. 소가 잘 크지 않고 죽어 허우도(虛牛島)라 했다고 한다. 지난해 태풍을 용케도 피한 벚나무와 동백이 꽃을 피웠다. 섬이 너무 작아 태풍이 불면 바닷물이 집은 물론 섬을 넘어갈 정도다. 마을로 올라가는 길목에 한 아름이 넘는 소나무 몇 그루가 마을을 지키고 있었다. 소나무들은 지난 태풍 때 바닷물을 뒤집어써 붉게 탔다. 아마 조금 높은 파도에도 섬 위로 바닷물이 올라오면 풀이 자라지 않기 때문에 소를 키우기 어려웠던 것 같다.

일제강점기에는 허우도 일대에서 조기가 많이 잡혔다. 지금도 마을에는 당시 잡은 조기를 갈무리해 보관하는 '간통'의 흔적이 있었다. 그 자리에 지어진 창고에는 '金堂漁業組合'(금당어업조합)이라고 새긴 글씨가 남아 있다. 뿐만 아니라 일제강점기에 판 우물에는 '昭和拾七年 三月 二拾日竣工'(소화십칠년 삼월 이십일준공)이라 새긴 글씨가 남아 있다. 1928년에 판 우물을 80년이 훨씬 지난 지금도 사용하고 있다. 간통은 연평도, 위도, 법성포 등 조기어장에서 잡은 조기 등 생선을 소금에 갈무리해 보관하기 위해 만들어놓은 저장고다. 이장은 허우도에서 잡은 조기는 직접 일본으로 가져갔다고 했다. 하지만 일본인은 조기를 좋아하지 않아 국내 소비가 이루어졌을 것으로 생각된다. 오히려 붕장어나 갯장어를 잡아서 수출했을 것으로 생각된다. 고흥 거금도나 완도 평일도와 금당도에서 김 양식이 한창일 때 허우도는 돌미역을 뜯고 멸치를 잡아 생계를 이었다. 배를 가지고 나왔던 주민이 옆에서 듣고 있다가 "옛날에는 고기 한 대야 가지고 가야 쌀이 한 되지만, 지금은 고기 한 되면 쌀이 한 가마여"라며 거들었다. 몇십 년 전에는 고기값이 그렇게 헐했다.

다행히 허우도 주변에는 멸치가 많이 잡힌다. 인근 신도, 비견도, 충도 등 주변 섬들도 멸치를 잡고 있다. 허우도는 15통의 멸치낭장 허가가 있다. 이 중 다섯 통은 제대로 갱신을 하지 못해 소멸되었다. 10통의 멸치낭장으로 섬사람들이 살고 있다. 멸치를 잡는 낭장어업은 신규로 허가를 낼 수 없다. 같은 지자체 내에서 허가를 가지고 있는 사람으로부터 권리금(1천만~1천500만 원)을 주고 사야 한다. 그만큼 귀한 어업이다. 허가 없이 몰래 멸치를 잡다 걸리면 면세유 사용을 잠정 중단

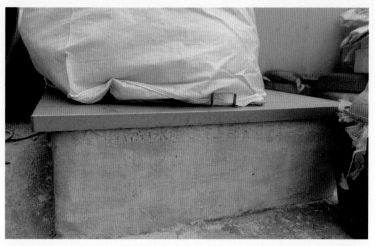

일제강점기 허우도 일대에서는 조기가 많이 잡혔다. 마을에는 당시 잡은 조기를 소금에 갈무리해 보관하던 '간통'이 있다. 그곳에 일제 시기 어업조직인 '금당어업조합'이라 새겨져 있다. 또 우물에는 '전라남도완도군수산회 금당면 차우지선어장'이라고 새겨져 있다.

시키고, 세 번 걸리면 '삼진아웃제'로 영원히 면세유 공급을 중단한다. 배를 가지고 어업을 해야 하는 섬사람에게 그런 일은 치명적이다. 최근 소규모로 전복 양식과 미역 양식을 하고 있다. 5, 6월이면 멸치 그물을 넣기 시작해서 찬바람이 일 때까지 이어진다. 섬사람이라고 해야 열 사람도 되지 않고 일할 수 있는 사람은 더 적다. 멸치 작업이 시작되면 거금도에서 일당을 주고 일을 도와줄 여성들을 고용한다.

전복 양식장의 가두리로 낚시를 하기 위해 나간 사람들이 고기가 잡히지 않는지 낚싯대를 옆에 두고 소주 잔을 돌리고 있었다. "고기가 얼마나 영리한 줄 아요"라며 이장이 대뜸 질문을 했다. 사람은 배가 불러도 좋은 음식과 술이 있으면 먹지만 물고기는 때가 아니면 절대 입질도 하지 않는다는 것이다. 볼락이 오가는 것이 물 속으로 보여 미끼를 끼워 입에 대줘도 건들지도 않는다. 물고기는 물이 들었다가 빠지기 직전, 빠졌다가 들기 직전에 입질을 한다. 이때는 '공갈낚시'만 넣어도 고기가 줄줄이 올라온다. 이장의 말이다. 도착하자마자 손맛을 보겠다며 가두리로 데려다 달라는 이들을 이장이 말렸다. '물때'가 되면 나가라고. 그 물때란 물고기가 먹잇감을 원할 때를 말한다. 허우도, 금당도 세포마을 앞 목섬, 화도 등은 겨울에도 감성돔이 잡히는 곳이다. 이장은 파도에 강한 내파성 재료를 사용해 '유료낚시터'를 원했다.

허우도 사람들은 한때 금당도·충도 등과 함께 고흥 녹동으로 편입되려고 노력했다. 당시 장거리전화(DDD)도 고흥 번호였다. 완도에 속했지만 완도로 전화를 하면 시외전화 요금을 내야 하는 웃지 못할 일이 있었다. 당시 군수가 경비정을 내주며 이를 무마하려고 하기도 했다. 교통은 지금도 불편하다. 1980년대 20여 집이 살 때는 이장·어촌계장·부녀회장 등 마을 임원들이 면사무소에 일을 보기 위해서 나가려면 개인 배를 이용했다. 마을에서는 '가섭'이라는 규칙을 만들었다. 배를 가지고 있는 사람들이 순번을 정해 마을 일을 보러 가는 이장 등 임원들을 위해 면사무소까지 왕복하는 일이다. 1990년대 말부터 이장과 어촌계장을 함께 묶어서 한 사람에게 맡겼다. 그리고 부녀회장은 이장을 맡은 사람의 아내가 맡았다. 몇 사람 되지 않는 섬에서 이래 저래 나가고 나면 일을 하기 어렵기 때문이었다.

뭍에서 멀지 않지만 3년 전에야 전기가 들어왔다. 당시 완도에서 발전기를 돌려서 전기를 사용하는 섬은 다랑도·허우도·원도·장도·황제도 정도였다. 식수는 우물물을 사용하고 있다. 옛날부터 집집마다 지하에 커다란 탱크를 만들어 빗물을 받아서 저장해두었다가 허드렛물로 사용하고 있다. 빗물탱크는 김 양식을 할 때 세척물을 보관해두기 위해서 만들었던 것이다. 멸치 낭장망 허가도 그렇지만 빗물탱크를 만든 선조들의 지혜 덕분에 허우도가 빈 섬이 아니라 사람 사는 섬으로 유지되고 있는 것이다.

개황 | 허우도(許牛島)

일반현황

위치 | 전남 완도군 금당면 허우리
면적 | 0.40km² **해안선** | 2.0km **육지와 거리** | 25.8km(완도항)
가구수 | 6 **인구(명)** | 13(남: 7 여: 6) **어선(척)** | 5 **어가** | 6
어촌계 | 허우리

공공기관 및 시설

폐교현황 | 허우분교(1996년 폐교)
전력시설 | 한전계통
급수시설 | 없음. 식수난 지구

여행정보

특산물 | 김, 미역, 톳, 다시마, 감성돔, 오징어
특이사항 | 소를 기르면 크지 않고 죽어버려 소를 길러서는 안 될 섬이라 하여 허우도라 하였다고 한다. 섬이 작고 낮아 태풍이 불면 파도가 많이 넘친다. 천혜의 낚시터가 형성되었으며 김, 미역, 톳, 다시마, 감성돔, 오징어 등의 특산물이 난다.

30년 변화 자료

구분	1973	1985	1996
주소	전남 완도군 금일면 허우리	전남 완도군 금일읍 차우리	전남 완도군 금당면 허우리
면적(km²)	0.50	0.70	-
인구(명)	152	58	14
	(남: 76 여: 76)	(남: 34 여: 24)	(남: 7 여: 7)
가구수	22	14	6
급수시설	우물 5개	우물 2개	우물 2개
전력시설	-	자가발전(발전기 1대)	자가발전(발전기 1대)
어선(척)	20	11	5
어가	18	12	4

완도군 금일읍

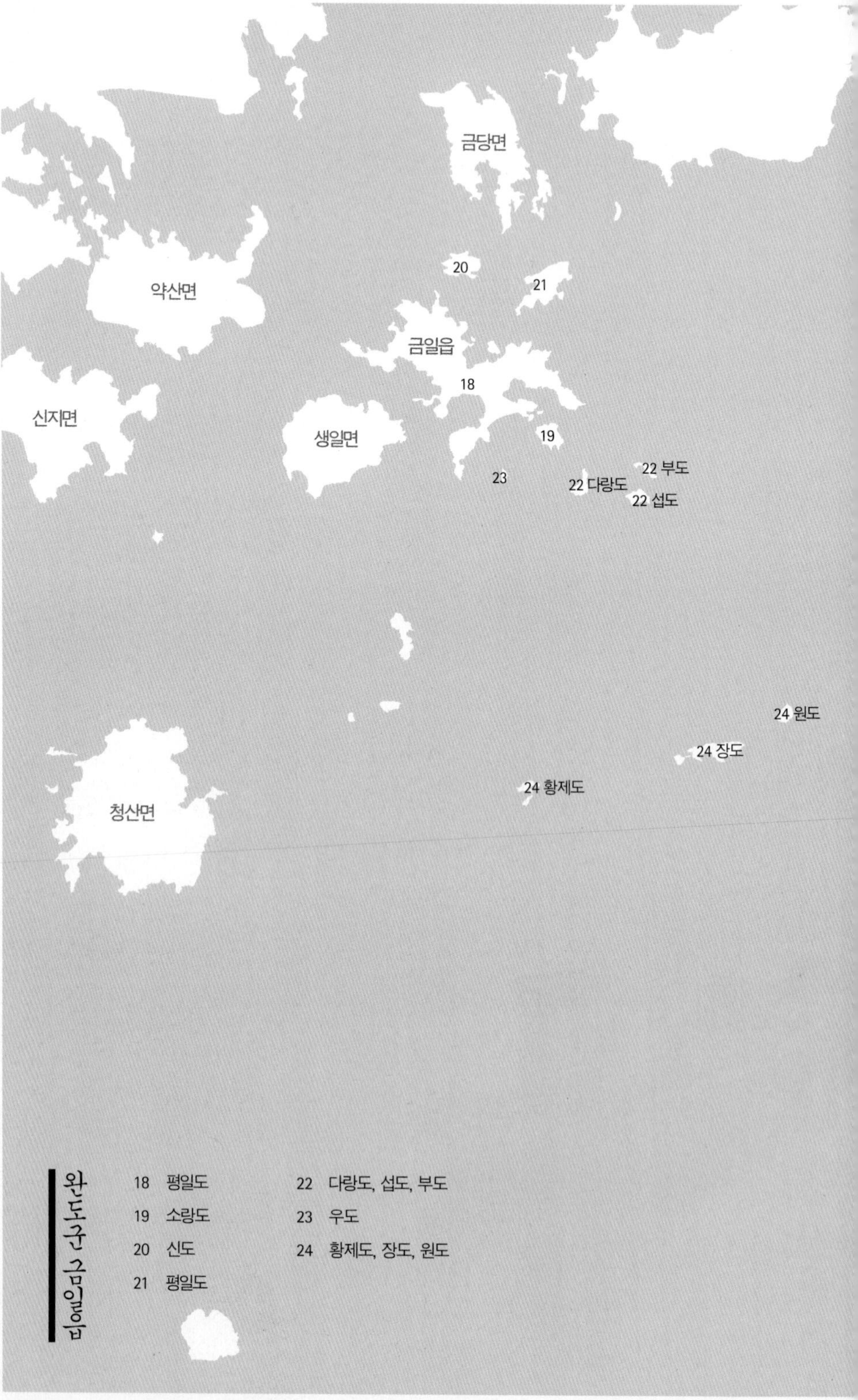

금당면

약산면

20

21

금일읍

18

신지면

생일면

19

23

22 다랑도

22 부도

22 섭도

24 원도

24 장도

24 황제도

청산면

완도군 금일읍

18 평일도
19 소랑도
20 신도
21 평일도

22 다랑도, 섭도, 부도
23 우도
24 황제도, 장도, 원도

다시마,
잠자리를 넘보다
금일읍 평일도

평일도는 고려시대 장흥부에 속했다. 이후 고금진(1612년 설진)과 거
문진(1890년 설진)에 속하다가 1896년 완도군이 설군되면서 평일면이
설치되었다. 1914년 읍면 통합으로 금당면의 '금'과 평일면과 생일면
의 '일'을 합친 금일면으로 편제되었다. 그리고 1980년 12월 금일읍으
로 승격되었다. 그 후 금당면(1986년)과 생일면(1989년)이 분리되었다.
금일읍은 행정기관과 교육기관이 평일도에 있었다. 딸린 유인도는 충
도·소랑도·신도·다랑도·원도·황제도·우도·장도·섭도 등이 있다.
평일도라는 이름은 섬에 사람이 살기 시작한 이래로 외침을 받지 않는
'평화로운 섬'이라고 해서 지어진 지명이다. 《장흥읍지》(1747)에는 평일
도가 "토질이 좋고 큰 마을이 있으며 진상용 해물들이 이 섬에서 나온
다"고 소개되어 있다.

　주위가 80여 리. 평탄하고 넓으며 토질이 좋다. 8개의 큰 마을이 있
으며 장흥부의 모든 선박과 진상용 해물들이 이 섬에서 나온다. 섬 안
에는 옛터가 있어 기와와 주춧돌들이 남아 있다. 육지로부터 90리 거리
에 있다.

완도 일일생활권, 아직도 '꿈'인가?
바다에도 길이 있다. 그 길은 섬사람들의 삶을 결정한다. 같은 섬에 살

무인도에 사람이 살지 않는다고 버려진 섬이 아니다. 그 돌미역, 불등, 톳, 김, 천초, 우뭇가사리 등이 자라는 갯밭이요, 바다는 미역·다시마 양식장이다. 또 해양생물에게 얼마나 풍요로운 천국인지 인간은 모른다. 그래서 칠기도를 서로 차지하려고 금일도 섬마을은 힘겨루기를 해왔다.

면서도 뭍으로 나가는 길이 다른 경우도 있다. 길만 다르겠는가. 언어, 음식, 집 등 생활문화가 다르다. 완도군은 해남 송지·강진 마량·장흥 회진·고흥 녹동과 접해 동서로 길게 펼쳐져 있다. 금일읍은 완도의 동쪽에 위치하며 여수시 삼산면·고흥 금산면·장흥 회진면과 접해 있다. 주요 뱃길은 마량항·회진항·녹동항과 연결되어 있었다. 마을의 위치와 조류의 방향에 따라 1980년대 말까지 서부와 동부 일부 지역은 장흥군 회진과, 동부 지역과 일부 서부 지역은 고흥군 녹동으로 왕래가 잦았다. 장흥 회진항에서 출발하던 노선은 1990년대 들어서면서 강진 마량으로 바뀌었다. 최근 마량과 고금·약산을 잇는 연륙·연도교가 완공되어 약산면 당목항에서 평일도 일정리를 잇는 뱃길이 열리면서 교통이 편리해졌다.

당시에는 마량과 평일(도장리), 회진과 평일(도장리)을 잇는 여객선과 철부선 외에 완도읍에서 녹동을 오가는 배가 있었고, 중간에 고금,

약산, 생일, 평일(화전리), 충도, 금당을 오가는 쾌속선(풍진스타호)이 있었다. 또 평일(죽동리)과 녹동을 오가며 소랑도, 동송리, 척치리, 후포, 충도, 금당도, 금산(거금도)을 오가는 배도 있었다. 한 섬에 이렇게 많은 뱃길이 연결되는 것은 행정권과 생활권의 불일치에서 오는 것이며 섬의 정체성 형성에도 큰 영향을 미칠 수밖에 없다. 생활권은 혼인권과 연결되고 친구관계를 비롯해 일상생활에도 큰 영향을 주었다. 지금은 당목항까지 고속버스가 왕래하기 때문에 특별한 일이 없으면 직접 광주와 서울로 연결되는 대도시와 소통하고 있다.

옛날에는 금일읍 이장들이 완도군에서 일을 보려면 하루 1회 운항하는 완도읍으로 가는 배를 타야 했다. 당일치기로 다녀오는 것은 애초부터 생각할 수 없었다. 바람이라도 불면 사나흘은 잡아야 했다. 급하면 배가 자주 있는 마량까지 나가서 버스를 타고 강진으로 나가서 다시 완도읍으로 가는 버스로 갈아타야 했다. 자신이 소속된 군청에 들어가기 위해 두 개의 다른 군(강진, 해남)을 거쳐서 군청을 들어가야 했던 그들은 무슨 생각을 했을까. 더구나 옛날 시군 단위로 시외전화번호가 있던 시절에는 그 번호가 강진이나 고흥에 속하는 섬도 있었다. 행정만 완도군에 속할 뿐이지 모든 생활수단은 다른 군에 있었던 적도 있었다. 그래서 행정구역을 조정해달라는 민원도 많았다.

그럼 지금은 일일생활권일까. 그렇지 않다. 지금도 하루에 일을 보고 섬으로 들어오기가 빠듯하다. 나간 김에 이런 저런 일을 보고 광주에 들러서 자식들 집에도 들리고 쇼핑도 하고 들어온다.

1985년 10월 21일 동아일보에는 "14개 圈域 구분…母島 중심의 1일生活圈 조성"이라는 머리기사가 실렸다. 서해와 남해의 다도해를, 거점섬을 중심으로 1991년까지 2천482억 원을 투자해 섬을 잇는 연도교를 건설하고 전기통신·도로·항만·교육 시설 등을 갖춘 일일생활권으로 조성한다는 것이다. 당시 모도(母島)로 선정된 섬은 전라남도 완도군의 평일도와 소안도, 신안군의 임자도와 도초도·대흑산도, 진도군 하조도, 여천군 금오도, 영광군 안마도, 경남 통영군 욕지도, 전북 부안군 위도와 옥구군 선유도, 충남 보령군 원산도, 경기도 옹진군 덕적도 및 대부도 등이다. 신안 제1교인 안좌와 팔금을 잇는 연도교가 특정지역개발사업으로 착수되고, 자은과 암태, 비금과 도초 등 연도교 계획도 단계적으로 계획되었다. 오늘날 다도해 연도교사업은 당시에 결정되었다. 그리고 평일도 거점섬 계획도 수립되었다. 그 결과 평일도가 금일읍의 거점이 되었다.

'씨름 한 판' 10년 재판 해결하다

당목선착장에서 섬으로 들어가는 길은 반 시간이면 족하다. 그 사이 바다에 둥둥 떠 있는 많은 부표를 만날 수 있다. 뱃길만 남겨두고 바다는 온통 양식장이다. 양식장 틈에 작은 섬들이 떠 있다. 칠기도다. 칠기도는 대칠기도와 소칠기도로 이루어졌다. 주변에 작은 섬 장고도와 정자도 등 모두 일곱 개의 무인도를 말한다. 평일도 도장리에 속한 섬들로 100여 년 전에는 장흥군 관산면에 속한 섬이었다고 한다. 도장리 출신의 조씨 성을 가진 장사가 씨름대회에 나갔다가 상으로 받았다. 작은 섬을 장사 씨름대회의 선물로 주다니, 무엇보다 발상이 대단하다. 매년 나오는 갯것만으로도 삶이 부족하지 않다.

칠기도 주변에는 해조류가 풍부해 마을에서 서로 채취권을 차지하려고 다툼이 잦았다. 지금처럼 양식이 활발하지 않고 농사도 변변치 않는 시절에 해초채취권은 섬사람의 목숨이었다. 다툼은 쉽게 해결할 수 없었다. 결국 섬을 둘러싼 소유권 다툼은 법정까지 가게 되었다. 어장 분쟁은 다른 소유권과 달리 시시비비를 쉽게 판명할 수 없다. 관습

법까지 검토해야 하고, 조상 대대로 이용해온 관행을 입증해야 하기 때문이다. 시간도 많이 걸리고 비용도 만만치 않았다. 공판기일이 다가오자 재판소를 향하던 네 마을 주민대표들이 '자울재'에서 상봉하게 되었다. 적개심으로 불타던 눈빛은 빨리 해결하자는 타협의 눈빛으로 바뀌었다. 서로 이심전심으로 해결 방도를 찾고 싶었다. "이놈의 칠기도 재판 언제 끝날지도 알 수 없고, 이 자리에서 내기를 해서 이기는 사람의 마을에 소유권을 주기로 합시다"라고 누군가 제안을 했다. 모두 제안하고 싶었던 이야기였다. 내기는 씨름이었다. 그 결과 승자는 도장리 주민대표 조씨였다. 10여 년을 끌던 칠기도 소유권은 도장리로 넘어갔다. 지금도 평일도에는 "씨름 한 판이 십년 재판보다 낫다"는 이야기가 전한다.

세모 한 주머니, 하루 술값이었다

평일도는 굴곡이 심하고 오목하니 작은 만이 발달한 섬이다. 주변에 장고도수도, 충도수도, 생일도수도 등 물길도 좋다. 양식 기술이 발달하지 않았을 때는 선창이 있는 마을 앞 작은 만에서 김 양식을 해서 먹고 살았다. 양식 기술이 발달하면서 생일도와 평일도 사이 너른 바다는 온통 해조류 양식장으로 바뀌었다. 인근 섬사람들이 겨울철에는 평일도에서 김 양식이 끝날 때까지 '머슴살이'를 하기도 했다. 그만큼 해조류 양식에 최적이었다. 일제강점기에 발행한 《한국수산지》(1908)에도 감목리 일대 갯벌에 "대나무를 한 평에 약 50본 정도를 병렬로 수직으로 세우고 음력 9월에 건흥(김 양식)하여 다음 해 정월 하순에 채취하면 면적이 약 5천 평"이라고 했다. 평일도 도장리·척치리·동송리·동백리·감목리와 충도에서 생산한 김은 일찍부터 일본으로 수출했다. 평일도 주민들에게 양식장은 생명줄이었다. 금이야 옥이야 소중하게 관리했다. 특별히 마을에서 신망을 받는 사람을 뽑아서 마을어장을 관리하는 '금장'이라는 제도를 두었다. 때로는 불법으로 땔감을 채취하거나 산림을 훼손하는 일도 감시했다. 충도에는 경찰이 들어오기 전까지 금장이 섬의 질서를 책임졌다.

남해안 섬사람들의 주식은 보리와 고구마였다. 평일도 주변의 작은 섬은 봄철이면 식량이 일찍 바닥났다. 산으로 들로 다니며 야생초와 뿌리를 캐고 파래나 톳 밥을 지어 식량을 늘려 먹었다. 어죽을 끓여 먹기도 했다. 그것도 쌀 몇 톨이라도 있을 때 가능했다. 쌀독이 바닥을 보일라치면 김과 미역과 파래 등을 가지고 고흥과 강진으로 나가 식량과 바꾸었다. 이를 '도부 나간다'고 한다. 김 양식 규모가 작을 때는 갯바위에서 뜯은 자연산 미역·세모(가사리)·톳이 효자 노릇을 했다. 특히 세모는 값이 후했다. 남자들은 세모 한 주머니만 넣어 가면 하루 종일 술을 마실 수 있었다. 세모는 청정한 바다의 갯바위에서 자라는 '참가사리'를 말한다. 지금도 값이 좋다. 김이 일본으로 수출되면서 비로소 평일도 사람들은 밥술이라도 맘 놓고 먹을 수 있게 되었다. 완도에서 김 양식을 하는 섬들도 사정은 비슷했다. 그래서 양식장을 금이야 옥이야 소중하게 관리했다. 그래서 마을 사이에 어장을 둘러싼 물러설 수 없는 갈등이 빈번했다. 섬사람들에게 어장은 논밭보다 소중했다.

섬 중에는 갯일을 전혀 하지 않는 해변산중이 있는가 하면 정반대로 논밭은 전혀 없고 고기잡이로 사는 섬도 있다. 바닷일도 김 양식이 많은 섬, 미역 양식이 많은 섬, 다시마를 많이 하는 섬, 굴 양식을 많이 하는 섬 등 다양하다. 삶이 이렇게 다양할진대 문화는 또 얼마나 다르겠는가. 소리와 춤에 다양한 삶의 흔적들이 남아 있는 것은 이러한 다름에서 비롯된 것이다.

해녀, 기록을 찾다

평일도의 중심은 화목리다. 이곳을 지나면 월송리로 이어진다. 그곳에는 해송숲과 은빛 모래밭이 아름답다. 삼거리에서 동쪽으로는 사동리가, 서쪽으로는 동백리가 위치해 있다. 사동리에 속한 소랑도는 평일도에 딸린 작은 섬 속의 섬이었다. 사동리·동백리·소랑도, 이 세 마을에는 물질을 하는 해녀들이 있다. 동백리는 일찍 제주에서 출가한 해녀와 지방 해녀 10여 명이 물질을 하여 자연산 전복과 소라를 채취하고 있다.

사람들은 해녀가 제주에만 있는 것으로 알고 있다. 그렇지 않다. 완도의 생일도·청산도·평일도, 여수의 초도·거문도, 신안의 가거도·만재도·홍도·흑산도 등 전라남도의 많은 섬 주민들이 물질을 해야만 생계를 유지할 수 있는 섬이다. 심지어 물질을 못하는 여자들은

섬의 마을 간 경쟁은 농촌보다 강하다. 한 섬이 한 개의 지자체다. 열두 섬이 있다면 열두 개의 군과 같다. 옛날에는 더했다. 완도군보다 평일도, 충도 등 그 자체가 하나의 우주다. 그래서 지지 않고 죽기 살기로 시합에서 이기려 했다.

사람 대우도 받지 못했다. 평일도에서 해녀들이 물질을 했다는 기록이 장흥 출신 존재(存齋) 위백규(魏伯珪)의《존재전서(存齋全書)》(1791) 중 〈금당도선유기(金塘島船遊記)〉에서 확인된다. 이 글은 장흥 출신 존재가 금당도를 선유하면서 적은 글이다. 그는 당대 사회모순과 해도(섬)의 폐단에 주목했던 학자였다.

순풍이 불자 배를 띄워 평이도(平伊島)에 이르렀다. 온 포구에서 해녀들이 전복을 따는 것을 구경했다. 그녀들이 벌거벗은 몸을 박 하나에 의지하고 깊은 물속을 자맥질했다. 마치 개구리가 물속으로 헤엄쳐 들어가고 물오리가 깊은 물속에서 헤엄쳐 나오는 형상이라, 차마 똑바로 쳐다볼 수가 없었다. 여름철이 되어 날씨가 몹시 맑고 화창한데도 오히려 불을 피워 언 몸을 녹이는데, 하물며 눈이 쌓이고 몹시 추운데도 관리들은 채취를 독촉하며 채찍질로 유혈이 낭자한데서야.

조선시대 도서지방은 중앙권력은 물론 군현의 행정력도 미치지 못했다. 그래서 파견된 관리나 대리인들의 수탈이 극에 달했다. 게다가 수군진이나 그곳에서 파견된 군졸들의 수탈도 더해졌다. 이게 끝이 아니었다. 목장이나 관둔전과 궁방전 등 국가(특권) 기관에 속한 섬 주민들에게 다른 관리의 수탈이 더해졌다. 섬에 사는 백성들은 중앙 권문세도가의 세도정치와 매관매직한 관리들 틈에 끼여 이렇게 이중삼중의 수탈을 겪었다. 불법수탈을 더 이상 참지 못한 섬사람들이 마침내 들고 일어났다. 그것이 1882년 완도 허사겸이 주도한 계미민란이다. 그로부터 10여 년 후, 완도군이 지도군·돌산군과 함께 설군되었다. 섬으로만 이루어진 군현이 설치된 것이다. 완도에서 유배생활을 하며 섬사람들

밭농사가 많은 거금도는 땅이 생기면 마늘을 심지만 평일도는 돌을 깐다. 다시마를 건조할 곳을 만들기 위해서다. 오죽하면 잠자리는 마련하지 못해도 다시마 널 자리는 남겨놓아야 한다고 했겠는가.

이 밭는 피해를 직접 목격한 이도재가 전라감사로 부임해 설치한 것이었다. 당시 내무대신 박정양은 창군의 배경을 '도서지역 주민들이 부당하게 취급되었던 모순을 제거'하려는 것이라고 밝혔다.

다시마로 옛 영광을 찾는다

몇 년 전으로 기억한다. 다시마축제에 참가했다가 인심 좋은 노인을 만났다. 높은 사람들 축사가 끝없이 이어지고 있었다. 구경꾼들은 하나둘 행사장을 빠져나와 노인 주위로 모여들었다. 노인은 비릿함이 가시지 않은 다시마를 들고 자랑에 푹 빠져 있었다. "얼마다요?" 한껏 멋을 부린 중년 부인이 물었다. 노인은 고개를 돌리지도 않고 "홍보나 잘해주쇼"라며 몇 가닥을 꺼내 주었다. 축사가 끝나기도 전에 노인이 가져온 다시마는 바닥났다. 정치인들이 다시마처럼 인기가 좋을 수 없을까.

매년 5월 중순부터 평일도 해변, 도로, 선창 물량장, 해수욕장 등 빈

곳이면 어김없이 다시마가 자리를 잡는다. 전국 다시마 생산량의 70퍼센트를 금일읍에서 생산한다. 어마어마한 생산량이다. 전체 1800여 가구 중 580여 가구가 다시마를 생산해 연 160억 원의 소득을 올리고 있다. 다시마는 장마가 시작되기 전인 6월경 채취해 당일 햇볕에 완전 건조한 것이 좋다. 폭이 넓을수록 품질이 좋다. 수온이 25도가 넘어가면 녹음현상이 발생하고 탈색이 되어 상품으로 가치가 없다. 최근 분말 등 다양한 기능성 제품이 개발되고 신약 개발을 위한 연구도 진행되고 있다.

인근 거금도는 좋은 밭이 있으면 양파를 심지만 평일도는 좋은 밭에 자갈을 깐다. 다시마를 널 자리를 마련하기 위해서다. 온통 다시마 천지다. 오죽했으면 "잠자리는 없어도 다시마 자리는 마련해야 한다" 했을까. 바다농사로 거둔 다시마를 밭농사를 포기하고 밭에 널어 말리는 것이다.

금일읍에서는 다시마대학을 개최해 해조류의 다양한 활용 방안과 지역소득 창출 방안을 모색하고 있다. 한때 김 양식으로 생계를 해결했다면 이제는 다시마와 전복으로 섬이 활기를 되찾고 있다.

개황 | 평일도(平日島)

일반현황

위치 | 전남 완도군 금일읍
면적 | 29.53km² **해안선 |** 66.5km **육지와 거리 |** 10.5km(장흥군 회진항)
가구수 | 2,005 **인구(명) |** 3,962(남: 1,963 여: 1999) **어선(척) |** 1,186, **어가 |** 1,130
어촌계 | 감목리·구동리·궁항리·도장리·사동리·상화전리·신평리·우도리·월송리·일정리·하화전리·동송리·동백리·용항리·척처리

공공기관 및 시설

공공기관 | 읍사무소(061-550-6211), 금일치안센터(553-2112), 마량파출소(선박출입항신고소)(550-2431), 금일우체국(553-2005), 금일보건지소(550-6791), 금일119안전센터(530-0983), 금일읍농업인상담소(550-5161), 금일상수도관리사무소(550-5864), 금일농업협동조합(553-3388), 금일수산업협동조합 본소(061-554-5439), 수협감목출장소(554-0633)
교육기관 | 금일동초등학교(061-552-9940), 금일초등학교(554-2001), 금일중학교(554-0560), 금일고등학교(555-2675)
전력시설 | 한전계통
급수시설 | 지방상수도 1개소, 간이상수도 1개소

여행정보

교통 | 배편 | 정기여객선이 녹동항에서 하루 4회, 당목항에서 수시로 차도선이 오고 간다.
여행 | 명사십리해수욕장, 월송리 해송림
특산물 | 미역, 다시마, 전복 양식, 유자
특이사항 | 명사십리해수욕장과 월송리 해송림이 있으며, 특히 명사십리해수욕장은 모래가 조개껍데기로 형성되어 모래찜질이 신경통에 좋다고 한다. 특산물로는 청정해역에서 자란 미역, 다시마가 대표적이며, 그중 다시마는 생산량이 전국에서 가장 많은 곳이다.

30년 변화 자료

구분	1973	1985	1996
주소	전남 완도군 금일면	좌동	좌동
면적(km²)	18.9	–	–
인구(명)	11,565	10,146	5,827
	(남: 5,841 여: 5,724)	(남: 5241 여: 4905)	(남: 3,013 여: 2,814)
가구수	1,743	2,008	1,760
급수시설	간이상수도 시설1개소, 우물 401개	상수도 1개소, 간이상수도 11개소, 우물 474	지방상수도 1개소, 간이상수도 1개소
전력시설	–	한전계통	한전계통
어선(척)	1,184	1,486	965
어가	1,539	1,851	1,079

19

청해가 가져온 선물,
소라섬

금일읍 소랑도

갯방풍, 갯멧꽃, 통보리사초가 척박한 모래밭을 뚫고 나왔다. 그 질긴 생명력이 어민들의 삶을 닮았다. 아직도 찬바람이 가시지 않는 금일해수욕장을 나와 소랑도로 향했다. 다리를 건너자 비릿한 내음이 봄바람과 함께 밀려왔다. 마을로 들어가는 길목 바닷가 자갈밭 위에서 다시마가 마르고 있었다. 해풍과 햇볕이 잘 들고, 습기가 올라오지 않는 이곳만큼 좋은 건조장도 없을 것 같다. 다시마는 건조가 중요하다. 얼마나 좋은 건조장을 갖느냐가 상품을 결정한다. 자연건조를 시키기 때문에 날씨도 좋아야 한다. 금일읍에서도 소랑도 다시마를 최고로 쳐주는 것이 이유가 있었다.

'소랑'은 소라의 사투리란다. 소라처럼 생겨서 붙여진 섬 이름이다. 정말 아름다운 이름이다. 일부 갯벌지역을 제외하고는 섬을 빙 둘러 해식애가 발달했다. 앞바다의 물결이 잔잔해서 소랑(少浪)이라 했다고도 한다. 소랑도 남쪽에 다랑도라는 이름을 가진 섬이 있다. 소랑도와 반대로 물결이 거칠어 붙여진 이름이라고 한다. 소랑도는 조선 인조 때 밀양 박씨 박재용이 장흥 대덕에서 행상을 하다 들어와 살았다고 한다. 이후 안동 권씨·기계 유씨가 이주했다. 지금은 유씨가 많이 살고 있다. 섬은 경사가 완만한 구릉지로 보리·감자·쌀·마늘·무·콩 등 약간의 밭농사를 짓지만 논이 없다. 어장배를 이용해 멸치와 장어를 잡고, 미역·다시마·전복 등 양식업을 하며 생활하고 있다. 무엇보다 2006년 금일읍 평일도와 소랑도를 잇는 연도교가 개통되어 생필품 구입은 물론 다시마 판매 등 생활조건이 크게 개선되었다. 소랑도와 평일도 사이는 200미터도 되지 않지만 다리가 놓이기 전까지 작은 섬의 주인들은 나룻배를 타고 큰 섬으로 건너다니며 많은 설움을 삼켜야 했다. 1952년에는 금일동초등학교로 통학하던 학생들이 탄 배가 전복되어 많은 목숨을 잃기도 했다. 그뿐만 아니었다. 큰 섬으로 건너갈 때면 으레 나룻사공은 '윗소리'를 했다. 건너갈 사람을 모아서 가야 했기 때문이었다. 사동리·월송리·감목리 등 평일도에서 시집올 때도 나룻배를 이용했다. 숱한 사연을 간직한 뭇소리 선창에는 작은 다시마 채취선들이 줄지어 있었다.

소당대교 연결을 축하하는 표지석에는 소랑도라는 섬 이름 옆에 "청해마을에 오신 것을 환영합니다"라는 글이 쓰어 있다. '청해'는 어디에서 온 용어일까. 고려시대와 조선시대의 지지(地誌)에 '벽랑도'라는 섬이 있다. 탐라국의 탄생신화에 나오는 벽랑국의 섬으로 추정했다. 벽랑도는 당시 강진현에 속했다. 그런데 일제강점기에는 지도에서 벽랑도가 사라지고 소랑도가 등장한다. 일본은 탐라국의 모태가 되는 벽랑도를 일본의 섬이라고 주장하고 싶었을까.

《고려사》에는 제주 동쪽 해안으로 밀려온 나무상자를 열어보니 돌함과 사자가 있었다고 했다. 돌함에는 푸른 옷을 입은 처녀 세 사람과 송아지·망아지·오곡 씨앗이 있었다. 사자는 "나는 일본국 사자입니다. 서쪽 바다에 있는 산에 신자 3인이 탄생하시고 나라를 열고자 하나 배필이 없어 어려움을 겪고 있다며, 일본국 왕은 저에게 명하여 자신의 공주 세 사람을 모시고 가라고 하셨습니다. 그러한즉 마땅히 배필을 삼아서 대업을 이루소서"라고 말했다.

그렇다면 탐라국 건국신화는 벽랑국이 아니라 일본국이란 말인가. 또 다른 기록《영주지》에는 일본국 대신에 벽랑국이라 기록되어 있다. 일본에 나라를 빼앗겼던 경험이 작용해서일까. 영주지의 기록이 정설처럼 소개되어 있다. 급기야 벽랑국을 찾아 나섰다. 그런데 얼마나 다행인가. 고려시대와 조선시대의 고지도에 벽랑도가 기록되어 있다. 신화나 설화를 역사적 사실로 불러오는 것은 위험하다. '일본'이 국호가 된 것은 탐라국 건국 이후 700여 년 후의 일이다. 벽랑국이나 일본국이나 당시 탐라의 입장에서 보면 모두 푸른 파도 '청해'를 타고 온 이방인임에 틀림없다.

'벽랑도'가 나와 있는 지도
한편 제주 출신 해양탐험가 채바다는 《고려사지리지》(1454), 《신증동국여지승람》(1530), 《동여도》(1861), 《대동여지도》(1864) 등 고지도에

어머니는 잠도 자지 않나 보다. 다시마 철이면 새벽 두세 시에 바다로 나간다. 날이 어두워야 돌아온다. 좀 일찍 들어오는 날이면 말려놓은 다시마를 걷어서 포장하는 날이다. 비라도 오면 밀쳐놓은 집안일에 허리를 펼 날이 없다.

서 벽랑도를 확인했다. 하지만 일제강점기 이후 지도에서 벽랑도가 사라지자 그 흔적을 찾아 다녔다. 그리고 우여곡절 끝에 강진에서 출발해 완도와 제주를 잇는 뗏목탐사를 통해 소랑도가 벽랑도임을 확신했다. 2006년 12월 〈탐진항로와 해상왕국 벽랑국〉라는 학술대회에서 그 결과를 발표했다. 향토사학자인 김정호도 벽랑이 청해와 뜻이 같음으로 이를 반증한다고 했다. 또 서울대 전경수 교수는 위백규의 〈금당도선유기〉의 '해녀', 김춘택의 《북헌집》에는 '잠녀', 이원조의 《응와전집(凝窩全集)》에 등장하는 '채곽녀(採藿女)' 등을 통해 동질적인 잠수문화로 연관성을 설명하기도 했다. 하지만 벽랑도가 소랑도라는 것이 정설로 받아들여지지는 않고 있다.

소랑도는 한 마을로 이루어져 있다. 지금처럼 다시마 양식을 하지 않았을 때는 섬의 칠부능선까지 농사를 지었다. 물이 좋고 농사도 잘되어서 교통이 불편했지만 먹고살 만했다. 당시 농사를 짓던 땅은 길을 만들기 어려운 곳을 제외하고 다시마 건조장으로 바꾸었다. 다시마 철인 봄에는 바다에서 막 건져온 다시마로 섬이 온통 초록색이다. 그리고 오후쯤이면 햇볕에 마르면서 검은색으로 변한다. 이렇게 섬의 색깔이 바뀔 무렵이면 섬사람 만나기가 하늘에서 별 따기보다 어렵다. 모두 바다로 나가기 때문이다. 소랑도를 가운데에 두고 충동리와 동백리 사이에 있는 바다는 다시마 양식의 최적지다. 이곳 양식장에서 생산된 다시마는 길이가 2미터에 이르며 한 포기가 10킬로그램에 달할 정도로 크고 살갑다. 소랑도 어민들은 새벽 2시에 바다에 나가 저녁 늦게까지 다시마를 채취해 건조한다. 청해의 바다와 작은 섬사람들의 부지런함이 가구당 소득을 억대로 끌어올렸다. 다리가 놓이면서 교통도 좋아져 모두 부러워하는 돈섬이 되었다. 상전벽해가 따로 없다.

개황 | 소랑도(小浪島)

위치 | 전남 완도군 금일읍 소랑리
면적 | 1.15km² **해안선 |** 5.0km **육지와 거리 |** 22.7km(고흥군 녹동항)
가구수 | 54 **인구(명) |** 112(남: 55 여: 57) **어선(척) |** 43 **어가 |** 44
어촌계 | 소랑리

공공기관 및 시설

공공기관 | 보건진료소(061-553-4148)
폐교현황 | 금일초등소랑분교
전력시설 | 한전전력
급수시설 | 간이상수도 1개소

여행정보

교통 | 배편 | 녹동항 여객터미널(061-842-2166) 1일 3회 운항.
특산물 | 다시마
특이사항 | 지명 유래는 섬 앞바다의 물결이 항상 잔잔하여 소랑이라는 설과 섬 모양이 소라같이 생겨서 소랑
이라 불러오고 있다는 설이 있다. 소랑이라는 말은 소라의 사투리다.

30년 변화 자료

구분	1973	1985	1996
주소	전남 완도군 금일면 소동리	전남 완도군 금일읍 소랑리	좌동
면적(km²)	1.00	–	–
인구(명)	594	512	259
	(남: 307 여: 287)	(남: 276 여: 236)	(남: 120 여: 139)
가구수	93	98	70
급수시설	우물 5개	간이상수도 1개소, 우물 23개	간이상수도 2개소, 우물 19개
전력시설	–	한전계통	한전계통
어선(척)	42	95	80
어가	87	89	58

20

어장은 좋은데
교통이 불편하다
금일읍 신도

달이 낮게 소록도 섬 산자락에 걸렸다. 그 섬에는 지금도 한센인들이 살고 있다. 문둥병이라 부르기도 했다. 들어오면 나가지 못하도록 섬에 가두었다. 사회만 아니라 가족에게도 버림받았다. 그 섬에 다리가 놓였다. 그 밑을 지나 신도로 향했다. 하루에 한 번 새벽에 뱃길이 열리는 섬이다. 새벽 네 시에 출발해 겨우 시간을 맞췄다. 배가 연홍도와 거금도 사이를 지날 때쯤, 해가 적대봉 위로 붉게 떠올랐다. 이내 햇살은 병풍바위에 피어올랐다. 존재 위백규(1727~1798)도 저 모습을 보고 감탄했을까. 그는 〈금당별곡〉이라 노래했다. 금당도 안에서는 보기 어려운 모습이다. 떨어져야 제대로 보인다. 해는 적대봉에서 허우도로 옮겨지더니 이내 비견도 뒤에 숨었다.

신도는 약 350년 전에 장흥 마씨가 금일읍 척치리에서 이주한 후 천씨가 들어와 마을을 이루었다. 섬의 모양이 새를 닮아 조도(鳥島)라고 했다. 마주 보고 있는 섬이 충도다. 새(조도)가 벌레(충도)를 잡아먹는다고 해서 두 섬 사이에 크고 작은 갈등도 이어졌다. 결국 이름을 바꾸고 말았다. 조도는 신도로, 충도의 충은 벌레 충(蟲)에서 충성 충(忠)으로 바뀌었다. 신도는 금당도와 평일도 사이에 있는 작은 섬이다. 큰 섬을 오가는 여객선은 많지만 신도를 거치는 배는 녹동에서 당목으로 갈 때와 다시 당목에서 녹동으로 올 때 두 차례뿐이다. 보통 뭍으로 가려는 신도 사람들은 녹동에서 출발한 아침 배를 타고 당목으로 간다. 그곳에서 버스를 타면 광주나 강진으로 갈 수 있다. 반대로 오후에 나가는 사람들은 녹동으로 간다. 당목은 생일도에 있는 마을이다. 고금도와 약산도가 강진 마량과 다리로 연결되면서 평일도와 생일도를 오가는 뱃길의 중심이 되었다.

신도는 한때 24가구가 살았지만 지금은 14가구가 살고 있다. 사람이 많이 살 때는 금일읍 척치리에 속했지만 지금은 독립했다. 마침 이장 천씨가 멸치 삶는 막 옆에서 미역 양식에 사용할 부표를 정리하고 있었다. 그는 '마을이 너무 작아서 불이익이 많다'며 적어도 30여 가구는 넘어야 마을 구실을 한다고 했다. 당목과 뱃길이 연결되기 전에는 녹동 뱃길이 유일했다. 지금도 신도는 녹동생활권이다. 주민들은 미역·다시마·전복·문어통발·멸치잡이로 생활하고 있다. 김밥으로 아침을 먹었다고 했지만 기어코 집으로 안내했다. 독감이 걸린 이장의 아내는 전복

"지금은 배라도 다니지라. 옛날에는 배도 없었어라. 충도까지 나가서 녹동으로 가는 배를 탔제라." 배는 섬사람의 발이다. 객선이 다니질 않는 섬은 아무리 어장이 좋고 경치가 빼어나도 제한적이다.

아이들은 뭍으로 떠났다. 남은 학생은 금일읍에 있는 학교에 다니고 있다. 중고등학생은 기숙사라도 있지만 초등학생은 하숙을 한다. 텅 빈 학교는 문을 닫았고, 그곳을 차지한 것은 멸치다.

죽을 끓여 해삼 무침과 함께 내왔다. 해삼 무침은 처음 먹어보았다.

5년 전에 폐교된 학교 자리는 멸치 건조장으로 사용되고 있다. 신도에는 학생이 모두 일곱 명 있다. 중학생 3명과 고등학생 3명은 금일읍에 있는 학교기숙사에서 생활하지만 초등학생도 한 명은 그곳에서 하숙을 하고 있다.

멸치낭장망 이야기를 하는데 천씨의 아내가 "허가도 없는 것 뭐하러 말허요"라며 참견을 했다. 멸치잡이는 더 이상 허가해주지 않는다. 그래서 멸치잡이를 하려면 기존의 허가권을 사야 한다. 천씨는 30년 전에 김 양식을 그만두었다. 그리고 15년 전에는 톳 양식마저 중단했다. 마을 주민들도 사정이 비슷하다. 지금은 일곱 집이 멸치잡이를 하고 있다. 물론 허가는 없다. 그렇다고 그만둘 수도 없다. 10년 전에 시작한 전복 양식만으로는 규모가 적어 생활하기 어렵기 때문이다. 이장은 50칸 정도 한다. 규모가 큰 사람도 100칸을 넘지 않는다. 다른 섬은 300

칸에서 500칸 정도 한다. 작은 규모라 전복 먹이를 주거나 가두리를 교체할 때도 크레인을 사용하는 것이 아니라 직접 손으로 다시마나 미역을 넣어준다.

멸치어장은 좋은 편이지만 문제는 접근성이다. 지금은 그래도 하루에 한 번 왕복하는 배가 있지만 옛날에는 여객선 기항지도 아니었다. 중간에 사선으로 옮겨 탔다. 어장에 일을 하기 위해 나가는 천씨의 배를 타고 충도로 향했다. 충도와 신도 사이는 3킬로미터도 되지 않는 짧은 거리다. 그 사이에 전복 양식장과 미역 양식장이 가득하다. 그 사이를 비집고 충도선착장에 도착했다. 이곳은 금일과 녹동을 오가는 배가 자주 들르기 때문에 교통이 편리하다.

개황 | 신도(身島)

일반현황

위치 | 전남 완도군 금일읍 신도리
면적 | 1.37km² **해안선** | 5.0km **육지와 거리** | 10.6km(장흥군 회진항)
가구수 | 16 **인구(명)** | 37(남: 18 여: 19) **어선(척)** | 13 **어가** | 13
어촌계 | 신도

공공기관 및 시설

폐교현황 | 금일초등신도분교
전력시설 | 한전계통
급수시설 | 간이상수도 1개소

여행정보

특산물 | 다시마, 미역, 전복
특이사항 | 섬에 있는 산이 높으며 잡초가 우거져 뱀이 많다. 지형이 새의 모양이라 처음에 조도(鳥島)라 했으나, 새가 벌레를 잡아먹는다고 해서 벌레 충을 쓰는 충도와 분쟁이 있은 후, 1900년대 초 충(忠)도가 충(蟲)도로 바뀌어질 때 신도도 개칭했다고 한다.

30년 변화 자료

구분	1973	1985	1996
주소	전남 완도군 금일면 척치리	좌동	전남 완도군 금일읍 신도리
면적(km²)	1.01	1.00	-
인구(명)	161	113	75
	(남: 85 여: 76)	(남: 58 여: 55)	(남: 42 여: 33)
가구수	23	27	24
급수시설	우물 1개	우물 20개	간이상수도 1개소, 우물 4개
전력시설	-	한전계통	한전계통
어선(척)	15	28	24
어가	22	25	19

21

젊은이가
섬으로 오는 이유
금일읍 충도

"김 박사, 난 태평양에서 수영한 사람이야." 섬 연구를 할 때 만난 충도 출신 신순호 교수(목포대)가 곧잘 했던 이야기였다. 당시 연구에 참여했던 교수들 중에는 보길도·진도·완도 등 큰 섬 출신이 많았다. 작은 섬 출신이지만 큰 섬에서 태어난 사람들에게 지지 않는다고 재치 있게 꺼낸 이야기였다. 그 뒤로 신 교수는 태평양에서 수영을 했던 사람으로 통했다. 몇 년 전 금일읍에서 '옛 영화의 재현, 바다목장으로'라는 슬로건을 앞세우고 다시마축제가 개최되었다. 행사는 줄다리기, 이어달리기 등 마을별 체육대회로 이루어져 있다. 그해 우승은 충도가 차지했다.

옛날부터 충도는 단결심과 교육열이 높은 것으로 유명하다. 주변에 있는 평일도·금당도·거금도 등 큰 섬 틈에 끼어 살아야 했던 작은 섬 사람들에게 단결은 선택이 아니라 생존전략이었다. 섬에 들어서자 섬 주변에 다시마와 전복 양식장이 가득했고, 포구는 깔끔하게 정비되어 있었다. 선창에는 멸치를 삶는 막(집)도 현대식으로 지어져 있었다. 내친 김에 마을을 한 바퀴 돌았다. 차가 지날 수 있을 만큼 골목길도 정비되어 있었다. 무엇보다 골목에 쓰레기나 지저분한 어구들이 뒹굴지 않았다.

충도는 조선 효종 말(1650년대)에 장수 황씨가 처음 입도한 것으로 기록되어 있다. 하지만 섬에서 후손을 찾을 수 없었다. 그 후 경주 최씨

최시덕 일가가 고흥에서 뗏목을 타고 유랑하다 섬에 정착했다. 그 뒤를 이어 이씨·권씨·신씨가 정착해 마을을 이루었다. 숲이 우거져 곤충이 많이 서식한다고 해서 충도(蟲島)라 했지만 마주 보고 있는 조도(鳥島, 새섬. 현 신도)가 충도(벌레)를 잡아먹는 형국이라 섬 이름을 충도(忠島)로, 조도는 신도(身島)로 바꾸었다고 한다. 이름을 바꾸기 전에는 두 섬 사이에 갈등이 자주 있었다. 김 양식 등으로 어장 이용을 둘러싼 갈등은 충도와 신도만 아니라 완도·해남·진도·광양 지역 도서에서 빈번하게 발생했다. 충도는 평일도와 금당도 사이에 있는 섬이다. 섬은 작지만 부엉산(179미터)이 있어 골짜기가 깊고 농사를 지을 땅이 없다. 대신에 어장이 좋다. 한때 김·미역·톳이 주수입원이었지만 지금은 다시마 양식을 많이 하며 전복 양식도 하고 있다.

'등청'이 어렵다

충도로 가는 길은 두 가지다. 고흥 녹동에서 금일을 오가는 배를 타는 것과 약산면 당목항에서 평일도로 간 다음 녹동과 금일을 오가는 배로 갈아타는 방법이다. 후자는 배를 두 번 타야 한다. 운항 회수나 소요 시간을 고려한다면 녹동에서 가는 길을 권한다. 섬은 완도에 속하지만 고흥 녹동의 뱃길이 수월한 것은 생활권이 녹동권이기 때문이다. 한때 고흥으로 행정구역을 바꾸려 하기도 했다. 지금은 뱃길이 좋아졌다. 녹동에서 충도를 오가는 뱃길이 한 시간마다 열리며 걸리는 시간도 20여 분이면 족하다. 그런데 여전히 행정구역과 생활권은 달라 불편하다.

　가장 큰 불편은 마을 이장의 '등청'이다. 등청은 이장이 마을 일을 보거나 회의에 참석하기 위해 군청에 들어가는 것을 말한다. 특히 한 달에 두 번씩 군청 업무회의에 참석해야 하는 일이 만만치 않다. 등청하

큰 섬 평일도가 당하지 못할 만큼 단결심 강한 섬이 충도였다. 경제력도 교육열도 높았다. 지금도 젊은 사람이 많다. 고향으로 돌아오는 사람도 있다. 어장이 좋기 때문이다. 바다가 살아 있으면 마을이 살아난다.

는 날이면 금일까지 배를 타고 가서 다시 약산으로 가는 배로 갈아타야 했다. 약산에서 택시나 버스를 타고 상정리로 이동해야 한다. 그리고 다시 신지도로 가는 배를 탄다. 거기서 끝나는 것이 아니다. 다시 신지도에서 완도군청으로 이동해야 한다. 배를 세 번 갈아타고 버스나 택시를 두 번 타야 한다. 기상 악화로 배가 뜨지 않으면 꼼짝없이 하룻밤을 지새워야 한다. 무슨 일이 있어도 일을 보고 섬으로 들어오는 이장 신씨도 한 번은 금일에서 배를 타고 들어오다 되돌아갔다. 한 치 앞도 보이지 않는 안개 때문이었다. 선착장을 찾지 못하고 그 자리를 빙빙 돌다 날이 어두워졌다. 이러다 큰일이 날 것 같아 서둘러 되돌아갔다. 지금처럼 길을 안내해주는 기계도 없었다. 잠자는 여관집 주인을 깨워 하룻밤을 자고 돌아왔다.

젊은 사람들이 마을로 돌아왔지만 마을 일은 여전히 환갑이 내일모레인 신씨 차지다. 이장을 맡지 않으려고 보름 가까이 섬에서 나와

밖에 있기도 했다. 하지만 마을 주민들이 와서 사정을 하는데 뿌리칠 수 없었다. 이미 두 차례나 이장을 맡아 봉사를 했다. 어촌계장까지 합하면 마을 일을 한 햇수가 적잖다. 이야기를 나누다 보니까 신 교수와 친구였다.

"그 친구는 그렇게 못 가게 해도 배울려는 놈은 못 당하드라고. 소풀을 뜯기고, 김 양식 도와야 했기 때문에 학교를 못 가게 했거든."

당시 평일도에 보통학교가 있었다. 집안일을 도와야 한다며 신 교수가 학교에 가는 것을 막았다. 하지만 신 교수는 몰래 학교를 다녔다. 왜 몰랐겠는가. 죽기 살기로 학교에 가려는 동생을 형님이 무슨 수로 막겠는가. 그 차이로 자신은 작은 마을에서 '이장질'을 하는데 그 친구는 '교수'가 되었다며 부러워했다. 이야기를 나누는 사이에 점심시간이 훌쩍 지났다. 이장 사모님이 국수를 삶았다며 내놓았다. 작은 섬을 걷기 시작하면서 김밥이나 빵 등 먹을 것을 싸가지고 다니는 버릇이 생겼다. 인심이 좋은 작은 섬 주민들이라 밥을 굶는 경우는 거의 없지만 간혹 종일 아무것도 먹지 못한 채 걸어야 하는 경우도 있었다. 김밥을 싸 왔다고 이장 집에서 나올 수 있는 상황이 아니었다. 맛있게 한 그릇 비우고 잘 먹었다는 인사까지 드리고 나왔다. 배를 기다리며 생각해보니 내가 먹은 국수가 사모님 몫이 아니었을까 하는 생각이 들었다. 사모님이 함께 국수를 드시지 않았다. 두 분만 사시는데 넉넉하게 국수를 삶아 놓았을 리 없었다. 게다가 이장을 하면서 가장 힘든 일로 갑작스럽게 손님에 찾아오면 식당도 없어 모든 것을 아내가 해결해야 했던 것이라는 말을 했었다. 더욱 미안해졌다. 섬을 돌아다니다 보면 가장 많은 신세를 지는 분이 이장과 어촌계장이다. 잠잘 곳이 필요할 때도, 섬 사정을 듣고 싶을 때도, 객선을 탈 수 없을 때도 전화를 한다. 나만 그렇겠는가. 섬을 찾는 사람들은 모두 그럴 것이다. 새삼스레 섬마을

김 농사를 지어 완도로 고흥으로 아이들 유학을 보냈다. 쌀이 떨어져도 육성회비는 꼭 챙길 만큼 교육열이 높았던 충도 부모들이다. 아이들은 섬을 떠났지만 부모들은 고향을 지키고 있다.

이장과 어촌계장들에게 고맙고 미안했다.

김농사를 지어 쌀을 샀다

송. 죽. 매. 동. 옛날에는 김을 채취해 이렇게 등급을 매겼다. 충도의 김은 늘 최상품 '송'이었다. 그 시절에 섬 집 150여 가구에 가게가 일곱 개나 있었다. 물론 술을 파는 가게였다. 작은 마을이 아니지만 그렇다고 한 마을에 술을 파는 가게가 일곱 집이라면 이해가 되질 않는다. 수입원은 오직 김뿐이었다. 여름철 김발을 손질할 때부터 시작된 외상술은 이듬해 봄철 김 양식에 끝났다. 그리고 또 외상이 시작되었다. 가게주인은 김농사가 끝나면 확실하게 돈을 받을 수 있었기 때문에 늘 환영이었다. 가게는 항상 만원이었다. 한 집에서만 외상술 먹기가 미안했던지이 집 저 집 돌아다니면서 먹었다. 술은 늘 부족하지 않았지만 쌀은 부족했다. 마을 뒤쪽 산자락에 하늘만 쳐다보는 손바닥만 한 다랭이논이 있었다. 하지만 섬사람들이 먹고살기에는 턱없이 부족했다. 1991년에 발행한 《도서문화》를 보자.

식량 작물로 벼·보리·고구마 등을 재배했지만 보리가 익기 전에 동이 났다. 특히 고구마가 중요한 식량이었다. 섬은 다 그랬다. 흉년에는 식량 사정은 더욱 심각했다. 바닷가에서 미역·파래 등을 채취하여 고흥과 강진 등으로 나가서 식량과 바꿔 왔다. 이렇게 뭍으로 식량을 얻기 위해 가는 것을 '도부 나간다'고 했다. 도부 나갔다가 바닷길에서 목숨을 잃은 사람도 있었다. 또 임신한 몸을 끌고 나갔다 남의 집에서 출산을 하는 경우도 있다. 이런 식량 문제가 해결된 것이 1960년대였다. 김 양식과 톳 등 해조류가 일본으로 수출하면서였다.

섬을 돌아봤지만 쌀농사를 짓는 논을 찾을 수 없었다. 하지만 이장은 식수탱크 너머에 구들장을 놓아 만든 계단식 논이 있었다고 했다. 지금은 모두 다시마 건조장으로 바뀌었다. 식량 사정이 어렵던 시절에 '따비'로 땅을 일구어 농사를 지었다. 따비는 논이나 밭을 가는 농기구다. 소가 없거나 쟁기질도 하기 힘든 논밭을 일굴 때 사용했다.

그래도 '죽어라' 하는 법은 없는 모양이다. 섬에서 농사를 짓기는 어려웠지만 바다는 풍요롭다. 아무리 척박한 섬이라도 물이 있고, 나무가 있으면 사람이 살 수 있다. 해안 초소가 있는 마을 숲을 지나 '등 너머'로 접어들자 빈집과 무너진 김 공장이 눈에 띄었다. 더 들어가자 산자락 밑에 다시마를 건조하기 위해 너른 터를 마련해두었다. 사람이 살지 않는 곳까지 자동차가 다닐 수 있게 길을 마련한 것은 다시마를 실은 차를 위한 것이었다. 충도는 나이가 들어 움직이기 어렵거나 할머니만 사는 가구만 제외하고 대부분 다시마 양식을 하고 있다. 그중 젊은 사람들은 낭장망을 이용해 멸치도 잡고 전복 양식도 하고 있다. 등 너머에서 임도를 따라 올라가자 길가에 물탱크가 설치되어 있었다. 의자에 앉아 땀을 식히며 목을 축였다. 작은 섬에서 많은 사람들이 살던 시절에는 무엇보다 큰 걱정은 식수 문제였다. 식수만 아니라 당시 주수입원이었던 김을 채취해 가공하는 과정에서 많은 물이 필요했다. 오로지 샘물에만 의존해야 했기 때문에 주민들은 줄을 서서 물을 길러야 했다. 이런 불편함은 최근 주민식수난 해결을 위한 소규모 수도개량사업으로 해결되었다.

●─따비

수렵채집 시대에 화전민들이 풀이나 어린 나무를 제거하고 곡식을 심을 때 사용한 농기구다. 따비를 사용하기 전에는 '뒤지개'나 '굴봉'을 사용했다. 뒤지개는 돌을 깨트려 만든 타제석기로 신석기인들이 알뿌리를 캐거나 땅을 고르는 데 사용했다. 그 흔적은 서울 암사동과 부산 동삼동 조개무지에서 발굴되었다. 굴봉은 화전민들이 땅 속을 헤집거나 구멍을 내는 데 사용했다. 나무나 대나무로 만들었다. 오늘날 삽, 괭이처럼 이용했다. 따비는 따부(경기도 덕적도), 따보(전라남도 영광), 탑(함경북도) 등으로 불렸다. 한반도에 농업이 시작될 당시에는 전국적으로 사용되다 농기구의 발전으로 내륙지방에서는 100년 전 모습을 감추고 일부 도서지방에서 최근까지 사용되었다. 그 모양에 따라 말굽쇠형따비, 코끼리이빨형따비, 주걱형따비, 송곳형따비등이 있다. 쟁기를 댈 수 없는 작은 다랑이 밭을 갈거나 뿌리가 깊은 풀이나 잡목을 제거할 때 사용했다.

출처 : 김광언, 《한국농기구고》, 한국농촌경제연구원, 1986

'주배'와 '금장'

섬에서는 나무가 쌀 못지않게 목숨처럼 귀했다. 쌀을 직접 얻을 수 없으면 미역이나 김 등을 팔아 사올 수 있었지만 땔감이 부족하면 이를 얻기가 수월치 않았다. 그래서 충도는 마을 공동산림을 경영했다. 그리고 함부로 나무를 하거나 훼손하지 못하도록 사람을 두어 관리를 했다. 이를 '금장'이라 했다. 금장과 비슷한 일을 했던 공무원을 '산감'이라 했다. 상감이라 해야 더 잘 기억한다. 초등학교 시절에 할머니나 어머니가 가장 두려워했던 사람은 '상감'이었다. 이들이 마을에 출현하면 동네는 발칵 뒤집혔다. 부엌과 헛간에 쌓아둔 나무에서 생솔가지가 한 가지라도 나오면 산림법을 적용해 벌금은 물론 나무와 낫과 갈퀴 등 도구까지 압수되었다. 산감은 밀주단속 권한까지 가졌다. 전통술인 막걸리가 밀주가 된 것은 1909년 일제가 자가양조를 금지하는 주세법을 만들면서부터였다. 동네 어귀에 산감이 나타나면 금세 동네에 소문이 돌았다. 그리고 논과 밭에서 일을 하던 사람들은 혼비백산 집으로 돌아가 생솔가지와 술동우를 감추느라 정신이 없었다. 허가를 받지 않고 산에서 나무를 베는 것을 벌하는 산감처럼 금장은 마을 공동산림을 관리했다.

지금처럼 미역과 다시마 등 양식어업이 발달하기 전에는 해안이 중요한 소득원이었다. 섬 주변 갯바위(조간대)에서 자라는 미역·김·톳·세모·불등을 채취했다. 공동으로 채취해서 균일하게 분배했다. 이러한 작업 조직을 주배('주비'라고도 함)라 했다. 처음에는 5개의 주배였다. 지주식 김 양식을 하던 무렵 가구와 인구가 늘자 10개 주배로 나누었다. 1960년대 전후로 추정된다. 이후 많은 가구들이 섬을 떠나고 미역과 다시마 양식이 도입되자 주배의 가치는 줄어들었다. 옛날에는 주배에 채취한 것 중에 '돌미역'이 큰 소득원이었다. 지금은 5개의 주배

김 대신 다시마를 선택했다. 사람도 먹고 전복도 먹고, 음식으로 먹고, 건강식품으로 만들어 먹는다. 모처럼 노인들이 깨끗한 옷으로 갈아입고 나들이를 준비했다. 읍에서 열리는 다시마축제에 가는 길이다.

로 나누어 매년 돈이 되는 것만 채취하고 있다. 작년에는 세모만 채취했다. 옛날 관행대로 매년 주배를 바꾸어 채취하고 있다.

충도는 김 양식장이 좋아 일제강점기부터 황금어장으로 알려진 곳이다. 수출되던 1960~70년대에는 전국 최고의 수출용 김 생산지로 젊은 사람들이 작은 섬으로 몰려왔다. 지금은 충도에서 김 양식을 하는 사람은 없다. 대신에 미역·다시마·전복 등으로 바뀌었다. 섬 집은 150여 가구에서 70여 가구로 줄었다. 다행스러운 것은 최근 3년 사이에 10여 가구가 귀촌한 가구라는 사실이다. 고향을 떠나 생활하다 아이들이 결혼을 해서 곁을 떠나자 고향으로 눈을 돌린 것이다. 몇 사람의 젊은이도 아이를 데리고 귀향을 했다. 아쉽게 충도초등학교는 1998년 폐교되어 네 명의 아이를 배를 타고 금당도에 있는 학교로 보내고 있다. 작은 학교를 폐교할 때 신중해야 하는 이유가 여기에 있다. 도시로 나가는 것이 출세하는 것이라 여기며 그리워했던 시절이 있었다. 최근 섬을 떠나 신기루를 찾아 헤매던 섬사람들 중에는 바다에서 섬에서 그 꿈을 찾은 사람들도 있다. 하지만 섬과 바다도 언제까지 고향을 떠난 사람들을 기다려주지 않는다. 학교가 폐교되듯이.

개황 | 충도(忠島)

위치 | 전남 완도군 금일읍 충도리
면적 | 2..65km² **해안선** | 9.0km **육지와 거리** | 14km(고흥군 녹동항)
가구수 | 79 **인구(명)** | 131(남: 59 여: 72) **어선(척)** | 44 **어가** | 69
어촌계 | 충도리

공공기관 및 시설

공공기관 | 충도보건진료소(061-553-4002)
폐교현황 | 금일충도분교
전력시설 | 한전계통
급수시설 | 간이상수도 1개소

여행정보

교통 | 배편 | 고흥 녹동항 여객터미널 1일 3회 운항
특이사항 | 김이 일본으로 수출할 당시(1960~70년대)에는 전국 최고의 수출용 김 생산지로 매우 높은 소득을 올렸으며, 농한기에 해당되는 김 생산철에는 인근 고흥, 보성, 장흥 등지에서 청장년, 부녀자들이 충도로 몰려와 김 생산에 종사하였다.

30년 변화 자료

구분	1973	1985	1996
주소	전남 완도군 금일면 충도리	좌동	좌동
면적(km²)	1.20	–	–
인구(명)	947	721	280
	(남: 478 여: 469)	(남: 356 여: 365)	(남: 146 여: 134)
가구수	150	131	88
급수시설	우물 14개	우물 97개	간이상수도 1개소, 우물 8개
전력시설	자가발전	한전계통	한전계통
어선(척)	120	124	105
어가	144	119	77

22

작은 멸치가 섬을 살린다

금일읍 다랑도·섭도·부도

사동항까지 건너오는 길은 평화롭고 아름다웠다. 가끔 봄바람에 벚꽃이 흩날렸다. 철쭉도 꽃망울을 터뜨렸다. 4월 중순에 피는 철쭉은 진달래와 달리 꽃보다 잎이 먼저 나온다. 도심 속에 사는 사람들은 꽃구경을 나서며 봄을 만끽하지만 섬사람들은 봄을 양식장에서 맞는다. 옛날에는 황금조기가 남쪽에 올라오는 것을 보고 봄을 맞았다. 이제는 더 이상 조기를 기다리지 않는다. 조기도 할 말이 많다. 월동을 하는 곳까지 쫓아가 잡는 인간의 집요함에 봄의 전령사 노릇을 포기했다. 지금은 다시마에 살이 오르고 윤기가 흐르면 밭에 자갈을 깔고 자리를 마련하는 것으로 봄맞이를 시작한다. 이 무렵이면 작은 멸치가 섬과 섬 사이로 들기 시작하지만 그물을 드리우기는 이르다. 대신 뭍에 나갔던 작은 섬사람들이 들어와 그물을 깁고 멸치를 삶는 막을 보수하며 기지개를 켠다.

평일도 남쪽에 위치한 다랑도, 우도, 섭도, 부도 등은 금일읍 사동리에 속하는 섬들이다. 객선이 없기 때문에 마을 주민의 배를 얻어 타거나 빌려야 갈 수 있다. 다랑도는 임진왜란을 피해 김해 김씨가 처음 입도한 후 경주 이씨·평주 정씨 등이 들어와 마을을 이루었다. 다른 섬처럼 임진왜란을 전후해 사람들이 섬에 들어와 정착했다. 사동항에서 출발한 배가 곧 다랑도 선착장에 도착했다. 선창에는 한 부부가 전복 가

완도군 금일읍 | 237

바다는 요술쟁이다. 봄이 되면 어김없이 멸치를 몰고 온다. 작은 섬 다랑도가 허리를 펴는 것도 이 때문이다. 선창에서는 멸치그물을 깁고, 배 바닥에 붙은 쩍을 제거한다. 그렇게 봄맞이를 한다.

두리 그물을 손질하고, 또 다른 부부는 선박 바닥에 붙은 부착생물을 제거하고 있었다. 따개비, 굴 등이 배 밑에 많이 붙으면 저항이 심해 제 속력을 내지 못하고 연료 소비량도 많다. 자동차로 말하자면 연비가 크게 떨어지는 것이다. 그래서 정기적으로 배를 뭍으로 올려 바닥 청소를 하고 페인트를 새로 칠하기도 한다. 그 옆에는 사내가 혼자서 멸치를 잡는 낭장망 그물을 깁고 있었다.

다랑도는 모두 11가구가 살고 있는 작은 섬이다. 30여 가구가 거주할 때는 초등학교도 있었다. 다랑도(多浪島)라는 지명은 바람과 파도가 많아 붙여진 이름이다. 바로 앞에 있는 섬은 파도가 적다고 소랑도라 지었다. 바로 앞 큰 섬 금일도는 전복 양식이나 다시마 양식을 많이 하지만 불과 배로 10분 거리에 있는 이들 섬은 양식을 꿈도 꾸지 못했다. 모두 바람과 파도 때문이다. 그리고 보면 섬 이름을 하나 짓는데도 다 깊은 뜻이 있었다. 양식은 못하지만 대신 최고의 멸치어장이 형성

파도가 많고 조류가 활발해 붙여진 이름이 다랑도다. 감성돔부터 멸치까지 어장이 좋은 것도 이름 탓이다. 문어, 낙지, 장어도 많다. 낚시꾼의 발길이 이어지는 곳이다.

되었다. 멸치를 잡는 낭장망이 20틀이나 된다. 완도에서 한 마을에 이렇게 많은 멸치어장을 갖고 있는 섬을 찾기도 어렵다. 이럴 때는 자연은 참 공평하다는 생각이 든다. 다랑도 은빛멸치는 어판장에서 언제나 최고였다. 중매인들이 서로 가져가려고 한다. 무엇보다 멸치를 건조기계가 아니라 직접 햇볕에 말리기 때문이다. 태양초가 좋은 것처럼 햇볕에 말린 멸치가 기계로 건조시킨 것보다 훨씬 좋다.

잡은 멸치는 선창에 말리거나 사동리로 가져가 건조시키고 있다. 다섯 가구의 젊은 사람들이 멸치잡이를 하고 있다. 이들은 사동리에도 거처를 두고 있다. 사람들이 많이 거주할 때는 돌미역·돌김·가사리·톳·세모 등을 뜯어 생활했다. 섬사람들은 해초를 채취하는 곳을 '개포'라고 불렀다. 개포는 공동으로 채취한다. 그리고 한 집에 한 몫을 준다. 예를 들어 10가구가 개포 권리를 가지고 있고 10킬로그램을 채취했다면 한 집에 1킬로그램씩 나눈다. 지금도 돈이 되는 세모와 가사리는 공동작업을 해서 똑같이 나누고 있다.

외지인들에게 다랑도는 감성돔 낚시터로 잘 알려져 있다. 다랑도는 큰 바다와 내만의 경계에 있다. 멀리 청산도와 초도가 있고 그 사이에 황제도, 장도, 덕우도 등이 있다. 모두 최고의 낚시터다. 가을철이면 작은 섬에 낚시꾼들이 북적댄다. 오늘도 마을 앞 소랑도 앞에 낚시꾼을 태울 배 한 척이 기다리고 있었다. 소랑도에도 옛날에는 멸치어장을 하는 한 가구가 살았던 섬이다. 가을철에 낚시꾼들이 던져주는 밑밥 때문에 개포에 해초들이 자라지 못해 낚시꾼들의 입도를 막기도 했다. 한때 청소비 명목으로 낚시꾼들에게 5천 원씩 받기도 했다. 하지만 낚시꾼과 실랑이하는 일이 많아져 그만두었다. 낚시꾼들에게는 갯바위 낚시가 레저일지 모르지만 개포는 섬사람들에게 논밭과 같은 곳이다. 다행히 멸치잡이가 소득이 되면서 개포는 뒷전으로 밀렸다. 멸치잡이로 억대 소득을 올리면서 젊은 사람들도 들어왔다. 도시의 높은 연봉이나 소득이 부럽지 않기 때문이다. 인근 바다에서 문어, 장어, 낙지 등도 많이 잡힌다. 섬 주민들은 관심이 없고 금일과 녹동 배들이 와서 잡아가고 있다.

고사리 뜯기와 나눔

마을을 돌아보다 작은 교회에서 마을 주민 세 사람을 만났다. 한 사람은 마을 주민, 다른 한 사람은 멸치잡이를 하기 위해 이웃한 거금도에서 들어온 사람이었다. 또 한 사람은 사역을 위해 작은 섬에 들어온 심성섭(1944년생) 목사였다. 심 목사는 미국 뉴욕에서 치과 기공사로 일했다. 지금도 가족들이 미국에 있다고 했다. 심씨의 직업은 미국에서 수입이 썩 좋은 직업이었다. 그 일을 놓고 신학 공부를 한 뒤 귀국해 머무를 곳을 찾아 들어온 곳이 다랑도였다.

240

아이와 아내를 평일도 큰 섬으로 데려다 주기 위해 나서는 배를 얻어 탔다. 기념사진을 찍으려니 아이는 부끄러워 얼굴을 가리고 아내는 수줍어 고개를 돌렸다. 아빠는 그 모습을 보고 웃었다.

심 목사는 어제 마을 주민들과 함께 고사리를 꺾었다. 섬이 작고 자원이 한정되어 있기 때문에 고사리를 꺾을 때도 마을 방송을 해서 함께 나선다. 갯바위에서 해초를 뜯는 개포작업과 같은 원리다. 첫물은 모두 같이 작업을 하고 이후부터는 개인별로 한다. 얼마나 민주적이고 공평한 나눔의 원리인가. 이렇게 섬사람들이 먹고사는 자원이 한정되어 있어 외지인이 들어오는 것도 쉽지 않다. 거금도가 고향인 강춘길 (1943년생)씨도 8년 전에 섬으로 이사를 왔다. 처음에는 바다를 이용할 수 없었다. 몇 년 거주하고 마을에 9백만 원을 내놓은 후 겨우 바다 어장 이용권을 얻었다. 개포 이용의 원칙인 '동네법칙' 때문이다. 가파른 언덕에 계단식으로 집들이 자리를 잡았다. 젊은 사람은 선창에서 만난 사람이 전부였다. 집에는 할머니들뿐이었다. 맨 꼭대기에 자리한 초등학교는 폐교된 지 오래되었고, 운동장에는 고추가 심어졌다. 고추가 탐스럽게 자란 것을 보니 운동장에서 고추밭으로 바뀐 지 꽤 오래되어 보였다.

　섭도는 한때 80여 명이 살았던 섬이지만 지금은 모두 떠나고 무인
도가 되었다. 섬을 서울 사람이 매입한 후 사슴농장을 하기도 했다. 섬
을 관리하는 사람이 가끔씩 섬을 드나들었지만 그가 죽고 난 후 더 이
상 섬을 오가는 사람이 없다. 《일본후기(日本後紀)》에 기록된 '장보고
소섭도민야(張保皐所攝島民也)'를 보고 섭도를 주목하기도 했다. 《일
본후기》는 일본에서 나라시대(奈良時代, 710~794)와 헤이안시대(平安
時代, 794~1185)에 편찬한 편년체(編年體) 역사서이나. 《일본서기(日本
書紀)》와 《속일본기(續日本紀)》에 이어 세 번째로 편찬한 일본 정사다.
하지만 섭도는 해방 이후 붙여진 이름이다. 남해안 연근해 항로상 중
요한 위치에 있어 일제 때부터 등대가 설치되었다. 섭도 등대는 당사도
등대―소모도 등대―모황도 등대―섭도 등대로 이어져서, 고흥에서
완도를 거쳐 진도(조도)로 이어지는 연근해 중요 뱃길을 안내하는 주
요 길잡이 항로이었다. 등대가 있어 '등대도'라고 부르기도 했다. 부도
는 '가메섬(釜島)'이라고 부른다. 조선 효종 때 전주 이씨가 처음 입도
하여 마을을 이루었다. 1077년 74명이 살았다지만 지금은 상주하는
사람은 없다. 사동리에 사는 한 가구만이 해조류 채취 시기에 맞춰 잠
시 섬에 들어올 뿐이다.

개황 | 다랑도(多浪島)

일반현황

위치 | 전남 완도군 금일읍 다랑리
면적 | 0.43km² **해안선 |** 2.0km **육지와 거리 |** 21km(장흥군 회진항)
가구수 | 15 **인구(명) |** 31(남: 15 여: 16) **어선(척) |** 7 **어가 |** 15

공공기관 및 시설

폐교현황 | 다랑분교(1994년 폐교)
전력시설 | 자가발전(발전기 1대)
급수시설 | 간이상수도 1개소

여행정보

특산물 | 김, 미역, 톳, 소라, 전복, 해삼, 멸치
특이사항 | 섬 주위에 해산물이 많고 파도가 많아 다랑도라 이름을 지었다고 한다. 완도에 속한 섬이지만 생활권은 고흥에 가까우며, 주민들은 농업과 어업을 겸하고 있다. 연근해에서 김, 미역, 톳, 소라, 전복, 해삼 등이 많이 생산되고 멸치잡이가 한창일 때면 은빛멸치가 장관을 이룬다.

30년 변화 자료

구분	1973	1985	1996
주소	전남 완도군 금일면 소동리	좌동	전남 완도군 금일읍 다랑리
면적(km²)	0.60	0.6	0.61
인구(명)	172	137	79
	(남: 79 여: 93)	(남: 72 여: 65)	(남: 35 여: 44)
가구수	19	28	18
급수시설	우물 2개	우물 2개	간이상수도 1개소, 우물 2개
전력시설	-	자가발전(발전기 1대)	자가발전(발전기 2대)
어선(척)	1	24	19
어가	18	24	17

개황 | 섭도(攝島)

일반현황

위치 | 전남 완도군 금일읍 섭도리
면적 | 0.48km² **해안선** | 3.3km **육지와 거리** | 23km(고흥군 녹동항)
가구수 | 8 **인구(명)** | 8(남: 7 여: 1) **어선(척)** | 1 **어가** | 1

공공기관 및 시설

폐교현황 | 섭도분교(1992년 폐교)
전력시설 | 자가발전(발전기 1대)
급수시설 | 간이상수도 1개소

여행정보

교통 | **배편** | 정기여객선이 운항하지 않아서 금일읍 사동리에서 배편을 이용하면 10여 분 정도 소요됨. 섬내 소형 어선 소유자에게 연락하면 쉽게 이용할 수 있다.
특이사항 | 원래 등대가 있어 섬 이름을 등대섬이라 불렀으나 해방 후 섭도라 부르게 되었다.

30년 변화 자료

구분	1973	1985	1996
주소	전남 완도군 금일면 소동리	좌동	전남 완도군 금일읍 섭도리
면적(km²)	0.40	-	-
인구(명)	83	38	4
	(남: 49 여: 34)	(남: 22 여: 16)	(남: 2 여: 2)
가구수	15	10	1
급수시설	우물 1개	우물 1개	우물 1개
전력시설	-	자가발전	자가발전(발전기 1대)
어선(척)	2	7	3
어가	14	8	1

개황 | 부도(釜島)

＊부도는 현재 무인도여서 일반 현황 자료는 없음.

30년 변화 자료

구분	1973	1985	1996
주소	전남 완도군 금일면 소동리	좌동	전남 완도군 금일읍 부도리
면적(km²)	0.30	–	–
인구(명)	57	41	5
	(남: 36 여: 21)	(남: 20 여: 21)	(남: 3 여: 2)
가구수	9	11	2
급수시설	우물 1개	–	우물 2개
전력시설	–	–	자가발전(발전기 1대)
어선(척)	1	9	1
어가	8	9	–

23

자식 몰래 섬을 찾는 이유

금일읍 우도

월송리 상록수림을 지나 동백리를 앞에 두고 멈췄다. 아름드리 소나무가 무리지어 쭈욱 쭈욱 뻗었다. 평일도에 처음 입도한 사람들이 심지 않았을까 싶다. 월송리와 동백리만 아니라 평일도에는 척치리·장정리·화목리 등 마을 앞에는 비슷한 크기의 해송이 자리를 잡았다. 우도가 빤히 보이는 바닷가에는 금일 명사십리해수욕장이 있다. 그곳에도 오래된 해송숲은 아니지만 그 사이 제법 자란 소나무들이 바람과 모래를 막아주고 있었다. 오랜 옛날에는 사동리나 동백리 모두 섬이었을 것이다. 수천 년 동안 파도와 바람이 가져온 모래가 쌓이면서 모래언덕이 만들어졌다. 월송리와 동백리를 잇는 상록수림은 명사십리의 소나무보다 일찍 조성되었다. 배후에 마을이 있었기 때문에 방풍림을 조성한 탓일 것이다. 굵은 나무는 어른 둘이 손을 맞잡아야 안을 수 있다. 동백리·사동리·월송리 세 개 마을 사이에 있던 모래톱 배후 습지는 논으로 바뀌었다. 인간이 간척을 해서 만든 것이 아니다. 자연이 만들어준 모래언덕과 석호였을 것이다. 인간은 그곳을 개간했을 뿐이다.

소나무 숲 사이로 몇 개의 섬이 눈에 들어왔다. 가장 눈에 띄는 섬은 정면에 오뚝 솟아 있는 우도다. 그 뒤로 덕우도·황제도·장도도 아련하다. 우도는 객선이 없는 섬이다. 모두 네 가구가 사는 작은 섬이다. 다랑도처럼 멸치를 잡고 개포에서 해초를 뜯어 생활했었다. 선창에 내리자 어머니와 젊은 며느리가 미역을 채취하고 남은 줄기에서 미역귀를 뜯고 있었다. 미역을 모두 채취한 후 남은 미역줄기를 걷어와 귀만 잘라서 파는 것이다. 1킬로그램에 600원이다. 벌써 커다란 톤 백 자루를 세 개나 채웠다. 어머니의 친정은 이웃한 다랑도. 옆에서 고개를 숙이고 미역귀만 쳐다보며 일을 하고 있는 며느리 고향은 태국이나 베트남인 듯싶었다. 우리말이 서툴렀다. 시어머니의 친정에서 며느리의 친정까지, 한 세대 만에 혼인권역은 수 킬로미터에서 수천 킬로미터로 바뀌었다. 참으로 급변하는 세상이지만 거리를 가늠하기 어렵다. 단지 거리뿐인가. 역사와 문화의 차이는 또 어떻겠는가. 어머니와 이런저런 이야기를 나누는 동안 며느리 얼굴을 볼 수 있을까 기대했지만 허사였다. 마지막 한 배만 작업을 하면 끝난다는 어머니 이야기에 마음이 바빴다. 섬에서 나가는 유일한 방법은 작업이 끝난 후 미역귀를 팔기 위해 사동리로 나가는 배에 동승하는 것뿐이기 때문이다. 부지런히 마을로 올라갔다.

아들은 어머니가 고향인 섬으로 가는 것을 말렸다. 하지만 몸에 새겨진 '물때'를 누가 말리겠는가. 어머니는 끝내 섬으로 들어갔다. 평생 들물과 날물에 맞춰 살아온 시간을 어떻게 바꿀 수 있겠는가. 갯바위에서 돌김을 뜯어 말렸다. 주말이면 아들이 또 데리러 올 것이다.

우도라는 이름은 섬 모양이 소의 머리를 닮았다고 해서 붙여진 이름이다. 조선시대 변씨 일가가 왜구를 피해 이주하여 마을을 형성했다고 한다. 아주 작은 섬이지만 아무리 가물어도 바위틈에서 나오는 샘이 마르지 않아 식수는 물론 빨래를 비롯한 허드렛물까지 사용하고도 남았다. 큰 섬 평일도가 가뭄으로 식수가 모자라도 우도는 물이 넘쳐났다. 섬과 소의 관계는 마을 제의에서도 확인되었다. 옛날부터 우도는 소를 잡아 머리를 제물로 바쳐 마을의 안녕과 풍어를 빌었다. 아쉽게 당제는 중단되었다. 우도는 섬이 작고 가파르기 때문에 사람이 죽으면 시신을 평일도 동백리에 있는 마을 공동묘지에 묻는다. 조상들의 묘지를 관리하고 명절에 찾아보기 쉽도록 산 자들이 만들어낸 것이 아닐까 싶다. 또 아이들이 죽으면 바닷가에 시신을 놓고 돌로 쌓아 올리는 풍장을 했다는 이야기가 전해오지만 확인할 수는 없었다.

우도는 최근에 개포에서 가사리를 공동으로 채취했다. 가사리는 1킬로그램에 4만 원에 팔리는 비싼 해초다. 한 철에 예닐곱 번 채취할 수 있기 때문에 최근까지도 공동작업을 하고 있다. 세모도 경제적 가치가 있어 공동작업 대상이다. 가장 최근에 개인 채취로 바뀐 것이 톳이다. 그리고 미역과 김 순이다. 그러니까 돌김이 가장 먼저 공동 채취에서 개인 채취로 전환된 해조류다. 일찍부터 김 양식이 도입되었기 때문이다.

가파른 우도길을 오르자 산 중턱에 몇 채의 집들이 자리를 잡고 있었다. 많이 살 때는 31가구나 살았다. 지금은 모두 네 가구다. 그중 미역 양식이라도 하는 집은 이장 김형남씨와 변두번씨 두 집뿐이다. 선창에서 만난 어머니의 아들이 변씨다. 마을에 처음 정착을 했던 성씨다.

고개에 오르자 유채꽃 너머로 멀리 덕우도와 청산도가 보였다. 선창에서 만난 어머니가 일러준 집을 찾아 집 안을 기웃거려도 인기척이

멸치로 가득했던 바다가 다시마와 미역 밭으로 바뀌었다. 멸치만 보고 살아온 이씨는 멸치잡이를 그만두었다. 나이가 들기도 했지만 양식어업에 뛰어들 자신도 없었다. 대신 한 달이면 두세 번 섬에 들어 갯내음을 마시며 소일을 한다.

없었다. 분명히 노인 부부가 있으니 만나서 이야기를 들어보라고 알려 줬다. 개들만 컹컹 짖어댈 뿐이었다. 맨 위에 위치한 집까지 올라갔다 내려오다 밭에서 일을 하고 계시는 이종록(76세)씨와 조은숙(77세)씨 부부를 만났다. 어머니가 일러주신 노부부였다. 이들도 며칠 전에 부산에 있다 들어왔다고 했다. 조씨는 평일도 감목리가 고향이었다. 이씨에게 시집을 와서 아들 다섯을 낳았다. 둘째 아들만 서울에서 생활하고 나머지는 모두 부산으로 장가를 갔다. 이씨 부부도 부산에 살고 있지만 한 달에 절반은 섬에 들어와 생활한다. 도시에 사는 것이 갑갑하고 섬에 들어와야 편안하고 좋기 때문이라고 한다. 공기도 좋고 소일거리도 있어서 좋단다. 노부부가 섬을 찾는 진짜 이유는 평생 물때에 맞춰진 몸이 원하기 때문이다. 개포로 나가야 할 시간이면 으레 몸이 먼저 움직인다. 자식들은 또 섬에 들어간다고 야단이지만 몸이 가는데 머리로 막을 수 없지 않은가. 게다가 자식들을 건강하게 키워준 고향을 버릴 수도 없다. 이번에는 아들 몰래 섬으로 들어왔다. 며칠 있으면 막내아들이 또 데리러 올 것이다. 아침에 널어놓은 김을 걷고 있었다. 돌김이었다. 지난번 한 차례 말려서 팔고 이번에는 자식들에게 나누어 주려고 뜯었다. 이곳 돌김은 갯바위에 붙어 자란다.

이씨가 작은 섬에서 아이들을 키울 수 있었던 것은 멸치어장 때문이었다. 당시 멸치잡이 방식은 소대망이라는 어법이었다. 소대망은 멸치 낭장망과 다르다. 둘 다 정치망이지만 소대망은 멸치가 그물에 들어와서도 죽지 않고 살아 있기 때문에 품질이 훨씬 좋다고 했다. 소대망은 대부망, 대모망, 각망, 어살 등 '수평유도어구'에 비해서 진보한 '낙하유도어구'에 속한다. 수평유도어구는 어군을 수평으로 유도해 어획하지만 낙하유도어구는 어군의 탈출을 막기 위해 통그물 내에 비탈그물[踏網]이라는 새로운 장치를 했다. 어군을 유도하는 길그물을 따라 멸치 떼가 통그물로 들어왔다가 헛통그물과 원통그물 사이에 있는 비탈그물로 떨어진다고 해서 낙망(落網)이라고도 불렀다. 경남지역에서 많이 사용하는 어법으로 멸치 외에 방어·돔·넙치·오징어·고등어·전갱이 등 큰 고기도 많이 든다. 정치망은 이외에도 '잠입유도어구'(이각망, 삼각망, 승망)가 있다. 가장 많이 쉽게 사용하는 어법이다.

이씨의 멸치어장은 소랑도와 우도 사이에 있었다. 그곳으로 많은 고기가 회유했다. 특히 봄철이면 멸치가 들기 시작해 늦가을까지 잡혔다. 그곳에 미역과 다시마 양식장이 가득 차면서 멸치만 아니라 고기들이 회유하지 않고 있다. 대신 다랑도 밖으로 멸치들이 돌아 나가고 있다. 그래서 우도에서는 더 이상 멸치잡이를 할 수 없지만 다랑도에서는 계속하고 있다. 이씨는 이게 진짜 돌김이라며 돌미역과 함께 담아 주셨다.

선창에 도착하자 변씨도 미역줄기를 모두 가져와 선창에 쌓아두고 쉬고 있었다. 뭍에서 생활을 하다 섬에 다시 들어온 지 몇 해 되지 않았다고 했다. 어장을 해보고 싶지만 허가를 낼 수 없다며 아쉬워했다. 정치망을 개인에게 허가해주면서 작은 섬은 공동화현상이 더욱 심화되고 있다고 했다. 귀가 번쩍 띄었다. 처음 듣는 이야기였기 때문이다. 같은 지자체 내에서는 멸치낭장망처럼 정치망 어업은 사고팔 수 있다는 이야기는 들었다. 또 어족자원의 보호를 이유로 신규로 어장 허가를 내주지 않기 때문에 어업권을 파는 사람도 없지만 간혹 나와도 값이 비쌌다. 기존에는 면허가 어촌계로 나왔다. 따라서 싫든 좋든 어장을 하려면 섬에 살아야 했다. 하지만 지금은 개인허가로 바뀌었다. 그래서 우도나 다랑도 인근에서 멸치어장이나 정치망 어장을 하더라도 섬에 살지 않아도 된다.

변씨처럼 섬에 들어와서 살려고 하는 사람들은 정작 주변에서 고기를 잡으려고 해도 잡을 수 없다. 게다가 정치망 허가권을 가진 사람들이 섬 주변 개포에서 해초들을 맘대로 뜯기도 한다. 한편 정치망 어업과 달리 전복어장을 하려면 섬에 집을 갖고 살아야 한다. 마을어장에서 양식을 하려면 마을어촌계에 가입을 해야 하기 때문이다. 어촌계에 가입하지 않고도 섬 주변의 마을어장 내에서 행사를 할 수 있는 정치망의 허가제도가 잘못이라는 것이 변씨의 주장이다. 우도에서 개포에 들려면 지금도 쌀 30가마를 내야 한다. 외지로 나갔다 귀촌하는 사람은 10가마니를 마을기금으로 내놓아야 한다. 작은 섬에 사람이 살 수 있도록 하려면 단지 정주 환경만 개선해서 될 일이 아니다.

섬에 머무는 사람들이 갯바위와 인근 어장을 우선 이용할 수 있도록 해줘야 한다. 멸치가 많이 나는 섬은 낭장망을, 전복과 소라 많은 섬은 나잠업을, 어류나 해조류 양식을 하기 좋은 섬은 해당 면허를 우선 주어야 한다. 육지와 달리 바다에서 해 먹을 것이 없다면 섬에 머무를 이유가 없기 때문이다.

개황 | 우도(牛島)

위치 | 전남 완도군 금일읍 우도리
면적 | 0.13km² 해안선 | 1.7km 육지와 거리 | 18.8km(장흥군 회진항)
가구수 | 7 인구(명) | 11(남: 6 여: 5) 어선(척) | 6 어가 | 7

공공기관 및 시설

폐교현황 | 우도분교(1998년 폐교)
전력시설 | 한전계통
급수시설 | 지방상수도 1개소, 간이상수도 1개소

여행정보

교통 | 배편 | 평일도와 가까운 거리여서 사선으로 평일도로 이동한 후 교통망 이용.
특이사항 | 섬 전체 모양이 소의 머리 형태를 이루고 있어 마을 이름을 우도라 칭했다고 한다. 동제를 지낼 때는 소머리를 사용하였으며 이 섬에는 묘지를 쓰지 않고 바다 건너 평일도에 묘지를 쓰는 풍습이 있다. 50여 년 전까지도 어린아이가 죽으면 바닷가에 시체를 두고 돌무더기를 쌓아 올리는 풍장을 했다고 한다.

30년 변화 자료

구분	1973	1985	1996
주소	전남 완도군 금일면 소동리	좌동	전남 완도군 금일읍 우도리
면적(km²)	0.4	-	-
인구(명)	147	63	30
	(남: 77 여: 70)	(남: 35 여: 28)	(남: 16 여: 14)
가구수	25	15	11
급수시설	우물 1개	우물 2개	간이상수도 1개소, 우물 2개
전력시설	-	자가발전(발전기 1대)	자가발전(발전기 1대)
어선(척)	1	7	9
어가	24	13	11

24

먼 섬에 들다
금일읍 황제도·장도·원도

덕우도에 이르자 트럭 운전사와 나, 두 사람뿐이다. 선실에서 고독을 즐기다 창밖으로 고개를 돌렸다. 여름을 코앞에 둔 늦봄의 햇살이 망망대해로 쏟아졌다. 트럭 운전을 하는 사내도 고물에서 담배를 피우고 있었다. 자주 드나드는지 행동이 여유로워 보였다.

　덕우도 앞 바다를 '앞바다'라 부르고, 황제도 바다를 '난바다'라 한다. 난바다로 접어들자 바람이 일었다. 생일도에서는 구경도 못한 바람이 덕우도를 지나 구도에 이르자 일기 시작했다. 덩달아 파도도 높아졌다. 이 정도 파도는 물결에 불과하다는 것이 선장의 이야기였다. 몇 차례 나섰다가 배를 타지 못하고 돌아갔던 것도 바람 때문이었다. 완도에서 잔잔한데 파도가 높아서 가지 못한다는 말을 들었을 때는 가기 싫어서 하는 거짓말쯤으로 여겼다. 잔잔한 바다가 이 정도라면 파도가 일 때는 어느 정도일까.

외로운 섬

황제도를 비롯해 장도와 원도는 완도항에서 가장 먼 곳에 위치한 섬이다. 여수항에서 출발해 거문도로 가는 뱃길에 위치해 있다. 초도와 근거리에 있으며, 여수시와 완도읍의 경계에 있다. 황제도는 객선이 다니지만 나머지 두 섬은 객선이 없다. 황제도는 완도항에서 출발한 섬사

봄은 바다에서 온다. 갯골을 따라 물고기를 앞세우고 살금살금 작은 섬 선창에 올라와 꽃을 피우고 갯바위에 김과 파래와 톳을 쓰다듬고 뭍으로 올라온다. 선창에 따뜻한 봄볕이 내리면 어부는 기지개를 편다.

랑 5호가 모황도—생일도—덕우도를 거쳐 격일로 오가고 있다. 객선을 이용해서 섬을 오가려면 이틀 밤 사흘 낮은 머물러야 하는 교통이 불편한 섬이다. 한때 완도에서 아침에 출발해 황제도, 장도, 원도, 초도를 돌아 다시 돌아오는 배(대진호)가 있었다.

황제도는 《대동지지》(1864) 도서조에 장흥부의 섬으로 기록되어 있다. 황제가 머물러 섬 이름을 황제도(皇帝島)라 했다지만 기록은 없다. 주민들은 물이 많이 빠지는 날이면 황제가 머무르면서 밥을 지었다는 가마솥 바위가 있다고 했다. 조선 효종 때 김해 김씨가 이주한 뒤, 조양 임씨가 들어와 마을을 이루었다. 황제도에는 '황제도 석선터'라는 전설이 전해온다. 신라시대 당나라 사람들이 근해로 항해를 하다가 거센 풍랑을 만났다. 간신히 섬에 올라와 보니 석질이 좋아 자유롭게 돌을 다룰 수 있었다. 그들은 시험 삼아 돌로 만든 배를 타고 당나라로 건너갔다. 당나라 사람들은 섬을 떠나면서 주민들에게 백배 사의를 표했다고 한다. 지금도 석선의 자재를 채취한 자리가 남아 있으며 주민들은 그곳을 '석선터'라고 부른다. 또 마을 옆 한전으로 가는 길 왼쪽 동산에 100여 년 된 노송 밑에는 큰 독이 묻혀 있고 그 안에 반지 등 제물이 있다고 한다. 매년 섣달그믐과 삼짓날 제를 지냈다고 하나 중단된 지 오래되었다.

황제도는 완도군 금일읍 동백리에 딸린 섬이다. 현재 마을에는 9가구가 있다. 마을 주민 외에 섬과 낚시가 좋아 서울에서 온 세 사람, 영암에서 온 한 사람, 목사 등이 섬에 머물고 있다. 1960년대 말에는 20여 가구에 50명이 살았다. 당시에는 학생들도 18명이 되었고, 출장소와 파출소도 있었다. 집집마다 노 젓는 작은 배가 있었다. 당시에는 선창이 없어 바람이 불면 '뗏마'라고 부르는 배를 뭍으로 올려놓았다. 이장 김상표(1943년생)씨의 기억으로는 태풍으로 큰 피해를 입은 것은 사라호가 처음이라고 했다. 지난 볼라벤 태풍 때는 바람에 날린 바닷물이 섬을 완전히 덮쳤다. 마침 섬에 있던 외지인 자동차 두 대가 완전히 못쓰게 되었다. 산 위 소나무들은 그때 바닷물을 뒤집어썼다. 소나무 잎은 낙엽이 되어 떨어졌다. 간혹 죽어가는 나무도 있었다. 섬에는 작은 선외기가 두 척 있다. 태풍이 분다는 소식이 들리면 완도읍으로 피항을 가서 며칠씩 머물다 돌아온다. 크레인이 없어 배를 뭍으로 올려놓을 수 없기 때문이다. 옛날처럼 배를 들어 올릴 사람도 없다.

'31일'은 황제도의 길일

"이발비가 15만 원이라면 믿겠어요?"

이장님 집에서 라면을 끓여 먹던 목사님의 목소리가 커졌다. 뭍에서는 아무리 비싸도 1만 원이나 1만 5천 원이면 족하다. 그런데 열 배라면 비싸도 너무 비싸다. 사연은 이렇다. 배가 매일 오지 않기 때문에 뱃삯에 숙박비까지 준비해야 이발을 할 수 있기 때문이라는 것이다. 황제도 뱃길은 홀수 일만 열린다. 객선만 이용하려면 이틀 밤을 자야 오갈 수 있는 섬이다. 그래서 황제도 사람들은 31일만 기다린다. 31일과 1일이 잇달아 홀수 일이기 때문이다. 이틀 연속 배가 오는 길일은 일 년에 일곱 번이다. 뭍에서 볼일을 모았다가 이날 처리하기도 한다. 이런 섬 사정을 모르고 아이들이 열일곱 명이나 섬에 왔다가 다음 날 나가기 위해 작은 배를 타고 덕우도까지 나가기도 했다. 위험천만한 일이었다. 덕우도와 황제도 사이는 하늬바람을 바로 받는 곳이다. 거칠고 험하다.

"황제도 사람은 갑도 아니고 을도 아니고 병이요."

이야기를 하다 분이 차는지 목소리가 더 커졌다. 섬 주민들 중에는 터지지도 않는 휴대전화를 샀다가 낭패를 본 경우가 많고, 인터넷도 되지 않고, 전화도 서비스를 받으려면 신청을 하고 한 달은 기다려야

봄볕에 며느리를 내놓고 가을볕에 딸을 내놓는다. 볕이 강하고 쉬 그을리기 때문이다. 가사리를 매러 갯바위로 나서는 어머니는 모자를 쓰고 수건으로 얼굴을 꽁꽁 감쌌다. 나이가 들어도 어머니도 천생 여자다.

한다. 그래도 통신사는 전국에 안 터지는 곳이 없다며 섬 주민에게 휴대전화를 팔고, 인터넷 가입을 종용한다는 것이다. 목사님이 직접 겪은 이야기다. 집에서 아내가 만들어 보낸 반찬을 20일 만에 찾았단다. 당연히 부패하고 먹을 수 없어 모두 버려야 했다. 바람이 불어 뱃길이 끊기면 일주일은 그냥 지나간다. 오가는 사람이 없으면 배가 결항하기도 일쑤다. 지금은 그래도 많이 좋아진 편이다. 한 번은 집을 짓기 위해 완도읍에서 건축자재를 부쳤는데 황제도에 내릴 손님이 없다고 덕우도에서 그냥 돌아가버리는 황당한 일도 있었다. 그래도 주민들은 항의를 제대로 못하고 전전긍긍한다. 그 배마저 끊길까 걱정하기 때문이다. 민박집 주인은 냉장고에서 시원한 물을 꺼내며 "그래도 전기를 맘대로 쓸 수 있어 얼마나 다행인데요"라며 웃었다. 몇 년 전 태양광발전소가 설치되었다. 전기가 공급되면서 섬이 천지개벽했다. 뭍에서는 흔한 TV를 최근에야 맘 놓고 볼 수 있게 되었다. 주부들에게 냉장고만큼 고마

황제도는 낚시꾼들의 성지다. 서울에서 사업을 하는 사장님은 손맛을 잊지 못하고 아예 눌러앉았다. 배를 타고 드나드는 것이 쉽지 않고 고기가 드나드는 것도 때가 있기 때문에 섬에 자리를 잡았다. 봄 멸치를 따라 들어온 농어가 걸려들었다.

운 것이 있을까. 그동안 전기불도 마음껏 사용할 수 없었다. 낚시꾼들을 상대로 장사를 하는 민박집도 두 집으로 늘었다.

낚시꾼들의 로망, 감성돔

낚시꾼들에게 황제도는 로망이다. 덕우도와 황제도 사이는 물골이 거칠고, 갯바위로 된 섬이라 돔 낚시로 최고다. 특히 황제도 주변은 겨울철 감성돔 낚시로 유명한 곳이다. 포인트마다 90퍼센트 이상 손맛을 볼 수 있다. 대물이 종종 올라오는 곳이라 겨울철 거친 파도에도 불구하고 낚시꾼들의 발길이 이어진다. 가을철 덕우도에서 입질을 하던 감성돔은 겨울철에 황제도로 내려온다. 특히 땅콩여와 토끼섬 꾸중여가 최고의 포인트다. 특히 꾸중여는 3, 4명만 낚시를 할 수 있어 겨울철에는 자리다툼이 심하다. 직벽에다 발밑으로 수심이 10미터 이상 내려가는 곳으로 황제도에서 가장 늦게까지 감성돔이 낚이는 대물 포인트다. 여름에도 돌돔과 참돔이 잘 나와 낚시꾼의 발길이 끊이지 않는다. 볼락이나 농어는 흔하게 잡힌다.

이곳 말고도 알매섬 의자바위, 땅콩여, 이장바위 등이 주요 포인트다. 황제도 외에 겨울철 낚시꾼들이 찾는 남해 서부의 섬으로는 진도권에 독거도·맹골도·동거차도·서거차도, 완도권에 청산도·소안도·대모도·덕우도 등이다. 특히 황제도는 섬 전체가 갯바위로 낚시 포인트다. 전국의 낚시인들이 즐겨 찾는 곳이다. 찬바람이 나면 외딴 섬은 찾는 사람이 거의 없고 주민들도 섬을 떠나 뭍에서 겨울을 지낸다. 하지만 황제도는 비로소 활기를 띠기 시작한다. 감성돔을 찾아 들어오는 낚시꾼 때문이다. 많이 들어올 때는 마을 앞 땅콩여에 사람이 가득하다. 여름철에는 돌돔·참돔·농어가 많이 잡힌다. 사철 바다 낚시터로 인기가 있다.

땅콩여로 농어 낚시를 나서는 김명진씨를 따라 나섰다. 황제도 목사와 낚시가 좋아 이곳에 눌러앉은 신씨도 동행했다. 땅콩여를 돌아 배 위에서 낚시를 던졌다. "왔어." 김씨가 소리쳤다. 정말 팔뚝만 한 농어가 올라왔다. 신기했다. 토끼섬과 땅콩여를 오가며 한 시간 정도 낚시를 해 20여 마리를 잡았다. 멸치가 들어와야 농어가 잡힌다. 섬 주변에서 멸치·갈치·전어·조기·쥐치 등이 많이 잡힌다. 잡아 온 농어는 각각의 몫대로 나누었다. 그리고 큼지막한 농어 두 마리는 즉석에서 손질을 시작했다.

가사리를 뜯다

일요일 아침, 다섯 명의 어머니들이 주일 예배를 마치고 마을로 들어섰다. 교회는 선창에서 가까운 옛날 학교 운동장에 컨테이너 몇 개를 연결해 만들었다. 몇 년 전부터 목사가 와서 목회를 하고 있다. 주일 아침 섬은 조용했다. 오직 교회보다 절이 좋다는 아주머니 한 분과 가사리를 사기 위해 들어오신 어머니 두 분만 남았다. 길 가장자리에서 어제 채취한 가사리를 손질하고 있는 그들과 인사를 나누었다. 황제도는 바위섬이다. 감성돔·참돔·농어·볼락 등 물고기만 아니라 갯바위에는 김·톳·미역·파래·가사리 등이 잘 자란다. 이들 갯바위 중 해초를 뜯는 곳을 개포라고 한다.

황제도 개포는 모두 아홉 '주비'로 나누어져 있다. 개포를 아홉 개의 몫으로 나누었다는 의미다. 물론 주비는 해초가 잘되는 곳과 잘되지 않는 곳을 고려해 범위를 정한다. 한 집에 한 주비씩 갖는 것이 원칙이다. 간혹 자기의 주비를 친척에게 사용하도록 준 경우도 있다. 덕우도는 3년 정도 거주하면 주비를 주지만 황제도는 주비를 주지 않는다. 옛날에는 주비를 매년 추첨을 해서 결정했다. 지금은 개포를 고정했다.

일본인도 탐냈던 황제도 불등가사리다. 지금도 상인들에게 인기 최고다. 가사리, 톳, 김이 자라는 갯바위를 주민들은 '개포'라고 부른다. 황제도는 개포를 아홉 개의 몫으로 나누었다. 이를 '주비'라고 부른다. 옛날부터 내려오는 관습법에 의한 해초의 채취 권리다.

사람도 크게 줄어 나누어야 할 명분도 없고, 몫돈이 되지 않아 추첨을 하는 번거로움을 원치 않는다. 옛날에 주비추첨을 할 때는 마을축제나 다름없었다. 사람들이 많이 살 때는 문어를 잡고 개포에서 해초를 뜯어 생활했다. 지금도 가사리와 미역은 4월 그믐 사리에 채취해 팔고 있다. 덕우도의 한 주민이 덕우도와 황제도에서 나온 가사리를 수집해 여수의 상회에 팔고 있다.

어머니 몇 분이 널어놓은 가사리 옆에 앉아 파래 등을 골라냈다. "다음 사리에 가사리 작업하면 그때 와서 가져가"라며 수집상과 주민들이 이야기를 나누었다. 누구네 가사리는 일등이며 언제나 자리가 좋아 돈 좀 만진다고 했다. 갯바위마다 조류와 수온이 달라 해조류가 자라는 환경이 차이가 난다. 그래서 옛날에는 매년 주비추첨을 했다.

일제시대에도 황제도 가사리가 유명했던 것 같다. 〈한국문화콘텐츠닷컴〉에 소개된 '검안' 자료에 황제도의 가사리를 탐낸 일본인 살해

사건이 소개되어 있다. 검안 자료는 조선시대 검안 기록을 재구성한 수사기록물이다. 사건 내용은 이렇다.

5월에 거문진 生日島 존위의 보고에 경상도 왕락서의 배가 황제도에 정박 중인데 배에 실려 있던 가사리를 일본인이 도둑질하다가 선원들 간에 다툼이 벌어졌다고 하였다. 이에 조사하니 이미 4월 말에 일본인의 작은 배 두 척이 황제도에 정박하여 도민들이 채취해놓은 가사리를 도둑질하므로 도민들이 이를 금지하였더니 그들이 도리어 화를 내며 검을 휘두르므로 도민들이 피신한 일이 있었다. 그리고 다음 날에도 일본인 배가 다시 오더니 5명이 일본도를 휘두르면서 약탈하는데 말린 가사리까지 모두 찾아내 가지고 갔다. 그 후 5월 1일 다시 일본 배가 왔는데 당시 경상도 가사리 상인 왕씨의 배도 정박 중이므로 일본인들과 왕씨 사이에 가사리 매매 문제로 논의가 있었다. 일본인들이 가사리 매매 돈을 주지 않자 왕씨의 선원들이 돌을 던지면서 저항하였고 이 와중에 일본인 두 명이 몽둥이에 맞아 사망한 사건이다.

황제도 사람들은 다음 사리에 가사리를 채취할 계획이다. 음력으로 4월 그믐사리면 5월 말쯤 해당한다. 황제도 가사리를 강탈해 갔던 시기가 이맘때였다.

뱃길도 끊긴 외로움 섬

몇 년 전이다. 금일읍 사동항에 할머니 세 분이 앉아 있었다. 마을 사람은 분명 아닌데, 그렇다고 놀러 온 사람도 아니었다. 마침 그곳에 일을 보러 나온 황제도 이장이 할머니들을 알아보았다. "장도분들 아니

낚시꾼들이 탐내는 땅콩바위는 참돔, 농어 등 귀족어들이 많이 잡히는 곳이다. 이곳 말고도 토끼여, 꾸중여 등 황제도는 낚시꾼들이 탐내는 명당이 몇 곳 있다. 그중에서 사람들이 가장 많이 찾는 곳이 땅콩여다.

세요?"라며 반갑게 인사를 했다. 장도는 황제도에서 동쪽에 위치한 섬이다. 황제도에 10여 집이 살 때 34가구에 200명이 넘게 살았던 큰 섬이었다. 땅도 황제도의 3, 4배가 될 정도로 컸다. 고기잡이를 하러 갔다가 가끔 들렀던 섬이었다. 지금은 장도에 세 집이 살고 있다. 팔순에 가까운 이장 최국남(1938년생)씨 부부와 최씨보다 나이가 많은 유씨 부부가 살고 있다. 할머니들은 이장이 뭍으로 나오거나 큰 섬으로 일을 보러 나오면 함께 따라 나선다. 섬에 할머니들만 남아 섬을 지키는 것이 무섭기 때문이란다.

섬이 일(一) 자 모양으로 길게 뻗어 있어 '진섬'이라 불렀다. 한자로 지명이 바뀌면서 '장도'가 되었다. 250년 전 김해 김씨가 처음 입도하였다지만 후손이 없고 영조 때 경주 최씨가 진도에서 이주하여 마을을 이루었다. 금일읍 평일도에서 동남 방향으로 20킬로미터나 떨어진 외딴섬이다. 섬이 암벽으로 이루어져 있어 감성돔 낚시터로 유명하다.

최씨는 두 달에 한 번씩 당뇨와 관절 약을 짓기 위해 여수로 오간다. 여수로 나갈 때면 유씨 부부도 함께 섬을 나선다. 젊었을 때는 톳

발이나 김발 등을 해보려고 시도하기도 했다. 물발이 좋아 양식이 잘되지만 태풍이 불면 모두 가져가버렸다. 결국 포기하고 말았다. 외지인 두 가구가 집도 사고 밭도 사서 들어올 것처럼 오갔지만 아직까지 소식이 없다. 일 년 내내 섬을 지키는 사람은 최씨와 유씨 부부 네 사람이다. 가장 불편한 것은 쌀을 사먹는 일이다. 야채는 텃밭을 일구어 기르지만 쌀을 사려면 초도나 여수에서 구해 와야 한다. 초도에서 섬으로 들어올 때는 배를 빌려 와야 하기 때문에 비용이 만만치 않다. 쌀값보다 뱃삯이 더 비싸다. 가끔씩 들어오는 낚싯배에 부탁해 채소밭에 뿌릴 약과 쌀을 부탁했다. 장흥 회진에서 출항하는 낚싯배가 가끔씩 들어오기 때문이다.

선창에서 마을로 오르는 길이 가파르다. 노인들은 단숨에 오르지 못하고 쉬었다 올라야 한다. 하지만 섬 위로 올라서면 꽤 넓다. 나무가 많아서 옛날에는 땔감을 금일읍에 팔아 생활했다. 또 소를 많이 키웠다. 하지만 연탄이 보급되고, 가스가 나오면서 더 이상 땔감을 팔 수 없어졌다. 사람들이 하나둘 섬을 빠져나갔다. 소를 키울 수도 없었다. 장도에 속한 대병풍도는 면적이 제법 큰 무인도로 자연경관이 수려하며 희귀동식물이 다양하게 분포하고 어족자원이 풍부하여 2002년 5월 1일 특정 무인도서로 지정되었다. 장도를 비롯해 주변 대병풍도, 다라지도 등은 낚시꾼들에게는 잘 알려진 유명한 섬이다.

원도는 장도와 초도 사이에 있는 섬이다. 행정구역은 금일읍에 속해 있지만 일 년에 한 번도 가지 않는 때도 있다. 배를 가지고 금일읍 소재지인 평일도에 가면 하루가 꼬박 소요된다. 하룻밤을 자고 일을 보고 와야 하는데 바람이라도 일면 꼼짝 못한다. 초도로 나가 배를 타고 여수로 나가 완도로 일을 보러 가려면 일곱 개의 시군을 거쳐야 한다. 역시 하루에 일을 보는 것은 불가능하다. 법원이나 중요한 등기들이 금일읍으로 와서 제때 받지 못하고 벌금을 물거나 피해를 보는 경우도 종종 있다. 할 수 없어 초도에 아는 사람 집으로 붙여달라고 부탁을 해야 했다. 우편물도 섬에 도착하지 않는다.

원도에 왕대가 많아 죽제품을 만들어 여수는 물론 황제도, 평일도, 금당도 등 완도 관내에 모두 대바구니를 팔러 다녔다. 장도와 원도는 여수 초도와 가까워 거문도를 오가는 배를 많이 이용했다. 조선 영조 때 김해 김씨가 장흥에서 들어와 마을을 이루었다. 1970년대 30여 집에 150여 명이 살았지만 객선이 끊기고 플라스틱 바구니가 나오면서 하나둘 섬을 떠나 한 가구만 살았다. 몇 년 전에 섬을 떠났던 몇 사람이 고향으로 돌아와 지금은 여섯 가구가 살고 있다. 마을 일을 보는 김무부(1941년생)씨도 22살에 섬을 떠났다가 10년 전에 돌아와 섬에 살고 있다. 사람들이 많이 거주할 때는 진포(우뭇가사리), 병포 등을 팔아 생활했다. 지금은 당시 두 사람이 채취한 해조류 양밖에 나오지 않는다. 김씨는 의혹의 눈길을 낚시꾼들에게 보낸다. 밑밥이 뿌려진 갯바위는 해조류가 자라지 않는 것을 보았기 때문이다.

마을어장에서 자연산 전복을 채취하여 마을기금을 마련하기도 한다. 초도 진막리에 물질하는 해녀들과 같이 작업을 해서 소득을 나누고 있다. 바다가 거칠고 물이 빠지면 수심이 50미터 이상 내려가기 때문에 양식을 하기 어렵고 선창에 배를 정박하기도 어렵다. 태양광과 풍력 발전으로 전력을 공급받고 있다.

금일읍 남단 끝에 다라지섬이 있다. 인근에 딸린 섬 모양이 낙타를 닮아서 낙타섬이라고도 부른다. 또 낙타섬 바위 끝이 이승만을 닮아서 운암바위라고도 불렀다. 섬이 둥글다 해서 원도라고 불렀다. 조황이 좋아 전국 바다 낚시인들이 완도나 고흥에서 낚싯배를 대절해 많이 찾아오는 섬이다.

개황 | 황제도(皇帝島)

위치 | 전남 완도군 금일읍 황제리
면적 | 0.27km² **해안선 |** 4.9km **육지와 거리 |** 28.7km
가구수 | 9 **인구(명) |** 14(남: 5 여: 9) **어선(척) |** 0 **어가 |** 7

공공기관 및 시설

폐교현황 | 황제분교(1992년 폐교)
전력시설 | 자가발전(발전기 1대)
급수시설 | 간이상수도 1개소

여행정보

교통 | 배편 | 완도항에서 매일 1회 정기여객선이 운항한다.
특산물 | 여름: 돌돔, 참돔, 농어 겨울: 감성돔
특이사항 | 매년 섣달그믐과 삼짇날에 마을의 재난 예방과 풍어를 비는 당산제를 지냈다고 한다. 2~3년 전까지만 해도 전기가 들어오지 않아 불편을 겪었으나 태양광발전소를 통해 24시간 전기가 공급되고 있다. 황제도는 사계절 바다 낚시터로도 유명하며, 여름에는 돌돔, 참돔, 농어가, 겨울에는 감성돔이 많이 잡히며, 음력 2월 말에는 떼고기 낚시도 한다.

30년 변화 자료

구분	1973	1985	1996
주소	전남 완도군 금일면 동백리	전남 완도군 금일읍 동백리	전남 완도군 금일읍 황제리
면적(km²)	0.60	-	-
인구(명)	102	68	20
	(남: 55 여: 47)	(남: 36 여: 32)	(남: 10 여: 10)
가구수	19	18	10
급수시설	우물 2개	우물 2개	간이상수도 1개소, 우물 1개
전력시설	-	미전화지구	자가발전(발전기 1대)
어선(척)	6	14	8
어가	15	16	9

개황 | 장도(長島)

일반현황

위치 | 전남 완도군 금일읍 장도리
면적 | 1.15km^2 **해안선** | 7.0km **육지와 거리** | 35.6km(완도항)
가구수 | 9 **인구(명)** | 14(남: 7 여: 7) **어선(척)** | 1 **어가** | 6
어촌계 | 장도리

공공기관 및 시설

폐교현황 | 장도분교(1991년 폐교)
전력시설 | 자기발전(발전기 1대)
급수시설 | 간이상수도 1개소

여행정보

특이사항 | 장도와 원도의 기암절벽으로 이루어진 해안의 절경과 두 섬 사이에 있는 낙타섬(다라지섬)은 절해
고도의 아름다움을 자랑한다.

30년 변화 자료

구분	1973	1985	1996
주소	전남 완도군 금일면 장단리	전남 완도군 금일읍 장단리	전남 완도군 금일읍 장도리
면적(km^2)	1.10	-	-
인구(명)	203	88	41
	(남: 101 여: 102)	(남: 38 여: 50)	(남: 19 여: 22)
가구수	30	18	11
급수시설	우물 2개	우물 2개	간이상수도 1개소, 우물 1개
전력시설	-	자가발전(발전기 1대)	자가발전(발전기 1대)
어선(척)	1	14	5
어가	29	16	9

개황 | 원도(圓島)

일반현황

위치 | 전남 완도군 금일읍 원도리
면적 | 0.47km² **해안선** | 3.0km **육지와 거리** | 38.8km(완도항)
가구수 | 7 **인구(명)** | 11(남: 7 여: 4) **어선(척)** | 1 **어가** | 7

공공기관 및 시설

폐교현황 | 원도분교(1992년 폐교)
전력시설 | 자가발전(발전기 1대)
급수시설 | 간이상수도 1개소

여행정보

특산물 | 돌김
특이사항 | 금일읍의 최남단 끝에 위치하여 '다라지섬'이라고도 한다. 인근 부속 섬의 모양이 낙타를 닮았다 하여 낙타섬이라 하며, 낙타섬 끝바위 모양이 이승만(대통령)을 닮았다 하여 이승만바위 또는 우남바위로 불린다. 한자 표기로는 섬이 둥글다 하여 원도라 칭했다.

30년 변화 자료

구분	1973	1985	1996
주소	전남 완도군 금일면 원도리	전남 완도군 금일읍 장단리	전남 완도군 금일읍 원도리
면적(km²)	0.50	-	-
인구(명)	134	47	12
	(남: 66 여: 68)	(남: 29 여: 18)	(남: 7 여: 5)
가구수	20	12	7
급수시설	우물 1개	우물 4개	간이상수도 1개소
전력시설	-	자가발전(발전기 1대)	자가발전(발전기 1대)
어선(척)	6	5	3
어가	19	10	6

*1985년, 1996년에는 단도(丹島)로 표기.

완도군 생일면

금당면

약산

금일읍

신지면

생일면
25

26

청산면

완도군 생일면

25 생일도
26 덕우도

샘물아 콸콸 솟아라
생일면 생일도

당목리 숲을 지나자 비릿하고 달콤한 냄새가 얼굴을 덮쳤다. 바다에서 막 건져낸 다시마 내음이다. 바다 건너에 있는 생일도와 평일도는 우리나라 최대의 다시마 생산지다. 다시마는 봄부터 초여름까지 수확한다. 논과 밭, 언덕과 산비탈까지 널어놓은 다시마로 빼곡하다. 강진 마량과 고금도, 고금도와 약산도가 다리로 연결되면서 생일도와 평일도의 접근성은 크게 개선되었다. 한 시간 이상 걸리던 뱃길은 반 시간 거리로 짧아졌다. 미역과 다시마와 전복 등 수산물 물류 비용도 크게 줄었다. 그 덕에 당목리 선착장은 교통의 중심지로 떠올랐다. 뱃길만이 아니다. 강진과 광주로 이어지는 버스 편도 새로 생겼다.

섬살림은 산과 들과 바다에서 시작된다

생일도는 덕우도(德牛島)와 함께 완도군 생일면에 속하는 유인도다. 주변에는 형제도·송도·서덕우도·치도·낭도·구도·매물도·도룡랑도 등 무인도가 있다. 평일도 망덕산에서 바다를 건너온 지맥은 생일도에서 백운산(482.6미터)을 일으키고 세 갈래로 내리뻗었다. 줄기를 따라 골골이 서쪽에 금곡리, 남동쪽에 봉선리(굴전리와 용출리), 북동쪽에 유서리(서성리와 유촌리)가 자리하고 있다. 섬이 한 덩어리의 산이다. 서성리는 면사무소, 학교, 농협, 수협 등 공공기관이 있고 여객선이 닿는 행

생일면에서 다시마 어장이 좋은 용출리는 해변이 다시마 건조장이다. 몽돌해변이니 다시마에 흙이 묻지 않고, 바람도 잘 통해 건조장으로는 그만이다.

정중심지다. 마을이 커서 '큰멀'이라 불렀다. 큰멀 외에도 버들개(유촌리), 배낭구미, 새끼미(금곡리), 용내이(용출리), 굴앞(굴전리), 덕우리, 목섬 등 자연 마을이 있다. 주민들은 섬 모양이 새를 닮았다고 하지만 이리저리 살펴봐도 동의하기 어렵다. 서성리는 장흥 장평에서 황씨(長水黃氏) 성을 가진 이가 처음 입도했던 곳으로 생일도 관문이다. 마을 앞에는 '개안'이라 부르는 작은 갯벌이 있다. 서성리 사람들에게는 이곳이 '반찬통'이다. 물이 빠지면 무시로 바지락, 고둥, 화랑게(칠게) 등을 얻을 수 있다. 서성리에서 서북쪽으로 돌아가면 다시마와 전복 양식을 많이 하는 유촌리가 있다. 서성리와 유촌리 두 마을을 합해서 유서리라 부른다. 반남 박씨가 들어왔다고 전해지는 금곡리는 옛날에 금이 나와 '쇠금이' '새끼미'라 불렀다. 일제강점기에는 광산 개발을 시도하기도 했다. 백운산 남서쪽 경사진 곳에 마을이 있다. 큰 골이 있어 물이 풍부하고 계단식 논이 발달했다. '아름다운 어촌 100선'에 선정되기도 했던 마을이다. 쌀이 부족했던 시절 생일도 사람 중에서 금곡리 쌀을 먹지 않고 자란 사람이 없었다고 한다. 섬 남동쪽에는 굴전리와 용출리가 있다. 두 마을을 합해서 봉선리라고 한다. 용출리 앞에 목섬과 용이 나온 곳이라는 용낭도(龍浪島)가 있다. 옆 마을 굴전리는 용이 나온 '굴앞'에 있는 마을이라고 해서 굴전리라고 부른다. 목섬은 나무가 울창하여 나무가 귀한 시절에는 나무꾼이 줄을 이었다. 주변에는 고기도 많고 자연산 미역·톳·가사리·천초 등 해조류가 풍부하다. 작은 무인도지만 섬에 나무나 갯가에 해초가 풍성해 마을 간에 이용권을 둘러싼 분쟁이 발생하기도 했다. 용출리에서는 땔감을 구하기 위해 서성리로부터 산을 샀다. 하지만 미역바위 이용권이나 해초류 채취권은 여전히 서성리가 갖고 있다.

장흥부에 속했던 생일도는 완도군 설군(1896년)으로 생일면으로 독립되었다. 그 후 행정구역 개편(1914년)으로 금당도와 함께 금일면에 편입되었다가 생일면출장소(1971년)를 거쳐 생일면(1989년)으로 승격되었다. 금일읍에 속하던 시절에는 고흥군 녹동항을 이용했다. 그 후 철부선이 등장하면서 마량항에서 생활용품과 양식 및 어장 관련 자재들을 구입하고 있다. 생일면 외에 고금면과 약산면, 금일읍 동부에 속하는 일부 마을도 마량생활권이다.

이들 섬과 마을들은 마량과 고금, 고금과 약산을 잇는 다리가 만들어진 이후 바로 광주를 오가고 있어 생활권은 더욱 확대되었다. 생일도의 마을 중 용출리는 완도와 뱃길이 직접 닿는 곳으로 완도읍을 많이 이용한다.

섬마을 골목길이 사라지고 있다

서성리 포구에 닿자 생일 케이크가 먼저 반겼다. 갓 태어난 어린아이처

아스라이 돌담을 쌓고 벼랑에 집을 지었다. 좁은 골목에서 금방이라도 까르르 까르르 아이들 웃음소리가 들릴 것 같다. 이제 그 길은 사라졌다. 트럭이 다니는 넓은 길로 바뀌었다.

럼 착하고 심성이 고운 사람들이 사는 섬이라는 것을 알리고 싶었나 보다. 생일 케이크 조형물은 생일도의 지명 유래에서 비롯된 상징물이다. 배가 닿자 사람들이 내렸다. "토마토나 수박, 바나나 있습니다. 양파, 배추, 무, 갈치 있습니다." 같은 배를 타고 온 트럭 채소 장수가 쉰 목소리를 남기고 금곡해수욕장으로 달아났다.

어디로 갈까 고민하다 좌회전을 했다. 용출리와 굴전리 방향이다. 트럭이 간 길과 반대 방향이다. 10여 년 전 섬에 들렀다가 아름다운 마을 풍경에 반해 한참 동안 머물렀던 굴전리가 궁금했다.

선착장에서 왼쪽(동쪽)으로 면사무소, 보건지소, 파출소, 우체국, 생영초등학교, 굴전리, 용출리(용출항)가 있고, 오른쪽으로 금일중학교(생일분교) 학서암, 백운산등산로, 유촌리와 금곡리, 금곡해수욕장이 있다. 섬을 순환하는 길은 없기 때문에 갔던 길을 돌아와야 한다.

굴전리는 생일도에서도 가장 작은 마을이다. 숱한 사연을 간직하고 있을 것 같은 좁은 골목길과 돌담과 나무들이 궁금했다. 지금도 그대로 자리를 잡고 잘 자라고 있겠지. 당시 그 길을 몇 차례 오갔다. 마을 앞 바다에 덕우도는 물론, 다랑도와 섭도, 멀리 거문도까지 섬들이 아련하게 떠 있다. 용이 나온 용낭도 앞에 있어 굴전이라 붙였다.

고개를 넘어서자 입구에 굴전마을을 알리는 이정표가 눈에 들어왔다. 자연석처럼 섬마을하고 잘 어울렸다. 차에서 내려 바다를 보았다. 사람이 살지 않는 소덕우도와 형제도가 가까워 유인도인 덕우도가 작아 보였다. 덕우도 뒤로는 매물도와 구도와 송도도 보였다. 바다는 여전히 아름다웠다.

예전 같으면 이쯤에서 차를 두고 걸어가야 했다. 그런데 마을 안으로 자동차 길이 생겼다. 강산이 변할 만한 시간이지만 마을에 길이 생길 것이라곤 상상도 못했다. 마을이 길가에 있고 꼭 길이 필요하다는 생각이 들지 않았다. 길을 따라 당산나무를 지나 마을을 돌아 다시 해안도로로 내려왔다. 옛날 그 길을 찾고 싶었다. 높은 돌담 위에 뿌리를 내린 느티나무가 멋스럽게 가지를 내리고 그 밑에는 작은 개울물이 졸졸 흘렀다. 그런데 찾을 길이 없었다. 다시 돌아 당산나무 아래에 차를 멈추고 내렸다. 당시 집들은 녹이 슨 함석지붕이었지만 궁벽해 보이지 않았다. 자연스러웠기 때문일 것이다. 옛길은 사라지고 1톤 트럭이 다닐 수 있는 길이 생겼다.

"다시마를 널랑께, 길이 필요하제라."

나무 아래서 더위를 피하던 어머니가 옛길을 물어보는 내게 말했다. 마을에서 바닷가로 가는 길은 경사가 심하다. 양식장에서 건져 올린 다시마를 말리기 위해 마을까지 올려야 하는데 차가 아니면 불가능했던 것이다. 자동차 길이 만들어지면서 마을 주변과 뒤에 다시마를 말릴 수 있는 자리가 마련되었다. 해안도로 주변 언덕이나 밭도 모두 다시마 건조장으로 변했다. 첫사랑이 그랬던가. 마음속에 오롯이 간직하고 있을 걸 하는 아쉬움도 남았다. 차가 다니는 길이 생기면서 그 길은 사라졌고, 흔적만 남은 길은 이용하지 않아 풀이 우거져 있었다. 대신 닭의장풀, 엉겅퀴, 쇠비름 등 여름꽃이 자리를 잡았다.

마을은 크고 작은 섬들이 한눈에 들어오는 언덕에 자리해 있어 인상적이었다. 최근에 이곳 빈집을 뭍사람들이 샀다. 할머니가 대뜸 집 사러 왔냐고 물었다. 생일도에 여러 마을이 있지만 외지인들이 탐내는 집은 이곳밖에 없다는 것이다. 젊은 사람들은 뭍으로 나가고 섬사람들은 늙었다. 다시마 양식으로 그 속도가 늦춰졌다. 좁은 골목길은 노인들의 추억 속에 있을 뿐, 일 년에 한두 번 찾는 젊은 사람들에게 고향의 골목길은 불편하기만 하다. 그렇다고 그들에게 불편함을 감수해 달라고 강요할 수도 없는 노릇이다. 다행히도 마을 당산나무는 그대로 남아 있었다. 지금도 당산제를 지내고 있다.

마을 선창으로 내려갔다. 다시마를 살 생각이었다. 이웃한 평일도에서 다시마축제를 할 때 산 것이 모두 떨어졌다는 이야기를 아내로부터 들었기 때문이다. 잘 마른 다시마를 갈무리해 창고에 넣고 있는 주민을 만났다. 낱개로 팔아본 적이 없다며 한사코 거절하던 주민은 한 다발을 꺼내 저울에 달았다. 그것은 시늉일 뿐이었다. 가진 돈이 이것밖에 없다며 몇만 원을 건넸다. 주민은 두말없이 다시마 한 다발을 주었다. 길은 변했건만 사람은 그대로였다. 몇 달 동안 가뭄이 계속되고 있다. 봄 가뭄에 이어 초여름까지 비다운 비를 구경하지 못했다. 다시마를 건조하기에는 딱 좋은 날씨였다.

분배의 정의, 갱번과 주비

딱 10년 전 이야기다. 처음 생일도를 찾았다. 마을 사람들이 모두 모여서 물이 빠진 갯가에서 해초를 뜯고 있었다. 어릴 적에 우리 동네 사람들이 모여 품앗이를 하던 모습과 같았다. 마치 갯바위에 붙어서 잡초를 뜯는 모습처럼 보였다. 그것이 어촌 마을의 공동작업인 '갱번' 작업이라는 것을 나중에 알았다. 물이 빠진 갯바위에서 톳, 가사리, 미역, 천초, 김 등 해초를 뜯는 작업이다. 해초가 자라는 갯바위나 해안을 섬사람들은 '갱번'이라 한다. 조간대를 이르는 말이다. 여수나 신안에서도 같은 용어를 사용한다.

갱번은 뭍사람들의 텃밭과 같다. 개인이 이용하는 곳이 아니라 마을 주민들이 공동으로 이용하는 공동어장이다. 조류, 수온, 바람, 위치 등 다양한 자연조건에 따라 생산량이 다르다. 공동노동 공동분배가 원칙이다. 생일도에는 모든 마을이 갱번을 가지고 있다. 김이나 미역 등 해조류 양식어업이 도입되기 전에는 갱번 작업이 유일한 경제활동

마을 주민들이 갯바위에서 뜯는 것은 가사리다. 한 집에 한 명, 마을회의에서 정한 날 정해진 해변에 모여 공동작업을 한다. 그리고 채취한 해초는 똑같이 나눈다. 그 해안을 '갯번'이라 하고, 그 권리를 '주비'라 한다. 작은 섬마을의 분배 정의, '갯번'의 원리다.

이었다. 많은 갯번을 가지고 있는 마을이 부자였다. 미역이나 톳 등 돈이 되는 해조류가 많이 붙은 갯바위를 많이 가지고 있는 마을이 부자였다. 갯번은 상식선에서 마을과 마을 간 경계가 될 만한 강·산 등의 지형지물이나 중간 지점을 기준으로 나눈다. 간혹 힘이 센 마을이 다른 마을 앞의 섬이나 주변의 좋은 갯번을 선점해 마을어장으로 만들기도 했다. 이로 인해 마을 간 어장 분쟁도 잦았다.

당시 생일도는 큰몰 17개, 버들개 12개, 새기미 15개, 용냉이 5개, 굴압 5개 등 모두 48개로 갯번을 나누었다. 이렇게 나누어진 갯번은 마을별로 생산량의 적고 많음을 고려해 두세 개의 '주비'로 나누었다. 각 주비에는 동일한 가구가 구성원으로 포함되어 있다. 마을회의에서 해초를 뜯는 날이 결정되면 주비장은 구성원을 이끌고 자신들의 갯번으로 가서 공동작업을 한다. 물론 분배도 똑같이 한다. 갯번은 매년 추첨을 통해서 결정한다. 이를 '주비추첨'이라고 한다. 이렇게 갯번을 운영하는 것을 총칭해서 '주비'(제비라고 하는 곳도 있음)라고 부른다. 동해안의 미역바위 운영 시스템인 '짬'과 유사하다. 청산도에 딸린 모도에서는 '통'이라고 불렀고, 신안이나 진도 일부 지역에서는 '뚬'이라 했다. 주비 구성원은 마을에 따라 15~20명에 이른다. 도서 인구의 감소와 고령화로 구성원은 10여 명으로 줄고 통합된 마을도 있다.

당시 굴전마을 사람들이 점심을 먹고 당산나무 아래 삼삼오오 모여서 쉬고 있었다. 옆에 복합 비료 포대와 낫이나 호미를 하나씩 두고 낮잠을 즐겼다. 두 시가 되어가자 20여 명의 마을 사람들은 두 패로 나누어 갱번으로 내려갔다. 물이 빠진 갯바위에 붙어서 해초를 뜯기 시작했다. 이들의 작업은 오후 늦게 물이 들기 시작할 때까지 이어졌다. 이날 마을 사람들이 뜯은 해초는 톳이었다. 옛날에는 가사리, 천초, 미역, 김 등 모든 해초를 다 뜯었지만 지금은 상품성이 있는 톳만 채취를 해서 바로 상인에게 팔거나 주비 구성원끼리 분배했다.

갱번을 나눌 때 미역, 톳 등 상품성이 있는 해조류가 많이 나는 곳이나 생산성이 높은 갱번은 나눌 때 다른 곳보다 훨씬 세분화했다. 또 갱번을 기계적으로 나누지 않고 풍흉과 마을과 거리 그리고 채취의 수월성 등을 고려해서 나누었다. 그것도 모자라 매년 추첨을 통해서 채취지역을 결정했다. 한 마을에 세 개의 주비(예를 들어 갑, 을, 병)가 있다면 3년에 한 번씩 추첨을 했다. 첫해 추첨을 해서 갑 갱번이 정해지면 다음 해는 을, 이듬해는 병으로 순환한다. 을 갱번을 추첨한 주비는 병, 갑으로, 병을 추첨한 주비는 갑, 을 순서로 매년 돌아가며 채취한다. 그리고 3년째 다시 추첨을 했다. 이것이 '주비추첨'이다. 갱번작업은 보리를 베고 나서부터 태풍이 오기 전, 바닷물이 많이 빠지는 사리 물때를 택한다. 이 무렵 장마철과 겹치기 때문에 날을 잘 받아서 해야 한다. 갱번작업이 결정되면 마을 책임자는 '개포를 연다', 이를 '영을 튼다'라고도 한다. 바다에 나가 해초를 뜯을 수 있도록 허락을 하는 것이다. 마을회의에서 개포를 열면 주비별로 채취 날짜를 정해서 작업을 한다. 개포를 열기 전에는 누구도 들어가서 해초를 뜯을 수 없다. 주비장이 있어 해초류 채취를 지휘한다. 섬 주민들은 자신이 속한 마을 주비에 참여해 해초 채취 작업을 한다. 참석하지 못할 때는 벌금을 물어야 한다. 채취한 해초의 양에 따라 판매하여 마을기금으로 사용하기도 하고, 분배하기도 한다. 굴전리와 용내리는 두 개, 금곡리는 세 개의 주비로 나뉘어 있었지만 인구 감소와 양식어업 비중이 높아지면서 주비가 하나로 합쳐졌다. 주비별로 공동 채취한 후 공동 분배하는 것이 원칙이다. 먹을 것이 없고 섬에 사람이 많이 살던 시절에는 갱번이 섬사람의 목숨줄이었다. 논과 밭이었다. 주비추첨을 하는 날은 잔칫날이었다. 젊은 사람들이 하나둘 섬을 떠나고, 양식 기술이 발달해 깊고 조류가 거친 바다에서도 양식을 할 수 있게 되면서 갱번은 섬사람들의 관심에서 멀어졌다. 두 개의 주비를 운영하던 굴전마을은 4년 전부터 하나로 통합해서 운영하고 있다. 전복과 다시마 양식을 많이 하는 유천리는 세 개로 운영되던 주비를 10여 년 전에 한 개로 통합해 운영하고 있다. 굴전은 노인들이 많고 유천리는 젊은 사람이 있지만 양식어장을 하느라 갱번에 신경을 쓸 수 없기 때문이다. 수산업법에 따르면 갱번은 마을어장에 해당한다. 이곳은 어촌계에 가입하지 않아도 마을 주민이 공동으로 이용할 수 있는 어업공간이다. 뭍에서도 넘기기 어렵던 보릿고개를 무탈하게 지나게 해준 것이 갱번이었다. 그랬으니 갱번 나눔에 얼마나 많은 고심을 했겠는가. 이보다 합리적이고 민주적인 분배원리가 또 어디 있을까.

다시는 안 하마, '다시마'

굴전마을을 지나 용출리에 이르렀다. 더는 갈 곳이 없다. 용출리는 완도에서 출발해 덕우도로 가는 여객선이 잠시 멈추는 곳이다. 용출리 마을 앞 해변은 몽돌해변이 아름답다. 이곳이 최고의 다시마 건조장이다. 다른 마을처럼 습기를 막고 흙이나 먼지가 묻지 않게 바닥재를 깔필요도 없다. 몽돌 사이로 해풍이 살랑살랑 들어오고 해송숲이 마을과 경계를 지어주어 자연스레 최고의 건조장이 되었다. 몽돌해변 앞에는 용이 나왔다는 용냉이섬이 있다. 예전에 이곳에서 다시마를 손질하는 어머니를 만났다. 그 어머니는 나를 보고 다시마 조각을 떼어주며 맛을 보라고 했다. 짭짤하고 비릿한 맛이 입안에 가득했다.

"요것이 손이 엄청 가는 거요, 바다에서 건져오면 끝나는 것이 아니라. 몰려야 하고, 비가 오면 들여놔야 하고, 바닥에 붙은 뻘들 딱아내야 허고. 전부 손이 가야 되는 것이요, 기계로도 할 수 없는 것이제. 한 해 하고 나면 '다시는 안 하마'라고 해서 '다시마'라고 한다요."

얼마나 일이 힘들었으면 다시는 안 한다고 했을까. 좌르르, 좌르르. 몽돌이 바닷물에 밀려왔다 용냉이섬 쪽으로 빠져나갔다. 작은 몽돌이 구르는 소리가 해송숲을 빠져나온 바람소리와 어울렸다. 예나 지금이나 몽돌 구르는 소리는 변화가 없지만 마을 숲에는 정자도 지어졌고 걷는 길을 안내하는 표지판도 생겼다. 벌써 다시마를 다 말려 창고에 보관했는지 해변에는 흔적이 없다. 다시마의 의미를 알려주던 어머니도 만날 수도 없었다. 혹시나 싶어 몽돌 해안을 지나 용출여객선터미널까지 걸었다. 그때 만났던 어머니를 본다고 한들 기억이나 할 수 있겠는가. 포구에는 낚시꾼들이 자리를 잡고 앉아 있었다.

다시마가 생일도 주민들의 주소득원으로 자리를 잡은 것은 20여 년에 이른다. 다시마는 칼로리가 매우 낮고 섬유질이 많아 변비와 비만

섬의 중심은 포구가 좋은 곳에 만들어진다. 배가 드나들면서 마을이 생기고 상가가 형성되고 학교, 파출소, 면사무소 등이 들어선다. 생일도 서성리가 그런 곳이다.

에 시달리는 현대인들에게 딱 맞는 식품이다. 게다가 피부 노화를 억제해 성인병에도 좋으니 요리는 물론 다양한 기능성 식품에 첨가물로 사용되고 있다. 다시마는 겨울에 준비하여 5월부터 7월에 집중적으로 수확하며 여름철에 작업을 마무리한다. 생일도에서 처음 양식을 한 것이 미역이었다. 1970년대 용출리와 굴전리 앞 바다에 부산 기장에서 가져온 미역종묘를 심었다. 두 마을은 생일도에서도 가장 가난한 마을이었다. 농사지을 땅은 말할 것도 없고 엉덩이를 부치고 앉아 있을 땅도 부족한 실정이었다. 그런데 어장은 좋았다. 용냉이섬이 파도를 막아주어 작은 규모지만 해조류 양식을 시도할 수 있었다. 일찍 바다와 갯일에 눈을 떴다. 특히 목섬과 용낭도 주변은 자연산 전복, 소라, 멍게 등이 많아서 해녀들이 군침을 흘리는 곳이다. 아무나 물속에 들어가서 작업할 수 없었다. 마을에서 입어권을 얻은 해녀들만 물질을 해서 채취량을 마을과 나눌 수 있었다. 이때도 해녀들은 바위에 자연산 톳, 김, 미역,

282

가사리, 진포, 병포 등을 절대 뜯을 수 없다.

반면에 평일도는 일찍부터 김 양식을 했다. 평일도의 생김새를 보면 생일도와 다르게 곶과 만이 발달했다. 리아스식 해안으로 파랑과 파도에 의해 갯벌이 형성되기 좋은 지형이다. 덕분에 지주식 양식이 용이했는데 생일도처럼 해안선이 단조롭고 수심이 깊은 곳에서는 불가능하다. 완도 김이 일본으로 대량 수출되던 시절, 생일도 사람들은 인근 섬에서 김으로 돈벌이하는 모습을 쳐다보고만 있어야 했다. 배를 타고 나가 고기를 잡기 어려운 겨울철에 보릿고개를 넘기기 어려운 사람들은 이웃 섬으로 '해태머슴'을 사러 가기도 했다. 농사철도 아니고 어장을 하려면 봄바람을 기다려야 하기 때문에 가족들 입에 풀칠을 하고 한 입이라도 덜기 위해 선택한 일이었다. 지금은 상황이 바뀌었다. 평일도에서도 다시마 양식을 하지만 생일도 주민들의 다시마에 대한 자부심은 대단하다. 오히려 자신들을 배고프게 했던 자연환경을 한껏 치켜세우며 이웃 섬과 다시마 품질이 다르다고 자랑하고 있다.

"지금은 돈이 된다고 하니까 안 막은 데가 없어, 다시마도 그렇고 전복도 그렇고. 생일면의 다시마가 특산품이거든, 금일이 아무리 선전해도 생일면이 특산품여. 생일면 다시마는 일 년을 보관해도 다글다글해요, 다른 것은 일 년만 되면 변질되제. 철갑다시마라고 해, 상인들이 그렇게 말을 해. 물발이 센대만 허거든, 건조만 잘하면 서울서도 안 빠지고 어디서도 안 빠져."

이웃한 두 섬에서 생산한 다시마가 차이가 나면 얼마나 날까 싶지만 섬마다 자기 섬에서 생산한 것이 최고로 좋다고 엄지손가락을 치켜세운다. 서해 강화에서 무안과 신안까지 그리고 장흥과 보성에 이르기까지 자기 바다에서 잡은 낙지가 제일 맛이 좋다고 말하는 것과 같다. 환경에 따라 다시마나 낙지나 모두 다른 점이 있을 것이다. 또 요리법도 다르다. 여기에 어떻게 순위를 매기고 옳고 그름을 판단할 수 있겠는가.

샘물아 콸콸 솟아라

용출리는 섬 남쪽 끝에 위치한 마을이다. 이곳에서 금곡리로 이어지는 도로는 없다. 마을 주변이 해안절벽과 산으로 이루어져 순환도로를 만들지 못했다. 오던 길을 돌아가야 한다. 서성리 여객선터미널을 지나 유천리 마을로 접어들었다. 다시마로 덮여 있던 마을 앞 너른 마당은 텅 비어 있었다. 노인들이 더위를 피하던 아름드리 당산나무는 오랜만에 찾은 길손을 반겼다. 징. 징. 쟁기. 쟁기. 징. 징. 쟁기. 쟁기. 몇 년 전 정월 당산제를 지내고 헌식을 하며 당산나무 주변에서 쳤던 매구소리가 들리는 듯했다. 갱번어업처럼 자연 의존도가 높은 섬은 마을 전통이 잘 남아 있다. 대표적인 것이 당산제다.

생일면은 덕우도를 포함해 여섯 개 마을 모두가 당제를 지내고 있는 보기 드문 섬이다. 섬 지역 당제는 정월 초나 보름 무렵에 지내는 경우가 많다. 섣달 그믐에 당에 올라가 정월 초하루에 내려오는 덕우도 당제를 제외하고는 모든 마을이 정월 중에 날을 잡아 당제를 지낸다. 일반적으로 마을 의례는 산제, 당제, 헌석 순으로 이어진다. 먼저 바위나 큰 나무 아래에서 산제를 지낸 후 당제를 지냈다. 지금은 당제만 지내는 것도 버겁다. 제물은 마량에서 구입했다. 서성리는 일반 제물 외에 직접 갱번에서 베어서 말린 미역을 제물로 올렸다. 예전에는 당할머니에게 제사를 지내지 않으면 갯가에서 해조류를 채취할 수 없었다. 이를 어기고 베어다 먹었다가 혈변을 보거나 배앓이를 했다고 한다. 당제를 마치면 헌석을 했다. 헌석은 매구를 치면서 음식을 나누어 먹으면서 행한다. 서성리는 마을이 커서 열두 곳에 헌석을 했다. 마을 노인들

© 송기태

인근 섬과 멀리 떨어져 있고 주변에 의지할 곳이 없어 물살과 바람이 거센 섬이다. 해조류나 어류 양식이 발달하지 못했다. 갯바위에 붙은 미역과 가사리에 의지해 살았던 섬이다. 자연에 순응해야 살아남을 수 있었다. 마을마다 당산나무가 있고 당산과 바닷가에서 마을 제의가 이어지고 있다.

은 옛날 당산제 규모가 매우 컸다는 것을 강조할 때 곧잘 '열두 당산'을 모셨다는 말을 한다. 당제나 산제가 마을 사람들이 쉽게 드나들 수 없는 곳에서 이루어지는 반면에 헌석은 사장나무, 갱번, 샘, 마을 앞 등 마을 주민들의 일상생활과 밀접하게 관련 있는 공간에서 이루어진다. 특히 서성리는 헌석을 하는 열두 당산 중 큰샘·독샘·고물샘·용홀래기고랑가샘 등 네 곳이 샘이었다. 그만큼 식수가 중요하다는 것을 의미한다.

　서성리 제장은 용출리 가는 길 왼쪽 백운산 끝자락에 있다. 매년 음력 1월 9일 새벽 4~5시경에 제를 올리는데 마을 사람들은 이 당집을

유촌 주민 일동 남녀노소 모두 다 몸 건강하게 하시고 만사성취하게 하고 유행성 질환도 없게 하시고 객지에 나간 자녀들도 아무 사고 없이 하시고 군대에 간 자녀들도 아무 사고 없이 하시고, 농산물이나 가축이나 해산물이나 아무 병 없이 잘되게 하시고 부락임사들도 모든 일이 다 잘되게 하여 주시옵소서.

'오부락당'이라고 부르기도 한다. 서성리당을 오부락당이라고 부르는 것은 서성리가 큰 마을, 즉 큰집에 해당하고 용출·굴절·유천·금곡·덕우 마을의 당은 작은 집이기 때문이다. 서성리는 놋쇠로 만들어진 말한 쌍을 신체로 모셨다. 제주는 주비장, 어촌계장, 새마을지도자, 이장 등 마을유지들이 선출하며, 집사도 예전에는 열두 집사를 두었지만 지금은 다섯 성씨를 선출한다. 제주들 집안에서 달거리를 하지 않아야하며 마스크를 쓰고 수건을 두른 후 음식을 장만해야 한다. 제를 지내는 날 아침에는 마을 주민들 모두 돌미역을 먹지 않았다고 한다. 돌미역은 당할머니가 제일 좋아하는 음식이어서 먼저 드신 후 먹어야 했다. 제를 지내는 동안에 20여 명의 풍물패가 모여 모닥불을 피우고 기다리다 제가 끝나면 풍물을 치고 음복을 하며 마을 열 당산의 당굿을 친다. 물이 귀했던 생일도에서는 샘굿을 칠 때 "물 주소, 물 주소, 샘각시 물 주소, 쿵쿵 물 솟아라"라고 사설을 붙이기도 한다.

유촌리에서는 당제 중에 '개 부르기'가 있다. 해초들이 잘 자라게 해 달라고 비는 의례다. 솔죽내라는 갱번에서 행해진다. 금곡리도 금곡 해수욕장과 마을 앞(집앞이라 칭함)에서 개를 부른다. 주민들은 이곳을 '개 부르는 곳'으로 인식하고 있다. 이렇게 섬마을 사람들은 삶의 터전인 갱번을 신성한 공간으로 재구성하고 있다. 유촌리의 경우 금곡리로 가는 길목에 있는 수령이 수백 년 된 느타나무가 당제를 지내는 신성한 곳이다. 금곡리도 마을 뒤 백운산 자락 밑 바위 아래에서 당제를 지냈다. 마을 안에 당산나무가 두 그루 있어 그것에도 밥을 놓고 농악을 쳤다. 제를 지내고 나서는 금곡리해수욕장으로 가서 갯제를 지낸다. 금곡리는 생일도에서 가장 좋은 갱번을 가지고 있는 마을이었다. 처음 생일도를 방문했을 때 여성이 이장을 맡고 있었다. 마을 숙원사업도 해결하고 여성의 섬세함으로 주민화합도 꽤 하려는 목적이었다. 그래서 인지 그 무렵 금곡리는 '아름다운 어촌 100선'에 선정되었다. 모래와 해송숲이 좋고 물도 깨끗하지만 교통이 불편하고 알려지지 않아 섬 주민이나 출향인사 등 가족들이 많이 찾는 해수욕장이다. 최근 해수욕장 주변에 작은 펜션들이 지어졌다. 모나지 않은 섬사람들 심성대로 쌓아 올린 구불구불한 논두렁, 몇 층인지 알 수 없는 논배미들이 아름다웠던 마을이었다. 산촌의 계단식 논과 달리 어촌의 계단식 논은 논배미의 크기가 훨씬 작다. 넓은 논배미를 만드는 것이 어려울 뿐만 아니라 넓은 논배미는 물에 적셔지기도 전에 물이 빠져버리기 때문에 작은 논배미를 여러 개의 다랭이로 만들었을 것이다. 청산도 구들장논처럼 한 뼘이라도 더 많은 농지를 확보하기 위해 논두렁을 내어 쌓기를 했던 조상들의 지혜가 스며 있다. 생일도에서 농사를 짓는 곳은 서성리와 금곡리다. 모두 다랭이논이다. 지금은 휴경지로 변해 다시마 건조장으로 바뀌었다. 섬사람들이 가지고 있는 땅에 대한 애착을 뭍사람들은 이해할 수 없다. 바닷고기가 제값을 받지 못하던 시절 생일도 동부의 용출리나 굴전리 사람들은 생선을 싸들고 백운산을 넘어 금곡으로 쌀을 얻으러 다녔다.

서성리 선창에 도착했다. 배가 도착하기에는 이른 시각이다. 선착장에 아이들이 뛰놀고 있었다. 장난감도 변변치 않고, 놀이시설도 없는 섬마을에서 아이들은 무엇을 가지고 놀까. 궁금했다. 그런데 아이들을 보는 순간 내 생각이 얼마나 어리석었는지 알았다. 아이들은 선창에 정박해놓은 배를 뛰어 다니며 숨바꼭질을 했다. 양식장에 사용하는 어구를 사다리처럼 오르내리며 놀기도 했다. 해안도로에 시멘트로 만들어놓은 안전펜스도 좋은 놀이감이었다. 아이들에게는 모든 것이 놀이시설이고 장난감이었다. 가게에서 사는 장난감과 놀이시설에 익숙한 도

생일도는 섬 자체가 백운산이다. 산골짜기마다 집을 짓고 마을이 들어앉았다. 경사가 급한 산자락에 돌담을 쌓고 계단을 만들어 한 평 두 평 늘려 농사를 지었다. 지금은 모두 묵정밭으로 바뀌었다.

시 사내의 눈으로 섬 아이들을 걱정했던 것이 부끄러웠다. 갖가지 놀이 시설이 갖춰진 아파트 놀이터에서 노는 아이들보다 이 아이들이 훨씬 행복해 보였고 표정도 밝았다. 배가 도착했다. 사람들이 내리자 뭍으로 나갈 승객들이 올랐다. 차들도 시동을 걸었다. 놀던 아이들 중 내년에 중학교에 갈 혜민이가 옆으로 다가왔다. 나를 보더니 "저도 배 타고 나가고 싶어요"라고 말하며 애처롭게 쳐다보았다.

●─ 오늘이 몇 물인가

바닷가에서 쉽게 들을 수 있는 말이다. 물때를 묻는 말이다. 바닷물이 들고 나는 시간과 그 양을 가늠하기 위해서다. 물때에 따라 배가 닿는 선창이 달라지기도 한다. 지역에 따라 '무새' '물' '마' '매' 등 다르게 부른다. 서남해는 '물'을 많이 사용하지만 고흥과 여수에서는 '무새'를 사용한다. 영광을 포함한 전라북도는 '마'를 쓰고 충청과 경기 지역에서는 '매'를 사용한다. 생일도처럼 갯바위에 해조류를 채취하려면 물이 많이 나고 드는 '사리' 물때가 제격이다. 목섬이나 용냉이 주변에 소라와 전복을 채취하는 물질은 사리에는 물이 탁해 어렵다. 낚시도 사리보다는 조금 물때가 좋다.

'서무 셋 날'은 음력으로 열하루, 스무엿새를 말한다. 뱃일이나 갯일을 하는 어민들에게 상징적인 날이다. 조금에서 사리로 물때가 바뀌는 날이다. 호수처럼 조용한 바다에서 바닷물이 움직인다. 용왕제나 갯제는 물론 각종 어장고사가 이날 이루어진다. 조금으로부터 사흘째인 '세물'은 조석차가 완만하고 조류 유속이 약해 낚시에 적기다. 바닷고기는 조금을 전후하여 연안으로 들어오는 습성이 있다. 갯일로 먹고사는 사람들은 이날이 제일 바쁘다. 물이 잠깐 빠지고 빨리 들기 때문이다. '점심 바구니를 들고 갯벌'에 가는 것도 이 때문이다. 조금, 세물은 갯사람들의 달력에만 있는 시간이다. 그것을 '물때'라고 한다. 지금은 '조석표'라는 이름으로 인터넷으로도 쉽게 확인할 수 있다. 인간이 인위적으로 구분해놓은 시간이 아니라 '생태 시간'이다.

개황 | 생일도(生日島)

일반현황

위치 | 전남 완도군 생일면
면적 | 11.30km² **해안선** | 28.0km **육지와 거리** | 15.5km(완도항)
가구수 | 410 **인구(명)** | 770(남: 378 여: 392) **어선(척)** | 216 **어가** | 347
어촌계 | 굴전리·금곡리·서성리·용출리·유촌리

공공기관 및 시설

공공기관 | 생일면사무소(061-550-6681), 금일파출소(554-7823), 생일우체국(553-4004), 생일보건지소(550-6891), 금일농협 생일지소(552-4788), 완도군수협 생일지점(553-3700)
교육기관 | 생영초등학교(552-2150), 금일중학교(553-2054)
폐교현황 | 생영초등금곡분교, 생영초등봉선분교
전력시설 | 한전계통
급수시설 | 간이상수도 5개소

여행정보

섬내교통 | [버스] 생일여객 철부도선(카페리선) 입출항 시간에 맞추어 금곡에서 용출리까지 운행
[택시] 생일택시
여행 | 금곡해수욕장, 백운산 등산, 용출리 해안갯돌밭
특산물 | 다시마
특이사항 | 1896년 완도군이 설치되어 생일면으로 독립면이 되었으나 1914년 행정구역 개편으로 금일면에 속하게 되었다. 그 후 1971년 생일출장소가 설치되고 1989년에는 다시 생일면으로 승격되었다. 장흥 황씨의 2남 황재운이 장흥 장평에서 이곳으로 이주하면서 '산일도' 또는 '산윤도'라 하였다. 후에 주민의 착함이 갓 태어난 아이와 같다고 하여 생과 일을 합하여 생일도라 하였다. 매년 음력 1월 9일 새벽 4~5시경에 서성리 당산제를 지냈다. 금곡해수욕장은 주위의 동백나무 숲과 함께 피서객들의 좋은 휴식처가 되고 있다.

30년 변화 자료

구분	1973	1985	1996
주소	전남 완도군 금일면 유촌리	전남 완도군 금일읍 서성리	전남 완도군 생일면
면적(km²)	11.3	-	-
인구(명)	3,448	2,715	1,370
	(남: 1,755 여: 1,693)	(남: 1,382 여: 1,333)	(남: 682 여: 688)
가구수	555	545	414
급수시설	우물 14개	간이상수도 5개소, 우물 165개	간이상수도 5개소, 우물 17개
전력시설	-	한전계통	한전계통
어선(척)	165	433	242
어가	498	470	350

26

한 번 오면
또 올 수 있는 것을

생일면 덕우도

외환위기로 한국 사회가 붕괴 직전의 위기로 치달을 때, 국민들은 너도나도 금 모으기 운동에 참여했다. 그 효과가 얼마나 있었는지 알 수는 없지만 세계는 한국인의 집단성에 다시 한 번 혀를 내둘렀다. 직장은 구조조정으로 몸살을 앓았고 4, 50대의 노동자들은 직장을 떠나 공원과 산을 배회했다. 그 무렵 실직한 대여섯 명이 완도 여객선터미널에서 고향으로 가는 배를 탔다. 목적지는 덕우도였다. 한씨가 막 전복 양식에 성공해 작은 섬에 새로운 바람이 일기 시작할 무렵이었다. 초등학교를 섬에서 마치고 중학교부터 완도로 유학을 떠났던 사람들이지만 고향으로 돌아오는 것을 삶의 '실패'로 여기는 섬사람들이기에 귀향 결정은 쉽지 않았다. 고향으로 돌아와 열심히 일을 했다. 많은 사람들의 주목을 받기도 했다. 그 젊은이들의 안위가 궁금했다.

갱번에서 전복 양식으로

그동안 몇 차례나 인근 생일도까지 들어왔지만 끝내 덕우도까지는 발길이 이어지지 못했다. 덕우도는 조선 효종 때 반남 박씨가 처음 들어와 살기 시작했다. 섬의 모양이 멀리서 보면 순한 소가 앉아 있는 것 같아 덕우도라 했다고 한다. 10년이 훨씬 지난 후 덕우도행 첫배에 몸을 실었다. 수도 없이 섬을 오갔지만 이번엔 가슴이 뛰었다. 귀향한 사람

완도 지역의 양식 전복 중 최고를 꼽으려면 단연코 덕우도 전복이다. 전복 판매상의 상당수는 '우리 가게는 덕우도 전복만 취급한다'고 강조한다. 심지어 상호에 '덕우도'라는 섬 이름을 사용하기도 한다.

들을 직접 만날 수 있을 것이라는 기대감 때문이었다. 청산도에 가려는 사람들로 여객선터미널은 만원이었다. 긴 줄 끝에 서 있다 데스크로 다가갔다. 첫 배를 놓칠 판이었다. "덕우도 가려면 줄 끝에 있어야 하나요?" "몇 명이요?" 바로 표를 받아 배에 올랐다. 새벽에 출발한 탓에 배에 오르자 피곤이 몰려왔다. 한 시간 반은 가야 한다는 승무원의 말에 한숨 눈 붙일 요량으로 이층 선실로 들어갔다. 벌써 일찍 들어온 사람들이 좋은 자리를 잡고 누워 있었다. 낚시를 핑계로 여행을 온 남녀 세 쌍, 50대 초반의 사내 둘, 수박 한 통을 옆에 끼고 누워 있는 젊은이 하나, 모두 합하면 남자 여섯 명과 여자 세 명이었다.

덕우도를 오가는 배는 섬사랑호이다. 덕우도와 황제도를 오가는 뱃길은 승객이 적은 탓에 경제성이 떨어져 정부에서 운항하도록 한 '명령항로'다. 완도에서 출발한 배는 생일도(용출리)를 거쳐 덕우도까지 하루에 두 차례 오간다. 이 중 홀수 날은 덕우도보다 더 멀리 있는 황제도까지 운항한다. 특히 황제도는 갯바위 낚시를 하는 사람들이 많이 찾는 곳이다. 섬사랑호가 다니기 전에는 주민들이 직접 도선을 가지고 나들이를 했다.

생일도에 접어들자 바다에 하얀 부표들이 가득했다. 다시마와 미역 양식을 하는 어장이다. 이들 해조류를 말려서 팔기도 하지만 전복 양식을 하는 사람들이 먹이용으로 기르기도 한다. 잠시 용출리에 멈춘 배는 용이 나왔다는 '용낭도'를 지나 덕우도로 향했다. 무인도인 소덕우도와 형제도를 지나자 덕우도가 모습을 드러냈다. 섬 가운데가 잘록하게 들어간 곳 서쪽 사면에 마을이 앉아 있다. 딸린 섬은 소덕우도와 형제도 외에 매물도, 구도, 송도 등이 있다. 무인도이지만 덕우도 사람들의 생계를 책임졌던 섬들이다. 미역, 톳, 김, 가사리, 청각 등 주민들이 육종이라 부르는 해초들이 잘 자라는 섬이다. 지금처럼 전복 양식을 하기 전에는 자연산 해초와 고기잡이에 의존해 살았다. 주변에 의지할 섬 없이 외롭게 떨어져 있어 바람과 파도가 거칠었다. 뱃길도 수월치 않았지만 이웃 생일도에서도 시작한 김 양식이나 미역 양식을 할 수 없었다. 지금은 60여 가구가 살고 있지만 옛날에는 80여 가구가 살았다. 다섯 개 반으로 나누어 몸섬과 무인도를 각각 5개 주비로 나누고 추첨을 해서 육종물 채취 장소를 결정했다. 한 주비는 18명으로 구성되었다. 이들 주비는 매년 추첨을 통해 결정했다. 예전만 못하지만 주비제도는 지금도 유지되고 있다. 섬에 사는 가구가 줄어 한 주비에 12~13명에 불과하다. 또 배를 가지고 있거나 능력이 되는 사람만 채취할 뿐 참여하지 않는 가구도 있다. 전복 양식, 멸치잡이를 비롯해 다른 생계 수단이 생겼거나 고령이라 갯바위에 붙어 해초를 뜯기 어려운 상황이기 때문이다. 생일도에서도 비슷한 행태로 갯바위 해초를 채취하고 있다.

이렇게 올 수 있는 것을

섬사랑호는 다시마 양식장 사이를 비집고 덕우도 선창에 닿았다. 낚시꾼 세 쌍을 남겨두고 2층 선실 사람들이 모두 내렸다. 1층 선실에서도 10여 명이 내렸다. 트럭을 비롯해 몇 대의 차들도 선창 위로 올라섰다. 선창을 한번 둘러봤다. 스물 댓 척의 배가 정박해 있었다. 작업선을 겸한 배들이다. 나머지 배들은 바다로 나간 모양이다. 선창마을 쪽에 두 개의 크레인이 설치되어 있다. 전복 시설이나 배를 들어 올리거나 바다로 내려놓은 기계다. 크레인이 없는 마을도 많은데, 그만큼 이곳에서 양식을 비롯한 바다사업이 활발하다는 것을 말한다.

선창에 작은 슈퍼 주인이 배에서 내리는 사람들을 물끄러미 바라보다 아는 사람들을 보고 반갑게 인사를 나누었다. 이름도 '부두슈퍼'다. 언덕 밑에 기대어 지은 집이라 안이 눅눅하고 컴컴했지만 섬에서 유일한 가게다. 마을로 올라서는 길은 경사가 심했다. 섬 가운데 잘록한 허리를 기준으로 좌측과 우측으로 큰 길이 이어져 있다. 마을은 선창에서 보면 왼쪽 길을 기준으로 서쪽 사면에 집중해 있었다. 전망 좋고 바람이 잘 드는 서남행을 향하고 있었다.

언덕 위 골목길에서 주민 몇 명과 이야기를 나누는데 말끔한 차림의 중년 남자가 다가와 노인들과 반갑게 인사를 나누었다. 올해 67세라는 중년 남자는 작년에 섬을 떠난 지 35년 만에 고향을 찾았다고 했다. 부모님 묘를 찾기 위해서였다. 작년에는 실패를 하고 금년에 다시 찾았다고 했다. 일 년만 벌초를 하지 않아도 풀과 나무가 자라 묘지를 찾기 어렵다. 더구나 30년 이상 묵혔다면 위치를 알아도 묏자리를 찾기 어려울 게다. 섬 사정에 밝은 노인들을 만나 묘를 찾을 계획이라며 부탁을 했다.

"나랑 가면 어렵지 않게 찾을 것일세."

덕우도의 유일한 가게인 덕우슈퍼는 배를 기다리며 간단하게 소주 한 잔 라면 한 그릇 먹을 수 있는 곳이다. 이마저 없으면 너무 서운하다. 선술집처럼 잠깐 쉬어 갈 수 있는 곳이 없다면 '선창의 멋'은 빵점이다.

"한 번 오니까 두 번 오기가 이렇게 쉬운데."

노인의 목소리가 자신에 차 있었다. 중년 남자는 안도하며 회한에 젖어 독백처럼 내뱉었다. 맞은편에 있던 아주머니도 어색해하면서 인사를 나누었다. 아마 어렸을 때 동네에서 학교를 같이 다니며 자랐던 모양이다. 중년이 훨씬 지나 갑자기 만나니 옛 기억과 늙어버린 서로의 모습이 뒤엉켜 몹시 낯설었을 것이다.

일찍 섬을 떠난 중년 사내는 그간의 사정이야 알 수 없지만 내내 섬을 그리워했던 것 같았다. 사내는 〈한국인의 밥상〉에서 덕우도가 소개되는 것을 보고 몇 번이고 '다시보기'를 했다고 한다.

"자네도 봤는가. 최불암이 와서 여기서 한 상 차리고 먹었제. 개수박이라고 자네 안가?"

"제가 왜 몰라요."

먹을 것이 없던 시절 산에서 자생하는 개수박을 따다 껍질을 깎아내고 밀가루와 섞어 수제비를 만들어 먹었다. 찰지다 못해 이빨이 빠질 정도였다. 개수박은 '하늘타리'를 말한다. 하늘수박이라고도 하며 한 방에서 과루등이라는 약재로 사용한다. 돌담이나 나무를 감고 올라가는 박목의 덩굴성 여러해살이풀이다. 열매가 어린아이 주먹만 하며 익으면 노랗게 변한다. 뿌리는 고구마처럼 약재나 식용으로 사용한다.

"여기 전복은 노화도 전복하고 다르당께."

"물리지 않고 딱딱하고 쫀득쫀득하고 오래 두어도 돼."

"뻘밭에서 키우는 전복하고 달라."

"그랑께, 다른 데 전복 갖다가 '덕우도 전복'이라고 팔아묵제."

전복 이야기가 나오자 한씨 노인의 목소리가 높아졌다. 그가 덕우도에서 처음 전복을 시작한 노인이라는 것을 나중에 알았다. 그때 한 무리의 아이들이 재잘거리며 선창으로 내려갔다. 연휴라 할머니 할아버지 집에 부모를 따라온 아이들이었다.

선창으로 배가 한 척 다가왔다. 배 안에 여섯 명의 해녀들이 타고 있었다. 언덕을 내려갔다. 해녀들은 망사리 가득 담긴 거뭇거뭇한 성게를 내려놓았다. 덕우도에는 모두 일곱 명의 해녀가 물질을 하고 있다. 그중 한 명은 제주 출신으로 이곳으로 물질을 나왔다 결혼해 정착한 사람이다. 마을어장은 직접 어촌계에서 관리하고 있다. 소라(주민들은 꾸적이라고 함), 전복, 해삼 등은 어촌계와 수익을 분배(해녀 6, 어촌계 4)하지만 성게는 해녀들이 모두 갖는다. 오늘은 물때가 맞지 않아 꾸적을 못 따고 성게만 잡았다. 제반 경비를 모두 어촌계에서 부담하기 때문에 사실상 절반씩 나눈다.

귀향한 젊은이, 섬을 떠났다

골목길을 따라 오르자 선창과 마을 모습이 한눈에 들어왔다. 골목길

외환위기로 일자리를 잃은 젊은이들이 귀향해 전복 양식으로 성공적인 정착을 했다는 소식에 그들을 만나려고 찾아갔었다. 그런데 이를 어쩌나, 귀향은 패배라는 주변 인식에 더해 성공에 대한 조바심과 욕심, 지원제도의 미비 등으로 쓴잔을 마시고 다시 고향을 떠나야 했다.

양쪽으로 작은 집들이 다닥다닥 붙어 있었다. 그런데 생각보다 빈집이 적었다. 멀리 떨어진 섬이지만 뭍에서 가까운 섬보다 빈집이 적고 활력이 넘쳐 보였다. 회관이 있는 곳에 서 있는 나무는 오래되지는 않았지만 사람들이 앉아서 놀 만큼 잎이 자라 무성하고 그늘도 좋았다. 옛날에는 대부분 마을회관 주변에 집들이 있었고 선창 아래는 사람이 살지 않았다고 했다. 선창 주변을 아랫골창이라 불렀다. '아래'와 '골짜기'는 모두 중심에서 벗어난 후미진 곳이거나 습해 사람이 살기 힘든 곳이다. 지금은 방파제를 쌓고 축대를 올려 집을 짓고 사람들이 살 수 있지만 옛날에는 사람이 살기 어려웠을 것 같았다. 지금은 아랫골창이 배를 타고 드나들기 좋고 객선과 어장을 이용할 때도 좋다. 또 다리가 불편한 노인들이 언덕 위로 올라와야 하는 번거로움도 없다. 주변이 중심으로 변했다. '인간사 새옹지마'라지만 땅의 신세도 그렇다. 골목길을 오르면서 만난 노인은 선창에서 회관 근처의 집으로 올라가며 두 차례나 앉아서 쉬어야 했다. 젊은 사람에게도 힘든 길이었다.

나무 아래에는 작은 술상이 차려져 있었다. 소주 한 병과 민꽃게장이 안주였다. 섬에서 가장 먼저 전복 양식을 했다는 한씨와 그의 처남 그리고 50대 가량의 주민 세 명이 앉아 있다 반갑게 자리를 내주며 술잔을 권했다. 대낮에 소주라. 옛날 생각이 났다. 해남 이진마을에서 독립운동을 했던 인물을 조사할 때였다. 사회주의운동을 했던 인물이라 모두가 이야기하기를 꺼렸다. 게다가 가족들의 생사도 확인할 수 없었다. 수소문 끝에 그를 기억할 만한 노인들을 만났다. 마루에 앉아서 오늘처럼 게장을 안주로 소주를 마시고 있었다. 노인은 그 사람 이야기는 꺼내지도 말라면서 술이나 먹으라며 밥그릇 뚜껑에 술을 따라 주었다. 그리고 쓰러졌던 모양이었다. 일어나니 아침이었다. 게장만 보면 그때 생각이 난다. 꼭 오늘같이 더운 여름날이었다.

"어르신, IMF 때 귀향한 젊은 사람들, 지금도 잘 살고 있어요?"

궁금했던 것을 물었다. 내심 "그럼 그 사람들 이제 정착해서 제대로 섬사람이 됐제"라는 말을 듣고 싶었다. 경제위기로 실직한 사람들이 여기저기 방황할 때 고향으로 돌아간 사람들이 꽤 있었다. 대부분 농촌으로 들어가 농사를 지었지만, 일부 섬으로 들어간 사람들도 있었다. 덕우도로 들어온 7, 8명의 섬 출신 귀향자들의 소식이 듣고 싶었다.

"모두 떠났어."

가슴이 꽉 막혔다. 그들은 고향으로 들어와 야심차게 시작을 했다. 막 전복 양식이 자리를 잡기 시작한 터였다. 전복은 새끼전복(치패)을 가져다 3년 정도는 키워야 상품으로 팔 수 있다. 그때까지는 계속 투자를 해야 한다. 가두리 시설을 하는 것도 목돈이고, 먹이를 주기 위해 다시마나 미역을 키우는 것도 투자다. 또 시설관리를 하기 위해 배는 물론 작은 크레인도 설치해야 한다. 빈손으로 내려온 이들은 이런 저런 담보를 내밀고 은행 문을 두들겨 빚을 냈다.

"시작할 때 노인들 말도 잘 듣고 조금씩 시작해서 늘려가야 하는 데……."

한씨의 이야기다. 젊은 욕심에 돈이 된다 싶으니까 규모를 늘렸던 것이다. 결과는 '신용불량자'가 되어 섬을 떠났다.

"자기 돈으로 했다면 정착을 했을 것이요."

"남의 돈으로 하니까."

전복은 제때 나오지 않고 돈은 계속해서 들어가니 가진 돈이 없어 은행에 손을 벌렸을 것이다. 하지만 담보 없이 돈을 주는 은행이 있던 가. 한두 번은 관련 기관에서 영어자금을 가져올 수 있지만 이후에는 사채를 끌어다 쓸 수밖에 없다. 결국 그들은 빚 감당을 하지 못하고 섬을 떠났다.

초등학교, 경로당으로 바뀌었다

기대했던 답을 듣지 못해 아쉬웠지만 궁금증을 풀었다. 덕우도에서 처음 전복 양식을 한 때는 1989년이다. 한철돌 노인이 처음 시작했다고 한다. 한 노인은 내게 술을 따르며 이야기를 이어갔다. 이야기를 듣는 동안 권하는 술을 석 잔이나 마셨다. 처음에는 멸치도 잡고 갱번에서 해초도 뜯으며 생활했다. 섬에 전복 바람이 분 것은 1989년부터였다. 그때 한 노인의 나이가 72살이었다. 지금은 80대 중반이 되었다. 나이보다 훨씬 정정했다. 지금도 섬에서 전복 양식을 가장 많이 하고 멸치 잡이를 비롯해 이런저런 어장도 하고 있다. 섬에서 멸치를 잡는 사람은 모두 다섯 집이며, 40여 호가 전복 양식을 하고 있다. 나머지 20여 호는 독거노인이거나 작은 텃밭에 밭농사를 지으며 소일거리를 하는 노인들이다.

이야기를 듣고 나니 섬이 새롭게 보였다. 마을회관에서 내려다본 섬은 아늑하고 바다와 잘 어울렸다. 맞은편 언덕 위에 있는 숲 사이로 작은 집이 하나 보였다. 한씨가 일러준 당집이었다. 그 길로 가는 동안 옛 서당터와 마을 공동묘지를 둘러보았다. 노인들이 어렸을 때 달리기도 하며 뛰어 놀던 곳이라고 했다. 섬에서 유일하게 평평하고 너른 곳이었다. 그곳에서 뛰어 놀던 아이들 중에 일부는 벌써 그곳에 누운 이도 있다. 손수 벽돌을 찍어 만든 초등학교는 경로당으로 바뀌었고, 그곳에서 학교를 다니던 아이들은 모두 자라서 뭍으로 나갔다. 공동묘지에서 뛰어 놀던 아이들이 초등학교(경로당)에 자리를 잡고 들어앉을 줄 누가 알았겠는가.

당집은 낡았지만 여전히 정성스럽게

윗 마을을 돌아 아랫골창 마을로 내려와 맞은편 당집으로 향했다. 숲으로 둘러싸인 당집은 입구에 길지가 끼워진 새끼줄이 쳐져 있었다. 금년에도 빠지지 않고 당제를 지낸 것 같았다. 작은 마당을 사이에 두고 당집과 제물을 준비하는 제청이 있었다. 마당을 지나 당집 문을 열었다. 분홍색 천이 씌워져 있었다. 살짝 들어 올리자 깔끔하게 정돈된 제상과 위패가 모습을 드러냈다. 1미터 높이의 제단 위에 위패 세 개가 놓여 있고 양쪽 끝에 촛대가 있었다. 아래 제상에 하얀 촛대 두 개와 정한 수가 올려 있었고, 상 밑에는 향대가 보였다. 그리고 양쪽 구석에 작은 독이 놓여 있었다. 위패에는 아무런 글씨도 없었다. 가운데 위패는 새로 만들었는지 튼튼했지만 양쪽에 있는 위패는 건드리면 넘어질 것 같았다. 옛날에는 세 차례나 당제를 지냈지만 지금은 정월 초사흘에 한 차례로 줄었다. 당집 아래에는 제물을 마련하고 제기를 보관하는 작은 집이 하나 있었다. 당집과 제물을 만드는 제청 사이 작은 마당에 머

발전소로 가는 길목 작은 숲 안에 당집이 있다. 큰 섬에서는 그 명맥이 사라져가는데 작은 섬은 아슬아슬 명목을 잇고 있다. 하지만 이마저도 중단될 위기에 처해 있다. 풍물을 칠 사람이 없고, 제물을 장만하려는 사람도 의지도 없어지고 있다.

위대가 가득했다. 당집 입구에서 보면 마을이 한눈에 들어왔다. 당집을 둘러싼 숲은 아늑하고 위엄이 있어 보였다.

　당집을 지나자 내연발전소가 요란스러웠다. 보통 내연발전소는 소음이 너무 심해 마을로부터 멀리 떨어져 있다. 고개를 넘어서자 몽돌로 이루어진 장지해수욕장이 나타났다. 배가 고팠다. 나무 아래 자리를 잡고 김밥을 꺼내는데 배 안에서 만났던 사람이 반갑게 인사를 했다. 수박을 가지고 탔던 일행들이었다. 아는 사람이 있어 수박을 한 통 드렸더니 전복을 주셨다며 전복 라면이나 한 그릇 하자고 권했다. 수석을 수집하는 사람들이었다. 선창 슈퍼로 들어서더니 가져온 전복을 주인에게 내밀고 익숙하게 안쪽에서 소주를 가져왔다. 그리고 생전복 몇 개를 썰어 내왔다.

　점심시간이 지났는데도 해녀들은 작업선과 선창에서 성게 알을 까는 작업을 멈출 줄 몰랐다. 소라를 잡을 목적이었지만 물때가 맞지 않아 성게만 잡았다고 했다. 소라와 전복은 해녀와 어촌계가 나누어 갖지만 성게는 오롯이 해녀들의 몫이다. 익숙하게 밤송이 같은 성게에서 노란 알을 꺼내 바구니에 담았다. 객선이 도착할 때 해녀 배도 도착을 했으니까 적어도 세 시간이나 네 시간 동안 뜨거운 햇볕 아래 쪼그리고 앉아서 작업을 하고 있었다. 마지막까지 남아서 성게알을 까던 할머니 무레꾼도 일을 마치고 집으로 돌아갔다. 지금은 양식 기술이 발달해 덕우도처럼 먼 바다에서도 전복 양식을 하지만 옛날에는 해녀들이 덕우도 살림을 책임졌다.

갑자기 선창이 시끄러워 밖으로 나왔다. 네댓 명의 아이들이 물이 빠진 선창에서 물제비뜨기 놀이를 하고 있었다. 어렸을 때 많이 했던 놀이였다. 배 시간이 다가오자 아이의 부모와 섬 밖으로 나가려던 사람들이 하나둘 선창으로 모여들었다. 아버지 선산을 찾기 위해 두 번째로 고향을 찾은 사람도, 수박을 사들고 취미생활을 하러 온 공업사 사장도 선창으로 나왔다.

개황 | 덕우도(德牛島)

위치 | 전남 완도군 생일면 덕우리
면적 | 1.20km² **해안선 |** 9.3km **육지와 거리 |** 19.5km(완도항)
가구수 | 74 **인구(명) |** 135(남: 66 여: 69) **어선(척) |** 50 **어가 |** 62
어촌계 | 덕우리

공공기관 | 금일파출소(061-554-7823), 덕우도보건진료소(553-3959)
폐교현황 | 금일초등 덕우분교장
전력시설 | 한전계통
급수시설 | 우물 5개소

특산물 | 전복
특이사항 | 섬의 모양이 멀리서 보면 살진 소가 앉아 있는 형상을 하고 있다고 하여 덕우도라 하였다. 매년 12월 31일 당제와 갯제를 지내 마을의 평안과 풍어를 기원했다.

30년 변화 자료

구분	1973	1985	1996
주소	전남 완도군 금일면 봉선리	좌동	전남 완도군 생일면 덕우리
면적(km²)	1.20	–	–
인구(명)	501	338	204
	(남: 270 여: 231)	(남: 162 여: 176)	(남: 100 여: 104)
가구수	75	72	69
급수시설	우물 6개	우물 9개	간이상수도 1개소, 우물 2개
전력시설	–	자가발전	자가발전(발전기 1대)
어선(척)	10	47	57
어가	70	67	64

완도군 신지면

고금면

약산면

군외면

신지면

27

생일면

완도읍

28

청산면

소안면

완도군 신지면

27 신지도
28 모황도

27

바다가 희망이다

신지면 신지도

춘삼월을 시샘하듯 눈이 왔다. 남쪽에 매화꽃이 피었다는 소식도 들렸다. 남쪽 섬마을에서 73세, 76세의 두 할머니와 50대 중반의 젊은 어머니를 만났다. 그런데 어머니가 갈쿠리로 해초를 뜯는 모양이 좀 어색하다. 김이나 파래 등을 뜯는 할머니들과 달리 미역만 뜯는 것도 이상했다.

"어머니! 다른 곳에서 오셨죠?"

"어떻게 알았어요?"

"딱 보면 알죠."

수원에서 살던 어머니는 5년 전에 섬으로 들어왔다. 낚시를 좋아하는 아저씨가 TV에 모항도가 소개된 것을 보고 너무 좋다고 해서 내려왔다. 다리가 놓여 있는 것을 보고 신지도 대곡리에 전세살이를 시작했다. 근처에 있는 명사십리해수욕장에 오가는 사람도 많아 곧바로 붕어빵 장사를 시작했다. 처음에는 섬에 가면 죽는 줄 알았단다. 섬 하면 떠오르는 것이 '인신매매'였다. 그런데 와서 보니, 고기 잡아 팔고, 미역 작업하고, 농사짓고, 반찬거리 쉽게 마련하고, 이렇게 돈이 흔하고 살기 좋은 곳인 줄 몰랐다고 했다.

미역국을 끓이기 위해 뜯는 중이라고 했다. 해초공장에서 하루 일하면 언제나 일당을 받을 수 있다. 또 농사짓는 데 늘 손이 필요하니 일

신지도는 동서의 길이가 13킬로미터가 넘는 긴 섬이다. 완도 본섬의 긴 축과 거의 같은 길이다. 긴 섬이 '지도'로 되었다가 나주의 지도(현 신안)와 혼동되어 신지도로 되었다.

하고 싶을 때 언제라도 할 수 있다. 그래도 토요일과 일요일은 꼭 쉰다. 대신 오늘처럼 바닷가에 나가 해초도 뜯어 가고 싶은 데도 가려고 한다. 일의 노예가 되기 싫어 섬에 왔는데 주말에까지 일하는 것은 싫다고 했다.

긴 섬이다

신지면은 백제의 새금현에 속했다가 통일신라시대에는 도무군의 탐진현에 소속되었다. 1417년(태종 17년) 도강현과 탐진현이 합해진 강진현에 속하였다. 그 후 1896년 완도군이 설립될 때까지 480년간 강진현의 관하에 있었다. 신지도는 1660년(현종 1년)에는 말을 기르는 목장(양마지)으로 사복시에 속해 감목관을 대평리에 설치했다. 1677년 양마지가 진도로 옮겨지면서 소속이 청산진으로 바뀌었다. 1681년에는 장항관(송곡리)에 수군방어진을 설치하여 만호를 두었다. 이때 병역

명사십리해수욕장은 완도만 아니라 전라남도를 대표하는 여름피서지다. 연륙교가 놓이고 나서 더욱 많은 사람들이 찾고 있다. 백사장이 십 리에 이른다는 설과 모래가 파도에 우는 소리가 십 리 밖에서 들린다는 설이 있다.

이나 세금은 우수영의 지휘를 받았지만, 호적과 사법은 강진현의 관할이었다. 1895년 군제 개편으로 신지만호진이 파진되고 1896년 완도군이 창설되었다.

신지도(新智島)라는 기록이 최초로 확인된 것은 《성종실록》(1470)이다. 이후 《신증동국여지승람》 강진현과 《중종실록》(1510)에도 기록이 보인다. 《신증동국여지승람》에는 "신지도 둘레가 90리이며 목장이 있다"고 했다. 《중종실록》에는 "목장의 수로가 멀어서 왕래하기 어렵고 왜적이 몰래 나타나므로 마음대로 출입하기 어렵다"며 목장을 옮기자고 했다.

섬은 서쪽으로 상산(324미터)과 동쪽 노학봉(225미터)과 범산(151미터)이 동서 방향으로 구릉을 이루며 길게 펼쳐져 있다. 진 섬이다. 전라도에서는 길다는 말을 '질다'라고 한다. 긴 섬이라는 의미다. 《완도 신지》라는 향토지에는 긴섬→진섬→지도로 변했을 것이라는 설과 큰 쥐처럼 생겨 쥐섬→지섬→지도로 변했을 수도 있다는 주장을 조심스럽게 내놓고 있다. 옛날에는 '지도(智島)'라고 불렀다. 송곡에 만호진이 설치되면서 문서 왕래가 빈번해지자 나주의 지도와 혼동되어 신지도라고 했다고 한다. 또 나무가 울창해 땔나무[薪]가 많은 지도(智島)라 신지도로 했다는 설도 있다.

남쪽 해안을 따라 넓은 모래 해변이 발달했다. 명사장 혹은 명사십리라 했다. 명사십리는 은빛 가는 모래가 10리에 이른다는 설과, 바람과 파도에 모래가 우는 소리가 10리까지 들린다는 설에서 비롯된 지명이라고 한다. 1970년대까지만 해도 서해안의 대천이나 만리포 등 번잡한 해수욕장을 피해 아는 사람만 찾는 곳이었다. 신지대교가 완공되면서 해수욕장이 더 많이 알려졌다. 특히 모래 해변과 해송숲이 장관이다.

남쪽으로는 큰 섬들이 없이 청산도까지 곧장 열려 있지만 북쪽으로는 고금도와 조약도가 가로막고 있다. 이곳은 조류와 파랑 에너지가 약해 갯벌이 발달했고 파래, 낙지 등이 많이 서식하며 일찍부터 김 양식이 발달했던 곳이다. 최근에 전 해역에서 다시마와 전복 양식이 이루어지고 있다. 동고리와 월부리 등 일부 지역에 대규모 육상어류 양식을 하고 있다.

해남에서 완도로 이어지는 77번 국도는 신지대교를 건너 송곡항에서 고금면 상정선착장으로 이어져 마량항으로 빠져나간다. 상정과 송곡을 잇는 것은 다리가 아니라 뱃길이다.

송곡리로 접어들었다. 곧바로 선창으로 내려갔다. '겐도 선창'을 확인하기 위해서였다. 마침 주민 한 분이 선창에 목선을 정박해놓고 수리 중이었다. 주인을 닮아서 선령이 있어 보이는 목선은 자그맣지만 옹골차 보였다. 만호진이 있었던 송곡리에 일본은 해군 원정 근거지를 마련했다. 1894년 서해 아산을 순시하던 일본 유격함대는 풍도 앞바다에서 청나라 함선에 포함을 쏘아댔다. 이른바 '풍도해전'이라 불리는 청일전쟁의 시작이었다. 일본이 철저하게 계획한 제국주의 전쟁이었다. 일본군은 신지도에 군선과 화물선이 출입할 수 있도록 선착장을 만들었다. 높이 5미터, 폭 7미터, 길이 3미터의 겐도 선창이다. 1990년까지 완전하게 남아 있었다. 이곳에 병기고와 포대와 화약고 등 군사시설을 갖추었다. 전쟁에서 승리한 일본군은 시모노세키 조약을 체결한 후 송곡에서 철수했다. 최근까지 그곳에 '일본군 원정 근거지'라 새겨진 자연석이 있었다고 한다.

모래밭에서 유배인의 울음소리를 듣다

송곡리 맞은편에 있는 명사십리로 향했다. 임촌마을 끝에서 시작되어 울몰까지 모래밭과 해송이 빼어나다. 바람소리를 피해 가만히 귀를 세웠다. 처연한 고독에 이르지 못하면 듣지 못하는 소리, 그 소리를 듣고 싶었다. 파도 소리와 모래밭에 부서지는 소리뿐이다. 유배의 섬 신지도, 그 모래 울음소리가 좋아 스스로를 유배하는 현대인들이 늘고 있다. 겨울철인데도 수련회를 온 대학생, 연인, 가족 등 꽤 많은 사람들이 모래사장을 거닐고 있었다. 하지만 그곳이 왕손 이세보(1832~1895)의 한이 서려 있는 곳인 줄은 누구도 알지 못한다. 이세보는 철종의 총애를 받아 경평군의 작호를 받은 왕족이다. 젊은 나이로 동지사은사 정사로 청나라에 다녀왔다. 외척 세도가 안동 김씨의 미움을 사 신지도로 유배되었다. 이세보는 유배생활을 《신도일록(薪島日錄)》이라는 한글 일기로 남겼다. 섬 생활이 힘들었던 모양이다. 밤마다 모래사장에 나가 고향을 그리는 시를 적었고 북녘 하늘을 보며 통곡하였다고 한다. 이세보도 4년여 살다 해배되었다. 신지도 유배지 생활을 일기 형식으로 기록한 《신도일록》을 남겼다. 이 기록에는 장성 갈재를 넘어 북창, 나주, 영암, 강진, 마도진, 고금도, 신지도로 이어지는 유배길이 기록되어 있다. 이세보가 유배에 풀려난 후에도 비바람이 치면 모래 우는 소리가 대장부의 한이 서린 소리처럼 들렸다고 한다. 이세보가 이곳에서 쓴 77수의 시가 시조집 《풍아(風雅)》에 전한다.

송곡리를 찾은 진짜 이유는 따로 있다. 이광사를 만나고 싶었다. 그는 《절해고도에 위리안치하라》라는 책에 잘 소개되어 있다. 그 내용과 섬 사정을 섞어 여기에 옮긴다. 당대 최고의 서예가 이광사, 왕실의 후손 이세보, 지석영, 정약전도 흑산도로 유배되기 전 이곳에 잠깐 머물렀다. 명사십리 모래밭에 새긴 유배인들의 한(恨), 하염없이 북쪽만 바라보고 살았던 사람들. 그들의 울음소리, 그 소리가 명사십리였던 것이다. 이 모래 울음으로 변했던 것이다. 사료에 의하면 신지도에 유배왔던 인물은 총 45명이다. 추사 김정희 선생이 존경했다는 이광사는 16년간 섬에 머무르며 '동국진체'를 완성했다.

이광사(1705~1777년)는 추사를 능가하는 조선 최고의 명필이다. 그의 집안은 당대 최고 명문 집안으로 본관은 전주, 자는 도보, 호가 원교이며 유배지에서는 수북이라 했다. 강화학파의 거두 정제두에게 양명학을 배웠다. 왕실의 후손으로 전성기를 누린 원교의 집안은 소론으로 노론이 옹립한 연잉군이 영조에 오르자 몰락했다. 소론에 속한 아버지와 큰아버지가 모두 유배되어 세상을 떠났다. 권력을 잃은 소론 중에 국정을 비방하는 방을 붙였다가 발각되는 사건이 발생했다. '을해옥사'(1755년)다. 주동자를 조사하던 중 문서 더미에서 이광사의 서찰이 나왔다. 이광사는 함경도 부령으로 유배를 되었다. 그의 아내는 살아나오기 어려울 것이라는 소문을 듣고 스스로 목숨을 끊었다. 부령에서도 그의 명성을 듣고 찾아오는 사람이 많았다. 그들에게 글을 가르치다 권력의 미움을 사 다시 외딴 섬 신지도로 유배지를 옮겨야 했다. 신지도에서 원교가 머물렀던 곳은 당곡마을이다. 뒤에 금촌리로 거처를 옮겼다. 지금의 금곡리다. 마을 앞에는 큰 느티나무와 소나무가 있다. 원교가 심었다고 한다. 원교는 글이 빌미가 되어 유배생활을 시작해, 외딴 섬까지 들어왔지만 그곳에서 그만의 글씨를 완성했다. 이광사의 초상화는 국립중앙박물관에 소장되어 있다.

항일의 섬

'유배의 섬'은 일제강점기에는 '저항의 섬'이었다. 일본 순사들이 신경을 곤두세우고 주시했던 섬이 소안도와 신지도였다. 그곳에는 서울과 광주에서 광주학생독립운동을 지도한 송곡 출신 장석천(1904~1935년)과 완도와 신지에서 항일운동을 한 임촌 출생 임재갑(1891~1960년)이 있었다.

임재갑은 완도 신지 출생으로 서울융희학교를 졸업하고, 1911년 안창호가 주도한 청년학우회와 구국청년계몽회에 가입하여 항일운동을 하였다. 완도군 신지면에서 명신서원을 설립해 농촌청년 계몽운동을 펴기도 하고, 비밀결사대를 조직해 군자금을 모집하는가 하면 국내를 수차례 드나들며 김좌진 휘하에서 무장전투요원으로 활약했다. 이때 '백호장군'이라 불렸다. 신지면에서 3·1운동을 지도하였으며, 수의위친계 출신으로 완도 신간회 회장을 맡았으며, 특히 대곡리에 사립신지학교를 설립하여 신상리, 월양리, 공도리, 송곡리, 신리, 대곡리를 돌아다니며 민족의식 고취 교육을 했다. 이 혐의로 구속되어 형을 살았다. 다음은 1927년 9월 6일 동아일보 기사 내용이다.

去月二十八日 下午 四時半에 邑內 中學院에서 吳錫均氏 司會로
本部 常務 宋乃浩氏의 意味깁흔 趣旨說明이 잇슨 後 會館建築 其

他 方針을 討議하고 萬歲三唱으로 폐회하엿다는데 任員은 支會
長 任在甲氏 外 諸氏라더라(완도)

[지난 28일 하오 4시경에 읍내 중학교에서 오창석씨 사회로 본부
상무 송내호씨의 의미 깊은 취지 설명이 있은 후 회관 건축 기타 방
침을 토의하고 만세삼창으로 폐회하였는데 임원은 지회장 임재갑씨
외 여러 명이었다. (완도)]

장석천은 1927년 신간회 광주지회에 가입, 사회활동을 펴면서 항일
학생운동을 지도했다. 광주지역 항일학생운동에 관계하면서 항일투쟁
을 전개하던 중, 1929년 11월 3일에 광주학생독립운동이 일어나자 학
생투쟁지도본부를 설치하고 학생투쟁을 지원했다. 광주학생독립운동
의 내용과 항일투쟁궐기를 촉진하는 격문 약 2만 장을 비밀리에 인쇄
하여 전국에 발송하다가 일본 경찰에 잡힌 그는 징역 1년 6개월의 옥
고를 치른 후에도 전남청년연맹 위원장 등을 맡아 항일운동을 전개하
며 수차례 투옥되기도 했다. 1929년 광주학생운동을 이끌었던 성진회
나 각 학교 독서회에 참여하여 학생투쟁을 이끌었던 문승수, 정남균,
김홍남, 황상남, 박노기 등도 완도 청년들이다. 1994년 명사십리가 보
이는 대곡리 구릉에 신지면과 동아일보사가 공동으로 '신지항일운동기
념탑'을 세웠다.

그래도 바다밖에 없다

신지도는 명사십리로 유명하지만 갯벌과 어장이 좋아 일찍부터 해조류
양식이 발달했다. 명사십리 해수욕장이 개발된 지도 30여 년 정도 되
었다. 그곳에 사는 주민들도 당시 김 양식으로 생활했다. 신지도 명사
십리 해수욕장 인근에 사는 사람들은 톳과 다시마와 미역으로 가을에

톳은 김처럼 인공포자를 이용해 양식을 할 수 없다. 톳이 자라는 갯바위에서 원뿌리를 채취해 줄에 감아서 양식을 한다. 그만큼 일손이 많이 간다. 동네 주민들이 모두 모여서 일손을 돕고 품앗이를 해야 하는 이유다. 한때 일본으로 전량 수출되어 효자 품목으로 꼽히기도 했다.

서 이듬해 초봄까지 양식 일을 하고, 민박, 식당 등으로 여름 한철 피서객을 맞는다. 그리고 피서객이 떠난 뒤에는 다시 미역과 다시마 양식을 준비하며, 최근 전복 양식을 시작했다. 여름 한철 이들이 피서객들로부터 버는 돈은 '용돈'을 벗어나지 못한다. 이곳에서 식당을 운영하며 자식들 세 명을 대학에 보낸 임태인·이연순 부부는 여름철에 번 돈으로는 아이들의 등록금도 부족했다. 중고등학교는 뭍으로 '유학'을 보내야 해 교육비가 많이 들었다. 일찍 두 집 살림을 시작해야 하기 때문에 섬에 사는 부모들은 더욱 허리가 휘었다.

한때 전국 김의 대부분을 완도에서 생산했지만 지금 완도에서 김 양식을 활발하게 하는 곳은 금당도와 노화 넙도 등 일부 먼 바다와 접한 섬들뿐이다. 완도나 뭍과 가까운 바다들은 가두리나 축양장, 전복 양식 등으로 전환을 하고 있다. 20~30여 년 동안 반복된 양식과 밀식으로 지주식 김 양식을 할 수 없다. 대체 양식으로 등장한 미역 양식도 큰

섬에 다리가 놓이면 섬일까 육지일까. 명확한 규정은 없다. 다만 연륙된 후 10년이 지나면 섬 지역에 지원하는 대상에서 제외된다. 섬 아낙들은 남편이 읍에서 술을 먹고 밤늦게 돌아온다고 걱정이고, 노인들은 밭에 놓아둔 농기계를 고물장수가 가져가고 도둑이 늘었다고 불안해한다.

재미를 보지 못했다. 다만 톳 양식은 과거 일본으로 전량 수출되면서 꾸준히 이어지고 있다. 지금도 톳은 일본으로 수출되고 있다.

　가두리 양식장이나 육상가두리(축양), 전복 양식장 등을 설치하려면 몇 억에서 몇십 억까지 자본이 필요하다. 어민들이 바다농사를 지어서 이 돈을 마련하는 것은 불가능하다. 모두 '국가' 돈, 즉 빚이다. 이것도 아무에게나 주는 것이 아니다. 담보는 물론 보증인까지 세워야 하기 때문에 능력이 없으면 빚내는 것도 힘들다. 그래서 양식을 하는 사람들끼리 서로 보증을 주고받는다. 이를 '어깨보증'이라고도 하는데, 마을에서 한 사람이 무너지면 수십 명이 한꺼번에 부도를 맞는 이유가 이 때문이다. 이를 다 알고 있지만 다른 방법이 없기 때문에 매번 되풀이될 수밖에 없다. 소안도, 생일도, 금일도 등 최근에 전복 양식이 활발하게 확산되는 지역의 양식 어가들은 다 빚으로 바다농사를 짓고 있다. 신지도에서 전복 양식을 하는 사람들도 사정은 마찬가지다.

316

농사를 짓는 사람들이야 망해도 땅이 남아 있지만, 양식어업을 하는 사람들은 자연재해로 무너지면 흔적도 남지 않는다. 태풍이 와서 한 번 쓸고 지나가면 건질 것은 빚밖에 남지 않는다. 바다 소득이 '복권' 같아서 한번 제대로 맞으면 2~3년 까먹은 것까지 한꺼번에 만회한다고 하지만, 그것도 옛날 말이라는 것이 어민들의 이야기다. 요즘처럼 시도 때도 없이 중국산이 밀려오는 상황에서는 말도 안 된다는 소리다.

가인리 앞에는 열댓 명의 남녀가 마을회관 앞에서 줄을 늘어뜨려 놓고 무엇인가 열심히 감아대고 있다. 더 추워지기 전에 톳뿌리를 로프에 감아 바다에 시설해야 한다. 이렇게 시설해놓으면 다음 해 4월이나 5월이면 수확을 할 수 있다. 신지도의 톳 양식은 해태 양식 대체품목으로 개발된 것이다. 신지도의 마을 곳곳은 가을철이면 톳 줄을 감고, 다시마 줄을 손질하느라 분주하다. 이곳 어민들은 초봄에 찬바람 맞으며 새벽에 베어다 준 생초 값도 아직 못 받고 있지만 내년 봄에 수확을 꿈꾸며 다시 바다로 나간다. 나이가 들고 자본이 없는 사람들이 기대는 곳은 갯벌이다. 송곡리에서부터 임촌리, 내정리, 양촌리, 삼마리 등 고금도와 접한 바다에 갯벌이 발달해 있다. 30여 년 전 지주를 박아 김 양식을 하던 때에는 이곳은 최고의 김 양식지였다. 지금 이곳에서는 자연산 꼬막, 굴, 낙지 등이 풍부하다. 임촌에 사는 일흔의 할머니는 점심을 먹고 호미만 들고 나가 열댓 마리의 낙지를 잡아 왔다. 다리가 놓이면서 사람들이 많이 찾고 있다. 해수욕장이나 경치가 좋은 곳에는 펜션들이 많이 들어섰다. 여름 한철에 수많은 사람들이 다녀갔다지만 섬살이는 크게 나아지지 않았다.

개황 | 신지도(薪智島)

일반현황

위치 | 전남 완도군 신지면
면적 | 31.27km² **해안선** | 77.5km **육지와 거리** | 5.0km(완도항)
연륙(연도) | 2005년
가구수 | 1,840 **인구(명)** | 3,757(남: 1,888 여: 1,869) **어선(척)** | 1,125 **어가** | 958
어촌계 | 대평리·가인리·강독리·금곡리[신지]·내동리[신지]·내정리·동고리·동촌리[신지]·삼마리·송곡리·신기리[신지]·신리[신지]·신상리·양자리·양천리·월부리·임촌리

공공기관 및 시설

공공기관 | 신지면사무소(061-550-6380), 신지치안센터(552-7112), 신지우체국(552-7004), 소방출장소(530-0985), 보건지소(550-6820), 동고보건진료소(552-7538), 완도군수협 신지지점(554-5501), 완도농업협동조합(552-8088), 신지예비군중대(552-7113)
교육기관 | 신지동초등학교(555-3144), 신지초등학교(552-5581), 신지중학교(552-7569)
폐교현황 | 신지초등송곡분교(2002년 폐교), 신지감독분교(1999년 폐교), 신지동초분교(1999년 폐교), 신지동중분교(1994년 폐교)
전력시설 | 한전계통
급수시설 | 간이상수도 3개소

여행정보

여행 | 명사십리 해수욕장, 동고리 해수욕장, 왜가리 서식지
특산물 | 멸치, 광어, 우럭
특이사항 | 옛날에는 지도라 불렸음. 신안의 지도와 혼동하는 경우가 많아 신지도라 바뀌어짐. 신목림이 울창해 신지에서 신지도로 바꾸었다고 하는 설이 있음. 이 고장을 빛낸 인물로는 독립운동가 장석천·임재갑 선생이 있음.

30년 변화 자료

구분	1973	1985	1996
주소	전남 완도군 신지면	좌동	좌동
면적(km²)	25.15	30.99	–
인구(명)	10.863	9,987	5,519
	(남: 5,383 여: 5,480)	(남: 5,075 여: 4,912)	(남: 2,760 여: 2,759)
가구수	1,838	1,861	1,670
급수시설	우물 427개	상수도 시설 1개소, 간이상수도 12개소, 우물 779개	상수도 시설 1개소, 간이상수도 15개소, 우물 630개
전력시설	–	한전계통	한전계통
어선(척)	965	1,313	948
어가	1,736	1,639	875

28

병든 몸을 섬에 맡기다

신지면 모황도

여객선터미널에 발 디딜 틈이 없이 사람들로 가득 찼다. 모두 청산도 가는 사람들이다.

"황제도 하나 주세요."

"나는 모황도요."

할머니와 내가 눈이 마주쳤다. '섬사람처럼 생기지 않았는데 모황도 는 뭐하러 간다요' 하는 눈치다. 8시 30분. 개찰이 시작되었다. 모두 슬로시티섬이라는 이름표를 달고 있는 큰 농협 배에 올라탔다. 나와 할머니는 국토해양부 정부 로고가 새겨진 작은 배에 올랐다.

"오늘 나올 거요? 나올 거면 연락하지 말고 안 나올 거면 전화하세 요."

의자에 앉아 주도(완도 앞에 있는 작은 섬) 위로 나는 갈매기를 바라 보고 있던 승무원이 퉁명스럽게 내뱉었다. 하루에 한 번 배가 닿는 섬, 오가는 사람이 연락을 주지 않으면 그냥 지나치는 섬. 그곳이 모황도 다. 주민이라고 해야 한 가구 중년의 박씨 부부와 늦둥이 기흠이 세 명 이 전부다.

배에서 보면 봄철 모황도 동남쪽 기암괴석 사이에 핀 배추꽃이 안개 사이로 노란 섬털처럼 보여 모황도라 불렀다고 한다. 처음에는 신지 면 월양리에 속하였지만 1914년 행정구역 개편으로 가인리에 속했다가

1958년 다시 동촌리에 포함되었다. 당사도, 소모도, 생일, 금일 등 남해안에서 완도로 들어오는 길목에 있다. 모황도에 등대시설을 한 것도 이런 이유 때문이다. 옛날에는 낙도벽지를 도는 섬사랑호가 하루에 한 차례 멀리 초도와 손죽도(완도-모황-덕우-황제-장도-원도-초도-손죽-소거문-평도-손죽)까지 경유했다. 지금은 완도에서 출항해 덕우도까지만 오가며, 홀수 날에만 황제도까지 닿는다. 손죽도와 소거문도와 평도와 광도를 오가는 배는 따로 독립했다.

섬이 암반으로 형성되어 밭농사를 지을 수 없고 해안은 기암괴석으로 이루어졌는데 해송림과 어우러져 경관이 빼어나다. 2000년대 초반까지 모두 네 가구 여덟 명의 주민이 멸치잡이와 톳을 채취하며 살았다. 학교는 1993년 폐교되었다. 산에는 염소들이 50여 마리 살고 있다. 모두 키우다 방목한 것들이다. 사슴도 있다.

내가 탄 배가 먼저 출발했지만 뒤따라 온 청산도 배가 완도타워 밑을 지나가기도 전에 금방 추월했다. 그리고 신지도 명사십리 앞쯤 와서 청산도행 배는 남쪽으로 우리 배는 동쪽으로 제 갈 길로 나뉘어졌다. 우리 배는 모황도를 거쳐 생일도와 덕우도를 지나 황제도까지 가는 섬사랑호다. 손님이라고 해야 할머니와 나 둘뿐이다. 그러니 운항 경비나 나오겠는가. 그래서 정부에서 지원하는 명령항로로 구분되어 있다. 배 머리에 자랑스럽게 '국토해양부' 정부 마크가 찍혀 있는 것도 이런 이유 때문이었다.

섬에 혼자 남다

사람은 보이질 않고 개들의 완강한 저항에 부딪혀 집 안으로 들어설 수 없었다. 무려 네 마리의 개가 곧 달려들듯 선창으로 달려오더니 나와 10미터 거리를 두고 대치했다. 암캐와 수캐 그리고 새끼 두 마리 모

출타중인 주인 대신에 행세하는 녀석은 개다. 기동이도 뭍으로 유학을 가고 이제 같이 놀 사람도 없을 텐데 도무지 외로움을 모르는 녀석이다. 10여 분간 실랑이를 하다 슬그머니 내가 돌아섰다.

두 네 마리가 한꺼번에 짖어댔다. 배에서 내릴 때는 으레 낯선 사람을 맞는 인사려니 생각했다. 좀 기다리면 주인이 나와 개를 진정시킬 것으로 생각해 10여 분을 기다렸다. 개가 짖는 소리는 멈추질 않았고 집 안에서는 인기척도 들리지 않았다. 하는 수 없이 뒷걸음질로 맞은편 몽돌밭으로 물러서서 거북손, 총알고둥, 삿갓조개, 갈고둥, 갯강구를 벗 삼아 사진도 찍고 생김새도 뜯어보며 한 시간여 시간을 보냈다. 이제는 좀 수그러들었겠지 하고 선창을 향해 돌아서자 기다렸다는 듯이 또 짖어댔다. 뒤로 돌아 섬을 둘러볼 수 있는 형편도 아니었다. 하는 수 없이 몽돌밭 큰 바위 옆 반반한 돌에 앉았다. 이런! 녀석도 따라 앉는 것이 아닌가. 그래, 나하고 해보자는 말이지. 슬슬 부아가 났다. 그런데 영리했다. 수캐만 배를 깔고 누워 나를 응시했고 암캐와 새끼 두 마리는 장난을 치며 선창을 뛰어 다녔다.

　모황도에 사람은 오직 나 혼자뿐이다. 섬지기 세 사람도 뭍에 갔는지 없다. 오히려 개가 있어 다행이었다. 저 '개자식'들마저 없다면 내가 섬을 다녀갔다는 것을 누가 알겠는가. 오직 들리는 것은 파도 소리와 새소리뿐이었다. 앉아 있는 자세를 바꿀 때마다 개가 짖어댔다. 너, 내가 지켜보고 있어. 우리 집에 들어올 생각하지 마. 이렇게 경고하는 소리로 들렸다. 그래, 나도 들어갈 생각 없다. 서로 외로운 처지에 그 정도 지켜봤으면 도둑인지 손님인지 알 만도 하련만. 하긴 손님이 밤손님으로 변하는 세상이니 어쩌면 넌 충실하게 네 직분을 다하고 있는지 모르겠다. 요란한 파도 소리에 적응이 되었는지 새소리가 더 커졌다. 개와 실랑이 하는 것도 심심해 새소리를 듣고 헤아려보았다. 모두 6종이었다. 그런데 귀에 들리는 소리를 적을 수가 없다. 인간의 무능력함이란. 그러고도 만물의 영장이라고, 인간만이 언어를 사용하며 소통할 수 있다고 자만했다. 갯강구가 발밑까지 올라왔다.

모황도 이야기를 처음 들었던 것은 〈스타킹〉이라는 TV프로그램에서였다. 그때 한 초등학생이 나와 트로트를 기가 막히게 불렀다. 그런데 더 기가 막힌 것은 노래가 아니라 어린 학생이 방송에 출연하게 된 계기였다.

기동이 엄마는 많이 아팠다. 그래서 섬으로 들어갔다. 아빠의 고향이 인근 신지도였지만 부산으로 이사 가 떵떵거리고 살겠다고 다짐했지만 병든 몸을 이끌고 고향으로 돌아오는 모습을 보이기 싫었다. 그래도 아픈 몸을 품어줄 곳이 고향밖에 없었다.

고향으로 돌아오다

박씨는 어렸을 때 가난했지만 외갓집은 부자였다. 외갓집은 멸치어장에서 일하는 머슴이 한 사람, 농사짓는 일꾼이 두 사람, 집안일을 도와주는 사람이 셋이나 있었다. 그곳에서 소 한 마리를 가져와 3년 키워서

박씨네 한 가구가 사는 섬이다. 그도 이웃한 큰 섬 신지도가 고향이다. 아내가 몸이 불편해 조용히 쉬려고 들어왔다가 눌러앉았다.

새끼 한 마리를 받았다. 이를 '바내소'(배냇소)라고 한다. 소 한 마리만 있으면 부자였다. 밭을 갈아주면 세 사람 몫의 품(노동력)을 확보했다. 뭍사람들에게 땅은 목숨이었다. 하물며 섬사람에게 땅은 어떠했을까. 땅이 없는 사람들은 품을 팔아야 했다. 소 한 마리면 먹고살 수 있었던 것도 세 사람 품을 팔아주는 능력 때문이었다. 그래서 새끼소를 얻어다 키워 새끼를 낳으면 새끼만 두고 어미 소와 나머지 새끼소를 주인에게 돌려주면서까지 소를 얻으려 했다. 박씨 집안은 그렇게 해서 소 한 마리를 키웠다.

마을이 보이는 작은 섬에 잠시 자리를 잡았다. 모항도가 그곳이다. 신지도에 딸린 작은 섬이다. 완도에서 수산고등학교를 졸업하고 군대를 다녀온 후 부산에서 20여 년 생활했다. 가끔 모항도는 낚시를 하기 위해 들르는 정도였다. 그 무렵 박씨는 척추수술을 했고 아내도 항암치료를 해야 했다. 모든 것이 귀찮고 힘들었다. 일 년만 아무도 없는 곳에서 푹 쉬다 오자는 생각으로 선택한 곳이 모황도였다.

박씨가 섬에 정착하겠다고 결정한 것은 낚시객 때문이었다. 1990년 초반에 모황도 갯바위는 발 디딜 틈이 없을 정도로 낚시꾼들이 많이 찾았다. 선창에서 감성돔을 잡는 것이 다반사였다. 그래서 이곳에 민박집만 해도 먹고사는 데는 어려움이 없겠다 싶었다. 그런데 들어와 정착을 하고 나니 신기하게 고기들이 사라졌다. 낚시꾼들도 발길이 뜸해졌다.

모황도 갯바위에는 톳과 가사리 등 육종이 많다. 육종은 어민들이 갯바위에서 채취하는 해초 여섯 가지를 이르는 말이다. 톳과 가사리를 포함해 미역·천초·청각 등이다. 수산업법에 따르면 마을어장의 수산물 채취권은 마을 주민에게 우선한다. 법률적으로는 어촌계에 가입을 해야 하지만 관행적으로 마을 주민들이 이용할 수 있도록 되어 있다. 모황도는 동천 어촌계에 속하지만 해초를 비롯해 전복과 해삼 채취권은 모황도 주민들에게 우선했다. 네 가구가 거주할 때는 이들 주민들이 채취해 나누었다. 그리고 모두 섬을 떠나고 할아버지 부부만 할 때는 노인이 독차지했다. 하지만 노인은 해초를 채취해 박씨와 반씩 나누었다. 물론 박씨도 해초작업에 참여했다. 전복과 해삼은 물질을 해서 채취를 해야 한다. 할아버지가 할 수 없기 때문에 해녀들에게 채취권을 팔고 대금을 해녀와 할아버지가 반씩 나누었다.

눈물과 설움의 섬살이

문제는 할아버지가 돌아가고 나서 발생했다. 동천마을 사람들이 해초를 하기 위해 섬에 들어왔다. 명분은 동천 어촌계 관할권이라는 이유였다. 박씨도 권리를 주장했다. 섬에 정착해 살고 있는 주민으로서 농사도 없고 다른 생계 방법이 없는데 채취권을 인정해주지 않으면 어떻게 사느냐는 논리였다. 이 문제로 박씨는 큰 어려움을 겪었다. 이 갈등은

모항도는 신지도와 바다를 사이에 두고 마주 보고 있다. 섬이 워낙 작아서 큰 섬과 마주 본다는 말이 적절치 않다. 낭장망을 이용한 멸치잡이 외에 양식어업은 언감생심 흉내를 내기도 어렵다. 파도가 허락하지 않는다. 간혹 낚시꾼들이 찾아 들어온다.

지금도 진행 중이다. 지금은 박씨도 어촌계 주민들도 해초 작업을 하지 못하고 있다. 그 사이에 박씨는 멸치어장을 구입했다. 어부로 살지 않으면 모항도에서 생존하기 어렵다고 판단했기 때문이다. 새로 허가를 받을 수 없기 때문에 면허를 가지고 있는 사람에게 구입을 했다. 그리고 수협조합원으로 가입도 했다. 그런데 어촌계에 가입은 할 수 없었다. 어촌계원들이 동의를 해주지 않았기 때문이다. 박씨처럼 외지에서 들어와 마을어촌계에 가입하는 것은 녹록치 않다. 어장의 가치가 크지 않다면 별 문제가 안 되지만 가치가 크거나 의존도가 높다면 진입장벽은 더욱 높다.

그렇게 시작한 것이 20년이 되었다. 아이들과 부모님은 부산에 있고 늦게 낳은 기흠이만 데리고 섬에서 생활하고 있다. 처음에 섬에 도착했을 때는 네 가구가 살고 있었다. 그 전에는 일곱 가구가 살았다고 한다. 모두 멸치잡이를 주업으로 하고 있었다. 당시 박씨는 어장을 하

작은 섬에 사는 외로움과 불편함보다 힘들게 하는 것이 큰 섬의 횡포일 때도 있다. 아흔아홉 섬을 가진 사람이 한 섬을 탐내는 인간의 욕심 때문이다. 바다의 가치는 나눔에 있다. 힘 있는 나라, 힘 있는 마을, 힘 있는 사람이 독점하면 바다는 병이 든다.

지 않고 이들이 하는 일을 도와주는 정도였다. 마지막 남은 할아버지 할머니 부부가 멸치잡이를 하다 나갔다. 그리고 박씨는 어장을 구해 멸치잡이를 시작했다.

작은 배로 등학교를 시켰다

학교가 1993년 폐교되었기 때문에 기흠이는 유치원 때부터 아빠가 직접 배를 운전해 신지동초등학교 유치원으로 등하교를 시켰다. 그렇게 초등학교 때까지 8년간 지속되었다. 아무리 전날 일이 고되거나 손님들과 술을 많이 먹어도 아이를 학교에 데려다 주기 위해 아침 여섯 시면 일어나 배에 시동을 걸었다. 기흠이를 학교에 보내기 위해 아버지는 하루도 거르지 않고 직접 신지동초등학교까지 배를 운전해 아이를 등교시켰다. 새벽 일찍 일어나야 하는 것이 문제가 아니었다. 바람이 불고 파도가 높아지면 학교에 갈 수 없었다. 오히려 기흠이는 좋아했을

주인도 큰 섬으로 마실을 나가고 비어 있는 작은 섬에 보라색 갯완두꽃이 활짝 피었다. 외로워서 나비를 부를 생각이었을까. 날개를 활짝 편 나비 모양이다. 오뉴월 바닷가 모래밭이나 돌밭에 바람을 피해 비스듬히 누워서 자라며, 물빠짐이 좋은 곳에서 곧잘 볼 수 있다.

것이다. 〈스타킹〉 프로그램에 나오기 전부터 기흠이의 노래 실력은 낚시꾼 사이에 회자되었다. 초등학교 1학년 때부터 방송에 출연했다. 또 곧잘 행사장에 불려나가기도 했다. 방송 출연 이후에는 스케줄 관리를 해야 할 정도로 인기가 높았다. 특히 미국 등 외국에 나가 있는 교포들로부터 연락이 많이 왔다. 고정 팬도 생겼다. 기흠이가 불렀던 〈사모곡〉을 듣고 눈물을 흘렸다는 교포들이 많았다. 캐나다에서는 식당을 운영하는 교포 집에 묵기도 했다. 지난해에는 그들이 순전히 기흠이를 보기 위해 한국을 방문했다.

기흠이도 자라서 초등학교를 졸업하고 중학교에 입학했다. 초등학교와 달리 중학교는 수업시간도 길고 자율학습도 있다. 아이를 섬으로 데려오려면 다른 아이보다 일찍 수업을 마쳐야 한다. 방과후 수업을 포기해야 한다. 그렇지 않아도 방송출연이나 이벤트 등으로 수업 결손이 많고 학원도 보낼 수 있는 처지도 아닌데 그렇게 할 수 없었다. 또 신기하게 아이가 포기하지 않고 열심히 따라가려고 노력했다. 금년에만 해도 봄철 축제를 비롯해 전국에서 기흠이를 찾는 곳이 많아 수업보충이 절실했다. 선생님은 방과후수업을 빼주겠다고 배려했지만 부모는 반대했다. 그리고 학교 근처에 방을 얻어 엄마와 함께 생활하기 시작했다. 그러니 주말을 제외하고 평일에 모황도를 지키는 사람은 박씨뿐이다. 섬을 비우는 일도 자주 발생한다. 오늘처럼 네 마리와 개와 실랑이를 벌였던 것도 이 때문이다.

개황 | 모황도(牟黃島)

위치 | 전남 완도군 신지면 동촌리
면적 | 0.209km² **해안선 |** 2.2km **육지와 거리 |** 17.5km(완도항)
가구수 | 1 **인구(명) |** 3(남: 2 여: 1) **어선(척) |** 1 **어가 |** 1

폐교현황 | 신지초등모황분교(1993년 폐교)
전력시설 | 자가발전(발전기 2대)
급수시설 | 우물 1개소

특산물 | 전복, 해삼
특이사항 | 봄이 되면 모황도 동남쪽의 기암괴석 사이에 핀 배추꽃이, 멀리서 항해하는 배에서 바라다보면 안개 사이로 노란 솜털같이 보여 모황도라 불렀다고 한다. 도미와 놀래미 등의 어족이 풍부하여 바다낚시에 적합한 곳으로 낚시꾼들의 왕래가 많았고, 전복, 해삼 등의 어패류 생산이 수입원이 되고 있다. 현재는 인구 3명 1가구만이 거주하고 있다.

30년 변화 자료

구분	1973	1985	1996
주소	전남 완도군 신지면 월양리	좌동	전남 완도군 신지면 동촌리
면적(km²)	0.12	0.13	–
인구(명)	41	34	21
	(남: 22 여: 19)	(남: 15 여: 19)	(남: 11 여: 10)
가구수	7	8	7
급수시설	우물 3개	우물 1개	우물 2개
전력시설	–	자가발전(발전기 1대)	자가발전(발전기 3대)
어선(척)	–	7	5
어가	7	7	7

완도군 청산면

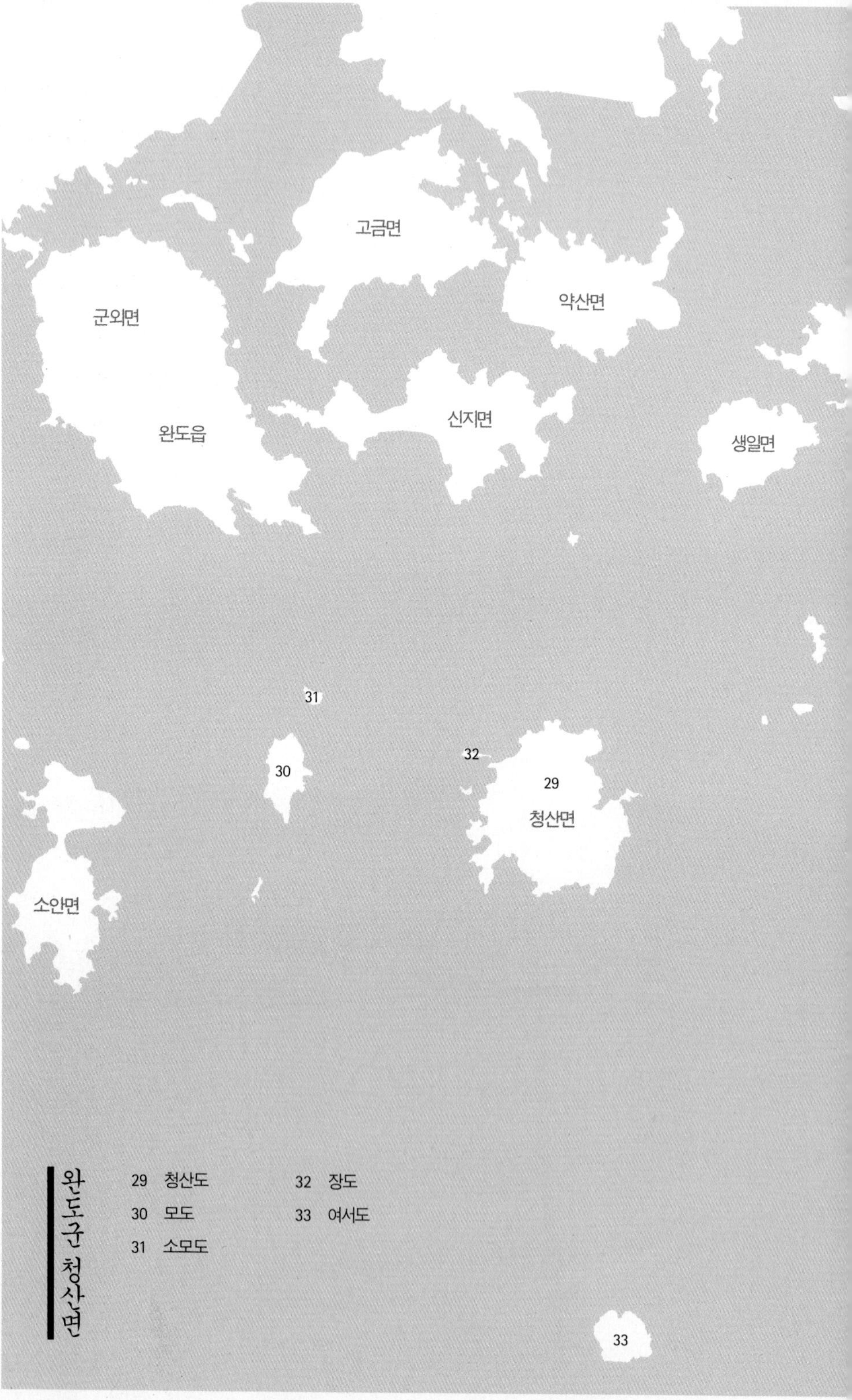

고금면

약산면

군외면

생일면

완도읍

신지면

31

30

32

29

청산면

소안면

완도군 청산면

29	청산도	32	장도
30	모도	33	여서도
31	소모도		

33

29

오래된 미래, 희망을 꿈꾼다
청산면 청산도

몇 년 전 초분을 찾다 막배를 놓쳤다. 손을 들고 쫓아갈 수도 택시를 타고 따라갈 수도 없다. 꼼짝없이 하루를 더 묵었다. 청산도와 인연은 그렇게 시작되었다. 지금처럼 사람이 많이 찾지 않을 때 섬에 들어왔다가 태풍으로 또 이틀간 머물렀다. 객선도 하루에 두어 편이 전부였다. 밥 먹을 식당도 찾기 어려웠다. 그 뒤 청산도를 기억 속에 새겨 놓은 것은 영화 〈서편제〉였다. 지금도 당리와 도락리 사이 고갯길을 걸으면 그 장면이 아련히 떠오른다.

사람이 살면은 몇백 년 사나 개똥 같은 세상이나마 둥글둥글 사세
문경새재는 웬 고갠가 구비야 구비 구비가 눈물이 난다.
소리 따라 흐르는 떠돌이 인생 첩첩이 쌓인 한을 풀어나 보세
청천 하늘엔 잔별도 많고 이 내 가슴 속엔 구신도 많다.
아리아리랑 쓰리쓰리랑 아라리가 났네 흐헤으헤 아리랑 응응응 아
라리가 났네

'금자동이냐 옥자동이냐' 부지런히 소리 공부를 해 딸이 명창이 되기를 바라는 애비의 마음을 담은 '진도아리랑' 가락이 황톳길을 돌아 당집까지 이어졌다. 애비와 딸과 아들이 소리를 하며 내려오던 그 길은

주말이면 줄지어 관광객이 오르내리는 청산도에서도 유명관광지로 바뀌었다. 뱃길도 하루에 여러 차례 열려 낙도라는 말이 무색하다.

청산려수 어디메냐

청산면은 청산도·여서도·대모도·소모도·장도 등 다섯 개의 유인도와 불근도·지초도·두억도·상도·내항도·납다도·소항도·외항도 등 무인도로 구성되어 있다. 《완도군지》(1977)에 따르면, 청산도의 입도조는 1806년(선조 46년)으로 알려져 있다. 그런데 그보다 앞선 장한철의 《표해록》(1775)에 현존 주민들의 선조 이름이 확인되었다. 더 앞서 청산도에 사람이 살았다는 증거다. 대체로 임진왜란 이후에 섬에 사람들이 정착하기 시작했다고 한다. 국가에서 입도를 허락하지 않는 시기에도 민초들은 조세와 부역을 피해 섬으로 찾아들었다.

청산도는 선산도, 선원도(仙源島)라고 불렀다. 선산도라는 지명은 《고려사》(1090, 선종 7년), 《태종실록》(1490), 《세종실록》(1448), 《중종실록》(1516), 《신증동국여지승람》(1530)에서 확인된다. 청산도라는 지명은 《세종실록》(1483), 《숙종실록》(1681)에 나온다. 청산도라는 이름이 정착한 것은 수군만호진이 설치(1681년)된 이후다. 《숙종실록》 11권에는 "고금도는 땅이 크니 첨사진을 설치하고 청산도는 땅이 작으니 마땅히 만호진을 설치하여(古今島地大宜 設僉使 靑山島差小宜 設萬戶)"라 했다. 이후 신지도로 진을 옮겼지만 왜구들이 고기잡이를 빙자해서 자주 침입하자 다시 당리에 진을 설치(1866년)했다. 그리고 고금도·신지도·마도진을 관장하고, 청산도·소안도·여서도의 행정과 사법을 맡았다. 이 무렵 청산도는 460가구가 동면과 서면으로 나뉘어 거주했다. 동면에는 청계·동리·상서·구성·해의·신흥·중흥·양지·부흥·동촌·신풍이 속했다. 서면에는 진리·읍리·도락·도청·지리·신

봄은 바다로부터 온다. 그 끝자락에 섬이 있다. 이름도 청산도다. 나는 청산의 봄기운을 산과 들이 아닌 어머니의 얼굴에서 읽는다. 감태를 매기 위해 돌담 아래 양지에서 물이 빠지기를 기다린다.

산·국화리가 속했다.

예부터 자연경관이 아름다워 '청산려수'라 했다. 청산도와 여서도가 여기에서 비롯되었다고 한다. 동아일보의 기사 "청산려수 어디메냐 선원세계 여기로다"라는 도서순례기(1928년)에서 소개된 내용이다.

물결에 저자 같이 술렁이는 선창 풍경 일순하고 맑고 깨끗한 대선산에 기어올랐다. 눈이 못 미쳐 바다로 내려 영주삼산이 보이지는 않건만 소안도, 산지도가 그대로 산이건만 가히 선원세계라 하여 청산도라 이름한 옛사람을 나무랄 수 없는 일이라. 섬 덩어리가 배봉산의 중앙에 솟아 동으로 흘러 성산포에 밟고 선 대선산이 서편에서 명등산을 건너뛰고 남편에 보적산이 있어 호암산 되고 응봉을 이루어 명도산이 되며 북편의 백갈산을 넘어서 대풍산 됨은 이상할 것 없으되 과룡산도 산이요 고성산도 산이니 청산도가 선산이던가?

청산이 선산도이던가?(부록 〈1928년 도서순례기〉 참조)

춘래불래춘(春來不來春). 갯바람이 차갑지만 봄은 청산도를 비껴갈
수 없었다. 겨우내 청산 계곡(매봉산, 보적산, 대봉산)과 바다에 머물던
봄이 기지개를 켠다. 추위를 피해 겨우살이를 하던 나그네새들은 북쪽
으로 날갯짓을 한다. 찬바람을 피해 청산바다에 머물던 바닷고기들도
황해와 동해로 이동하는 계절이다. 청산은 봄이다. 희망의 섬이다. 선
창에 그물을 손질하는 어부들의 손길에도 봄이 느껴진다. 한때 고등어
파시와 삼치파시로 흥청댔던 포구라지만 지금은 생선비린내를 맡기도
힘들다. 대신 선창 옆에 전복, 돌멩게, 해삼, 소라, 광어 등 즉석에서 손
질해주는 횟집이 그나마 어촌 구실을 하고 있다. 이것도 슬로시티로 지
정된 후에 만들어진 것이다.

섬을 아무리 둘러봐도 생선을 말리는 모습은 찾기 어렵다. 주민들

청산도의 답사 일번지는 영화 〈서편제〉 촬영장이다. 소화가 소리 공부를 하는 모습을 밀랍인형으로 만들어놓
았다. 너도 나도 곁에 앉아 사진을 찍는다.

대부분이 농업에 의존했다. 10여 년 전부터 조금씩 바뀌더니 이제 바다는 전복 양식장으로, 섬은 관광객이 가득 채워졌다. 즐거운 비명이다. 그래도 청산의 자존심은 마늘과 보리다. 그 논과 논, 밭과 밭의 경계에 있는 논두렁과 밭두렁의 곡선은 예술이다. 자연을 거슬리지 않고 봄바람과 함께 흔들거리는 '봄의 왈츠'다. 어느 예술가가 흉내 낼 수 있을까. 그대로 눈만 감으면 명상이요, 귀 기울면 음악이다. 내가 청산을 즐겨 찾았던 이유다. 그런데 이젠 소란스러운 관광객들 말소리가 더 크게 들린다.

몇 년 전 봄 도락리에서 당리로 걷던 길에 만난 칠순의 할머니 표정을 아직도 잊을 수 없다. 표정이 맑고 밝았다. 할머니는 비가 올 것 같아 보리밭에 뿌릴 퇴비를 손질하고 있었다. 할머니는 당리고개에 있는 밭이 〈서편제〉 영화세트장을 짓는 데 들어갔다면서 자랑을 했다.

청산파시냐 흑산파시냐

청산인들은 오랜 세월을 바다보다는 땅에 의존해 살아왔다. 황금어장을 가졌지만 바다에 눈길을 줄 수 없었다. 깊고 푸른 바다는 식민의 바다로 일제의 자본과 권력에 의해 유린당했다. 청산도는 먼바다와 접해 있다. 해안선의 드나듦이 좋아 일찍부터 선창으로 이용되었다. 일제강점기에는 근해에서 고등어가 많이 잡혔다. 전국에 수백 척의 건착망 어선이 몰려와 '고등어파시'를 형성했다. 이를 '청산파시'라 불렀다.

해방 후에도 바다는 섬사람들의 차지가 아니었다. 섬 주민들이 자신들의 바다를 찾은 것은 1970년대 후반에 이르러서였다. 그리고 수십 년을 싹쓸이어업으로 재미를 보았다. 모처럼 주어진 기회를 '욕심'껏 누린 탓일까, 이제는 고기가 잡히질 않는다. 옛날 같지 않다. 다행스럽게 그즈음에 전복 양식이 시작되었다. 얼마나 고마운 일인가. 섬이지만 양

일제강점기 청산 해역에는 5, 6월이면 한·일 어선 7, 8백 척이 모여들어 청어를 잡아 약 10만 원의 어획고를 올리고, 청산도에는 잡화상, 요리점 등이 임시로 개점하여 성시를 이루었다. 당시 영광군 위도의 조기, 여수군 나로도의 장어와 청산도 청어는 전남의 3대 어장이었다.(《전남사진지》, 목포신보사, 1917)

지리·부흥리·읍리·신풍리는 마을어장이 없다. 바다와 접해 있지 않으니 어장이 없는 것은 당연하다. 대신에 쌀농사와 보리농사 그리고 마늘농사로 생계를 이어왔다. 옛날이나 지금이나 달라진 것이 별로 없다. 어쩌면 청산도 본래의 모습은 이들 마을에서 찾아야 하지 않을까 싶다. 어장이 활발한 마을은 도청리·도락리와 멸치잡이 낭장망이 활발한 국화리 정도다. 최근에는 지리와 도청리 앞바다에 전복 양식이 크게 늘었다. 바다를 끼고 있다고 해서 고기잡이는 전복 양식만 하는 것은 아니다. 이들 마을 주민들도 어김없이 마늘과 보리 농사를 짓고 있다.

청산도 중심인 도청리에는 물질하는 잠녀들이 꽤 있다. 제주에서 물질을 하러 왔다가 청산 사내와 정분이 나 눌러앉은 사람들이다. 제주 여자들은 구덕에서 나와 걸음마를 시작하면서 물질을 배운다. '구덕'은 집에서, 물가에서, 밭에서 제주 어멍들이 애기를 재울 때 사용하는 물건이다. 제주 여성들에게 청산도는 먼 바다가 아니었다. 어머니들은 저

완도의 어업전습선이 출항하는 모습이다. 일본 국기를 달고 어업을 하는 어업전습선은 조선선세령(1914년)에 의해 선세를 부과하지 않아 일본에서 조선으로 이주한 어민들에게 조선어장을 장악할 수 있는 특혜가 주어졌다.(《전남사진지》, 목포신보사, 1917)

멀리 러시아, 만주, 오키나와까지 물질을 나갔다. 운 좋게 해녀가 운영하는 식당에서 점심을 먹었다. 그런데 고등어는 물론 참치도 구경하기 어려웠다. 한때 고등어파시와 참치파시로 흥청대던 곳이 아니던가.

'청산고등어'는 궁중 진상품이었다. 1960년대 이후 고등어는 청산어장에서 사라졌다. 대신 갈치와 삼치가 잡혔다. 지금은 이들도 귀한 몸이다. 파시철 고등어와 참치는 청산인들이 잡았던 것이 아니다. 전라도는 물론 경상, 충청 등 팔도 어선들은 다 몰려왔다. 도청항은 이들 생선이 잡히는 9월부터 12월까지 불야성이었다. 고기를 파는 배, 식량을 파는 배, 물을 파는 주민들, 술과 웃음을 파는 색시들, 밤이면 노랫소리와 카바이트 불빛으로 도청항이 흔들렸다. 파시는 어업전진기지로 지정된 1966년을 고비로 내리막길이었다. 큰돈을 투자해 어판장을 비롯해 급수·급유시설, 제빙공장, 창고, 냉동시설, 물양장, 어업무선국 등이 설치되었다. 이렇게 시설을 갖추고 잡은 삼치들은 잘 갈무리하여 전량 일본으로 수출되었다. 1960년대 후반 1년 동안 잡은 삼치가 36만 킬로그램에 이르렀다. 돈이 있는 곳에 술과 여자가 붙기 마련이다. 매년 10월이면 후조(候鳥)처럼 200여 명의 아가씨들이 도청항에 모여들었다. 배가 많을 때면 400여 척, 뱃사람만 2천여 명에 이르렀다. 이런 날이면 아가씨들 몸값은 부르는 게 값이었다. 젊은 10대에서 한물간 40대까지 청산에 머물며 한몫 잡으려는 여인들과 거친 파도를 견뎌낸 사내들은 희미한 불빛 아래서 욕정을 뱉어냈다. 매일 이삿짐처럼 술독이 도청항으로 들어왔다. 아가씨들은 몇 개월을 청산에 머물다 떠났다. 이미 연평도에서 흑산도를 거쳐 온 탓에 몸도 마음도 지쳐 있었다. 돈을 벌어 철새 인생을 청산한 사람은 찾기 어렵고 다시 강원도 속초나 연평도로 떠났다. 겨우 파시 흔적을 찾을 수 있는 뒷골목 술집에선 흑산파시가 큰지 청산파시가 큰지 뱃사람들의 무용담만 남았다.

이제 청산 바다는 문어 단지가 지키고 있다. 문어잡이 연승을 말한다. 남해 연안과 동해 연안에서 문어를 잡는 어법이다. 200, 300미터의 줄에 100여 개의 작은 단지를 달아서 수심 20에서 50미터 되는 곳에 던져 놓았다가 하루 이틀 후에 끌어 올려 문어를 잡는다. 옹기, 시멘트, 플라스틱으로 단지를 만들었다. 일본에서도 단지를 몸줄에 묶어 문어를 잡는 것을 보았다. 고등어잡이 건착망과 삼치잡이 유자망은 청산 바다를 떠났다. 어족자원 고갈의 원인이 조류 변동이라지만 사실 현대식 장비를 갖춘 다른 지역의 대형어선의 싹쓸이어업이 더 큰 이유였다. 모처럼 어장을 되찾은 청산도인들이 제대로 주인 행세를 하기 전에 바다가 망가져버렸다. 고기가 오질 않자 아가씨들도 자취를 감추었다. 부산을 오가던 여객선도 끊겼다. 5일장도 문을 닫았다. 이제 청산도는 완도의 작은 섬이 되었다. 한편 다행스럽다. 만신창이가 된 청산 바다이지만 진짜 아끼고 사랑해줄 주인을 만났으니 얼마나 다행인

가. 그런데 어쩌랴! 주인도 머리가 세고 허리가 굽은 노인이 되고 말았으니. 그래도 반가운지 연신 철썩거린다.

'물때'를 기다리는 사람들

완도에는 "고금에서 양반 자랑 말고, 금일에서 돈 자랑 말고, 청산에서 글 자랑 마라"라는 말이 있다. 고금은 양반이 많고 금일은 부자가 많고 청산은 글 꽤나 읽는 사람이 많았다. 거문도 귤은 선생이 이곳에 서당을 짓고 글을 가르쳤기 때문이다. 잠깐 파시철에도 청산에서는 돈 자랑 하지 말라는 말이 돌았다.

청산도는 생선 말리는 모습보다 논밭에 쌓아놓은 퇴비더미와 푸른 보리밭을 쉽게 볼 수 있다. 지리해수욕장을 지나 대봉산 남쪽 사면을 돌았다. 그때 양지마을 앞에서 할머니 한 분이 손을 들어 차를 세웠다. 수건으로 얼굴을 가리는 것으로 부족했던지 챙이 넓은 모자를 눌러썼다. 봄빛이 예사롭지 않다. 오죽했으면 '봄볕에 며느리 밭에 내놓고 딸은 가을볕에 내놓는다' 했을까. 아주머니는 물어보지도 않는 마을 자랑부터 자식 자랑까지 이야기보따리를 풀어 놓으신다. 첫 만남에도 경계하는 눈빛은 전혀 없다.

"도시로 못 나간 것이 원통해. 나가서 경비라도 하고 품이라도 팔았으면, 여기서 했던 노력을 하면 먹고는 살았을 것이여."

세 딸에 두 아들을 둔 할머니다. 쌀농사와 마늘농사로 딸은 여상고를, 아들은 대학을 보냈다. 권덕리에서 만난 할아버지 생각이 났다. 딸 셋에 아들 넷을 두었다. "손 벌리는 놈은 아들이고 용돈 보내는 자식은 딸"이라며 딸 자랑이 끝이 없었다. 갯벌이 없는 양지마을 할머니가 도락리 갯가에 파래를 뜯기 위해 가는 길이었다.

할머니 몇 분이 바람을 피해 타작을 하고 쌓아둔 짚더미에 기대어

"올해 마늘농사 재미 좀 봤소." 지나던 김 노인이 말을 붙였다. 섬을 찾는 사람들이 많아지면서 작은 자루에 담은 소포장 마늘이 날개 돋친 듯 팔렸다. 그 덕에 노인의 얼굴에 주름살도 하나 제거되었다.

바다를 보고 있다. 누군가를 기다리는 것 같은데 조급한 표정이 아니다. 내 차를 탔던 할머니가 보자기를 꺼내더니 아직도 김이 모락모락 나는 고구마를 내놓으셨다. 며칠 전 완도읍에서 늦장가를 간 신지 양반 막내아들 이야기가 화제다. 위로 아들 둘은 도시에서 대학을 나와 일찌감치 장가를 갔다. 고등학교를 졸업하고 아버지 뱃일을 돕다 결혼이 늦어진 작은 아들은 결국 바다 건너 외국에서 아내를 데리고 왔다. 젊은이답지 않게 갯일도 잘하고 건실해 아들 잘 됐다고 칭찬이 자자했지만 여자들이 어디 섬에 들어오려고 하나. 모두 주섬주섬 일어서서 물이 빠진 갯가로 나갔다. 이들이 기다린 것은 사람이 아니었다. 바다가 가져온 파래와 굴이었다.

저 바다 원수로다, 원수로다
청산도를 두 번째 방문할 때였다. 마침 영등철이었다. 수온이 낮고 바람이 많은 음력 2월을 말한다. 갑자기 불어대는 돌풍으로 섬에 갇히는 신세가 되고 말았다. 예로부터 봄이 오는 길목에는 영등할미가 내려와 미역씨와 전복씨를 뿌려주고 올라간다고 했다. 비가 온 뒤에 바람이 분다면 영락없이 영등할미가 내려왔다. 이번에 그랬다. 섬으로 들어가는데 비가 한두 방울 내리더니 저녁에는 제법 굵은 줄기가 되었다. 비 온 뒤라 보리는 더욱 푸르고 하늘은 제 색깔을 드러냈다. 바다도 푸르렀다. 얼마 만에 보는 청명한 날씨인가 싶었다. 오후 막배로 나가려고 도청리 부둣가에 나갔다. 몇 사람 보이지 않았다. 주민들은 배가 뜨지 않는다는 것을 알았고, 상황을 모르는 뭍사람 몇 명만 발을 동동 구르고 있었다. 차분하게 섬이나 구경하자며 발길을 돌렸다.

어제 눈여겨두었던 초등학교로 발길을 돌렸다. 아이들은 모두 섬을 떠났다. 대신 통발, 스티로폼, 로프, 전복 양식 시설들이 운동장과 교실을 차지했다. 운동장 구석에는 학생들이 있건 없건 봄을 맞아 동백나무가 붉게 꽃을 피우고 있었다. 외진 곳에 의연하게 꽃을 피우고 있는 몇 그루의 동백을 보고 가슴이 뭉클했다.

어느 마을에 금슬이 좋은 어부 부부가 살고 있었다. 남편이 일이 있어서 육지로 가게 되었다.

하루, 이틀, 날이 지났지만 남편을 실은 배는 오질 않았다. 해도 바뀌고 기다리다 지친 아내는 병을 얻었다. 그리고 자리에 눕게 되었다. 끝내 숨을 거두었다. "내가 죽거든 남편이 돌아오는 배가 보이는 곳에 묻어주세요"라는 안타까운 유언을 남겼다. 마을 사람들은 넋을 위로하며 바닷가 양지바른 곳에 묻어주었다.

어부의 집 앞 후박나무에 많은 흑비둘기 떼가 날아와 울어댔다. 그 소리는 꼭 이렇게 들렸다. "열흘만 더 기다리지. 넉넉잡아 온다. 온다. 남편이 온다." "죽은 사람 불쌍해라. 원수야. 원수야. 열흘만 더 일찍

오지 넉넉잡아서." 신기하게 그날 저녁 남편이 돌아왔다. 반갑게 마중을 나와야 할 아내가 없었다. 마을 사람들에게 아내의 소식을 듣고 무덤으로 달려가 목 놓아 울었다. "왜 죽었나. 열흘만 참았으면 백년해로하는 것을. 원수로다, 원수로다." "저 바다 원수로다, 원수로다." "몸이야 갈지라도 몸이야 갈지라도 넋이야 두고 가소. 불쌍하고 가련하지." 어부는 매일같이 무덤에 와서는 한 번씩 슬프게 울고는 돌아갔다. 하루는 아내 무덤 위에 자라고 있는 작은 나무를 발견했다. 겨울철에도 잎이 지지 않고 자란 나무는 빨간 꽃을 피웠다. 눈이 하얗게 내리는 겨울에 얼지 않고 피어 있었다. 이 꽃이 동백꽃이다.

울릉도에 전하는 이야기다. 이런 이야기도 있다. 고기잡이를 하러 간 남편이 돌아오지 않자 아내는 남편을 기다리다 숨을 거두었다. 늦게 돌아온 남편은 너무 슬퍼 피를 토하며 울었다. 그곳에서 피어난 붉은 꽃이 동백꽃이다. 우리나라만 아니라 일본의 아오모리현 쓰가루에도 동백꽃과 관련된 전설이 있다. 남국의 청년 한 사람이 두메산골에 머물고 있었다. 그 마을에서 한 소녀를 알게 되었다. 그리고 서로 장래를 약속했다. 청년은 고을을 떠나게 되었다. 청년이 떠나기 전날 밤, 달빛이 비추는 동산에서 만났다. 소녀는 청년에게 동백나무 씨를 갖다 달라고 부탁했다. 그 나무의 열매로 기름을 내어 머리를 예쁘게 치장하여 보여주고 싶었다. 남쪽으로 떠난 청년은 세월이 흘렀지만 소식이 없었다. 헤어지던 날처럼 달빛이 동산을 비추던 봄날, 소녀는 청년을 그리다 숨을 거두었다. 그 후 얼마 되지 않아 청년이 돌아왔다. 소녀의 죽음을 알게 된 청년은 동백씨를 무덤 주위에 뿌리고 멀리 떠났다. 싹이 트고 마침내 꽃이 피었다. 동산 전체가 빨갛게 덮였다.

하루는 여수 오동도 민가에 밤손님이 들었다. 집을 지키던 여인을 욕보이려 하자 절개를 지키려고 절벽에서 떨어져 죽었다. 그 후 절벽의 양지바른 곳에 핏빛 꽃이 피어났다. 이 나무가 여수의 동백꽃이라고 전한다.

바람이 불자 후두둑 꽃송이가 떨어졌다. 마을 주변에 동백나무를 많이 심었던 것은 동백꽃이 떨어지는 소리에 전염병을 옮기는 귀신이 놀라서 도망가기 때문이라고 한다. 아마 붉은 색이 악귀를 쫓아버린다고 생각했던 것 같다. 동백나무 가지로 망치를 만들어 마루에 걸어 놓으면 '화'를 막는다고 전해지기도 한다. 남쪽에서는 결혼식의 초래청에 동백나무를 올려 다산을 기원하기도 했다. 반대로 제주에서는 동백꽃이 길(吉)한 기운보다는 흉(凶)한 기운이 있다고 해서 동백나무를 선물하지 않는다.

아리랑 노래를 부른다

아름다움은 거리를 두고 지켜보는 것이다. 너무 가까이 다가가면 본 모습을 보기 어렵고, 너무 멀리 떨어지면 보이질 않는다. 당리로 가는 길에 내려다본 도락리 마을이 그렇다. 눈이 시리도록 아름답다. 구불구불한 논과 밭, 바다와 접해 살포시 자리를 잡은 마을, 바닷바람을 막기 위해 심은 방풍림, 보리밭과 바다 사이에 해송이 줄지어 있다. 맨살로 바닷바람을 맞으며 겨우살이를 한 논들이 기지개를 켜고, 보리는 봄바람에 수줍다. 고등어파시와 삼치파시가 있었던 도청리 포구가 언덕 너머로 살포시 얼굴을 내민다.

몇 년 전 도락리 앞 갯벌에 전통 고기잡이 체험장이라며 '독살'(돌살)을 만들었다. 내가 아는 한 그곳은 독살자리가 아니다. 자연에 순응하며 적응해온 사람들에게 관광객을 빌미로 원치도 않는 시설들을 만들도록 하는 행정도 마뜩치 않다.

2006년 가을이었다. 슬로시티 실사단이 청산도를 찾았다. 당시 주

슬로시티 국제연맹의 실사단이 방문했을 때 결정적인 감동을 주었던 답사 지역이 청산도였다. 슬로라이프와 지역문화를 잘 보여주고 슬로푸드까지 겸비해 당시 로베르토 안젤루치 회장은 대만족했다.

민들은 콩 수확을 하는 모습과 소가 끄는 쟁기로 밭갈이하는 모습을 연출했다. 하지만 어색하지 않았다. 슬로시티 로베르토 안젤루치 슬로시티 국제연맹회장은 아주 만족한 눈빛이었다. 해가 뉘엿뉘엿 넘어가고 있는 시간에 실사단은 작은기미로 이동했다. 숲길을 따라 내려간 곳에 잠녀들이 물질을 하고 있었다. 직접 물질을 해서 건져온 전복과 소라를 즉석에서 구이와 회로 내놓았다. 패스트푸드에 맞서기 위해 시작된 슬로푸드가 슬로시티의 시작이라는 것을 간파하고 있었던 것일까. 사실 그 자리에서 우리나라 슬로시티 가입은 결정된 셈이었다.

당리와 도락이 사이 소나무 숲에 당집이 있다. 장보고의 부하인 한씨의 공을 추모하기 위해 만들어진 것으로 알려져 있다. 《신증동국여지승람》 강진현 고적 항목에는 "선산도에 혜일스님이 들어가 절을 짓고 살았다"고 했다. 혜일은 장보고와 관련이 깊은 스님이다. 스님의 시구에 전석계, 천연대, 상왕봉 등 청산도 지명이 등장했다. 또 읍리에는

346

향교골, 옛성터 등이 있고 하마비와 지석묘군이 남아 있다. 게다가 아기장수 설화나 장보고 무용담 등이 전하고 있다. 이를 두고 청산도가 청해진이라는 설이 제기되기도 했다. 매년 정월 초사흘 축시에 당리마을에서는 당제를 지내고 있다. 한 무리의 관광객이 빠져나가자 막 버스에서 내린 다른 무리의 관광객들이 자리를 차지했다. 당집 아래에는 전시용 초분이 있다. 해설사의 안내가 이어지고 관광객들은 저마다 스마트폰을 꺼내 사진을 찍느라 정신이 없다. 벌써 페이스북에 올렸는지 전화를 받느라 바쁘다. 양지바른 밭 가운데 모셔진 초분. 처음에는 전시용이 아니라 진짜 초분인 줄 알았다. 그 주위에는 봄채소들이 자라고 괭이나물이 얼굴을 내밀며 수줍게 반긴다.

당리는 영화 〈서편제〉를 촬영했던 곳으로 유명하다. 드라마 〈봄의 왈츠〉에서 주인공이 살던 집은 그대로 조개공에 체험장과 관광객을 위한 비지팅센터로 활용되고 있다. 조선시대에는 수군진이 설치되어 '진말'이라고도 불렸다. 도락리와 당리 두 마을은 완도군이 설군되기 전에 합해서 '당락리'라 불리기도 했다.

속 모르면 청산으로 시집가지 마라

청산도 일주도로를 따라 돌다 보면 보이는 것은 푸른 보리밭이요 마늘밭이다. 그리고 푸른 바다. 온통 푸르다. 그래서 청산일까. 가파른 산자락을 일구어 논과 밭을 만드는 일이 녹록치 않았을 것이다. 청산면에 딸린 작은 섬 '장도'에서 만난 김씨 할머니는 "속 모르면 청산으로 시집가지 말라"는 속담을 들려줬다. 그녀는 청산면 지리가 친정이다. 밥만 먹으면 산으로 들어가 나무하는 것이 너무 힘들었다. 산에 들어가 나무만 했겠는가. 밭도 일구고 풀을 베어 퇴비도 만들었다. 하늘에서 내려주는 물길을 따라 가파른 산자락에 돌을 쌓아 계단을 만들고

제주 큰애기들이 뭍으로 물질을 나갔다 사내와 눈이 맞았다. 그리고 눌러앉은 곳이 청산도다. 지방 해녀들이 없는 것은 아니었지만 바다 속에 관심은 적었다. 소라와 전복을 주목한 것도 그 후였다.

바닥에 구들장을 놓듯 돌을 깔고 흙을 덮고 논을 만들었다. '구들장논'이다. 이렇게 논을 만드는 일은 많은 노동력이 필요하다. 돌담의 높이가 2, 3미터에 이르는 곳도 있다. 일반 계단식 논이 산악지역이나 경사지에 만들어지지만 구들장논은 여기에 물이 흐르는 계곡이어야 한다. 가장 큰 차이는 단순한 지표용 배수구조지만 구들장논은 통수로를 통한 용수와 배수 구조로 되어 있다는 점이다. 돌이 많고, 물이 부족한 곳에서 농사를 지어야 했던 청산도 사람들의 지혜가 만들어낸 것이 구들장논이다. 일반적으로 벼농사는 평지의 논에 물을 가두고 짓는다. 청산도처럼 경사가 급한 곳에서는 쌀농사가 불가능하다.

하지만 뭍에서 멀리 떨어져 있고, 주변에 쌀농사를 짓는 큰 섬이 없는 탓에 자구책을 마련할 수밖에 없었다. 생존전략으로 경사진 곳에 논을 만들고 적은 물을 효율적으로 사용할 수 있는 농법을 고안했다. 높은 곳에서 마을 아래까지 논을 통해 물을 가두고 이용하는 한편 토양의 유실도 막았다. 특히 논의 가장자리에 두세 개의 통수로를 두어 관개와 배수를 조절했다. 오래도록 물을 잡기 위해 퇴비를 사용하고 논갈이도 심경방식이 아니라 낮게 갈았다. 구들장논은 청산도 모든 마을에서 볼 수 있지만 부흥리·양지리·상서리에 많이 남아 있다. 계단식 논(다랭이논)은 전국에 많이 산재해 있다. 하지만 구들장논처럼 독특한 방식의 구조는 우리나라는 물론 세계적으로 유일한 것으로 알려져 있다. 구들장논은 우리나라 '농업유산1호'로 지정되었다. 그리고 2014년 구들장논은 제주 밭담과 함께 '세계중요농업유산(Globally Important Agricultural Heritage Systems, GIAHS)'으로 지정되었다. GIAHS는 2002년 세계식량농업기구(Food and Agriculture Organization of the United Nations, FAO) 주관으로 만들어진 제도로 지역사회의 지속가능한 발전과 환경 생물다양성이 잘 유지되고 있는 토지이용시스템과 경관을 말한다. GIAHS으로 지정되기 위해서는 국가 추천을 받아 후보지를 FAO 본부에 신청하면 현지답사 및 서류심사를 한 후 인정을 한다.

구들장논은 쟁기와 호미 그리고 괭이와 낫 등 재래 농기구가 주로 사용되었다. 문전옥답이 묵혀지고 있는 현실에서 청산도의 구들장논이 유지되는 것이 신기하다. 청산도가 아름다운 것은 한국의 선이 훼손되지 않고 전승되고 있기 때문이다. 반듯하고 네모난 논과 밭 대신에 구릉지와 계곡을 따라 만들어진 구들장논의 논두렁과 밭두렁이 그것이다. 그 논틀밭틀을 걸어보시라. 뭍의 온갖 시름이 가을바람과 함께 씻겨나갈 것이다.

그 논과 밭 가운데는 으레 무덤처럼 작은 봉분이 만들어져 있다. 혹시 조상을 모셔놓은 무덤은 아닐까. 다가가서 보니 퇴비더미다. 논이 많지 않은 청산도는 볏짚이 귀했다. 지붕에 얹을 이엉도 부족하니 언감

생심 퇴비로 사용할 수 있겠는가. 그래서 산에서 풀을 베어 축사에 넣었다가 퇴비로 이용했다. 또 파도에 밀려온 해초(잘피)를 사용하는 섬도 있다. 파도가 거칠고 갯벌이 발달하지 않은 청산에서는 해초도 귀하다. 요즘 많은 농민들이 농사를 짓는 데는 요소, 복합, 유안 등 갖가지 기능성 비료가 필수품이다. 퇴비를 만들어 농사를 짓는 사람들이 거의 없다. 그런데 청산 사람들은 아직도 퇴비를 사용하고 있다. 그 이유는 간단했다. 구들장논 때문이다. 돌을 깔고 흙을 덮어 농사를 지었으니 논이 얼마나 박하겠는가. 게다가 물은 또 얼마나 잘 빠지겠는가. 이를 극복할 수 있었던 것이 바로 그 퇴비였다. 거친 퇴비는 땅심을 높여주고 물 빠짐을 막아주었다. 자연에 순응하고 이용하며 살아온 청산도 사람들. 아름다운 심성이 드러난 탓일까, 모두 얼굴이 맑고 밝다. 처음 청산도를 방문했을 때 느낀 감성이다. 수많은 관광객들이 골목을 헤집고 논밭과 산을 덮는 지금은 아쉽게도 많이 변했다. 쌀농사를 짓는 땅도 점점 줄어들고 있다. 더불어 구들장논도 사라지고 있다.

다른 섬마을도 마찬가지지만 논보다는 밭이 인기다. 밭에는 대부분 마늘을 심고 있다. 옛날부터 그랬던 것은 아니다. 한 세대 전만 해도 조, 콩, 고구마 등을 심어 식량을 했다. 산비탈을 일구어 나온 돌을 이용해 돌담으로 울타리를 쳐 소가 넘지 못하도록 장애물을 만들고 입구에는 제주도의 대문처럼 '정낭'이 설치된 곳이 많다. 얼마 전까지 '끄슬쿠'라는 독특한 농기구가 사용되었다. 모내기철에 사용되는 써레와 비슷한 모양으로 논보리를 갈 때나 밭작물을 파종 시 흙덩어리를 부수는 농기구였다. 제주에도 유사한 농기구가 있다. 제주도와 비슷한 환경을 가진 탓에 생겨난 것일 수도 있고, 교류하면서 주고받은 것일 수도 있다.

물이 귀했던 섬에서 공동 우물은 생명이다. 그래서 정월 보름에 지신밟기를 할 때 꼭 샘굿을 했다. 1970년 새마을사업 이후 개인 우물을 파는 집이 늘어났다. 1980년대와 1990년대 농업기반 정비사업의 하나로 경지정리가 이루어지면서 섬에도 저수지가 만들어지고, 상수도가 개발되었다. 공동 우물까지 가지 않더라도 수도꼭지만 틀면 물을 얻을 수 있었다. 점점 공동 우물은 관심에서 사라졌다. 공동 우물이 사라진 것은 단순히 우물의 사라짐에 그치지 않았다. 마을 아낙네들의 소통 공간이 사라졌다. 빨래터와 함께 섬마을 여성들의 대표적인 소통 공간인 우물터가 사라지면서 마을 내 여성들만의 승인된 소통 공간은 존재하지 않게 되었다. 청산도에는 아직도 꽤 여러 개의 공동 우물을 사용하고 있다. 식수는 아니지만 우물에 바가지가 있고, 이끼가 끼지 않고 깨끗하다. 좁은 경작지, 농업용수 확보의 어려움, 토지의 척박함 등 불리한 농업 조건에도 농사는 청산도 사람들의 중요한 삶의 근원이 되고 있다. 자연환경에 적응하는 생태 기술과 적응 양식은 그대로 청산인들의 삶과 문화로 배태된 것이다. 그들의 밝고 맑은 표정과 자연미는 청산의 자연과 삶에서 비롯된 것이다. 수백 년 동안 청산을 간직해 온 그들의 삶이 문화 가치로 인정받고 새로운 생활의 자양분이 되길 간절히 바라본다.

명품 마을의 아침, 오래된 포구 상산포

시끄러운 버스 경적 소리에 잠에서 깨었다. 목이 말랐다. 간밤에 막 잡은 삼치에 과음을 한 탓이다. 창밖은 캄캄한데 같이 술을 마신 주인은 벌써 아침 일을 시작했는지 마당에서 인기척 소리가 들렸다. 물을 두어 잔 거푸 들이켰다. 기분 좋은 냉기가 바닥을 타고 몸으로 스며들었다. 이불을 끄집어 잠을 청했다. 얼마 만에 누리는 호사던가. 비몽사몽 간에 들리는 두런두런 말소리에 다시 잠에서 깼다. 배추밭에 물을 주러

논틀밭틀길은 원래 구불구불했다. 반듯하게 경지 정리를 하고 기계가 일손을 대신하면서 퇴비 대신 비료가, 논매기 대신 제초제가 자리를 잡았다. 그 사이에 농촌문화는 사라졌다. 얻는 것이 있으면 잃는 것도 있다. 그중에는 꼭 지켜야 하는 잃어서는 안 되는 것이 있다.

가는 사람들이었다. 이불을 걷어차고 일어난 것은 두 번째로 경적 소리가 울리고 난 후였다. 출근할 사람들은 빨리 내려오라는 신호였다. 첫번째 소리는 첫 배 시간에 맞춰 섬을 한 바퀴 도는 버스였다. 청산도 상사리의 아침은 '슬로라이프'가 아니었다.

　안주인은 요리를 하느라 부엌에서 달그락거렸다. 조심스럽게 일어나 밖으로 나왔다. 청산에서 불어오는 맑은 공기와 차가운 기온이 온몸을 파고들었다. '그래 이 맛이야.' 이렇게 맛있는 공기를 언제 먹어봤던가. 계곡을 따라 걷다 박근호씨를 만났다. 그는 국립공원에서 추진하는 상사리 명품 마을 운영위원장을 맡고 있다. 모두들 국립공원 구역에서 해제되길 원하는데 상사리 사람들은 구역 내 존치를 고집하며 명품 마을을 만들고 있다. 돌담이 아름다워 문화재로 지정되었고, 투구새우 등 보호종의 생태계가 잘 보존되어 생태 마을로도 지정되었다. 박씨는 최근에는 마을기업에 주목하고 있다. 마늘, 고추 등 농산물을 작은 꾸러미로 판매하기 위해서다. 특히 국립공원이라는 브랜드와 유통망의 도움을 톡톡히 보고 있다. 그동안 국립공원에 포함되어 불편을 감수하며 지켜온 삶과 생활경관이 이제 효자 노릇을 하고 있는 것이다.

청산도 사람들은 매봉산(384미터), 노적산(330미터), 대봉산(379미터) 등 산에서 흘러내리는 물을 이용하는 '치수'의 지혜가 일찍부터 발달했다. 구들장논이 대표적이다. 처음으로 청산도에 들어온 사람들은 계곡을 따라 상서리·동촌리·항동리·청계리·부흥리·신풍리·양지리·중흥리 등에 정착을 해 마을을 이루었다. 상사리 위에는 '덜리'라는 마을이 있었다. 청산도에 처음 입도한 사람이 자리를 잡았던 곳으로 알려지고 있다. 덜리는 1960년대까지 10여 가구가 살았다. 지금은 돌담 흔적만 남아 있고 집터는 고추밭과 배추밭으로 변했다. 상산포로 들어온 바닷물은 동촌리와 중흥리 앞개울까지 들어왔었다. 그곳에는 지금도 배를 매었던 곳, 가오리를 잡았던 곳이라는 지명이 남아 있다. 16세기 후반부터 18세기에 이르는 동안에 난을 피하고, 살 만한 곳을 찾아서, 혹은 제주도로 향하다 청산도에 정착한 사람들이다. 이곳에 방조제를 쌓아 물길을 막고 소나무를 심었다. 수백 년이 흐르는 동안 소나무는 아름드리로 자랐다. 구들장논은 그 무렵 만들어졌을 것이다. 구들장논을 보러 간다는 말에 박씨가 동행을 해주었다. 구들장논은 매봉산과 대봉산 사이 상사리·부흥리·양지리 마을에 남아 있다. 계곡을 따라 내려가면 상산포로 통한다. 삶의 터전을 찾는 사람들이 처음으로 청산도에 발을 디딘 선창이다.

"30, 40년 전만 해도 이 시간이면 풀 한 짐 베어다 놓고 아침을 먹을 시간이제라."

박씨가 앞서 걸으며 말했다. 구들장논에 심은 벼는 누렇게 익어 고개를 숙였다. 길가에 있는 고구마 밭에서는 노인이 고구마 순을 따고 뿌리를 캐느라 엉덩이를 밭에 붙이고 꼼지락거렸다. 구들장논을 건사하기 못해 밭으로 바꾼 사람들도 꽤 많았다.

배를 타기 위해 나오는 길에 고구마 순을 따는 어머니를 다시 만났다. "이거 한 다발 가져가쇼"라며 한 다발 주셨다. 청산도가 아름다운 것은 섬사람들의 맑은 심성 때문이다. 자연에 거슬리지 않고 오랫동안 살아온 삶이 만들어낸 얼굴이다. 관광객이 늘면서 걱정도 늘고 있다. 슬로시티, 세계농업유산 등으로 주목을 받으면서 이제 그들의 모습을 지켜야 할 의무가 우리에게도 주어졌다.

삶과 죽음의 경계가 있던가

작년에 밭에 모셨던 초분이 궁금해 섬을 찾았다. 새 옷을 입은 것 같았던 이엉은 일 년 사이에 몸에 꼭 맞은 옷처럼 변해 있었다. 동물의 훼손을 막기 위해 소나무 가지를 꺾어 울타리도 쳤다. 초분의 주인공은 청산도 도청리가 고향인 김성도(2009년 작고)씨다. 김씨는 죽기 전 자식들에게 초분을 해줄 것을 원했다. 그것이 자식들에게 복을 가져다준다고 믿었다. 자신이 죽기 전에 어머니도 초분으로 모셨다. 어머니는 초분을 한 후 5년 만에 망자의 윗자리에 매장했다.

한 번 하는 것도 힘든데 두 번씩이나 복잡한 일을 고집한 이유가 무엇일까. 그걸 합리성과 과학성으로 접근하는 것은 어리석은 일이다. 그게 문화이고 습속이며 전통이 아니던가. 내가 청산도를 찾는 것은 이러한 전통이 날것 그대로 전승되고 있기 때문이다. 초분을 하는 이유를 들어보자. "정월에는 땅을 건드려서는 안 된다"는 이유가 가장 많다. 자식이 부모보다 먼저 가는 경우도 초분을 했다. 집 안에 좋지 않는 일이 자주 생기면 초분을 해 액을 막기도 했다. 내가 확인한 초분만 해도

초분은 땅에 묻기 전에 땅 위에 돌을 놓고 시신을 모신 후 마람을 덮어 놓은 장례풍습이다. 그 후 육탈이 되면 길일을 택해 매장을 한다. 옛날에는 뭍에서도 행해졌던 죽음의례였지만 지금은 완도, 신안, 영광 등 일부 도서 지역에만 남아 있다.

부안 계화도, 영광 송이도와 낙월도, 신안 비금도와 도초도와 증도, 완도 청산도 등이다. 옛날에는 섬만 아니라 육지에서도 초분을 많이 했다고 한다. 땅 이름에도 '초분골'이 있다. 청산도는 죽은 자와 산 자의 경계가 없다. 곁에 망자를 두고 고추도 심고 깨도 심었다. 모내기를 할 때도 고추를 딸 때도 솔가지를 꺾어 초분의 봉분 위에 꽂아 문안 인사를 드렸다. 청산도에서는 관광객을 위해 당리 마을의 돌담 황톳길 당집 너머에 전시용 초분을 마련하기도 했다.

도락리 갯바람이 솔숲을 스치며 당집 돌담을 두드린다. 스멀스멀 등줄기를 타고 내리던 땀이 바람에 놀라 숨어버린다. 울긋불긋 치장을 한 집들이 모자이크 같다. 눈길이 범바위를 스쳐 읍리 마을 느티나무와 돌탑에 멈춘다. 저곳에서 드라마 〈봄의 왈츠〉를 찍었다지. 청산도는 어느 곳에 앵글을 맞춰도 그림엽서이다. 일 년이면 몇 차례씩 청산을 오가는 진짜 이유는 아름다운 경치보다 청산에 살고 있는 사람들 때문이다. 특별히 인연을 맺고 있는 이가 있는 것도 아니건만 청산 사람들은 나를 무장해제 시켜버린다. 밭에서 만나는 할머니, 논에서 만나는 아저씨, 갯가에서 만나는 사람들은 속세에 찌든 나를 편하고 온화하게 만든다. 선창에서 만난 김송기(1963년생)씨는 청산도를 '주민들이 행복한 섬'으로 만들기 위해 노력하고 있다. 김씨는 요즘 청산 사람들이 변해가는 것을 피부로 느낀다고 했다. 사람들이 너무 많이 찾다 보니 주민들도 관광을 돈벌이 수단으로 보고 있다며 초심을 갖고 일하기 어렵다고 아쉬워했다.

한 달 만에 다시 청산을 찾았다. 이번에는 몇 년 전 했던 초분을 헐어 땅에 묻는다는 소식을 들었다. 어머니를 초분으로 모셨던 아들은 어머니를 땅에 묻기 전에 자신도 초분이 되고 말았다. 그 아들의 아들이 할머니를 모시는 날이다. 어머니가 땅에 묻히지 않았으니 아들인들 편히 땅에 누울 수 있겠는가. 아버지의 생전 마지막 소원이었던 일이다.

고 김성도씨는 청산 도청리에서 어장일도 하고 장사도 하여 자식들을 가르치고 돈도 모았다. 청산에서는 제법 알아주는 집안이었다. 몇 년 전 완도읍으로 이사해 사업을 시작했다. 뭍에 머물렀지만 마음은 늘 바다로 향했다. 섬을 떠나서일까. 어머니도 자신도 건강이 나빠졌다. 어머니가 돌아가시자 청산도의 옛 풍습을 살려 '초분'으로 모셨다. 생송장을 선산에 바로 들이지 않는 탓도 있지만 평소에 초분을 원했다.

한 꺼풀 한 꺼풀 여인의 치마를 벗기듯 이엉을 걷어내자 여인네 속살처럼 널이 모습을 드러냈다. 초분은 매년 새 옷을 입는다. 새로 이엉을 얹고 소나무 가지를 꽂아 놓는다. 자식들이 다녀갔다는 징표다. 옛날에는 초분을 한 후 세월이 흘러 육탈이 되면 좋은 날을 받아 유골을 땅에 묻었다. 어느 섬에서는 육탈이 되지 않으면 시루에 쪄서 육탈을 시켰다는 이야기도 전한다. 김씨의 어머니는 몇 년 되지 않아 관을 그대로 매장했다.

　망자 며느리의 눈길은 한 달 전 초분을 한 남편에게 머문다. 모두 어머니 이장에 정신이 팔려 있는데 조용히 빠져나와 남편 초분을 어루만진다. 아직 이별이 아니다. 금방이라도 이엉을 걷고 일어나 "여보 나여"라고 소리칠 것만 같다. 아내의 애절한 소리가 햇살을 타고 어머니의 장지로 옮겨온다. 애틋한 곡소리다. 작은 솔가지를 꺾어 초분 용머리 위에 꽂았다. 아내가 죽은 남편에게 할 수 있는 유일한 일이다.

　산 자와 죽은 자의 중간에 초분이 있다. 초분을 하는 이유가 어디 한둘이겠는가. 따지고 보면 모두 산 자를 위한 죽음의 굿이다. 죽어서라도 자식들을 돌보고자 하는 애틋한 부모의 심정을 읽을 수 있다. 아들과 친지들이 시신이 담긴 관을 매장할 곳으로 옮겼다. 묏자리를 잡아 파놓은 흙이 붉었다. 잠깐 망자의 얼굴을 자식들에게 보여주고 지체 없이 땅 속에 묻었다. 그 사이 초분을 했던 이엉이 불살라졌다. 더 이상 슬픔도 없다. 그저 생과 사가 한자리에 모여 바람처럼 잠시 머물러 있을 뿐이다. 할머니의 초분을 헐어 매장을 한 5년 후(2012년) 오월, 날이 좋은 어린이날 아버지의 초분도 헐어 할머니 무덤 밑에 묻어드렸다.

구불구불, 논두렁을 걷다

초분이 자리를 잡는 동안 청산도를 찾는 관광객이 많이 늘었다. 〈서편제〉와 〈봄의 왈츠〉 등 영화와 드라마의 후광 때문만은 아니다. 주말은 물론 평일에도 대형 관광버스가 곧잘 섬을 찾고 있다. 폭풍주의보가 내릴지도 모른다는 우려 속에서도 서울·부산·울산·전남에서 모두 4대의 대형 관광버스가 배에 실려 섬으로 들어왔다. 전남 번호판의 관광버스 안에는 서울에서 출발한 KTX 투어 관광객들이 타고 있었다. 서울에서 나주까지 기차여행을 한 후 버스로 해남 땅끝과 보길도를 둘러

돌담은 담이 아니다. 바람과 정이 통하는 소통로다. 담을 쌓는다는 것은 소통을 전제로 한 것이다. 돌이 블록이나 벽돌로 바뀌면서 정말 담을 쌓게 되었던 것이다. 늦은 걸음으로 기웃거리며 걷는 것이 돌담길이다. 청산도의 매력이다.

보고 완도에서 1박을 한 후 청산도와 해남 대흥사를 거쳐 나주를 통해 KTX를 타고 서울로 올라가는 관광객들이다.

섬 여행객이 늘면서 펜션과 민박도 늘어났다. 아직 눈에 띈 난개발이 없어 그나마 다행스럽다. 섬이 활기를 찾자 고향을 떠났던 일부 젊은이들이 돌아와 전복 양식 등을 시도하고 있다. 청산도가 마음에 들어 퇴직한 후 노후를 보내겠다며 들어온 사람도 있다. 해마다 빠져나가는 사람이 늘어가고 활기를 잃어가는 섬과는 다르다. 선창에서 식당을 하는 오정렬(56세)씨는 잠녀(해녀)다. 제주 출신으로 젊어서 청산도로 물질을 하러 왔다 이곳 남자와 눈이 맞아 결혼을 했다. 여행객들이 늘자 얼마 전에 식당을 리모델링했다. 직접 물질을 해서 건져 올린 성게 알로 비빔밥요리를 내놓았다.

초분을 둘러보고 서둘러 범바위에 올랐다. 안개에 쌓여 바다도 산도 마을도 분간할 수 없다. 가족들의 슬로길여행을 막아 미안했던지 잠깐 바다와 갯마을의 모습을 보여주었다. 범바위에서 내려다보이는 권덕리는 바다와 어울려 아름답다. 그 뒤로 큰기미와 장기미가 있다. 장기미는 작은 구미를 말한다. 구미는 '바닷가나 강가의 곶이 길게 뻗고 후미지게 휘어진 곳'을 말한다.

3년 전으로 기억된다. 이곳에서 로베르토 안젤루치 슬로시티국제연맹회장 일행은 잠녀들이 바로 물질해 온 전복과 소라를 먹었다. "이것이 바로 살아 있는 바다와 슬로푸드"라며 감탄했고 잠녀들이 물질하는 역동적인 모습과 전통 문화에 큰 감동을 받았다. 특히 테왁과 망사리, 구덕과 호미 등 잠녀들의 어구와 콩과 깨, 논과 골목 등에 큰 관심을 보였다. 특히 안젤루치 회장은 "지역주민들의 맑은 눈과 희망에 찬 모습을 보니 슬로시티를 함께 만들어갈 수 있을 것 같다"는 말로 인사했다. 당시 슬로시티로 지정된 곳은 신안 증도·담양 창평·장흥 장평 등 전남 지역 네 곳이다. 이 중 장흥 장평은 슬로시티에서 취소되었다. 신안 증도는 보류 판정을 받았다. 슬로시티 취지에 맞는 사업을 추진하지 않았고 관광지로 만들었다는 것이 이유였다. 슬로시티는 주민들이 참여하는 슬로푸드와 슬로라이프가 기반이다. 청산도의 보물은 사람이다. 자연과 함께 살아가는 아름다운 얼굴을 한 사람들이 자원이다. 그 따뜻한 마음을 지키는 것은 그들만의 몫이 아니다. 청산의 논틀 밭틀을 걷는 우리들의 몫이다.

●─산 자들을 위한 씻김굿, 초분:
   완도의 초분에서 매장까지 기록

죽은 자도 마른자리에 눕길 원한다. 죽은 자가 무슨 생각이 있어 마른자리 진자리를 가리겠는가. 모두 산 자들의 생각이다. 김씨를 묻기 위해 판 묘 자리가 붉다 못해 뻘겋다. 초분을 헐고 옮겨온 널을 땅 속에 넣고 명정을 덮었다. '청해김해김씨지묘.' 이제 죽어서 듣던 청산의 바람소리 새소리도 더 이상 듣지 못한다. 김씨는 아버지에게 마지막 잔을 올렸다. 막내아들의 눈시울이 붉어졌다.

초분은 산 자를 위한 씻김이다

초분(草墳)은 지방에 따라 초빈(草殯), 소골장(掃骨葬), 초장(草葬), 촐장이라 한다. 정월에 죽었을 때, 임신 중인 아내가 죽었을 때, 콜레라·장티푸스 등으로 사망한 경우, 익사했을 때, 자식이 먼저 죽었을 때, 또는 집안 형편이 어려워 좋은 곳에 모시지 못하고 임시로 모실 때, 집안에 우환이 자주 발생할 때, 마을에서 상송장을 바로 묘지에 들이지 못하게 할 때 등 다양한 이유로 초분을 한다. 몇 년 전 임자도에서 만난 주민은 바다에서 죽은 아버지 혼을 건져 초분을 쓴 것을 본 적이 있다. 또 영광 송이도에서는 어머니 장례를 치룬 후 집안에 우환이 이어지자 어머니 유골을 수습해 초분을 하기도 했다. 초분을 하는 것도 따지고 보면 씻김굿처럼 자식들에게 미칠 액운을 막기 위한 것이다. 옛날에는 교회 신도들도 초분을 했다. 이를 따르지 않아 마을에 변고가 생기거나 고기가 잘 잡히지 않아도 초분을 하지 않는 가족에게 책임이 돌아가기 때문이었다. 초분을 한 후에도 매장을 서두르지 않는 것은 자식들에게 해가 될까 두렵기 때문이다.

2009년 5월 바람 좋은 봄날이었다. 김씨 가족과 친지들은 권덕리로 가는 길 초입에 차를 세우고 산비탈을 걸어 올라갔다. 지난해 김씨는 손수 어머니를 초분으로 모셨다. 그리고 1년 후 어머니 뒤를 따라 자신도 초분이 되었다. 밭 구석에는 왼손으로 꼰 새끼, 덕석, 마람, 짚이 준비되어 있었다. 초분을 진두지휘하는 사람은 망자의 친척이다. 땅 위에 우선 돌로 깔아놓는다. 이를 '덕대'라고 한다. 돌을 왜 까느냐는 말에 습한 것이 올라오는 것을 막기 위한 것이라고 했다. 망자는 매장을 하지 않았기 때문에 죽었지만 사자로 인정하지 않는 분위기다. 그 위에 멍석이나 짚을 깔고 관을 올린다. 이때 관은 다리가 바다로 머리가 산으로 향하게 하는 것이 원칙이다. 김씨는 산비탈 경사를 따라 다리를 서남쪽에 머리를 동북쪽을 향했다. 멍석을 덕대 위에 깐 후 망자가 들어 있는 관을 올렸다. 관을 멍석으로 감싼 후 새끼로 세 곳을 묶었다. 그 위에 생솔

초분

가지를 얹고 이엉을 둘렀다. 이엉은 시계 반대 방향으로 이엉을 두른다. 맨 위에 마름을 얹고 새끼로 격자 모양으로 묶은 다음 돌을 눌러 갈무리를 했다. 그리고 아래쪽에 조화가 놓였다. 그 앞으로 상이 차려졌다. 영정사진이 오르고 향이 올려졌다. 제물이 차려지고 자식들이 마지막 인사를 드렸다. 그리고 자식들은 생솔가지를 한 가지씩 꺾어 초분 위에 꽂았다. 김성도씨는 어머니 뒤를 이어 청산의 초분이 되었다.

초분도 임종 후 입관까지는 일반 장제와 똑같지만 매장 절차가 다르다. 땅을 파고 묻는 매장과 달리 땅 위에 돌이나 통나무를 받치고 관을 올려놓고 이엉으로 덮어둔다. 매장을 할 때까지 매년 새로운 이엉으로 관을 덮는 수고로움을 감수해야 한다. 초분은 땅에 묻지 않기 때문에 짐승이나 강한 비바람에 훼손되지 않도록 새끼로 이엉을 엮어서 돌을 매달아 놓는다. 또 논밭을 오가며 볼 수 있도록 집에서 가까운 곳, 밭 등에 많이 설치한다. 한때 사람 뼈가 한센병, 간질병 등에 약이 된다는 소문이 있어 파헤쳐지기도 했다.

벼농사를 짓고 난 후 볏짚을 갈무리해두었다 산자들의 지붕보다 죽은 자의 초분 이엉을 먼저 올렸다. 한식이나 명절에 성묘를 하고 기일에 제를 올린다. 그리고 표시로 이엉 위에 솔가지를 꽂아둔다. 초분을 헐고 유골만 수습하거나 관을 통째로 매장하는 것을 본장이라고 한다. 두 번 장례를 치른다고 해서 이중장제라고도 한다. 본장은 초분을 한 후 1년에서 3년 후에 하지만 그대로 두기도 한다. 묘지를 옮길 때는 지관이 묘지를 정하고 길일을 택해 초분을 헌다. 기록에 의하면 초분을 매장할 때는 상주 입회 아래 버드나무나 대나무 젓가락으로 유골을 머리 쪽부터 골라내 짚으로 만든 솔로 닦고 향물·쑥물·맑은 물로 각각 세 번씩 유골을 씻는다. 이를 '세골'이라 한다. 씻은 유골은 백지 위에 누운 순서로 맞추어 삼베로 묶어 입관 후 매장했다고 한다.

초분은 사라지지 않았다

해방 전후까지 전국에서 초분이 행해졌다. 1990년대 후반부터 2013년까지 완도의 청산도, 진도 본섬과 가사도, 신안의 비금도·도초도·자은도·우이도·증도, 영광의 낙월도·송이도·부안의 위도·선유도·무녀도·계화도, 여수의 금오도 등에서 초분을 확인했다. 가장 최근 본 초분은 2013년에 본 진도군 가사도의 초분이다. 유독 섬 지역에 초분이 많이 남아 있는 이유는 무엇일까. 명확하게 밝혀진 것은 없다.

가장 기억에 남는 초분은 송이도에서 본 '앉은 초분'과 계화도 장금마을에서 본 초분이다. 보통 초분은 길이가 260미터에 높이 110센티미터, 폭은 발 부분이 100~130센티미터, 머리가 80~100센티미터 정도로 위에서 보면 타원형을 이루고 있다. 하지만 송이도에서 본 앉은 초분은 지름 170센티미터에 높이 70센티미터로 원뿔형을 하고 있다. 보통 초분은 망자가 누워 있는 모습이지만 앉은 초분은 유골을 수습해 상자에 담은 후 초분을 하기 때문에 관 위에 초분을 하는 것과 달리 사람이 앉아 있는 모습이다. 앉은 초분을 하는 경우는 매장한 후 우환이 있어 유골을 수습한 경우, 초분을 했다 매장을 하기 위해 유골을 수습했지만 길일을 받지 못해 다시 초분을 한 경우다. 어느 쪽이든 집안이 편치 않은 경우다. 계화도에서 본 초분은 육지에서 본 이례적인 경우다. 계화도는 1960년대까지 섬이었다. 계화도간척사업으로 육지가 되었다. 그래도 갯벌에 의지해 살아가는 어촌이었지만 새만금사업으로 갯벌과 바다를 잃고 농촌으로 바뀌었다. 초분이 있던 곳은 계화도 서남쪽에 위치한 가구 수가 가장 작은 장금마을이었다. 묘지가 있던 곳에 그대로 초분을 했다. 새만금방조제가 쌓아지는 것을 한눈에 볼 수 있는 곳에 초분이 있었다. 몇 해 동안 짚으로 엮은 마람과 이엉으로 예쁘게 단장을 하던 초분은 방조제가 완공될 무렵 검은 그물 가림막으로 바뀌었다.

1년 뒤 2010년 8월 김씨 어머니의 초분을 먼저 헐어 매장을 했다. 그때 김씨의 초분 주위는 나무로 울타리가 쳐져 있었다. 마람은 다소곳이 숨이 죽어 이제 초분의 모양을 제대로 갖추고 있었다. 그로부터 2년 후 2012년 5월 초분을 헐어 매장한다는 소식이 들렸다. 그동안 김씨의 자손들은 기일과 명절에 성묘를 하고 이엉도 새로 입혔다. 그리고 길일을 택해 매장 날을 잡았다. 매장은 초분 헐기, 장지 준비, 운구, 입관, 매장, 봉분 만들기, 제사 순으로 이어졌다. 이미 장례를 치렀기 때문에 초분을 할 때처럼 슬퍼 보이지 않았다. 다만 운구를 한 후 입관 직전에 잠깐 관을 열어 가족들과 망자가 상봉

하는 순간에 울컥하는 것을 느낄 수 있었다.

초분을 쓰기 위해서는 이엉, 용마름, 새끼, 큰 돌, 덕석(짚), 생솔가지 등이 필요하다. 2009년 5월 11일 청산도 도청리 김성도(76)의 초분 과정이다.

초분 과정

① 덕대 만들기
초분을 쓰기 위해 폭 50센티미터, 길이 200센티미터 정도의 자리(덕대)를 만든다. 주변을 잘 정리한 후 돌을 수평이 되도록 바닥에 깐다.

② 멍석(짚) 자리 만들기
덕대 위에 새끼줄을 가로로 세 줄, 세로로 한 줄을 놓고 위에 멍석을 올린다.

③ 관 올리기
멍석 위에 관을 올리고 관 위에 비닐을 덮는다. 초분을 할 시신은 비닐로 싸지 않으며 탈골시 물이 잘 빠지도록 관 밑에 구멍을 뚫기도 한다.

④ 관 묶기
밑에 깔아놓은 새끼줄로 멍석과 관을 묶는다. 새끼줄과 관 사이에 소나무 가지를 밀어 넣는다.

⑤ 소나무 가지 얹기
관 위에 소나무 가지를 꺾어다 수북하게 쌓는다.

⑥ 이엉 두르기
보통 이엉을 시계 반대 방향으로 두른다. 마람도 홀수가 되어야 한다. 3개나 5개의 이엉을 두른다.

⑦ 용마름 얹기
마람 위에 용마름을 얹고 양쪽에 큰 돌을 달아 고정시킨다.

⑧ 새끼로 초분 고정하기
용마름 양쪽으로 5개나 3개의 새끼줄을 각각 동여매고 반대쪽에서도 홀수로 새끼줄을 엮어 격자 모양으로 고정시킨 다음 돌을 매달아 바람에 날리지 않도록 한다.

⑨ 초분 완성

⑩ 유족들 망자와 하직 인사

⑪ 솔가지 꽂기
초분 주변에 솔가지를 꺾은 방향이 위(용마름)쪽을 향하도록 꽂는다. 자식들이 왔다 갔음을 주변에 알리는 표시다.

⑫ 묘지는 벌초를 하지만 초분은 매년 이엉을 새로 얹고, 짐승들이 접근하지 못하도록 울타리를 쳐 관리를 한다.

초분 해체 봉분 과정

김성도의 초분을 해체하고 매장을 한 것은 2012년 5월 6일이다. 과정을 1~18번까지 정리했다.

① ② ③ 초분 해체
이엉과 마람을 걷어낸다.

④ 운구
자식과 가족들이 관을 매장할 곳으로 운반한다.

⑤ ⑥ 망자와 해우
잠깐 관 뚜껑을 열고 자식들이 망자와 해우를 한다.

⑦ ⑧ ⑨ ⑩ 하관
관을 통째로 땅 속에 넣고 명정을 위에 얹는다.

⑪ 치토
상주들이 차례로 관 위에 흙을 뿌린다.

⑫ ⑬ ⑭ 봉분
치토가 끝나면 본격적으로 매장을 시작하며 봉분을
만든다.

⑮ 이엉과 마람 태우기

⑯ ⑰ ⑱ 제사

개황 | 청산도(靑山島)

위치 | 전남 완도군 청산면
면적 | 32.96km² **해안선 |** 55.9km **육지와 거리 |** 19.1km(완도항)
가구수 | 1,182 **인구(명) |** 2,286(남: 1,088 여: 1,198) **어선(척) |** 278 **어가 |** 203
어촌계 | 구장리·국화리·권덕리·당리·도락리·도청리·동촌리[청산]·상서리·신흥리·원동리[청산]·읍리·중흥리·진산리·청계리

공공기관 및 시설

공공기관 | 청산면사무소(061-550-6511), 청산치안센터(550-2724), 청산우체국(552-9004), 선박출입항신고소(550-2724), 보건지소(550-6851), 청산농협(552-9381), 완도군소안수협 청산지소(552-8640)
교육기관 | 청산초등학교(552-8666), 청산중학교(552-8579)
폐교현황 | 권덕분교, 국산분교, 청산동초등분교, 청산동중분교(552-8579)
전력시설 | 한전계통
급수시설 | 지방상수도 1개소, 간이상수도 9개소

여행정보

교통 | 배편 | 완도 여객터미널에서 45분 소요되는 일반고속훼리가 청산항까지 매일 5회 운항. 축제기간 등에는 주말에 8~10회 탄력적 운항.
섬내교통 | [버스] 청산운수 대형버스(061-552-8546)가 청산고속페리 청산항 입출항시간에 맞추어 도청리에서 동촌리(7.6km)까지 운행.
[택시] 청산개인택시(6인승 갤로퍼 1대), 청산택시(6인승 갤로퍼 4대)
[화물] 천일, 대신정기화물, 호남정기화물, 청산거회운수화물, 청산개별용달, 청산용달화물
여행 | 지석묘와 하마비, 지리 해수욕장, 신흥리 해수용장, 지산리 몽돌해수욕장, 구들장논, 유채꽃밭, 범바위, 슬로우길, 청보리밭과 유채밭, 황토돌담길 등은 영화 〈서편제〉와 드라마 〈봄의 왈츠〉 촬영지로 유명. 4월에 개최되는 청산도슬로우걷기축제.
특산물 | 전복, 미역, 김, 삼치, 멸치, 문어
특이사항 | 주요 문화재로는 읍리의 지석묘가 지방문화재 제116호, 하마비가 제108호로 지정, 고종 22년(1885)에 건립한 종묘사가 있다. 구비전승으로는 효부 이야기 설화와 깨답쟁이 전설, 자장가, 한탄가, 시집살이 노래 등 다수의 민요가 있다. 민속신앙으로는 청산면 당리 마을의 풍어제 굿이 유명하다. 2007년 12월 아시아 최초로 슬로시티와 2008년 가고 싶은 섬으로 지정. 2009년 이후 매년 4월 개최되는 청산도슬로우걷기축제는 전국적으로 많은 관광객들이 찾고 있다.

30년 변화 자료

구분	1973	1985	1996
주소	전남 완도군 청산면 도청리	좌동	전남 완도군 청산면
면적(km²)	38.4	33.28	33.26
인구(명)	10,414	5,899	3,454
	(남: 5,108 여: 5,306)	(남: 2,978 여: 2,921)	(남: 1,741 여: 1,713)
가구수	1,672	1,440	1,169
급수시설	우물 86개	간이상수도 7개소, 우물 322개	지방상수도 1개소, 간이상수도 6개소, 우물 434개
전력시설	자가발전	자가발전(발전기 2대)	한전계통
어선(척)	203	404	276
어가	37	890	345

30

불편함이 행복입니다

청산면 모도

그를 만난 것은 청산도 여객터미널이었다. 청산도에 도착해 허기진 배를 달래러 컵라면에 막 물을 붓고 있을 때였다. 첫배가 오려면 아직 반시간은 기다려야 한다. 여객터미널 직원도 출근하지 않았다. 섬사랑호를 기다리는 사람 몇 명이 긴 나무의자에 몸을 묻은 채 눈을 감고 있었다. 라면을 한 젓가락 집어서 입안에 넣자 미각보다 배 속이 먼저 반응했다. 의자에 앉아 있는 노부부에게 확인차 모도로 가는 배 시간을 확인했다. 계절에 따라 바뀌는 정도는 알지만 변화무쌍한 겨울 날씨 때문에 정말 아는 길도 물어 가야 하는 것이 섬 여행이다. 모도에 살고 있다는 남자가 왜 모도에 가는지, 뭐하는 사람인지 꼬치꼬치 캐물었다. 처음에는 약간 불쾌했지만 나중에야 그 이유를 알았다.

퇴직공무원, 고향에 들다

모도는 완도에서 청산도를 가는 중간에 있는 작은 섬이다. 마씨와 진씨가 처음 들어왔다. 그 후 추씨·김씨·서씨·최씨 등이 들어와 마을을 이루었다. 섬에 띠(띠모, 茅)가 많아 붙여진 지명이라고 한다. 섬의 동쪽과 서쪽에 동리와 서리 두 마을이 있다. 모도에는 작은 섬 '소모도'가 딸려 있다. 그 섬에도 '모북리'라는 마을이 있다. 이 세 마을을 합해서 모도리라고 부르며, 소모도와 비교해 모도를 '대모도'라고도 한다. 인

그 논에는 올해도 벼를 심었을까. 갑자기 궁금해진다. 젊은이들이 모두 떠난 작은 섬마을에 퇴직한 노인이 돌아왔다. 콤바인 대신 낟알을 털어내던 탈곡기는 노인처럼 퇴물이 되어 논자락에 놓였다. 그래도 쓰레기더미에 처박히지 않고 제자리에 있어 얼마나 다행인가.

근에 불근도라는 무인도는 낚시꾼들이 사시사철 찾는 포인트다. 청산면에 딸린 섬 중에서 자연경관이 아름답고 희귀 동식물이 다양하게 서식하고 있어 특정도서(2002. 5. 1.)로 지정하여 관리하고 있다. 모도는 일제강점기에 정두실 등 마을 주민 10여 명이 배달청년회를 조직하여 항일운동을 전개하기도 했다.(소안도 참고) 최근에 개봉한 〈남쪽으로 튀어〉를 촬영했다. 특별하게 세트를 할 필요도 없는, 돌담과 마을 그리고 선창 등이 전형적인 옛날 어촌 풍경이다.

춘삼월이 시작되었지만 아침 바람이 차가웠다. 모도는 섬에 들고 나는 것이 불편하다. 새벽같이 대합실에서 섬사람들이 배를 기다렸던 것도 이 때문이다. 낮에 완도에서 출발한 배가 모도와 청산도를 거쳐 여서도로 들어간다. 반대로 이른 아침에 여서도에서 출발해 청산도와 모도를 거쳐 뭍으로 나온다. 오가는 배가 하루에 한 번 있다. 당일치기로 일을 보는 것이 불가능하다. 그래서 주민들은 청산도행 배를 타고 모도를 지나 청산도에 내렸다가 여서도에서 모로도 가는 배를 갈아탄다. 그리고 뭍에 갈 때는 오후에 모도로 들어오는 섬사랑호를 타고 청산도에서 내려 역시 완도로 가는 배로 갈아탄다. 하루에 일을 보기 위해 환승을 해서 네 번 배를 타는 셈이다. 물론 수십만 원을 주고 배를 대절하는 방법도 있다. 하루에 수차례 작은 섬 앞으로 지나는 청산행 배가 다니지만 모도에 머물지 않기 때문에 그림의 떡이다. 그중 단 한 차례만이라도 인근 작은 섬을 들러 가는 배가 있으면 좋겠다 싶었다.

대합실에서 만난 남자는 이영섭(1945년생)씨로 모도 동리에 살고 있다. 이씨는 아이들을 가르치는 초등학교 선생님이었다. 정년퇴직을 하고 백 살에서 세 살 부족한 어머니를 모시고 고향으로 들어왔다. 김씨가 귀촌을 결정한 것은 두 가지 이유 때문이었다. 첫째, 모도를 행복한 섬으로 만들고 싶었다. 둘째, 부모님이 고향으로 가기를 원했다. 이씨가 사는 모동리는 38가구가 거주하고 있다. 1970년에는 100여 가구가 살았던 마을이다.

"도시에서는 내 나이면 퇴직하고 할 수 있는 것이라고는 아파트 경비밖에 없잖아요. 섬에서의 생활은 달라요. 할 수 있는 것이 너무 많죠."

두어 달 절집을 여행하고 집에 들어온 그에게 방이 차다며 아내가 따뜻한 차를 꺼내 왔다. 섬에 들어와 몇 년 만에 어촌계장과 이장을 맡았다. 의욕이 넘쳐 마을 사람들과 이견도 많았다. 이씨는 최근에 마을 기업에 푹 빠져 있다. 청정해역에서 생산되는 자연산 돌미역, 가사리, 톳, 돌김 등을 이용한 소포장사업을 꿈꾸고 있다. 특별한 투자가 없기 때문에 잘못된다고 해도 큰 손해나 다른 사람에게 피해가 없다는 점이 이씨의 마음을 흔들었다.

이씨는 마을에서 여섯 번째로 고령이다. 어머니는 물론 마을에서 최고령이다. 노인들이 소득사업으로 할 수 있는 것이 뭘까. 그러다 미역, 톳 등 자연산 해조류를 가지고 일자리도 만들고 마을도 활성화시키는 일을 해보자 생각했다. 이야기를 나누는 사이에 이씨의 아내가 떡국을 끓였다. 경로당으로 가져갈 것이라고 했다. 덕분에 점심까지 해결했다. 이씨가 꼭 보여줄 것이 있다며 회관으로 안내했다. 회관으로 가는 길에 마을을 한 바퀴 돌았다. 돌담이 인상적이었다. 회관도 옛날 건물이었다. 안에는 이씨가 모은 책들이 한쪽에 쌓여 있었다. 작은 마을문고를 만드는 것도 이씨가 세운 목표의 하나다. 시선을 붙잡은 것은 마을현황판에 새겨진 글이었다.

"소득이 없어 기초수급자와 차상위급이 30퍼센트에 이르는, 국가의 복지에 의존하는 섬마을이다. 교통편으로는 섬사랑 여객선이 완도에서 하루 1회 운항하여 완도에서 2시간 정도 일을 본다. 무엇을 맘 놓고 할 것인가. 안길과 농로길이 없어 지게로 일감을 운반하는 실정이지만 그나마 억척같은 부지런함에 힘입어 어려움을 견뎌왔다. 젊은이들은 떠났다. 이제 달라져야 한다. 어느 섬에도 없는 천혜의 해조류와 태양이 펼쳐 있다. 바다는 가장 큰 보고다. 환경을 살리면서 개척하여 잘 살고 아름다운 섬을 만들자."

이씨는 칠순을 앞두고 있다. 마을기업을 만들어 고향을 변화시키려는 꿈을 꾸고 있다. 바로 옆에 슬로시티 청산이 있지만 정말 슬로시티는 모도라 해야 할 것 같다. 마을과 섬사람들의 모습이 그랬다. 그런데 혼자 할 수 있는 일이 아니다. 마을 주민들과 함께해야 한다. 외부자본을 끌어들여 개발하는 것이 아니라 주민참여형 마을 가꾸기를 선택했다. 그래서 어려움이 더 많다. 최근 젊은 사람들도 들어오고 관심을 갖기 시작했다. 마을 주민들과 함께하는 데 얼마나 많은 시간이 필요할지 모른다. 이씨가 포기하지 않는 것은 '고향'이기 때문이다. 남은

노인이 고향에 들어와 처음 한 일이 책을 모으는 일이었다. 읽은 사람이 누가 있을지 알 수 없지만 작은 문고를 만들고 싶어 했다. 회관 구석에 얼기설기 나무로 책꽂이를 만들고 기증받은 책과 자신이 가지고 있던 책들을 모았다.

생을 알기 때문이다. 카메라를 들고 외딴 섬에 든 나그네에게 관심을 가졌던 것도 자신이 세운 목표에 도움이 될 수 있는 사람이 아닐까 하는 마음에서였다.

병원보다 굿이다

마을 입구에서 이씨와 인사를 나누고 모도 서리로 향했다. 해안길은 섬 동쪽에서 북쪽으로 향하다 서쪽으로 이어져 있다. 따라서 동쪽에 청산도 지리해수욕장을 바라보며 걷다가 소모도와 완도체도를 보고 돌아서 노화도와 소안도를 볼 수 있는 지점에 이르면 모도 서리에 도착한다. 마을이 가까워지자 보리를 심은 논, 마늘밭, 유자나무를 심은 언덕배기 밭 등 다랭이논과 밭들이 보였다. 경사도를 따라 자연스럽게 만들어놓은 논과 밭이 마을과 바다와 잘 어우러져 마을을 편안하게 했다. 이게 작은 섬을 찾는 행복이다. 모도 동리와 마찬가지로 돌담이 많이 남아 있었다. 1970년대 새마을사업이나 이후 농어촌 정주환경 개선 사업을 추진하면서 이곳 작은 섬까지 벽돌과 시멘트가 제대로 공급되지 않았기 때문일 것이다. 얼마나 다행인가.

모도 서리는 한때 140여 가구가 살았다. 지금은 59가구가 살고 있다. 이들 중 세 가구가 김 양식을 하고 있다. 주민들이 김 양식을 시작한 것은 최근 일이다. 10여 년 전부터 소안 사람들 30여 가구가 모도어장에서 김 양식을 하고 있다. 삼치채낚기, 문어통발 등 어장을 하는 주민들이 몇 있다.

좁은 돌담길을 이리저리 돌아다니다 징소리가 나는 집으로 조심스럽게 찾아갔다. 소를 키우는 헛간 옆에 상을 차려놓고 무당으로 보이는 사람이 수첩을 보면서 독경을 하고 있었고, 그 옆에는 어머니 한 분이 앉아 계셨다. 눈인사를 하고 어머니 옆에 앉았다. 수심이 가득한 어머니는 최근 자식을 잃고 손자까지 병을 얻었다고 했다. 집안에 불운한 일이 계속 생기고, 금년에는 삼재가 든 가족이 세 명이나 있어 정월에 날을 잡아 굿을 하기로 했다. 완도에서 무당을 부르고 간단한 음식을 준비했다. 마을 가운데서 굿을 하기 어려워 선택한 곳이 가축을 기르는 곳이었다. 영문을 모르는 소가 눈을 껌벅껌벅했다. 내친 김에 어장이 잘되기를 비는 풍어제까지 겸해서 축원을 했다.

마을을 한 바퀴 돌고 학생이 한 명 있다는 모도분교를 지나 선창으로 내려왔다. 바람도 불고 가랑비도 내렸다. 피할 곳을 찾다 마을회관으로 들어섰다. 마을회관에서 막 점심을 마친 다섯 명의 어머니를 만났다. 이 중 세 명은 소안면 비자리와 월항리와 이목리가 친정이었다. 나머지 두 분은 소안면 지리가 고향이었다. 소모도 출신의 어머니도 한 분 계셨다. 옛날부터 모도는 청산도에 딸린 섬이지만 소안도와 더 교류가 많았다. 노인들은 모두 칠순이 넘었다. 작은 섬의 시집살이를 문

자 봄에는 풀을 캐서 거름하고, 여름에 콩 갈아서 식량을 했다며 고개
를 흔들었다. 톳밥, 감자순밥, 포래밥(파래밥), 쑥밥으로 끼니를 이어
갔다. 전기불도 신기했고, 1970년대쯤에 TV를 구경했다.

그중 한 분은 모도와 소모도 일대에서 채취한 돌김과 미역 등 해초
를 뭍에 팔았다. 돌김은 소모도와 모도 동리가 괜찮지만 모도 서리는
질이 떨어진다고 했다. 모도 돌김은 스무 장이 한 톳이다. 금년에도 스
무 톳(400장)을 오만 원에 팔았다. 모도 동리 이씨가 김을 소포장해서
팔겠다는 생각을 했던 것도 이렇게 수요가 있으니 해볼 만하다고 생각
했기 때문이었다.

섬을 떠난 주민들, 고향으로 찾아들다

모도 인근 바다는 조류가 빠르고 수심이 깊어 해조류 양식을 엄두도
못 냈다. 일찍부터 김 양식을 해온 소안 사람들이 어장을 이용했다. 매
년 봄에는 자연산 돌미역과 돌김을 채취하고 있다. 돌미역은 7~8가구
씩 다섯 그룹으로 나누어 같은 수로 나누어진 갯바위에서 채취하고 있
다. 각 그룹을 '통'이라 부른다. 모두 다섯 통으로 나뉘어 있다. 각 통
은 매년 순환하기 때문에 미역이 잘되는 통과 안 되는 통의 구분이 없
다. 한 집에 많이 채취할 때는 20손을 채취하기도 한다. 한 손은 20가
닥을 말한다. 불근도와 작은여 등 외만 섬이지만 미역이 잘되는 섬은
개인에게 판매하기도 한다. 입찰자가 많았던 때는 4, 5백만 원에 거래
되었지만 요즘은 100만 원에 거래되고 있다. 주민들 자치법으로 고향
사람들 중 섬을 떠났던 사람이 섬에 귀향해 오면 5년 동안 지켜본 후
해초 채취권을 준다. 모도 동리도 마찬가지다. 모도 동리는 마을 사람
들이 지켜야 할 몇 가지 덕목을 검토한 후 결정하기도 한다. 모도 동리
는 농사가 많고, 모도 서리는 어장이 발달했다.

모도 서리는 금년에 세 명이 귀촌했다. 작년에도 한 명이 섬에 들어왔다. 모두 섬에 고향을 둔 젊은이들이다. 양식을 많이 하는 섬에 비해서 인구 감소가 컸다. 외지인들이 와서 정착한 경우는 없다. 마을 이장은 "외지인이 들어와 마을어장에 참여하려면 10년은 기다려야 할 것이다"라고 했다. 마을 주민들도 외지로 나갔다가 들어오면 5년 정도는 기다려야 한다. 이것이 마을자치법이다. 최근 다시마, 미역, 김 등 해조류와 전복, 굴, 바지락 등 패류 등이 참살이 먹거리로 소비자들로부터 인기를 끌자 어촌과 섬으로 귀촌하는 젊은이들이 늘고 있다. 대부분 고향을 떠났다 돌아오는 섬사람이다. 고무적인 것은 퇴직자만 아니라 젊은 사람들이 돌아온다는 점이다.

모동리는 계절풍 때문에 배를 접안하기가 불편하지만 모도 서리는 상대적으로 좋다. 또 양식어업도 모서리가 발달했다. 모도 동리나 모도 서리 사람은 양식어업에 어두웠다. 자연환경이 양식업을 하기 어려웠기 때문이다. 일찍 김 양식을 시작했던 소안도 사람들이 모도어장을 빌려서 행사를 하고 있다. 1990년이 되어서야 모도에서 김 양식이 시작되었다. 모도는 그물어업이 발달했다. 그렇다고 섬에 거주하는 사람들이 누구나 어장을 이용할 수 있는 것은 아니다. 모도 동리의 경우 최소 5년은 거주해야 한다. 그 사이 5년은 성실성, 도덕성 등 다섯 가지 품목을 검토하는 과정이다. 그리고 1천만 원 정도 마을발전기금을 내야 한다. 마을회관 옆에는 항일운동 기념비가 있다. 완도에는 소안도·신지도·모도·당사도 등에 항일운동 기념비가 있다. 이 중 소안도와 신지도에 비해서 작지만 의미는 그곳 못지않다.

선창에서 배를 기다리다 선창에서 투망을 들고 망부석처럼 서 있는 사람을 보았다. 몇 번이고 그물을 던지려다 멈칫했다. 그리고 연신 회관 쪽을 쳐다보는 것이 조용히 하라는 눈치였다. 배 시간이 가까워지자 몇 사람이 선창으로 내려오면서 웅성거렸다. 그중에 굿을 하던 무당도 있었다. 손바닥만 한 길이의 숭어새끼들이 시꺼멓게 떼를 지어 선창 안쪽으로 몰려들고 있었다. 주민은 그물을 던져 잡으려고 기회를 보고 있었다. 숭어가 얼마나 영악한가. 발소리와 목소리와 그림자만 보아도 안쪽을 들어가는 것을 포기한다. 기회를 엿보던 주민이 그물을 던졌다. 그리고 아쉬운 눈빛을 보냈다. 어제는 단 한 번의 투망으로 양동이에 가득 숭어를 잡았는데 이번에는 반도 차지 않았기 때문이었다. 배가 도착했다. 숭어를 잡던 사람은 그물을 사려 한쪽에 놓고 다시 숭어가 선창으로 몰려오기를 기다렸다. 배는 청산도로 떠났다.

개황 | 대모도(大茅島)

일반현황

위치 | 전남 완도군 청산면 모도리
면적 | 4.15km² **해안선** | 21.6km **육지와 거리** | 13.3km(완도항)
가구수 | 103 **인구(명)** | 193(남: 91 여: 102) **어선(척)** | 40 **어가** | 59
어촌계 | 모동리·모서리

공공기관 및 시설

공공기관 | 모동리사무소(061-552-9931), 모서리사무소(552-8107), 완도경찰서(552-8112), 모도보건진료소(552-8258), 청산도모도우편취급국(552-8004)
폐교현황 | 청산초등 모도분교(모서리), 청산초등 모동분교(모동리)(1996년 폐교)
전력시설 | 한전계통
급수시설 | 간이상수도 2개소

여행정보

섬내교통 | 동·서 부락 간 연결도로가 아직 개통되지 않아 차량편을 통한 섬내 교통은 이루어지지 않고 자가선박을 이용하여 왕래가 이루어지고 있음.
특산물 | 전복
특이사항 | 띠가 많다고 하여 모도라고 칭하였으며 인접한 두 섬 중 큰 섬이라 대모도라 했다. 청정해역으로 전복 등 해산물이 많이 나며 바다 낚시터로도 유명하다. 음력 정월 초하루 산신당에서 산신제를 모셨다. 제주는 제 지내기 1개월 전부터 외도를 금하고 정성을 드려 만수무강과 소원성취를 빈다. 또 마을 내에서 흉한 일이 발생하면 제주가 산신제를 잘못 모셨기 때문이라고 탓하고 산신제를 다시 모실 정도로 믿음이 강했다.

30년 변화 자료

구분	1973	1985	1996
주소	전남 완도군 청산면 모도리	전남 완도군 청산면 모동리	전남 완도군 청산면 모도리
면적(km²)	2.08	5.83	-
인구(명)	1,444	654	308
	(남: 738 여: 706)	(남: 336 여: 318)	(남: 158 여: 150)
가구수	238	179	128
급수시설	우물 6개	우물 31개	간이상수도 2개소, 우물 1개
전력시설	-	자가발전(발전기 2대)	한전계통
어선(척)	29	31	25
어가	19	164	70

31

저 돌담은 누가 쌓았을까
청산면 소모도

선창에 내렸다. 혼자다. 외딴 섬을 찾는 사람도 없지만 뭍에 갔다 들어오는 주민도 없었다. 선창에는 배가 세 척이다. 어장관리선을 포함해 두 척과 작은 배 한 척, 모두 세 척이 선창 구석에 정박해 있었다. 선창 너머 숲 사이로 색칠한 지붕이 보였다. 가파른 숲길을 지나자마자 긴 돌담이 팔을 벌려 반겼다. 세상에 이렇게 아름다운 마을이 숲 속에 숨어 있다니. 깜짝 놀랐다. 집들은 허름하고 곧 무너질 것 같은 집도 있었다. 하지만 전혀 빈궁해 보이지 않았다. 오래된 돌담 때문이었다.

새마을운동, 그 아픈 기억

내가 살던 시골 마을에도 돌담이 예뻤다. 흙담도 많았다. 새마을사업으로 모두 블록으로 바뀌었다. 초등학교 때였다. 논두렁 밭두렁을 지나 집에 들어선 내 눈에 들어온 것은 마당에 내동댕이쳐진 지붕을 덮고 있던 이엉들이었다. 지붕 위에 올라앉은 면직원의 손에는 쇠스랑이 들려 있었다. 논에서 소식을 듣고 한달음에 달려온 아버지는 체념한 듯 마루 끝에 앉았고, 어머니는 면직원들을 향해 어떻게 이럴 수 있느냐며 원망을 했다.

　슬금슬금 내려온 그들은 뒷집으로 올라갔다. 그 집도 사정은 우리와 같았다. 뜯겨버린 이엉 대신 그 후로도 한참 동안 지붕을 덮고 있었

이렇게 아름다운 돌담은 본 적이 없다. 좁은 골목길을 걷는 데는 5분도 채 걸리지 않는다. 열 바퀴 넘게 돌고 또 돌았다. 그래도 싫증이 나지 않았다. 노인들은 모두 집 안에 들어앉았는지 마을회관에 모여 있는지 기척도 없어 혼자서 골목길을 차지했다.

던 것은 비닐이었다. 그것은 비가 들지 않도록 한 임시방편이었다. 그때는 벽돌을 쌓아 시멘트를 바르고, 지붕을 슬레이트로 바꾼 집이 그렇게 부러웠다. 게다가 흙 마당을 시멘트로 바른 집은 나의 로망이었다. 내가 기억하는 새마을사업이었다.

소모도의 돌담은 내가 본 섬마을 중 으뜸이었다. 돌담은 그 옛날 가난의 상징이었다. 새마을사업을 하면서 농어촌의 구불구불한 골목길은 직선으로 뚫렸다. 차곡차곡 모양새에 맞춰 쌓은 돌담은 반듯한 블록으로 바뀌었다. 섬마을 돌담은 이때도 고집스럽게 자리를 지켰다. 특히 작은 섬은 더욱 그랬다. 섬 살림도 빠듯했지만 나라 살림도 곤궁해 작은 섬마을까지 환경 개선 자금을 지원해줄 여력이 없었다. 고속도로변과 육지에 있는 큰 마을에 먼저 투자를 하다 보니, 섬마을에까지 신경 쓸 겨를도 없었다.

돌담, 자원이 되다

얼마나 다행인가. 벽돌담은 세월이 흐르면서 추해졌지만 돌담은 세월이 흘러갈수록 차곡차곡 삶의 흔적들을 쌓아갔다. 시멘트담은 쓰레기로 변해갔지만 돌담은 보물이 되었다. 소모도의 돌담이 그랬다. 게다가 송악, 담쟁이, 마삭줄 등 넝쿨이 담을 감싸고 있었다. 20여 집이 사는 작은 섬마을을 돌아보는 데 시간이 얼마나 걸리겠는가. 돌담이 좋아 서너 바퀴를 돌았다. 그리고 돌담 너머로 고개를 내밀고 말을 걸어오는 동백꽃에 눈을 맞추었다.

삼십여 년 공직생활을 하다 백발이 되어 고향에 돌아와 다시 보니 이제야 돌담이 아름답게 보이기 시작했다는 노인의 말이 그대로 가슴에 박혔다. 그 옛날 노인에게도 돌담은 가난과 고통의 상징이었다. 그런데 지금은 사정이 바뀌었다. 돌담의 가치가 새롭게 떠오르면서 사람이 떠난 빈집을 지키고 있는 돌담을 통째로 걷어갔다는 이야기도 들린다.

돌담이 아름답게 보인다는 것은 그만큼 삶의 연륜이 쌓였다는 것이다. 세월의 흔적을 훈장처럼 달고 있는 돌담이 마치 삶을 대변해주는 것처럼 느껴지니 말이다. 몇 년 전에는 어느 섬마을 돌담이 문화재로 지정을 받았다.

섬살이를 위해서 돌은 꼭 필요한 존재다. 청산도에서는 비탈진 곳을 개간하여 돌을 쌓고 깔아 '구들장논'을 만들었다. 제주에서는 돌로 올레를 만들고, 말과 소가 들어오지 못하게 밭담도 쌓았다. 죽은 자를 위해 '산담'을 쌓고 산 자를 위해 바다에 '원담'을 쌓아 멸치를 잡았다. 청산도의 구들장논은 우리나라 국가농업유산 1호로, 제주도 돌담밭은 2호로 지정되었다. 그리고 2014년 세계중요농업유산으로 등재되었다. 수세기에 걸쳐 만들어진 전통농업과 농지이용 방식, 문화, 경관, 생물이 풍부한 지역을 선정해 미래세대에 계승할 목적으로 만들어진 제도다.

섬살이에서 돌은 모양과 생김새만큼이나 다양하게 사용되었다. 제주에는 뭍으로 물질을 하러 간 잠녀들이 돈을 벌면 꼭 돌확과 다듬이 돌을 사서 섬으로 돌아왔다고 한다. 밭농사를 지어 얻은 곡식을 빻아 끼니를 해결했고, 옷을 해서 풀을 먹인 다음 다듬이로 두드려야 했기 때문이다. 집 주인이 떠난 마당 한 귀퉁이에 덩그러니 놓인 돌확이 그것이다.

고마운 문어와 미역

돌담이 아름다운 집을 기웃거리다 팔순을 앞둔 노부부를 만났다. 마당에 들어서니 바다가 한눈에 들어왔다. 기름이 배달되지 않는다며 가스 비용도 아끼고 물을 데워 빨래도 할 겸 나무를 썰고 계셨다. 그런데 앉는 모습을 보니 다리가 불편해 보였다. 톱을 달라고 해서 나무를 썰었다. 김금안(1936년생) 황경래(1937년생) 부부는 아들과 딸을 각각 두 명씩 두었다. 문어 단지로 사철 문어를 잡고, 봄부터 찬바람 날 때까지는 멸치잡이를 하는 집에 일을 도우며 살았다. 해안가에서 미역과 톳을 뜯어 생활비를 보탰다. 한때 50여 가구가 살 때는 해안을 네 통으로 나누어서 채취를 했다. 한 통에 열댓 가구로 구성되었다. 미역이 잘될 때는 한 집에 100뭇을 채취했다. 당시로는 큰돈이었다. 문어와 미역이 섬살이를 책임졌다. 이렇게 잡은 문어와 미역은 말려서 목포로 보냈다.

당시 뱃길은 완도―청산도―소모도―대모도―노화도―어란진(해남)―벽파진(진도)―목포로 이어졌다. 노부부는 이제 몸이 불편하다. 남편보다 한 살이 많은 김씨는 다리가 불편하고 뇌경색도 있다. 게다가 한쪽 눈도 잘 보이질 않는다. 황씨 몸도 종합병원이다. 동맥질환, 파킨스, 전립선 등 성한 곳이 없다. 나무를 써는 동안 마당에 물을 끓

문을 닫은 학교의 교실 한 귀퉁이 책장에 차곡차곡 쌓아놓은 책들이다. 박정희 전 대통령이 쓴 '민족중흥의 길'을 비롯해 '대통령의 탄생' '남북대화' 등 당시 시대상을 읽을 수 있는 책들이다.

이기 위해 만들어놓은 아궁이에서 쑥떡이 익어갔다. 어머니는 남편에게 떡을 하나 드리고 다른 한 개는 나에게 주었다.

황 노인이 알려준 대로 마을 뒷산 당산나무를 찾아 올라갔다. 보름이 지난 지 얼마 되지 않아서일까. 길이 잘 다듬어져 있었다. 작은 나무와 잡목들 사이를 지나 정상에 아름드리 소나무가 우뚝 솟아 있었다. 옆에 있는 바위도 범상치 않았다. 용이 하늘로 올라가다 잠깐 쉬었다는 '용바위'였다. 소나무는 수령이 300년이나 되었다. 완도군이 산림유전자원보호림으로 지정한 나무였다.

내려오는 길에 학교에 들렀다. 후박나무와 잣밤나무 숲으로 둘러싸인 아담한 학교였다. 그런데 정문에 '모북국민학교'라는 문패가 그대로 남아 있었다. 일제의 흔적이라며 국민학교라는 명칭을 초등학교로 바꾸면서 모두 사라졌던 교명이다. 교훈이 '성실'이었을까. 교문 왼쪽에 시멘트로 탑이 만들어져 있었다. 탑 아래 '하면 된다 긍지를 갖자'라

오랜 시간이 흘렀지만 작은 섬마을에 변하지 않고 제구실을 하는 것은 우물과 돌담뿐인 것 같다. 수도꼭지만 틀면 부엌에서도 마당에서도 물이 콸콸 쏟아지지만 옛날 우물의 고마움을 잊을 수 없다.

고 쓴 작은 탑도 있었다. 운동장 가운데는 밭작물을 건조하는 비닐하우스가 두 동 지어져 있었다. 바다가 보이는 곳에는 주민들이 이용할 수 있도록 정자가 자리를 잡았다. 학교를 만들 때 부지는 마을 주민이 내놓았고, 건물은 국가에서 지었다. 섬에서 만난 주민은 학교를 주민들이 이용할 수 있도록 돌려줘야 한다고 했다. 교실에는 교구와 책들이 한쪽에 쌓여져 있었다. 책들을 보다가 쓴 웃음을 지었다.

'민족중흥의 길, 북한관계자료집, 대통령탄생, 6·25실증자료, 민족과 우방, 반공, 국민대공교범, 남북대화……'

다시 골목길로 나와 노부부의 집으로 돌아왔다. 잠깐 인연을 맺은 사람들이지만 내 집처럼 자연스럽게 들어가 마당에 앉았다. 배가 올 때까지 햇볕이 좋은 마당에 앉아 음악도 듣고 책도 읽는 호사를 누렸다.

개황 | 소모도(小茅島)

위치 | 전남 완도군 청산면 모북리
면적 | 0.37km² **해안선 |** 8.0km **육지와 거리 |** 11.5km(완도항)
가구수 | 27 **인구(명) |** 39(남: 20 여: 19) **어선(척) |** 2 **어가 |** 22
어촌계 | 모북리

공공기관 및 시설

폐교현황 | 청산초등 모북분교(1996.3.1. 폐교)
전력시설 | 한전계통
급수시설 | 간이상수도 1개소

여행정보

교통 | 배편 | 완도항(061-552-0116)에서 정기여객선이 1일 1회 운항한다.
특산물 | 멸치, 유자, 돔, 우럭, 삼치
특이사항 | 대모도에 비해 작은 섬이라 소모도라고 칭한다. 예부터 호국정신이 투철한 인물이 많았으며 대표적인 사람으로 천홍태라는 인물이 있다. 정월 초하루에는 섬의 평온과 풍농, 풍어와 주민들의 만수무강을 기원하는 산신제를 지냈다.

30년 변화 자료

구분	1973	1985	1996
주소	전남 완도군 청산면 모도리	전남 완도군 청산면 모북리	좌동
면적(km²)	0.34	0.78	–
인구(명)	275	120	87
	(남: 138 여: 137)	(남: 59 여: 61)	(남: 42 여: 45)
가구수	42	37	37
급수시설	우물 2개	간이상수도 1개소, 우물 1개	간이상수도 1개소
전력시설	–	자가발전(발전기 1대)	자가발전(발전기 1대)
어선(척)	10	6	8
어가	4	33	27

아이고 섬, 징합소

청산면 장도

"들어가면 나오는 배가 없는데…."

승무원에게 장도에 내려 달라고 하자 다시 물었다. 오가는 사람이 거의 없는 작은 섬에 주민도 아닌 것 같은데 내려 달라고 해서 이상했던 것이다. 소모도에서 청산도로 가는 길에 장도에 들렀다. 장도는 섬의 모양새가 길게 뻗어 있어 붙여진 이름이다. 1971년에는 13가구 50명이 살았다. 1990년대에는 주민은 20명으로 줄었지만 가구는 늘어 18가구나 되었다. 멸치잡이와 연안 연승이 활발했기 때문이었다. 장도는 청산도와 200미터의 거리에 있다. 김씨와 박씨 두 집을 제외하면 아홉 가구가 최씨다. 박씨는 최근에 들어와 전복 양식을 하고 있다. 장도는 행정구역으로는 청산면 지리에 속한다.

장도에는 계절풍인 샛바람과 하늬바람을 막을 수 있는 지형지물이 없다. 돌담이 지붕을 덮을 만큼 높은 것도 바람 탓이다. 완도가 김 양식으로 풍요로울 때 장도 사람들은 멸치잡이로 생활했다. 바람 때문에 양식을 할 수 없었지만 좋은 어장을 가지고 있었다. 어장이 잘될 때는 사람들이 많아 식수가 부족할 정도였다. 낚시(연안 연승)로 돔, 농어, 삼치 등을 잡았다. 한때 고대구리어업으로 새우를 잡기도 했다. 스무 가구가 살 때는 섬 전체가 온통 멸치잡이에 나섰다. 어장이 그만큼 좋았다. 작은 섬에다, 물 사정도 좋지 않고, 계절풍에 밭작물도 잘되지

교통이 불편한 작은 섬이지만 가구가 늘었다. 전복 양식을 하기 좋고, 멸치가 많이 들어 낭장망을 하는 사람도 있다. 청산도와 200미터 내외의 거리에 있어 자기 배로 움직인다면 크게 불편함이 없는 섬이다.

않았지만 어장이 좋아 유인도로 남을 수 있었다.

"나갈 배는 없는데, 어떻게 나가려고 들어왔어요?"

소안면 맹선리에서 갓 스무 살에 시집온 이씨(63세)는 만나자마자 나갈 일을 걱정해주었다. 객선이 없다는 것을 알고 왔느냐는 투다. 청산면 지리에 사는 김송기씨에게 배를 부탁했지만 내심 걱정이다. 선창에서 미역 양식 줄을 갈무리하던 김씨(70세)가 배에서 막 내린 마을 주민을 소개해줬지만 내일 어장에 나갈 기름밖에 없다며 난색을 표했다. 배 삯을 주겠다고 제안했지만 그냥 집에 들어가버렸다. 이젠 전화를 기다리는 것이 유일한 희망이었다.

김씨는 청산면 지리가 친정이다. 한때는 낭장망을 여섯 통(그물) 놓아 남편과 함께 멸치를 잡았다. 그때는 멸치잡이를 하지 않는 주민들

하루에 딱 한 번 왔다 가는 객선이다. 머무는 시간은 잠깐이다. 그 배를 타고 지척에 있는 청산도로 나가야 완도로 가는 배를 탈 수 있다. 그 배에서 내렸다.

이 있어 건조하고 포장하는 일을 할 수 있었다. 그 후 멸치잡이가 돈이 되자 마을 주민들이 모두 멸치잡이에 나섰다. 하지만 청산면 국화리에서 본격적으로 멸치잡이를 시작하면서 작은 섬 장도의 멸치잡이는 타격을 받았다. 20년 전쯤 장도에도 전복 양식이 시작되었다. 김씨도 그 무렵 전복 양식을 시작했다. 그리고 몇 년 전 남편이 죽고 나서 200여 칸 되는 전복 양식을 혼자서 꾸려가고 있다. 마을에 일을 도와주는 친척과 가끔씩 직장 생활하는 아들이 와서 일을 해주고 있다. 두 해 전에 멸치잡이는 그만두었다.

"아이고 섬, 징합소."

김씨가 이야기를 나누다 불쑥 내뱉은 말이다. 왜 그렇지 않겠는가. 멸치잡이와 전복 양식을 함께 했던 이씨도 최근 허리를 다쳐 멸치잡이

388

작은 섬에도 어김없이 교회는 있다. 주민이 살지 않아도 섬은 교회가 지킬 것이라는 우스갯소리를 한 적도 있다. 그만큼 섬에 교회가 많다. 한 마을에 한 개는 꼭 있고, 그보다 많은 경우도 있다.

는 그만두었다. 전복도 힘들지만 멸치잡이가 더 힘든 것은 낮과 밤이 없기 때문이다. 바다 시간은 인간의 맘대로 되는 것이 아니다. 드나드는 바닷물을 따라 그물에 멸치가 들기 때문에 물때가 되면 밤이든 낮이든 나가야 하는 것이 멸치잡이다. 든 멸치를 털어주지 않으면 그물이 터지고 목돈이 들어가기 때문에 싫든 좋든 나가야 한다. 내 몸 사정을 헤아려주지 않는 것이 바다다.

밭에서 잡초를 뽑고 있던 이씨에게 섬이 경사지지 않고 흙도 좋아 밭농사는 괜찮을 성싶다고 물었다. 하지만 대답이 시원찮았다.

"하늬바람 샛바람 아구지라."

밭작물도 어렵다는 것이다. 계절풍으로 바다농사도 어렵지만 밭농사도 힘들다는 것이다. 최근에 시작된 전복 양식도 남동풍과 북서풍을 모두 피할 수 있는 '너메'(마을 뒷산 너머 바다)에서 겨우 하고 있다.

나이 든 노인들은 멸치잡이와 연승으로 자식들을 키웠다. 20여 가구가 10여 가구로 줄었지만 그중 절반은 자식들이 전복 양식으로 대를 잇고 있다. 모두 뭍으로 나갔던 자식들이지만 다시 바다로 돌아온 것은 마을어장이 있고, 부모님이 섬을 지키고 있었기 때문이다. 비록 아이들은 완도나 뭍에 두고 오가는 사람들이지만 이들이 있어 작은 섬은 사람 사는 섬으로 지속될 것 같다.

개황 | 장도(長島)

일반현황

위치 | 전남 완도군 청산면 지리
면적 | 0.14km² **해안선** | 3.0km **육지와 거리** | 15.8km(완도항)
가구수 | 9 **인구(명)** | 18(남: 10 여: 8) **어선(척)** | 16 **어가** | 7
어촌계 | 지리[청도]

공공기관 및 시설

폐교현황 | 청산초등청장분교(1993. 9. 1. 폐교)
전력시설 | 한전계통
급수시설 | 지방상수도 1개소

여행정보

특산물 | 톳, 미역, 돔, 우럭, 삼치
특이사항 | 섬의 형태가 길어서 붙여진 이름. 장도에는 섬 구석구석 조상들이 지어 부른 다양한 지명이 전해온다. 그늘다네, 터진복, 불추끝, 앞매짝히, 괴초지, 들성바위가당섭, 배담버리, 자연의 동굴, 윗글에, 빙지끝 등 현지 우리말 지명이 발달.

30년 변화 자료

구분	1973	1985	1996
주소	전남 완도군 청산면 지리	좌동	좌동
면적(km²)	0.15	0.20	0.19
인구(명)	50	76	29
	(남: 23 여: 27)	(남: 39 여: 37)	(남: 15 여: 14)
가구수	13	18	14
급수시설	우물 1개	우물 1개	상수도 시설 1개소
전력시설	–	자가발전	한전계통
어선(척)	8	14	12
어가	8	16	14

작은 섬, 큰 꿈을 꾼다
청산면 여서도

"청산도는 무너질 정도로 사람들이 많지요. 그 사람들 중 1퍼센트만 여서도에 오면 됩니다. 5퍼센트도 너무 많아요. 우리 섬은 작아서 수용할 수 없거든요."

여서리 청년회장 김호(38세)씨는 여서도의 희망을 '해양레저'에서 찾고 있다. 작은 섬마을에서 낚시와 스킨스쿠버도 운영하고 있다. 여서도는 40여 가구가 겨우 넘는 작은 섬마을이다. 오가는 배라야 오후 늦게 도착해 아침 일찍 나가는 단 한 편뿐이다. 하룻밤을 머물지 않고는 오갈 수 없는 곳이다.

여서도는 숙종(1675~1720년) 때 진주 강씨가 처음으로 섬에 들어온 후, 경주 정씨·김해 김씨 등이 들어와 마을을 이루었다. 여서도의 지명 유래는 좀 특별하다. "고려조 목종 10년(1007년)에 탐라 근해에 대지진이 7일간이나 계속되었다. 운무가 없어진 후 큰 산이 바다에 솟아올랐다. 조정에서는 새로 생긴 섬을 확인하고 상서로이 생겨난 섬이라 서산(瑞山)이라 했다. 고려조에 생겨난 상서로운 산이라 해서 여서도(麗瑞島)라 했다"고 한다. 일제강점기에는 다로지마[太郎島]라 부르기도 했다. 옛 지도에 여서라는 지명이 나오는 것으로 보아 이전부터 불렀던 지명으로 보인다. 완도와 제주 중간에 위치해 있다. 완도에서 남쪽으로 가장 먼 곳에 있는 섬이다. 완도 항에서 출발한 섬사랑호로 세 시간, 청산도에서 한 시간 거리에 있는 먼 섬이다. 주변 바다가 깨끗하여 바다 속이 훤히 들여다보일 정도다. 산림은 아열대상록수림으로 울창하다. 섬 전체가 낚시터로 연중 낚시꾼들이 찾고 있다. 한때 300여 가구가 살 정도로 번성했던 섬이며 초등학교도 있었다. 30여 년 전부터 사람들이 섬을 떠나기 시작해 지금은 40여 가구만 남았다. 그래도 섬마을의 자존심인 성황당의 당제는 거른 적이 없다.

천연 낚시터, 또 하나의 자원

한 시간 남짓 거리에 있는 청산도는 휴가철이나 연휴에는 도청항에 발 디딜 틈이 없다. 여서도를 찾던 날도 그랬다. 6월 황금연휴에 모든 일을 작파하고 여서도를 찾았다. 그래 봤자 섬에서 오롯이 머물 수 있는 시간은 하루뿐이다. 완도에서 2시 30분 출발하는 배를 타야 하는데 미적거리다 늦어버렸다. 달도에서 완도로 들어서자마자 버스에서 내려 택시를 타고 여객선터미널에 도착하니 3시 15분. 겨우 청산도에 가는 배를 탔다. 직접 여서도로 가는 '섬사랑호'는 놓쳤지만 청산도에 가는 배라도 타서 다행이었다. 섬사랑호가 빨리 출발했지만 대모도와 소모도 등 작은 섬 몇 곳을 거쳐야 하기 때문에 내가 탄 배와 비슷하게 청산도항에 도착한다. 섬사랑호 선장에게 도청항에서 기다려 달라고 전화를 걸었다. 청산도 선창은 내리려는 사람과 타려는 사람으로 인산인해다. 섬사랑호에 오르자마자 배가 도청항을 빠져나와 여서도로 출발했다. 호수 같은 바다에 이것이 섬 여행이구나 싶었다. 이렇게 조용하고 착한 바다를 두고 세 번 아니 네 번 시도해야 겨우 갈 수 있는 곳이라는 말을 믿을 사람이 있을까. 알 수 없는 곳이 바다다. 그래서 섬 여행은 매력적이고 빠져드는 모양이다. 아무튼 축복받은 날이다. 이런 섬을 두고 북새통을 치르며 청산도에만 가려는 사람들이 측은하기까지

했다. 동행을 한 막내는 선실로 갔다 밖으로 나왔다 신이 났다. 아내도 오랜만의 동행이라 행복해했다.

우리 일행 다섯 명을 포함해 승객은 낚시꾼 두 명과 커플 한 쌍, 주민 여섯 명, 공사를 하러 가는 작업인부 두 명 그리고 지게차와 트럭 한 대와 오토바이가 전부였다. 멀리 여호산 정상에 흰 구름이 걸려 있어 섬이 더욱 신비스럽게 보였다. 여서도는 사계절 낚시꾼들이 찾는 섬이다. 특히 갯바위 낚시로 으뜸이다. 물이 맑고 투명하며 겨울철에도 수온이 높아 고기들이 섬 주변 바다에 머물기 때문이다. 요즘 주민들은 그물을 놓아 참소라, 문어를 잡고, 낚시꾼들은 돌돔과 참돔을 잡기 위해 여서도를 찾고 있다. 마을 주민들은 '갯공사'라고 부르는 미역을 채취해 말리느라 여념이 없었다. 섬을 둘러싸고 있는 갯바위에 자라는 자연산 돌미역은 지역 주민들의 공동 수입이다. 한 손(12가닥)에 12만 원으로 거래되는 여서리 미역은 관광객은 물론 맛을 아는 사람들의 주문이 끊이질 않는다. 청년회장과 이야기를 나누는 중에도 주문전화가 몇 통 걸려왔다. 심지어 낚시꾼들이 잡은 고기를 사서 보내 달라는 전화도 있었다.

여서도 주변은 망망대해다. 그래서 바다가 거칠고 이곳에서 잡은 물고기는 육질이 쫀득쫀득하다. 미역은 길고 가늘며 질기다. 자연산 돌미역이 다 그렇다. 대신 오래 끓여야 뽀얀 사골처럼 고소한 맛을 볼 수 있다. 먼 바다에 안전한 선창을 만들기 위해 물길이 S자형으로 이어지도록 트라이포트로 방파제를 쌓았다. 안전한 선창을 얻는 대신에 집 앞에 낚싯대만 드리우면 물고기를 잡던 좋은 어장은 사라졌다. 한때 200여 명이 섬에 머물 때에도 큰개(선창)에서 전복, 낙지, 소라, 미역 등 모든 해산물을 채취해 먹고 팔았다. 방파제를 쌓고 나서 전복은 찾기 어렵고 밤에 눈먼 낙지만 한두 마리 잡을 뿐이다. 지금이라도 바닷물이 소통할 수 있게 바꾼다면 선창 안은 단순하게 배를 정박하는 곳이 아니라 천연 낚시터가 될 수 있을 것이라는 것이 청년회장의 설명이다.

마을 주민 인증

해 질 녘이 되자 주민들이 하나둘 선창으로 모여들었다. 그리고 각각 널어놓은 미역을 걷기 시작했다. 여서도의 자연산 돌미역은 주민들에게 각별하다. 팔아서 자식들을 키우고 결혼시킬 수 있는 유일한 해산물이었다. 소금이 귀해 생선을 갈무리해두기 어려웠던 시절에 이 미역을 말려서 보관해두었다가 비쌀 때 팔아서 돈을 마련했다. 이보다 중요한 것은 미역을 채취할 권리를 갖는 것으로, 주민으로 인정받았다는 증표이기 때문이다.

선창 옆 마을창고에 이를 입증이라도 하듯 '공고문'이 붙어 있었다. 공고문의 제목은 '여서리 마을 주민 인증 결정문'이었다. 2008년 1월 1일부터 주민일동의 결정으로 시행된다고 밝혔다. 마을 주민 중 이유

낚시꾼들이 찾는 완도의 포인트는 여서도와 황제도다. 황제도는 뱃길이 불편하지만 여서도는 황제도에 비해서 객선을 이용하기 좋다. 또 섬에 낚싯배가 있어 비용도 저렴하고 지역사정을 꿰뚫고 있어 원하는 곳에 내려다 준다.

없이 1년 이상 행방불명, 실종, 사망시에는 인증하지 않는다고 했다. 장기입원환자, 재소자, 군복무자는 제외했다. 또 1년 이상 출타하거나 2개월 이상 타 지역으로 전입한 뒤 마을에 다시 전입한 자는 배당금이 줄어든다.

선창에는 이런 경고문이 붙어 있었다.

이곳은 면허제2108호 패류, 해조류 마을 공동양식장입니다. 전복, 소라, 해삼, 미역, 진포, 병포 및 수산물, 식물을 무단으로 포획 또는 채취 행위시는 관련법에 의거 법적처벌을 받게 되오니 각별히 주의하시기 바랍니다.

대원군의 쇄국정책 흔적을 만나다

민박집 주인이 병어 회를 썰고 맛깔스런 밑반찬으로 차려온 점심에 반주까지 한 잔 하니 잠이 슬슬 밀려왔다. 졸음도 쫓을 겸 주인이 권한 등산을 하기로 했다. 산능선으로 오르는 길까지가 문제지 오르고 나면 길이 잘 나 있을 거라고 했다. 성처럼 쌓은 돌담을 지나 마을 우물에 이르러 잠깐 쉬었다. 먼 섬에서 사람이 살기 위해 꼭 필요한 것 중하나가 우물이 아니던가. 산이 깊으면 물이 좋은 것은 자연의 이치다. 한 번 들어가면 쉽게 나올 수 없어 '애 배서 나오는 섬'이라는 별호를 가진 섬이다. 제주 여자들이 물질을 하러 뭍으로 나오다 이곳에 머물렀던 것도, 물이 좋고, 바다 미역, 우뭇가사리, 소라, 전복이 많았기 때문일 것이다. 정분이 나 이곳을 또 다른 고향으로 삼은 사람은 또 얼마나될까. 물 맛은 예나 지금이나 변함이 없을 터인데 사람은 떠나고 없다. 최근 여름장마로 서울과 경기지역은 침수지역이 생기고 물난리로 야단이지만 남쪽은 비를 구경하기 어려웠다. 물 사정이 많이 좋아졌지만 여

여호산 정상에 봉화대가 있다. 서양 선박들이 자주 조선에 출몰하자 대원군이 이를 감시하기 위해서 쌓도록 했다고 전하는 곳이다. 마을에서 산으로 오르는 길만 잘 찾는다면 방목하는 소들이 자주 오가서 걷는 길만큼이나 길이 좋다.

서도·어룡도·마삭도는 제한급수를 시작한다고 했다.

사람들이 많이 다니는 길이 아니라는데도 등산로가 잘 만들어져 있다. 다랭이논은 묵힌 지 오래되었는지 잡목이 자리를 잡았다. 민가와 가까운 밭에서는 채소들이 자라고 있었다. 마지막 민가는 주인이 언제 떠났는지 알 수 없고 소가 안방을 차지하고 있었다. 산으로 오르는 좁은 길은 돌밭 길이다. 곳곳에서 마디풀과에 속하는 며느리밑씻개, 며느리배꼽 등이 길을 막았다.

사람들이 오가지 않았다는 증거다. 거칠지만 능선에 오르면 길을 찾는 것이 어렵지 않았다. 그 길을 지나자 능선으로 접어들었다. 오히려 산길이 더 좋았다. 여기서부터는 소똥만 밟고 가면 일주할 수 있다는 민박집 주인의 말이 떠올랐다. 마른 소똥이 보이더니 점점 무른 소똥이 발에 밟혔다. 가까이에 소들이 머물고 있다는 증거다. 가쁜 숨을 몰아쉬고 소똥을 피해가며 여호산 정상(352미터)으로 향했다.

한 시간여 올랐을까. 여서도항을 출발한 객선이 하얀 꼬리를 달고 청산도로 향하는 모습이 보였다. 온통 바다다. 그곳에 모양이 잘 갖춰진 돌담이 남아 있다. 소를 키우는 목자들이 머물렀던 곳일까. 나중에 알았다. 그곳은 서양 선박들이 조선으로 들어오는 것을 감시하기 위해 이곳에 설치된 요망대(권설봉수)의 봉군들이 머물던 숙소였다. 대원군의 계획이었다. 바닥에 구들장이 놓여 있다. 요망대는 정상에서 500

옛날에는 한 번 들어가면 쉽게 나오지 못하는 섬이라 해서 '애 배서 나오는 섬'이라 했다. 이 섬에 부임한 파출소장이 산에 올랐다 길을 잃어 섬이 발칵 뒤집히기도 했다. 작지만 첩첩이 쌓인 겹산이라 물도 좋고 숲도 좋다. 덩달아 바다도 좋다.

미터 정도 떨어져 있다. 정상에는 횃불을 올리던 연대가 있다. 마치 돌로 만든 참호 같다. 연대는 한 곳이 아니다. 모두 다섯 곳이 몇 미터씩 떨어져 있다. 북쪽과 동쪽 조망이 아주 좋은 곳이다. 북쪽은 청산도로 향하고 동쪽은 거문도 방향이다. 거문도가 어떤 곳인가. 열강들이 앞다투어 들어왔던 곳이 아닌가. 영국군은 한동안 거문도를 점령하기도 했다. 그곳에서 거리가 35킬로미터 남짓이다. 청산도까지 거리가 20킬로미터인 것을 생각하면 얼마나 가까이에 있는지 알 수 있다. 1940년대 초반까지 주민들은 요망대를 지켰다고 한다. 일곱 명이 한 팀이 되어 24시간 근무했다. 지나는 배를 발견하면 한 시간 걸려 올랐던 그 길을 십여 분 만에 달려 내려와 일본 순사에게 알렸다고 한다. 두 명이 돌아가면서 근무했다. 정상에 올랐다. 온통 바다다.

사람은 길을 잃고, 소는 길을 찾는다

후박나무와 동백나무가 숲 터널을 만들기도 했다. 바위에 붙어 자라는 콩난도 많았다. 사형제바위를 지나다 숲길을 안내하는 주인공을 만날 수 있었다. 쏜살같이 동백 숲으로 달아나는 누렁소 한 가족을 만났다. 아내가 놀라 주저앉았다. 모두 네 마리였다. 뒤따라 수십 마리가 경주를 하듯 숲 속으로 달려갔다. 여호산 200여 마리의 소가 방목되어 있다. 신기하게 겨울철이 되면 소들은 주인집으로 찾아 들어온다고 했다.

역시 민박집 주인이 들려준 이야기다. 새로 파출소장이 부임해왔다. 점심을 먹고 낮잠을 잔 후 느지막이 산에 올랐다. 초행길이지만 작은 섬에서 길을 잃을 일이 있겠느냐며 올랐다. 마을 주민들은 모두 저녁을 먹고 잠자리에 들 무렵 완도 본서에서 마을이장에게 전화가 왔다. 파출소장과 연락이 되지 않는다는 것이었다. 수소문을 하며 찾았지만 어디에도 없었고 오후에 산으로 들어가는 것을 보았다는 이야기만 확인했다.

급하게 수색조를 편성했다. 소를 방목하는 주인을 선두로 몇 개 조로 나누어 산으로 올라갔다. 이들은 여호산을 손바닥처럼 잘 알고 있는 사람들이다. 게다가 날렵하기가 노루를 닮았다. 샅샅이 숲을 뒤지다 큰 소나무 아래 기대어 잠들어 있는 소장을 발견했다. 소상은 등산을 하다 길을 잃었다. 큰 산이 아니라 마을만 보고 내려가면 되겠다 싶어서 크게 걱정하지 않고 내려가는 길을 택했다. 마을에 이르기 전에 날이 어두워졌다. 분명히 불빛을 보고 내려가는데 귀신에 홀린 것처럼 한참을 걸어 도착하면 제자리라는 것이었다. 이러다 큰일 나겠다 싶어서 나무 밑에서 날이 밝기를 기다려야겠다고 생각하고 잠깐 잠이 들었던 것이다. 주민들이 길을 잃고 어려운 일에 처하면 도와주고 해결해줘야 할 소장이 산에서 길을 잃었으니 체면이 말이 아니었다. 며칠 후 완도 본서에서 높은 사람이 직접 여서도를 방문했다. 소장이 보고한 전말을 수긍하기 어려웠던 모양이다. 섬에 도착해 주민들의 말을 듣고, 직접 산을 보고 나서야 사실을 믿을 수 있었다고 한다. 여서도는 작은 섬이지만 여호산의 숲은 깊다.

여서도가 해양레저의 섬으로 한 발짝 나아가기 위해서 몇 가지 해결해야 할 요소들이 있다. 우선 접근성이다. 최소한 청산도와 여서도를 잇는 당일 왕복여객선이라도 준비되어야 한다. 둘째, 여서도 주민들이 잡은 생선을 제값 받고 팔 수 있도록 보관시설(가두리 등)이 마련되어야 한다. 셋째로는 물때와 관계없이 배들이 접안할 수 있도록 뜬부두 접안시설이 마련되어야 한다. 더 욕심을 부린다면 여호산 등산로 정비와 갯바위 낚시어장과 마을어장의 철저한 관리가 필요하다. 청년회장의 배를 타고 섬을 돌아보았다. 연휴를 맞아 갯바위마다 낚시꾼들이 앉아 손맛을 즐기고 있었다. 하지만 이들 중 여서도에 머문 사람은 극히 일부이고, 대부분은 고흥 녹동, 완도, 심지어 여수에서 직접 낚싯배를 타고 들어와 손맛만 즐기고 떠나는 사람들이다. 그들이 떠난 자리에는 흔적이 남게 마련이다. 해양레저를 즐길 수 있는 충분한 자원을 갖춘 섬이 그렇게 흔하지 않다. 여서도는 그런 섬 중에 하나이며 다도해해상국립공원지역이다. 다도해해상국립공원이 추진한 관매도 명품 마을처럼 여서도도 새로운 유형의 해양레저형 명품 마을로 만들어 섬 주민들의 소득 향상에 도움이 되고 젊은 사람들이 들어와 섬을 지킬 수 있는 계기를 마련할 수는 없을까.

개황 | 여서도(麗瑞島)

일반현황

위치 | 전남 완도군 청산면 여서리
면적 | 3.97km² **해안선 |** 10.0km **육지와 거리 |** 40.0km(완도항)
가구수 | 48 **인구(명) |** 84(남: 40 여: 44) **어선(척) |** 13 **어가 |** 34
어촌계 | 여서리

공공기관 및 시설

공공기관 | 여서도경찰관출장소(061-442-9312), 여서도보건진료소(552-9671)
폐교현황 | 청산초등여서분교
전력시설 | 자가발전(발전기 3대)
급수시설 | 간이상수도 1개소

여행정보

특산물 | 전복, 소라
특이사항 | 천혜의 아름다운 섬이라 하여 여서도라 불림. 낚시터가 널리 홍보되어 관광객이 연중 찾아오고 있음. 완도군의 최남단에 있는 섬. 선사시대 유적인 패총이 발견되었다.

30년 변화 자료

구분	1973	1985	1996
주소	전남 완도군 청산면 여서리	좌동	좌동
면적(km²)	1.24	2.5	–
인구(명)	894	403	139
	(남: 438 여: 456)	(남: 189 여: 214)	(남: 75 여: 64)
가구수	151	85	52
급수시설	우물 2개	간이상수도 1개소	간이상수도 1개소
전력시설	–	자가발전(발전기 1대)	자가발전(발전기 1대)
어선(척)	48	8	23
어가	46	78	27

완도군 소안면

군외면

완도읍

36

노화읍

37

34

보길면

소안면

35

완도군 소안면

34 소안도
35 당사도
36 횡간도
37 구도

달 뜨는 섬에 들다
소안면 소안도

새해 벽두, 막내 별아의 손을 잡고 집을 나섰다. 스무 해 동안 나를 섬으로 이끌었던 '그 섬'에 가는 날이다. 꼭 막내와 가고 싶었다. 완도로 가는 내내 옆 자리에 앉아 손을 꼭 잡고 자고 있는 막내를 보니 참 세월이 많이 흘렀구나 싶었다. 화흥포 여객선터미널에 많은 노인들이 줄을 서서 표를 끊고 있었다. 겨울철에 섬 노인들이 함께 뭍으로 나오는 경우는 '병원 가는 날'이다. 다른 계절에 비해서 일은 한가하지만 몸은 바쁘다. 일을 할 때는 모르지만 일을 놓는 순간 쑤셔대기 때문이다. 새벽 첫배를 타고 나와 일찍 병원에서 검진을 하고 점심 전에 들어가는 것이다. 하루에 10여 차례 배가 오가니 가능한 일이다. 이십 여 년 전 처음 소안도로 가는 길은 멀고 험했다. 배도 하루에 두세 편이 전부였다. 지금은 반 시간이면 오가는 길이니 그때에 비한다면 뭍이나 진배없다.

딸과 탑 앞에 서다

옛날 객선이 닿던 비자리 선창은 말끔하게 정비되어 상가가 들어섰다. 그때 그 여인숙과 선술집, 대포집은 모두 사라졌다. 여객선터미널은 마을에서 멀리 떨어진 대섬 밖에 만들어졌다. 그 앞에 '해방의 섬 소안도'라는 큼지막한 입석이 세워졌다. 세월도 많이 흘렀지만 참 많이 바뀌었다.

1992년 섬 답사를 시작할 때 첫 답사지가 소안도였다. 그때 소안항일운동기념탑을 보고 얼마나 감동했는지 모른다. 정형화된 탑들에 익숙했던 탓이다. 또 그 주체가 섬 주민이라는 점 때문이었다. 그 뒤 20년이 지난 후 딸아이와 탑을 다시 찾았다.

"아빠, 왜 나라를 잃으면 슬픈 거야?"

대섬 옆 갯바위에 앉아 해바라기를 하는 가마우지를 구경하던 딸아이가 물었다. 예상치 못한 질문이었다. 무슨 이야기를 해줄까. 유치원에서 무슨 이야기를 들은 게 분명했다. "별아는 아빠나 엄마가 죽는다면 기분이 어떨까?" 노인회관 앞 소안항일운동기념탑 앞에서 되물었다. 이 탑이 아이에게 보여주고 싶은 곳이었다. 스무 해 전 나를 섬으로 이끌었던 탑이다. 아빠의 질문에 시무룩해진 아이의 표정은 오래가지 않았다. 그래서 아이들이 좋다. 사진도 찍고 소꿉놀이를 하며 화제를 돌리자 금방 밝아졌다. 아이가 포즈를 취하는 그곳은 스무 해 전에 마을 주민들이 기념사진을 찍었던 곳이다. 섬 연구를 막 시작하던 시기였다. 당시 건물 입구에 붙어 있던 '소안배달청년회' 간판은 여전히 자리를 지키고 있었다. 아이에게 항일운동 이야기를 하려다 그만두었다. 대신 아이를 껴안고 그 자리에서 사진을 찍었다. 나중에 아이가 크면 또

소안항일운동의 중심은 청년회였다. 순사들의 감시를 피해 소연극, 창가 등을 통해 주민들의 인식의 지평을 넓히고 나를 찾아야 하는 이유, 항일의 필요성 등을 확산시켰다. 배달청년회는 지금도 이어지고 있다.

오리라.

소안도는 가학리와 비자리 사이 잘록한 버턴등을 가운데 두고 남북으로 악기 장고 형국이다. 북쪽으로 이목리·월항리·북암리가 있고, 남쪽으로 맹선리·서중리·동진리·소진리·부상리·미라리가 있다. 북쪽에 대봉산(338미터), 남쪽에 가학산(359미터)·부흥산(230미터)·아부산(110미터)이 자리해 있다. 또 주목할 만한 바닷가로 진산해변·부상해변·미라해변이 있다. 뭍사람들에게 해변은 해수욕장이지만 섬사람들에게는 농사짓는 땅과 같다. 특히 자연산 해조류가 자라는 곳은 더욱 그렇다. 섬의 남쪽에 마을이 많이 자리한 것도 산과 해변이 있기 때문이다.

섬의 모양은 남북으로 나뉘어 있지만 동부와 서부라고 부른다. 방향마저 제대로 부를 수 없었던 시절이 있었다. 그 중앙에 비자리가 있다. 행정의 중심이다. '버턴등'은 지명과 지형으로 보아 전통소금인 자염을 했을 가능성이 크다. 보길도와 노화도로 둘러싸여 파도와 파랑의

낭장망으로 잡는 멸치는 대형선단으로 잡는 것과 다르다. 어군을 따라 쫓아다니며 잡는 것이 아니라 기다려서 잡는 슬로피쉬다. 수산자원의 지속성과 섬문화의 유지는 불가분의 관계다. 생물다양성과 문화다양성은 동전의 앞뒤다.

영향을 가장 적게 받는 곳이다. 그래서 갯벌이 발달했다. 가장 단순하게 어로 채취와 농업을 할 수 있을 뿐만 아니라 소안도에서는 유일하게 소금을 만들 수 있는 조건을 갖춘 곳이다. 주변에 큰 섬들이 파도와 바람을 막아주기 때문에 작은 배를 타고 바다로 드나들 수 있었다. 그곳이 면사무소·학교·금융기관 등 행정 중심이다. 많은 항일운동가를 배출한 소안사립학교도 그곳에 있었다. 지금은 그곳에 소안항일운동기념관이 자리를 잡았다.

달(月)이 뜨는 목(項), '달목도'. 소안도의 옛 이름이다. 옛 이름을 닮은 월항리라는 마을이 있다. 《완도마을유래지》는 "1018년(고려 현종 9년) 이래 영암군에 속해 있었으며, 임진왜란을 피해 월항리에 사람들이 입주하여 섬 이름을 달목도"라 했다. 《동국여지승람》'영암군조'에는 영암군의 부속도서로 "達木島, 橫看島, 左只島"가 기록되어 있다. 달목도는 소안도를, 좌지도는 당사도를 말한다. 소안도라는 이름은

1684년《숙종실록》에 처음 등장한다. 이 소안도는 노화·보길·추자도 등과 함께 영암군에 속했다.

섬마을 입도조를 살펴보면 대부분 17~18세기에 정착했다. 이들이 현재 생활하고 있는 섬사람의 직계 혈족이다. 소안도는 16세기 말부터 18세기 사이에 미라리·이목리·월항리로 들어와 정착했다. 고려 말이나 조선 초에도 섬에 사람이 살았다. 하지만 왜구의 잦은 침입과 '공도정책'으로 주민들이 뭍으로 쇄환되었다. 이들 섬에 사람이 정착하기 시작한 것은 군사와 행정이 미치기 시작한 임진왜란 이후부터였다. 위험을 무릅쓰고 징세와 부역을 피해 섬으로 들어온 양민과 노비가 많았다. 그 무렵 소안도는 청산진(1866년 설치)에서 관할했다. 이 후 보길도와 마주 보고 있는 맹선리에 고기잡이를 하려는 일본인이 자주 나타나 주민들과 충돌하자 소안별장진(1874년)이 설치되기도 했다. 별장진은 수군만호 관할에 있는 작은 진이다.

정말 편안했을까

《완도 향교지》에 소안(所安)은 "다른 지역에 비해 기개가 용맹하므로 외부인들로부터 침범을 받지 않게 되어 사람들이 100세까지 살기 좋은 곳"이라 해서 붙여진 이름이라고 했다. 그런데 섬의 역사를 보면 편치 않다. 제주와 뭍을 오가는 길목에 있었던 탓에 제주 왕래 관리들이 곧잘 머물렀다. 비 자리에 제주목사 영세불망비가 두 기(濟州牧使沈公賢澤永世不忘碑, 1884년; 濟州牧使白公樂淵永世不忘碑, 1884년), 관찰사 송덕비(觀察使鄭相公健朝萬歲頌德碑, 1864년)가 한 기 있다. 모두 섬사람들이 세운 것이다. 무슨 도움을 받아서 불망비와 송덕비를 세웠을까. 사실 이런 비석들은 '자발적 강요'로 세워진 경우가 많다.

제주에서 해남이나 강진을 오가는 길은 삶과 죽음이 공존하는 길

전국 김 생산량을 책임졌던 완도바다는 전복 양식으로 덮여가고 있다. 수십 년 계속된 김 양식으로 완도 내만은 생산력이 떨어졌고, 전복 양식이 그 전철을 되풀이하지 않을까 걱정이다.

이다. 그 경계에 소안도가 있다. 내해와 외해를 가르는 길목이다. 섬과 섬 사이를 돌아 소안도까지는 무사히 올 수 있더라도 외해 바다는 녹록치 않다. 반대로 제주에서 추자도를 거쳐 해남이나 진도로 들어올 때 소안 바다로 들어서면 저승에서 이승 바다로 들어서는 것이다. 그러니 제주로 가는 관리들이 소안에 머무르기 일쑤였다. 바람을 막을 수 있고 풍선배를 접안하기 좋은 월항리나 비자리가 여관이나 쉼터가 있을 만한 곳이다. 한 번에 수십 명이 이동했을 터이니 숙식 해결이 쉽지 않았을 것이다. 좁고 척박한 섬에서 관리들의 물목을 해결해야 하는 섬사람들의 고충은 오죽했을까. 1795년(정조 19년) 제주를 왕래하는 관리의 폐단과 과도한 세금 강제가 문제되어 폐단을 바로잡기 위한 구폐절목(舊弊節目)이 마련되기도 했다.

　해남에서 제주로 가는 뱃길 중간에 소안도가 있다. 전망 좋은 물치기미나 가학산에 올라보면 당사도 뒤로 사수도가 보인다. 완도와 제주도가 서로 자기들 섬이라 갈등을 빚었던 섬이다. 제주도와 전라남도 사이에 있는 사람이 살지 않는 섬이다. 제주에서는 사수도라 하지만 완도에서는 장수도라 불렀다. 북제주군에 의해 2005년 헌법재판소에 제소되어 2008년 제주특별자치도에 속하는 것으로 판결되었다. 이곳은 슴새와 흑비둘기의 주요 서식지로 천연기념물로 지정되었다. 사수도와 소안도를 잇는 뱃길에 당사도가 있다. 뱃사람들은 물론 기상청에서도 당사도를 기준으로 북쪽은 내해, 남쪽은 외해라 부른다. 풍랑주의보가 내려질 때도 이를 기준으로 한다. 제주 해녀들이 뭍으로 출가할 때 사수도를 넘어 당사도 안쪽 소안 바다로 들어서야 긴 숨을 내쉬며 이제 살았다 생각했다고 한다. 무사히 항해할 수 있도록 해신제를 지냈다는 이야기도 전해진다. 이래 저래 소안도는 편안한 바다임에 틀림없다. 하지만 소안 사람들의 삶이 편안했던 것은 아니었다.

빤스고개를 넘다

가학리에 있는 항일운동기념관을 둘러보고 곧바로 맹선리로 향했다. 완도에서 보길도 예송리 상록수림과 함께 방풍림으로 쌍벽을 이루는 마을 숲이 있다. 그런데 요즘은 상록수림보다 더 인기가 좋은 곳이 '빤스고개'다. 경사가 심해 여자들이 치마를 입고 고개를 지나면 빤스가 보여서 붙여진 이름이라는 설과 고개를 넘을 때 팬티가 땀에 젖을 정도라서 붙여진 지명이라는 설이 있다.

　스무 해 전에 맹선리에서 노인회장을 했던 이씨를 만나 항일운동기념탑이 세워지게 된 내력을 듣고 동진리로 넘어갈 때 이용한 고개였다. 지금처럼 차를 가지고 있지도 않았고, 찻길도 없던 시절이었다. 당시 완도에서 출발한 객선은 비자리와 맹선리에 닿았다. 비자리·이월리·가락리 사람들은 비자리 선착장에서 내렸다. 그리고 맹선리와 진산리와 미라리 사람들은 맹선리 선착장을 이용했다. 가끔씩 당사도 사람들도 맹선리 선창에서 해남이나 목포로 가는 배를 탔었다. 맹선리는 교통이 편리해 진산리보다 일찍 학교가 세워졌다. 게다가 맹선리는 일찍 김 양식이 발달해 가난을 면할 수 있었던 곳이다. 이 마을 외에도 월항리, 이목리, 비자리, 가학리 등 갯벌이 있었던 곳에서도 지주식 김 양식을 했다.

맹선리는 마을어장이 넓어 바다에서 번 돈으로 산 너머에 있는 진산리 앞에 있는 논을 사들였다. 소안도에서 가장 넓은 들이 진산들이다. 논이라고는 모 한 포기 심을 곳도 없던 맹선리 사람들이 남의 마을 앞에서 농사를 지어 마을로 옮겼다. 고개를 하루에도 대여섯 번 넘어 다녔다고 한다. 진산리 아이들은 학교를 다니기 위해 반대로 고개를 넘었고, 어른들도 객선을 타기 위해 다녔던 길이다. 고개를 지나 정상 시루떡재에 오르면 소안도와 보길도 사이 바다가 한눈에 들어온다. 맞은편으로 진산들과 몽돌해변이 아름답다. 당시 고개를 넘어 진산리에 도착했을 때 온몸은 땀으로 범벅이 되었다. 마을회관에 여장을 풀고 샤워를 하며 휴식을 취했었다. 무엇보다 당시 일제강점기와 한국전쟁기의 소안도 이야기를 실감나게 들려주던 진산리에 살던 신면장이라는 노인이 떠올랐다. 그는 진산리 앞 바다에서 잡은 상어를 냉장고에 넣어두고 반주를 즐기곤 했다. 우리 일행이 그를 찾았을 때 냉장고에서 상어를 꺼내 썰어주며 술을 권했다.

돌담을 쌓고 나무를 심어 바람을 맞다

고개를 넘자 진산리가 한눈에 들어왔다. 집집마다 태극기가 휘날리고 있었다. 몇 년 전부터 북암리·이목리·서중리·부상리 등 소안면은 '365일 나라사랑 태극기 마을'을 추진 중이다. 소안항 입구에서 면으로 들

소안도는 태극기가 가장 많이 걸려 있는 섬이다. '항일의 섬'을 이어받은 후손들이 대문에 작은 태극기를 하나씩 걸었다. 벌써 '태극기 섬'이라는 이름이 붙여지고 있다. 둘은 잘 어울린다. 태극기 박물관도 만들겠다고 한다.

어오는 진입로에 무궁화를 심기도 했다. 완도군이 추진한 항일의 섬에 어울리는 섬 만들기 계획이었다.

맹선리에서 진산리 서중마을로 넘어가는 도로가 새로 만들어졌다. 맹선리에서 소선마을과 서진리를 거쳐 중진과 동진에 이르는 길이다. 특히 중간에 물치기미는 전망이 아주 좋은 곳이다. 당사도가 한눈에 들어오며 보길도, 예작도, 추자도까지 보인다. 미라리 등산로에서 출발한 등산로가 물치기미로 이어져 있다. 날씨가 좋은 날은 제주도도 보인다. 당사도를 지나면 망망대해다. 먼 바다와 가까운 바다의 경계다.

진산리 중 서진마을과 중진마을의 담은 처마를 덮을 만큼 높다. 바람을 막기 위해 만든 돌담이다. 남풍을 직접 받기 때문이다. 태풍을 가져오는 바람이다. 해안은 몽돌해변이다. 역시 바람 탓이다. 진산리해변·소진리해변·부상리해변·미라리해변 등도 몽돌해변이다. 이웃 섬인 보길도 예송리해변도 마찬가지다. 조차가 크지 않으면서 파도를 직접 받기 때문에 몽돌해변이 발달했다. 이곳 어민들은 그물을 놓을 때 쇠로 만든 닻 대신에 몽돌을 자루에 담아 사용하기도 했다. 또 장독 뚜껑이 바람에 날리지 않도록 몽돌을 올려놓기도 한다. 몽돌밭은 진산리나 인근 소진리 어민들이 물이 줄줄 흐르는 다시마를 건조하는 곳이며, 삶은 멸치를 말리는 장소. 특히 소진리는 멸치어장을 많이 하는 마을이다. 여름철이면 고향을 떠난 가족들이 찾아와 해수욕을 즐기는 곳이다. 해안을 따라 파도에 밀려온 몽돌이 언덕을 이루고 있어 장관이다. 그 너머가 진산들이다. 몽돌언덕과 진산들 사이에 바람과 바닷물이 날리는 것을 막기 위해 방풍림이 심어져 있다. 오래된 것은 혼자서 안기 어려울 만큼 자랐다. 차 안에서 음료수와 과자를 먹느라 정신이 없던 막내딸 별아가 신이 났다. 몽돌밭을 걷다 몇 번 뒹굴었다. 바람이 차가운데 다치지 않을까 걱정이 되었지만 아랑곳없다. 아빠를 따

정도리 구계등 못지않게 아름다운 곳이 소안도 진산리 몽돌해변이다. 바닷물이 빠져나간 뒤 햇볕에 반짝이는 돌은 보석으로 바뀌었다. 같이 간 딸은 몽돌을 예쁜 천에 싸서 오래 보관을 하면 보석이 될 것이라고 했다.

라다니며 모래밭이나 갯벌은 많이 보았지만 몽돌밭은 처음이다. 몽돌 해안에서 나는 다시마는 깨끗하고 값도 후하다. 소진리에서 나는 멸치도 마찬가지다. 논도 밭도 없어 어업의존도가 가장 높은 마을이다. 멸치잡이만 아니라 최근에는 전복 양식도 시작했다.

'가래' 들고 물고기를 잡다

젊을 때, 논문을 쓴답시고 소안도를 꽤나 돌아다녔다. 그리고 한동안 잊고 있었다. 다시 소안도를 찾은 것은 '개매기'라는 고기잡이 체험 때문이었다. 늦여름이었던 것으로 기억난다. 태풍 뒤 하늘색은 옅은 쪽빛이었다. 하얀 뭉게구름이 개매기 그물에 걸렸다 내려올 때쯤 태풍 때문에 망설이다 이장님께 전화로 확인까지 하고 출발했다. 태풍 이름도 하필이면 '갈매기'인지.

물때를 맞춰야 하는 체험이라 아침 일찍 물이 빠지는 시간을 맞춰야 했다. 작년 개매기 체험행사에는 1,000여 명이 참여해 발 디딜 틈이 없었다. 개매기는 조석 간만의 차가 큰 바닷가 갯벌에 그물을 쳐놓은 후 밀물 때 조류를 따라 들어온 물고기 떼를 썰물 때 잡는 고기잡이 방식이다. 서해와 남해 연안과 섬 어민들은 돌이나 발로 물길을 막아 물고기를 잡았다. 이러한 정치어업(그물 따위의 어구를 일정한 수면에 설치하고 하는 어업)을 서해안은 '살', 남해안은 '발'이라고 했다.

물길을 막는 재료로는 대나무와 싸리나무를 엮거나 면사나 나일론 그물을 이용했다. 비슷한 고기잡이로는 남해 '죽방렴', 서남해 '건강망'(개매기 포함), 서해 '독살' 등이 있다. 개매기는 어원으로 본다면 '개'는 밀물과 썰물 사이에 드러나는 공간으로 '조간대'를 말한다. '매기'는 '막다'는 의미로 조간대 물길을 기둥을 세우고 그물을 쳐 막는다는 말이다.

항일운동 이후 소안도를 가장 널리 알린 것이 개매기체험이다. 일 년에 몇 차례 시행하는 체험은 관광객에게 인기만점이다. 갯벌에 그물을 쳐서 들어온 고기를 물이 빠질 때 손으로 잡는다. 이때 전통 어구인 가래를 이용한다.

즉, 조석 간만의 차를 이용해 조간대의 물길을 막아 물고기를 잡는 어법이다. 《세종실록지리지》는 '발'과 '살'을 '어량(魚梁)'이라 했다. 갓고기가 많았던 시절에는 어살을 이용해 조기도 잡았다. 임경업 장군이 연평도에 가시나무를 꽂아 조기를 잡았던 것이 어살의 유래라고 전해져 오기도 한다.

성질이 급한 아저씨들이 물이 빠지는 것을 기다릴 수 없었던지 투망을 던지기도 했다. 물고기를 잡기 위해서는 '기다림'에 익숙해야 한다. 날물이 되어 바닷물이 빠지면 쪽대(반두)나 뜰채를 이용해 물고기를 잡는다. 가운데 물이 가장 늦게 빠지는 갯골로 물고기들이 모여들기 때문이다. 개매기처럼 깊지 않는 곳에서 물고기를 잡는 어구로 '가래'가 있다. 가래는 왕대나무를 쪼개 원통형으로 엮어 만든다. 싸리나무를 사용하기도 한다. 꼭대기에는 어른 팔이 드나들 수 있을 만큼 아가리가 나 있다.

가래는 요즘 개매기 축제장에서 인기를 독차지하고 있다. 개매기 체험에는 쪽대나 투망보다는 가래가 제격이다. 오래된 전통어구일 뿐만 아니라 크고 작은 고기를 가려가며 잡을 수 있다. 깊은 바다로 나가려던 숭어가 그물에 막혀 갯가로 달아난다. 사람들이 그물 주변에서 고기를 잡으려고 뜰채나 쪽대를 가지고 뛰어다니지만 이때 가장 요긴한 어구가 가래다. 얼마 전 절찬리 방영된 〈슈퍼피쉬〉에서 아프리카의 한 부족이 가뭄으로 물이 마른 저수지에서 가래로 물고기를 잡는 장면을 인상 깊게 보았다. 소안리 개매기에서 물고기를 잡는 장면과 너무도 똑같았다. 게다가 우연히 동남아시아에서 소안도로 시집온 여성들이 가래로 숭어를 잡는 모습을 보았다. 처음에는 가래로 숭어를 가두고서도 두려워 숭어를 잡지 못하더니 나중에는 아주 즐거워했다. 공간을 뛰어넘어 비슷한 방법으로 물고기를 잡고 있었다.

개매기 체험이 인기가 있고, 어민들이 적극 참여하는 것은 무엇 때문일까. 어민들이 가장 잘 아는 고기잡이 방법이며 그들의 삶이기 때문이다. 주민들의 참여는 관광객 참여로 이어진다. 지역 주민이 빠진 축제는 의미가 없다. 개매기에서 주민들은 구경꾼이나 일당을 받고 동원된 사람이 아니라 축제를 이끌어가고 같이 참여한다. 그 자체를 즐길 줄 아는 주체로 나선다는 것은 이런 걸 두고 하는 말이다.

● ─ 해방의 땅 소안도, 소안항일운동사

잃어버린 땅을 찾다

조선시대 소안도는 궁방전이었다. 궁방전이란 후비, 왕자대군, 왕자군, 공주, 옹주 등 궁방에서 소유하거나 수조권을 가진 토지를 말한다. 궁방의 소요 경비와 이들이 죽은 뒤 제사비용을 위해 지급되었다. 고려 때에는 궁원전이나 공해전이 지급되었다. 조선 초에는 직전법에 따라 궁방에도 직전을 지급하였다. 명종 대에 직접법이 폐지되고 궁방 전이라는 이름으로 토지가 지급된 것은 임진왜란 이후였다. 궁방에 유랑농민을 정착시 키고 궁가의 경비를 자급하려는 취지로 궁방에 진황전(陳荒田, 손을 대지 않아 묵고 거친 땅)을 주어 개간토록 하였다. 이후 백성들을 동원한 황무지 개간, 권세를 이용해 남의 토지 수탈, 범죄자의 토지 몰수, 면세와 요역 경감 혜택을 바라는 농민들의 민전투탁 등 다양한 방법으로 궁방전은 확대되었다. 궁방에서 궁차·도장·감관·사음을 파견하 거나 현지에 두고서 수조권을 행사했다. 궁방전은 고종에 이르러 특권이 폐지되었다.

소안도 궁방전의 '수조권자'는 사도세자 5대손 이기용이었다. 일제는 토지소유권을 조사하면서 소유자가 분명치 않은 많은 토지를 총독부나 친일세력의 소유로 둔갑시켰 다. 이기용은 1905년 이후 토지소유권 정리 과정에서 소안도의 토지를 자신의 소유로 등록했다. 이에 소안 사람들은 1909년 이기용을 상대로 '전면 토지소유권 반환청구소 송'을 제기했다. 그리고 13년 만인 1921년 소유권을 되찾았다.

학교를 세우다

소안 사람들은 토지를 되찾은 것을 크게 기뻐했다. 그리고 의연금 1만 4백 원(현재 1억 에 해당)을 모금해 1913년 설립한 사립중화학원을 1927년 사립소안학교로 승격시켰 다. 서당이나 야학당에서 교육을 받던 소안사람들에게 학교 설립은 숙원이었다. 소안 도는 물론 인근 섬과 뭍에까지 소안학교의 명성이 알려졌다. 이렇게 소안학교가 널리 알려진 것은 교사들의 명성 때문이었다. 사립학교는 김사홍과 김경천이 교장을, 송내 호·정남국·최형천·강정태·송기호·최평산·신광희·김남두·주채두 등이 교사로 참여 했다. 이들이 주민들과 함께 소안도를 '해방의 섬'으로 만들었다.

일제는 소안학교가 유명해지자 1929년 옆에 공립학교를 세웠다. 하지만 사립소안 학교의 명성을 꺾을 수 없었다. 학생 수만 보아도 공립학교는 30여 명에 불과할 때, 사 립학교는 150여 명에 이르렀다. 공립학교는 대부분 면이나 주재소 등의 기관에 근무 하는 사람들의 자녀들이 다녔다. 소안 사람들은 공립학교에 보내는 것을 부끄럽게 생

418

사립 완도소안학교의 여학생 교련 시간 모습.(1923년)

각했다. 공립학교에서는 '일본 노래'를 가르쳤고, 사립학교에서는 '조선 노래'를 가르쳤다. 사립학교와 공립학교 생도들 간에도 등하교시 싸움이 잦았다. 버텀등은 두 학교의 학생들이 마주치는 곳이었다. 공립학교 학생들은 사립학교 학생들에게 맞는 것은 모욕이라며 사립학교 학교폐지를 요구하며 동맹휴학을 하기도 했다.

처음 소안도를 찾았을 때 만났던 주채심(1993년 당시 79세)씨는 사립학교를 다녔던 학생이었다. 그녀가 13살 되던 해에 학교가 폐교되었다. 월항리에 살았던 그녀는 같은 마을에 5명의 여학생이 학교에 다녔고, 남자들은 훨씬 더 많았다고 기억했다. 월항리에서 가하리 사립학교까지 족히 10킬로미터는 되는 거리였다. 그녀의 오빠 주채도(1907년생) 씨는 일심단원, 배달청년회 등에 속하여 항일운동을 하다 구속되어 징역 2년을 선고받았다. 아들이 평안도 신의주 감옥에 갇히자 어머니는 길쌈을 하며 그녀에게 옥중가를 가르쳤다. 학교에서 돌아오면 친구들끼리 모여서 공부하고 학교에서 배운 노래를 부르기도 했다.

일제는 사립소안학교를 자연도태시키려고 했지만 뜻대로 되지 않자 폐교시켰다. 소안학교가 독립군과 사회주의자를 양성하고, 일제의 국경일을 휴일로 정하지도 않고, 일장기를 달지 않는다는 것이 이유였다. 하지만 폐교 후에도 마을별로 기숙사를 만들어 운영을 했다. 또 일제의 학정을 고발하는 '소인극'과 노래를 만들어 민족운동을 고취시켰다.

섬사람들, 일제강점기 옥살이만 300년

주민들의 항일의식을 높이는 일을 '사립소안학교'가 맡았다면, 항일운동은 '수의위친계'가 맡았다. 1990년대 말 수의위친계에 참여했던 이월송(일심단 단장, 1993년 당시 84세)씨를 목포에서 만났다. 당시 그는 작은 아파트에서 근근이 생활하고 있었다. 수의위친계는 신지·묘도·고금·금일·소안 등 완도지역은 물론, 구례·담양·고창·영광·나주·장성·목포, 심지어는 경남 동래와 경북 상주에서도 참여했다. 이들 중에는 광주의 강석봉, 구례의 선태섭, 영암의 조극환, 나주의 이항발, 목포의 조문환과 김철진 등 일제강점기에 전남지역은 물론 전국적으로 알려진 사회주의운동가들이 망라되어 있었다. 해방 후 건국준비위원회나 인민위원회 등에 참여하기도 했다. 소안 항일운동에서 주목할 조직이 1923년 조직된 '배달청년회'다. 지금도 항일기념탑 뒤 건물에는 배달청년회 간판이 걸려 있다. 청년회를 중심으로 웅변대회, 회원교양, 부인과 소년 지도 등 주민들과 함께 항일운동을 펼쳤다. 이후 소안노동대성회, 살자회, 일심단 등을 조직하여 양기탁·김기한·명제세 등 민족지도자들과 연락하며 독립군 자금의 모금, 노동운동, 농민운동 등을 전개했다. 특히 소안학교 출신으로 조직된 일심단(1927년)은 '우리들의 몸은 조국 독립을 위해 바쳐버리고 개인의 것이 아니라는 확신으로 조국 광복까지 싸우되, 조선·일본·중국 등 동양 3국을 상대로 투쟁할 것'을 결의했다. 그리고 중국의 광동 황포군관학교와 일본에 조직원을 파견하기도 했다.

인구 3,000여 명의 작은 섬에 건국훈장 서훈자만 20명, 감옥살이 기간만 합해서 300년에 이른다. '소안면 항일독립운동 유공자'는 송내호·정남국·최형천·신준희·김사홍·강정태·김통안·김남두·정석규·송기호 박홍곤·김경천·김홍기·이정동·이각재·백형기·이갑준·박기숙·신만희·정창남 등 20명이다. 면 단위로는 전국에서 제일 많은 유공자를 배출했다. 아직 서훈을 받지 못한 사람만 해도 88명에 이른다. 많은 사람들이 사회주의운동과 관련이 있다는 이유로 제외되었다. 당시 소안항일운동을 소개한 신문기사(조선일보, 1928. 10. 16)의 머리기사다.

八白島民의 共産敎育으로 全島 赤化를 計劃 所安敎 事件 豫審終結

(경찰에 따르면) 피고들은 대정 구년 사월에 약 백 명의 회원으로 배달청년회를 조직하고 서울에 잇는 모모청년회와 모든 단톄 등과 련락을 취하여 가지고 소안도에다가 공산주의를 선면하여 그 섬 하나를 완전한 공산주의 리상향을 만들고자 계획…… 소안학교를 설립하야 도임에게 공산주의 교육을 실시하얏는 바 대정 십삼년에는 도임의 거의 전부인 팔백여명을 회원하고…… 경찰과 군의 행정이 잘 시행되지 안을 디경……

판결 내용에 따르면, 피고인들은 배달청년회를 조직하고, 소안학교를 설립해 도민 팔백여 명을 교육시켜 소안도를 공산주의 이상향으로 만들려고 했다는 것이다. 이로 인해 섬 안에서 면장을 배척하고 경찰과 군의 행정이 시행되지 않을 지경이었다. 이 사건의 주모자로 '최평산·최형턴·리각재·신광희·김남두·주채도·강정채·라덩동·송내호·신준희·김통안·김흥긔·김병규' 등 열세 명이 유죄판결을 받았다. 기사 내용을 살펴보자. 또 신의주에서 소안 출신 정남국이 체포되어 감옥에 갇히자 소안 사람들은 옥중에 있는 동지를 생각해 엄동설에도 요를 깔지 않고 잠을 잤다. 뿐만 아니라 '옥중가'를 지어서 불렀다. 누가 지었고 곡을 붙였는지는 모르지만 지금도 팔순의 노인들은 콧노래처럼 흥얼거린다.

평안북도 마지막꼿 신의주가목가

세상에 태여난지 몃해되연나

잇지못할 관계가 생기엿구나

압되를 살페보니 철갑문이요

곳곳이 보이난 것 불근옷이라

(중략)

당시 민족의식과 독립정신을 고취하기 위한 노래는 소안 중화학원과 사립소안학교와 야학을 통해 학생과 주민들에게 보급되었다. 그때 불렀던 노래는 '학도가' '독립군가' '행진곡' '이별가' '애국가' '정몽주추모가' '망향가' '조기운동가' '소년단가' '여권신장가' '우승기가' '소년남자' '감동가' '대한혼' '부모은덕가' 등이다. 〈창가집〉 필사본을 주재소 순사들의 감시를 피해 대님을 묶은 바짓가랑이 속에 숨겨 다니면서 배웠다.

소안항일운동의 중심인물 송내호

소안항일운동의 중심, 송내호와 정남국

소안항일운동의 중심인물은 송내호와 정남국이다. 송내호는 1895년 비자리에서 소안면 면수의 아들로 태어났다. 어려서 서당을 다니다 1911년 서울 중앙학교에 진학했다. 학교를 수

료한 후 섬으로 돌아와 소안사립중화학원에서 교사로 일하며 후진을 양성했다. 1918년 상경하여 정세를 살피다 귀향하여 소안도 3·1운동을 주도했다. 이후 대한독립단, 수의위친계 조직, 배달청년회 활동, 소안노농대연합대성회 조직, 살자회 활동, 일심단 조직, 신간회 상무간사 등의 활동을 전남은 물론 중앙에서 활동했다. 1927년 배달청년회 사건으로 검거되어 조사를 받던 중 오랜 옥고와 지병으로 1928년 향년 33세로 세상을 떠났다. 신간회 경성지회에서 신간회 동지장으로 장례가 치러졌다.

정남국은 1897년 비자리에서 출생해 부상리에서 자랐다. 서당에서 한학을 한 후 완도공립보통학교를 졸업하고 광주농고에 진학했지만 가정형편으로 중퇴하고 수의위친계와 배달청년회에 참여했다. 특히 수의위친계의 결정에 따라 임재갑 등을 이끌고 간도 용정에 파견되어 운동을 지원했다. 소안노농대연합대성회에 참여해 복역을 했고, 이후 수의위친계의 결정에 따라 도일하여 오사카와 도쿄에서 노동운동을 하였다. 귀국해 소안학교 복교, 노동운동과 사회운동에 참여했다. 해방 후 완도에서 제2대 국회의원을 지냈다.

완도의 남쪽 끝 작은 섬 소안도에서 어떻게 이토록 엄청난 운동이 일어날 수 있었을까. 한양대 박찬승 교수는, 소안도는 양반층 혹은 지주층이라 할 만한 계층이 없이 대부분 평민층과 자작농층으로 구성되어 주민들 상호간에 갈등의 소지가 적었다는 점, 한말 토지회수투쟁 과정을 통해 주민들 간에 단합이 강화되었던 점, 다른 곳에 비해 일찍부터 신교육을 시작하여 문맹이 거의 퇴치될 수준에 이른 점, 지리적으로 중요한 항로에 자리해 외부 세계, 근대문명과 접할 수 있었던 점 등을 들고 있다. 무엇보다 민족의식이 투철하고 진보적인 의식에 일찍 눈을 떴던 지도자들이 있었기 때문이다.

'해방의 섬'에서 '빨갱이 섬'으로

동서고금을 막론하고 역사는 늘 권력의 입장에서 기록된다. 그래서 '반쪽의 역사'다. 나머지 반쪽은 기억으로 남아 있지만 이것마저도 지우길 강요하거나 왜곡하는 것이 현실이다. 해방 후 소안도 사람들은 '항일운동의 기억'을 지워야 했다. 기억을 갖고 편안하게 살 수 없었다.

한국전쟁이 난 지 한 달 만에 전선은 남쪽으로 후퇴했다. 나주·화순·강진·장흥의 경찰부대가 완도로 집결했다. 최후의 대치선은 해남 남창이었다. 완도에 있던 모든 발동선이 징발되었다. 일명 '완도상륙작전'을 준비하고 있었다. 그 무렵 소안도에는 죽음의 그림자가 밀물처럼 몰려오고 있었다. 전쟁이 심상치 않자 북한에 동조할 위험이 있는 인물을 제거하라는 지시가 내려졌기 때문이다. 그 인물은 좌익인사 교화 및 전향을 목적으로 1949년 조직된 '보도연맹'(정식 명칭은 '국민보도연맹') 출신이었다. 전국에 30만 명으로 추정되며 한국전쟁이 일어나자 정부와 경찰은 초기 후퇴 과정에서 이들에 대해 무차별 검속과 즉결처분을 단행했다. 한국전쟁 중 일어난 최초의 집단 민간인 학살이었다. 이 조직에 소안 출신 항일운동 관련자들도 다수 포함되어 있었다.

스무 해 전 섬을 찾았을 때 어렵게 입을 연 월항리 김노인은 경찰이 만들어낸 '관제공산당'으로 피해자가 적게는 50명, 많게는 100명에 달했을 것이라고 운을 뗐다. 월항리 출신이 피해가 컸다. 월항리는 사립학교 교장을 지냈던 김사홍과 김경천의 고향이었다. 김씨들이 모여 사는 월항리는 이후 마을공동체와 씨족공동체가 파괴되었다. 섬 지역 민간인 학살은 돌에 매달아 수장시키는 방법이었다. 임자도가 그랬고, 무안 복길, 영광 염산 등이 그랬다. 줄줄이 묶어서 배에 실려 간 사람들이 이후 돌아오지 못했다. 한동안 그물에 뼈들이 걸리는 경우도 있었다. 일본으로 유학을 다녀온 사람들이 많이 희생당했다. 이후 소안 사람들에게 '항일'은 기억해서는 안 되는 일이 되었다. '불령선인'이 사는 '해방의 섬'은 해방 후 '빨갱이 섬'으로 바뀌었다. 독립운동에 참여했던 것도 죄가 되었다. 자식들은 취직은커녕 감시의 눈길을 피할 수 없었다. 일제강점기에는 남편을 감옥에 보내고도 당당했던 섬사람들이 해방 후에는 입을 다물었다.

잊힌 '기억' 살리기

소안의 항일 기억을 살리는 일은 신간회 연구와 일제강점기 농민운동을 연구한 한 역사학자(이균영, 전 동국여대 교수)로부터 시작되었다. 이 교수는 정병호 교수(당시 수협중앙회 연수원)의 기록을 접했다. 정 교수는 사립소안학교 초대교장을 한 김사홍의 손자 사위였다. 조선일보 기자였던 김진택은 송내호 재판기록, 신문기록, 사진 등을 보며 섬사람들의 '기억'을 세상에 알렸다. 역사학자는 기억과 기록을 바탕으로 '역사적 사실'을 복원하기 시작한 것이다. 특히 KBS가 1990년 3·1절 특집으로 방영한 〈소안의 봄〉이 큰 반향을 일으켰다. 그리고 《소안항일운동사료집》(1990. 6)과 '소안항일운동기념탑'이 건립되었다. 항일운동 기념비를 건립하려는 노력은 재경 소안향우회와 노인회를 중심으로 송내호가 독립유공자로 추서된 1960년대 후반부터 시작되었다. 몇 차례 시도가 있었지만 정국이 이를 허락하지 않았다.

마침내 1987년 12월 소안항일운동자 9명이 포상을 받자 소안노인회를 중심으로 기념사업과 건립추진위원회가 만들어졌다. 그동안 '사상' 문제로 내부적으로 고민을 했던 것도 민주화운동이 진전되면서 어느 정도 해결된 사회적 분위기 덕분이었다. 특히 국가가 소안항일운동을 인정했다는 점에 크게 고무되었다. 언론과 연구자들이 관심을 갖기 시작한 것도 이 무렵부터다. 소안면노인회는 기금 마련을 위해 정월 보름에 지신밟기를 했다. 또 출향인사들의 기금을 마중물로 국가기관(보훈처, 도청, 군청), 언론 기관, 유족 등의 출연금을 통해 수천만 원이 모아졌다. 어디에 기념탑을 세울 것인지와 기념탑에 누구의 이름을 새겨 넣을 것인지가 문제였다. 항일운동에 참여했지만 자손이 없는 사람, 사회주의 운동에 관여한 사람, 보도연맹에 가입된 사람 일부가 제외되었다. 그렇게 우여곡절 끝에 항일운동기념탑이 세워졌다. 그리고 15년 후 정부가 소안학교 옛터에 기념관을 세웠다. 기념관 안에는 독립유공자로 추서된 스무 명의 얼굴상을 볼 수 있다. 그리고 사립소안학교 졸업장을 비롯해 항일운동 관련 기록들이 전시되어 있다. 하지만 항일운동에 참여했지만 자손이 없거나 돌볼 가족이 없는 박화국이나 박홍곤처럼 소안 산천에 쓸쓸하게 묻혀 있는 이들도 있다.

개황 | 소안도(所安島)

위치 | 전남 완도군 소안면
면적 | 23.16km² **해안선 |** 42.0km **육지와 거리 |** 17.8km(완도항)
가구수 | 1,258 **인구(명) |** 2,670(남: 1,272 여: 1,398) **어선(척) |** 687 **어가 |** 854
어촌계 | 가학리·동진리·맹선리·미라리·부상리·북암리·비동리·비서리·서중리·소진리·월항리·이목리

공공기관 및 시설

공공기관 | 소안면사무소(061-550-6551), 소안치안센터(553-8112), 노화파출소선박출입항신고소(550-2127), 소안우체국(553-8005), 소방출장소(530-0989), 보건지소(비자)(550-6861), 소안면농업인상담소(550-5166), 한국전력공사(553-7500), 소안농업협동조합(553-8188), 소안수산협동조합(553-7207)
교육기관 | 소안초등학교(553-7251), 소안중학교(553-7224), 소안고등학교(554-7637)
폐교현황 | 소안초등맹선분교(1996년 폐교), 소안초등북암분교(1996년 폐교), 소안초등학산분교(1999년 폐교)
전력시설 | 한전계통
급수시설 | 지방상수도 1개소

여행정보

교통 |
섬내교통 | [버스] 소안여객(554-9130), 대형버스가 소안고속훼리 소안항 입출항 시간에 맞추어 소안항에서 진산리까지 운행(소안항과의 거리는 7km 구간임)
[택시] 청산개인택시 1대와 소안택시 4대가 소안훼리로 입출항에 맞추어 항상 대기하며 소안을 찾는 관광객의 편의를 제공하고 있음.
여행 | 항일운동기념탑, 진산리 해수욕장, 미라리 상록수림, 맹선리 상록수림
특산물 | 김
특이사항 | 섬 주민들이 다른 지역에 비하여 기개가 용맹하므로 외부인들로부터 침범을 받지 않게 되었고 이로 인하여 사람들이 100세까지 살기 좋은 곳이라 해서 소안도라 했다고 한다. 고장을 빛낸 인물로는 항일독립투사로 활약한 송내호 선생이 있다. 문화재로는 비자리 패총이 있으며, 각시여 전설, 도둑바위 등의 설화가 전해 내려오고, 매년 정월의 풍어제 습속이 있었다. 천연기념물로 지정된 미라리 상록수림 및 맹선리 상록수림 주변은 해변경관이 뛰어나고 울창한 산림이 우거져 있으며 특히 미라리 상록수림 주변은 갯돌로 유명하다. 인근해안에서 김 양식이 일찍부터 행해져 높은 소득을 올리고 있다. 바다낚시터로도 유명하다.

30년 변화 자료

구분	1973	1985	1996
주소	전남 완도군 소안면 비서리	전남 완도군 소안면	좌동
면적(km²)	23.14	23.16	-
인구(명)	9,341	7,068	4,322
	(남: 4,168 여: 4,723)	(남: 3,574 여: 3,494)	(남: 2,145 여: 2,177)
가구수	1,627	1,510	1,272
급수시설	우물 130개	간이상수도 7개소, 우물 225개	지방상수도 8개소, 우물 353개
전력시설	-	한전계통	한전계통
어선(척)	410	809	301
어가	1,516	1,377	545

35

사람은 죽으면 별이 된대
소안면 당사도

창문을 열었다. 눈이 오고 있었다. 방값을 탁자에 두고 주섬주섬 짐을 챙겨 선창으로 향했다. 하늘에서는 눈 대신 별이 쏟아지고 있었다. 옥남의 말이 생각났다. "사람은 죽으면 모두 별이 된대." 〈그 섬에 가고 싶다〉라는 영화의 주인공이 한 말이다. 전화를 걸었다. "풍랑주의보가 내려서 오늘 배가 못 뜨요." 중저음의 남자 목소리가 들렸다. 돌아섰다. 배가 오지 않는다는데 방법이 없다. 당사도는 먼 바다다. 노화도에서 한 시간을 더 제주 쪽으로 가야 하는 섬이다.

배가 뜨지 않는데요

배에서 만난 섬 주민이 일러준 말이 생각났다. "내일 날씨가 나빠 배가 뜨지 못할 수도 있어요." 섬으로 들어가는 배에는 승용차 한 대와 부부가 탔다. 부부는 당사도가 고향이지만 노화도에도 머무를 집을 샀다. 아이들이 초등학교를 졸업하면 노화나 목포로 보내야 했기 때문이다. 이번에 당사도로 들어가는 것은 방학을 했기 때문에 쉬는 짬을 이용해 김장을 하러 가는 길이었다. 옛날에는 풍선배로 당사도에서 보길 중리나 소안 맹선리로 오갔다. 그곳에는 객선이 닿기 때문이었다. 보길도 예송리가 가깝지만 그때만 해도 예송리에서 객선을 타려면 산길을 넘어야 했기 때문에 짐을 가지고 오가기 불편했다. 배가 노화도와 보길도 사이를 빠져나오자 거칠 것이 없었다. 잔잔하던 바다도 술렁대기 시작했다. 먼 바다가 이런 맛이구나 느낄 수 있었다.

당사도는 작은 섬이지만 물이 좋다. 노화도는 큰 섬이지만 물이 좋지 않아 보길도에서 물을 가져다 먹고 당사도는 작은 섬이지만 짠맛이 없는 물이 솟구친다. 한 풍수가가 당사도에 왔다가 백두산과 한라산을 잇는 수맥이 당사도를 지난다며 사람이 살기 좋은 곳이라고 일러줬다고 한다. 특히 아들을 낳지 못한 사람들이 이곳에서 아들을 만들기도 했다.

도착하자마자 짐을 맡기고 등대로 가는 숲길로 향했다. 겨울 해는 짧다. 하루를 등대에 머물며 지는 해를 보고 뜨는 해를 맞고 싶었다. 그런데 아쉽게 바람대로 이루어지지 않았다. 등대로 가는 길은 아름다웠다. 숲길을 걷다 뭔가 잡아끄는 것을 느꼈다. 길을 벗어나 숲 안으로 들어가니 그곳에 당집이 있었다. 당제를 지냈는지 제단 위에 비스킷이 남아 있었다. 누가 이곳까지 들어올 사람도 없지만 또 비스킷을 가지고 와서 소꿉놀이 하듯 제단 위에 놓고 갔을 리도 없다. 가끔 제물에 사탕이 놓인 경우는 있었지만 비스킷은 처음 본다. 당사도는 음력 9월 9일 중구절제를 지내고, 정월 초하루에 후박나무 숲에서 당제를 지내고 있다.

등대에 오르다

등대는 산을 넘어가서야 모습을 드러냈다. 몇 년 전까지 일제강점기 건축물이 그대로 남아 있었다. 지금은 등대만 남겨두고 모두 새로 지었다. 옛것의 흔적을 찾기 어려웠다. 옛 등대에서 좀 떨어진 곳에 새 등대도 만들어 불을 밝혔다. 이곳 등대는 1909년 처음 불을 밝혔다. 서남해로 항해하는 일본 선박의 안전 운항을 위해서였다. 당사도 등대를 주목했던 것은 동학군과 의병들이 등대 간수 4명을 죽인 사건 때문이었다. 그 주인공은 일제의 감시를 피해 소안으로 들어온 동학군 이준화 선생과 해남 이진마을의 의병이었다. 그곳에 세워진 항일기념비는 일제에 의해 부서지고 등대 간수 추모비로 바뀌었다. 옛 항일기념비는 온전한 모습을 잃고 부서진 채 새로 만든 비 옆에 세워져 있었다. 당사도는 항일의 섬 소안도에 속한다. 일제강점기 섬 주민들이 대부분 불온분자로 감시를 받았던 곳이다.

섬에서 농사를 지었다. 마을 앞 손바닥만 한 논에서 쌀농사를 지었다. 그걸로는 식량이 턱없이 부족했다. 하늘만 쳐다보고 짓는 농사였다. 나머지는 모두 밭농사였다. 산속에도 평평한 곳은 모두 일구어 밭을 만들어 고구마와 마늘을 심었다. 고구마는 당사도의 식량이었다. 등대로 가는 길에 보았던 숲 속 돌담들은 모두 밭의 경계를 표시하는

하필이면 머나먼 섬을 찾은 것이 겨울이었다. 걸핏하면 뱃길이 끊기는 계절인데 아니나 다를까, 폭설과 풍랑으로 배는 섬에 닿지 않았다. 배가 한 편뿐이니 두 번째 배를 기다릴 필요가 없다. 일찌감치 신세를 졌던 집으로 들어가 김장김치를 안주 삼아 한 잔 기울였다.

제주도와 완도를 오가는 길목에 길을 안내하는 등대다. 수탈과 침략을 위한 '제국의 불빛'은 1909년 불을 밝혔다. 그리고 제 집인 양 무시로 드나드는 배들을 안내했다. 아픈 흔적이지만 우리 역사다.

밭담이었다. 당사도에서 제일 큰 밭은 등대 앞에 있었다. 그곳에도 몇 가구가 살았다. 당사도에서는 초등학교 다닐 나이가 되면 소 한두 마리는 놓아서 먹일 줄 알았다. 학교에 다녀오면 으레 등대 아래 밭에서 마을까지 하루에 두 번은 지게로 짐을 져 날랐다. 지금은 터만 남았다. 섬을 지키는 사람들은 대부분 노인들이다. 특히 할머니들이 많다. 이 할머니들의 연봉이 천만 원이 넘는다고 한다. 김 양식장과 전복 어장을 판매해서 받는 배당이다. 마을에 90여 가구가 살 때는 섬을 앞면과 뒷면으로 나누어 미역과 톳을 채취했다. 말려서 목포에 있는 상회로 내다 팔았다. 먼 섬을 지키며 사는 노인들에게 자연이 준 선물이라고 해야 할까.

내 안에 '덕배'는 없을까

당사도는 소설가 임철우의 소설 《그 섬에 가고 싶다》의 배경이다. 영화로 만들어져 상영되기도 했다. 부도덕한 일로 섬에서 쫓겨난 덕배는 죽어서 섬에 묻히기를 원했다. 그런데 섬사람들은 덕배가 탄 배가 접안하는 것을 막았다. 그 내력은 6·25 전쟁에서 시작되었다. 덕배는 자신을 쫓아낸 사람들에게 앙갚음하기 위해 북한군으로 위장한 국군과 함께 섬으로 들어왔다. 그리고 초등학교 운동장에 주민들을 모아놓고 북한군에 동조한 반역자를 색출했다. 덕배의 농간으로 마을 사람들은 두 패로 나누어졌다. 이제 죽었구나 했던 사람들은 살아나고 무고한 섬사람들이 피해를 입었다. 이데올로기가 아니라 원한이었다. 섬사람들은 원한에 사무쳐 죽은 덕배의 시신도 용서할 수 없었던 것이다. 무당 업순네의 풀이굿도 소용이 없었다. 꽃상여는 끝내 바다에서 불길에 태워졌다. 소설 속 이야기다. 그런데 소설 같은 이야기를 스무 해 전 큰 섬 소안면 어느 마을에서 솔잎주를 앞에 두고 밤새도록 들었다.

동학군 이준화 선생과 해남의 항일운동의 중심지인 이진마을의 의병이 섬으로 들어와 일본 침략의 상징인 일본인 등대지기를 살해했다. 그곳에 세워진 항일기념비는 그 후 깨지고 부서져 그대로 등대 옆에 세워져 있다.

등대에 도착하자 해가 넘어가고 있었다. 등대를 관리하던 항로표지원이 반갑게 안내를 해주었다. 어제는 하얗게 눈이 쌓인 한라산을 볼 수 있었다고 했다. 더 놀라운 것은 제주도에서 자동차가 오가는 모습도 볼 수 있다는 것이었다. 본래 섬 이름은 항문도(港門島)였다. 제주 바다에서 육지로 들어오는 입구라는 의미다. 제주와 서남해를 잇는 뱃길이었다. 등대가 그냥 만들어지지는 않았다. 당사도부터가 내해로 속한다. 풍선배를 타고 노를 저어 먼 바다를 오가는 사람들이나 제주로 부임을 받아 오가던 관리들도 이곳을 지나야 안심[所安]이 되었다.

지명을 부르기가 민망해 그 후 자지도(者只島)라고 바꾸었지만 어색하기는 마찬가지였다. 결국 당사도로 다시 바꾸었다. 아무리 생각해도 항문도라는 이름만큼 정확하게 당사도의 위상을 잘 알려주는 이름도 없는 것 같다. 신라시대 당나라를 왕래하다 날씨가 좋지 않으면 뱃사람들이 이 섬에 올라 제를 올렸다는 설화가 전한다. 하지만 섬사람들은 당사도를 지금도 자지리라고 부른다. 등대 구경을 하고 돌아오니 민박집 주인이 낚시로 잡은 감성돔을 썰어 내왔다. 감성돔은 지금이 제철이다. 먹을 복은 타고나야 한다. 게다가 김장을 하려고 준비 중이었다. 내일 첫배로 나가야 하기 때문에 김장김치를 맛볼 수는 없을 것 같아 아쉬웠다. 그런데 풍랑주의보로 배가 오질 않았다. 혹시나 오후 배는 괜찮을까 싶었는데 마찬가지였다. 덕분에 막 담은 김치에 돼지고기 보쌈도 먹을 수 있었다. 밤새 눈이 내렸다. 바람은 뱃길을 닫고 눈 오는 섬을 주었다. 다음 날 아침에도 눈발이 흩날렸다. 점점 멀어지는 눈 쌓인 당사도가 파란 하늘의 별처럼 빛났다.

개황 | 당사도(唐寺島)

위치 | 전남 완도군 소안면 당사리
면적 | 1.46km² **해안선 |** 8.0km **육지와 거리 |** 20.8km(완도항)
가구수 | 28 **인구(명) |** 48(남: 24 여: 24) **어선(척) |** 5 **어가 |** 4
어촌계 | 당사리

공공기관 | 당사도초소(553-8163)
폐교현황 | 향림분교(1996년 폐교)
전력시설 | 한전계통
급수시설 | 간이상수도 1개소

여행 | 노화, 보길, 소안이 연도화되어 하나의 관광벨트로 묶어질 경우 관광선을 이용한 해상유람 관광코스가
필연적으로 상품화될 것이며 이때 보길도의 복생도와 당사도는 소안팔경과 연결지어주는 해상유람관광코스
의 주요한 포인트가 될 위치에 있는 관광자원이다.
특산물 | 검붉은 김
특이사항 | 신라시대 청해진이 설치되어 해상무역을 장악하던 본거지로 당나라와 왕래하는 배들이 날씨가 나
쁘면 이 섬에 상륙하여 무사항해를 비는 제사를 지냈다고 하여 당사도라 붙였음. 중구절제의 이야기가 내려오
며 뱃노래가 구전되어 전해지고 있다. 일제강점기 소안 항일운동의 시발점이 된 역사적 현장으로 '항일전적비'
가 등대 내부에 세워져 있음. 1000여 년 전 점등된 당사도등대는 1909년 석유를 사용하여 불을 밝혔으나 태평
양전쟁 때 일본 군용통신기지로 사용되어 파괴되었다가 1948년 복구하였다. 2008년 등탑을 신축하고 광력
을 높여 항로표지 기능을 제고시켰다.

30년 변화 자료

구분	1973	1985	1996
주소	전남 완도군 소안면 자지리	전남 완도군 소안면	전남 완도군 소안면 당사리
면적(km²)	1.46	–	–
인구(명)	393	170	59
	(남: 201 여: 192)	(남: 87 여: 83)	(남: 25 여: 34)
가구수	71	47	28
급수시설	우물 4개	우물 5개	우물 5개
전력시설	–	한전계통, 자가발전(발전기 1대)	자가발전(발전기 1대)
어선(척)	6	10	1
어가	68	45	1

36

무엇보다 무서운 것이
바람이여

소안면 횡간도

넙도로 가려던 계획을 바꿨다. 인생이 계획대로 되던가. 땅끝에 도착해
보니 넙도로 가는 배는 한 시간 전에 떠났다. 배 시간을 잘못 알았던
것이다. 계절에 따라 바뀌는 것이 배 시간이다. 다음 배는 오후에 있었
다. 다행히 횡간도로 가는 배가 기다리고 있었다. 횡간도는 배가 두 번
왕복한다. 섬사랑호는 노화 이포리에서 횡간도와 소안도를 거쳐 당사
도, 흑일도, 백일도를 오가는 배다. 반면에 땅끝에서 노화 산양을 거쳐
횡간도를 오가는 배가 있다.

횡간도를 오가던 섬사랑호의 기점이 완도읍 원동항에서 해남군 북
일면 남성항으로 바뀌었다. 목포 항만청이 밝힌 변경 이유는 원동항이
수심이 낮아 정박시간 50분에 불과하기 때문에 시간을 늘리기 위해서
라고 했다. 그 결과 정박시간은 2시간 30분으로 늘었다. 정박시간이
늘어난 만큼 배를 이용해 뭍으로 일을 보러 나온 사람들의 체류 시간이
늘어났다는 것이다. 섬사랑호를 이용하는 섬은 백일도, 흑일도, 횡간
도, 당사도 등 작은 섬 주민들이다. 이렇듯 뱃길은 배가 있어도 드나드
는 것을 인간이 결정할 수 없다. 자동차와 다른 점이다. 배 시간이 계
절에 따라 바뀌는 것이나 폭풍우나 안개로 배가 운항할 수 없는 것은
인간의 힘으로 안 되는 일이다.

횡간도 선창 앞에 있는 전복 양식 시설들은 무사했다. 이미 보길도

중리와 예송리에서 처참하게 무너진 양식 시설을 보았던 터라 안심이 되었다.

"여그는 보길이나 소안에 비하면 한 사람 양도 안 되라."

여객선 승무원이 옆을 지나며 내뱉었다. 섬 전체의 전복 양식 규모를 합해도 보길이나 소안도에서 한 사람이 양식하는 정도도 미치지 않는다는 이야기였다. 횡간도로 가는 길에 가장 먼저 만나는 것이 사자바위다. 사자가 입을 크게 벌리고 있는 형상을 하고 있어 사자봉(200.6미터)이라 부른다. 그렇게 높은 봉우리도 아니지만 바다 위에서 보면 제법 우람해 보이고 위엄이 서려 있다. 바위 근처에 풍란이 많아 섬사람들은 안개가 낀 날이나 어두운 밤에는 풍란 향기를 맡고 방향을 가늠했다고 한다. 옛날 이야기다. "유능한 사공은 풍란 향기를 잘 맡을 줄 알아야 한다"는 말은 먼 섬에서 곧잘 듣는 이야기다. 횡간도는 옛날 고려시대 삼별초군이 패해 이 섬에 주둔하면서 주민들을 사살하자 섬을 피해 다녀 붙여진 이름이라는 설과 임진왜란 때 수병들이 거북선을 타고 나와 왜군을 섬멸하자 섬을 지나갈 때 왜군들이 힐끔힐끔 곁눈질을 하면서 비켜갔다고 해서 붙여진 이름이라는 설이 있다.《명종실록》(1554)에는 횡간도에 머물던 '적(왜구)의 머리 15급'을 획득했다고 기록했다. 달량진사변 1년 전이다. 횡간도를 지나면 곧바로 해남 어란진과 우수영으로 이어진다. 또 내륙으로는 삼남대로를 거쳐 곧바로 나주와 전주로 올라갈 수 있는 길목이다. 충무공이 수군진을 완도 고금으로 옮겼던 것도 이런 이유 때문이었다. 왜군들이 횡간도를 보고 비켜 갔다는 설에 부합하는 기록이다.

바람은 무섭지만 자식이 최고여

횡간도의 마을은 선창마을·큰마을·뒷개 세 곳으로 나뉘어 있다. 선창

태풍에 지붕이 들썩들썩, 문은 덜컹덜컹 소리를 내며 곧 떨어져 나갈 것 같았다. 20년 전 간첩이 나타났을 때도 이렇게 두렵지 않았다. 자식들이 주말에 와서 고쳐주고 돌아갔다. 이럴 때 자식 키운 보람을 느낀다.

과 마을 사이에 오래된 소나무 숲이 바람을 막아주고 있다. 소나무도 섬 생활이 고단하고 세월을 견디기 어려웠던지 앙상한 가지만 남아 있다. 몇 그루는 운명을 다하고 고목이 되었다. 그 사이 섬을 빠져나간 사람도 많았다. 김 양식이 활발했던 시절에는 백 가구가 훨씬 넘게 살았던 마을이다. 지금은 몇 가구가 소규모로 전복 양식을 할 뿐 모두 나이 들어 농사와 어업을 소일거리로 하는 정도다.

방풍림 아래 전공비가 세워져 있다. 1980년 횡간도에 침투한 간첩을 섬멸한 후 세운 비다. 그런데 간첩보다 더 무서운 것은 간첩을 섬멸하고 난 뒤 후폭풍이었다. 그들과 접선한 자를 찾아내려는 공안당국과 그런 사실이 없다는 주민들의 실랑이 때문이었다. 지금은 상상할 수 없는 일이 벌어졌다. 당시 이야기를 꺼내는 것도 묻는 것도 금지되어 있었다. 불문율이었다. 주민들은 모두 입을 꼭 다물었다. 더는 묻지 않았다.

큰 마을이 가장 잘 보이는 언덕을 찾아 오르다 고구마를 캐는 어머니를 만났다. 한사코 마다했는데 씨알이 제법 굵은 고구마를 몇 알 챙겨주셨다. 지금도 지난 볼라벤 태풍을 생각하면 몸서리가 쳐진다고 했다. 어머니는 포구 옆에 있는 집에 살고 있다. 그날 밤 한숨도 자지 못하고 무서워 덜덜 떨며 날을 샜다. 지난 무장공비가 나타났을 때도 그렇게 두렵지 않았다. 태풍이 지나가고 보니 천장 위로 하늘이 보였다. 살았다 싶더니 이젠 저걸 어떻게 하나 걱정이 또 생겼다.

"자식들이 보배여."

지난 태풍에 유리창이 깨지고 지붕은 날아가고, 이제 어떻게 사나 싶어 골방에서 울었는데 큰아들이 와서 고쳐주었다며 자랑을 했다. 도시에서 인테리어를 한다는 큰아들 주려고 알이 굵은 고구마를 따로 담으셨다. 어려울 때는 자식이 보배지만, 때로는 해주고 싶은 것을 못해주거나 사정을 모르고 해달라고 조르면 자식이 애물단지일 때가 있다는 말도 덧붙였다.

횡간도는 20년 전까지만 해도 마을 사람들이 김 양식에 의존했다. 김 양식이라고 해봤자 고작 열 줄 미만이었다. 지금 수백 줄을 하는 것에 비하면 아주 작은 규모였다. 그것도 매년 추첨을 해서 김 양식 자리를 정했다. 양식만 아니라 해안가 갯바위에서 자라는 톳·미역·천초·우뭇가사리·김 등도 짭짤한 소득이었다. 당시 큰 마을과 뒷개까지 120여 호가 살았다. 이들 호수를 3개로 나누어 갯바위 해초를 뜯었다. 이것을 '단'이라 했다. 지금도 돈이 되는 미역 등은 같은 방법으로 운영을 하고 있다.

문어와 축의금

요즘은 청첩장보다 부고장을 받는 일이 더 많다. 나이 들어간다는 증

위 이렇게 말리는 문어와 장어의 쓰임새는 좀 특별하다. 서울에 조카가 결혼을 하는데 축의금 대신 축의다. 도시로 나간 고
향사람들이 많이 찾을 것이라며 고향 맛을 보여주려고 특별 주문한 귀한 생선이다.
아래 고개를 숙여야 할 벼이삭이 건방지게 뻣뻣하게 쳐들었다. 태풍 탓이다. 염기를 잔뜩 품은 강한 바람이 여물어가는 논으로
쏟아졌던 것이다. 산꼭대기 소나무 잎도 말라가는 마당에 벼는 오죽하겠는가. 일부 주민들은 불을 놓거나 갈아엎기도 했다.

거다. 그 사이 새치는 흰머리가 되어 이발사가 염색을 하지 않을 거냐고 묻는다. 결혼식이건 장례식이건 봉투를 들고 가는 것이 상례다. 얼마를 넣을까. 고민스럽다. 지금은 딱 정했다. 둘 중에 하나다. 인사치레만 하면 되는 정도인가, 생활을 같이하는 사이인가.

작은 골목길을 배회하다 걸음을 멈추었다. 돌담 옆 전봇대 꼭대기에 대롱대롱 매달린 열십자로 만든 대나무 위에서 가을 햇볕에 꼬들꼬들 말라가는 생선을 발견했다. 열 마리씩 꼬챙이에 꽂힌 문어가 대나무 끝에 걸려 있었다. 이것을 '꽂대'라고 불렀다. 꽂대를 세 개나 걸어 놨으니 문어가 삼십 마리나 된다. 그뿐만 아니다. 부시리가 다섯 마리, 장어가 네 마리나 되었다. 대나무 걸대에 꽂대가 두 개, 전봇대를 이용해 건 꽂대가 세 개나 있었다. 이쯤이면 생선가게를 차려도 될 성싶다.

꽂대를 걸대에 걸어 생선을 말리는 모습이야 섬마을이나 어촌에서 심심찮게 볼 수 있다. 그림이 너무 좋아 한참을 쳐다보다 마당에서 일을 하고 있던 집주인과 눈이 마주쳤다. 볕이 좋은 마당에 참깨와 들깨 그리고 옥수수도 자리를 잡았다. 칠순의 노부부는 새벽 물때에 맞춰 바다에 나갔다 통발에 든 쏨뱅이 열몇 마리를 잡았다며 보여주었다. 그것을 굵은 소금에 버무려 그릇에 담았다. 한 달 후에 먹어야 제맛이 난다며 일러주었다. 방 안에는 고춧가루 다섯 보따리가 가지런히 놓여 있었다. 아들 넷에 딸 하나, 다섯 형제를 둔 다복한 노부부였다. 김 양식을 해서 자식 두 명은 대학을 보냈지만 오십대 중반에 몸이 아파 나머지 셋은 고등학교까지만 보냈다며 아쉬워했다.

"문어는 제사에 쓸려고 하신 건가요?"

전봇대 꼭대기에서 말라가고 있는 문어를 가리키며 물었다. 동해안 어촌에서 제물로 빠져서는 안 되는 것이 문어이기에 넘겨짚어본 것이다.

"아니어, 식 맞춰 놓은 것이여."

처음엔 무슨 말인지 알아듣지 못했다. 다시 묻자, 서울 조카 결혼식에 쓰려고 맞춰 놓은 것이라고 설명했다. '결혼식에 쓰려고 주문받아 놓은 것'이라는 말이었다. 오전 10시 40분. 새벽 물때에 맞춰 바다에 나갔다 돌아온 노부부의 아침식사 시간. 상 위에는 반쯤 말린 생선이 올라와 있었다. 입안에 군침이 돌았다. 아침에 김밥 두 줄을 싸들고 새벽녘에 나선 걸음이라 시장기는 면했지만 밥상머리에 앉으니 어쩔 수 없었다. 시골 인심은 야박하지 않아서 좋다. 더구나 작은 섬마을은 여느 시골과 비교할 수 없을 정도로 순박하고 소박하다. 내가 작은 섬을 즐거운 마음으로 찾아 떠나는 이유다.

섬에서 나고 자란 노인들에게 서울 음식이 입맛에 맞을 리 없다. 또 고향을 떠나 객지생활을 한 사람들에게 고향 맛을 느끼게 해줄 수 있는 유일한 기회가 아닌가. 그래서 자식 결혼식을 앞둔 부모가 고향 어른께 특별히 부탁을 했던 것이다. 노부부는 한물 두물, 물때 맞춰 잡아온 문어를 정성스럽게 꽃대에 말렸다.

머지않아 문어는 서울 구경을 할 것이다. 그 길에는 문어 축의금 외에 부시리와 갯장어 등 말린 생선도 동행할 것이다. 그리고 고향 사람들을 만나리라. 짭짤하게 간질을 한 생선과 꾸덕꾸덕 말린 문어로 요리를 해놓으면 다들 한 마디씩 할 것이다. "완도 바다에서 직접 잡아온 것이라 겁나게 맛있네. 어이 박씨 잘 먹었어." 아마도 노부부의 축의금은 문어가 될 것이다.

현지는 가수가 되었을까

1940년 6월 8일 소안초등학교 부설 2년제 횡간간이학교로 문을 열었었다. 반백 년 이상 섬의 중심이 되었던 건물이었다. 한가운데 버티며 섬마을의 지주 역할을 했었다. 교가에서처럼 '백두산 줄기 받아 떨어진 섬'이 횡간도였다. 학생 수가 가장 많았을 때가 1977년이다. 171명에 이르렀다. 이때는 섬마을 사람들이 모두 김 양식을 했다. 그리고 1990년에 학생 수가 50명으로 줄어들자 소안초등학교 횡간분교로 격하되었다. 그리고 2008년 2월 현지가 서울로 떠나면서 학교는 폐교되었다. 노래를 잘 불러 연예인이 되고 싶다고 했다. 하지만 다시 서울로 가야 했다. 뒷개로 가는 길에 학교에 들렀다.

가는 길에 발로 밟아서 탈곡기를 돌리며 벼를 탈곡하는 주민을 만났다. 작은 섬에서도 기계화하지 않고는 농사를 짓기 어렵다. 주민들은 나이 들어 늙어가고 젊은 사람은 섬을 떠나고 없기 때문이다. 마을 앞 논에서는 할머니 한 분이 낫으로 낟알이 붙은 벼이삭을 베고 있었다. 태풍으로 쭉정이만 남은 벼를 포기하지 못하고 낟알을 만져가며 여문 이삭만 골라서 베는 것이었다. 할머니는 일을 하다 허리를 폈다. 마을에서 만난 박씨 영감님은 예초기로 베서 불을 질러버렸다고 했다. 고개를 넘자 작은 선창과 몇 채의 집이 쓸쓸하게 있었다. 세 가구가 멸치잡이와 전복 양식을 하며 살고 있다.

작은 섬에 들면 끼니를 해결하는 것이 걱정이다. 마을을 돌아보다 담배를 파는 작은 점방을 눈여겨보아두었다. 늦은 점심을 먹고 배를 타면 시간이 맞을 것 같았다. 그런데 어떡하나, 오전에 보았던 '잠시 외출중입니다'라는 안내판이 여전히 출입문 옆에 걸려 있었다. 연락처로 전화를 걸었다. 주인은 광주에 있었다. 대신 전화번호를 알려줬다. 이웃에 사는 주민이 나왔다. 물건 값도 제대로 모르셨다. 알아서 먹고 두고 가라고 했다. 라면을 한 봉 끓였다. 막걸리도 한 병 내왔다. 운이 좋은 날이다.

개황 | 횡간도(橫看島)

위치 | 전남 완도군 소안면 횡간리
면적 | 3.54km² **해안선 |** 11.5km **육지와 거리 |** 14km(완도항)
가구수 | 79 **인구(명) |** 122(남: 54 여: 68) **어선(척) |** 35 **어가 |** 31
어촌계 | 횡간리

공공기관 및 시설

공공기관 | 횡간도경찰관출장소(061-553-8153), 횡간도보건진료소(552-9672)
폐교현황 | 소안초등횡간분교장(061-553-8085)
전력시설 | 한전계통
급수시설 | 간이상수도 2개소

여행정보

특산물 | 김, 톳
특이사항 | 섬 이름 유래는 고려시대 삼별초의 패잔병이 이 섬에 상륙하여 속칭 도둑개 골짜기에 주둔하면서 주민들을 살해하였으므로 이 섬을 피해 다닌다는 뜻에서 횡간도라 불렀다는 설이 있다. 임진왜란 때 완도에 주둔해 있던 이충무공 휘하의 수병들이 거북선을 타고 나가 적선을 끝까지 쫓아가 몰살시켰는데 이때부터 왜구들이 이 섬을 지나가려면 무서워서 힐끔힐끔 곁눈질을 하며 비켜 지나갔기 때문에 섬의 이름을 횡간도라 하였다는 설도 있다. 풍란전설이 구전으로 전해지며, 마을의 사자바위는 멀리서 보면 꼭 사자가 입을 벌리고 포효하고 있는 형상이며 이 섬의 모양 역시 사자를 닮았다고 한다. 주요 인물로는 항일 독립투사인 김통안 선생이 있다.

30년 변화 자료

구분	1973	1985	1996
주소	전남 완도군 소안면 횡간리	좌동	좌동
면적(km²)	3.54	–	–
인구(명)	690	499	228
	(남: 343 여: 347)	(남: 239 여: 260)	(남: 118 여: 110)
가구수	115	114	79
급수시설	우물 5개	우물 13개	간이상수도 1개소, 우물 29개
전력시설	–	한전계통	한전계통
어선(척)	25	56	21
어가	115	110	35

37

요리사를 꿈꾸는
젊은 이장
소안면 구도

작은 섬은 아무리 가까워도 쉽게 갈 수 없다. 뱃길이 없기 때문이다. 이
번에는 맘먹고 나섰다. 땅끝에서 탄 배는 차가운 바람을 가르며 노화
도에 닿았다. 겨울 섬 산행을 즐기는 한 무리의 관광객을 뒤로하고 배
에서 내렸다. 하지만 겨울철이라 선창은 한산했다. 배에서 내리자 곧
바로 동천항으로 향했다. 구도는 소안도에 속하는 섬이지만 노화읍
동천항에서 가깝다. 생활권도 소안도가 아니라 노화읍이다. 구도만
아니라 횡간도와 당사도도 소안면에 속하지만 노화읍이 생활권이다.
노화읍은 작은 목포라 할 만큼 상권이 활발하고 5일장이 열리는 곳이
며 교통이 편리하기 때문이었다.

　구도는 1820년 김해 김씨가 처음으로 입도했다. 섬이 비둘기를 닮
아서인지 비둘기가 많아서인지 '구(鳩)도'라 했다. 구도는 소를 키우면
이유 없이 죽기 때문에 '소가 없는 섬'으로 알려져 있다. 그 이유가 횡간
도 때문이라고 한다. 횡간도에 사자가 살고 있어 구도에서 소를 키울
수 없었기 때문이다. 그곳에는 사자바위가 구도를 향해 포효하고 있
다. 물론 작은 구도에서 소를 키우기는 마땅치 않다. 우선 밭을 일구어
생계를 잇기도 부족할 면적이다. 게다가 경사진 산비탈에 지은 집들에
소가 거처할 외양간이나 헛간을 마련하는 것도 수월치 않아 보였다.

구도는 노화도에서 소안도로 가는 길목에 있는 작은 섬이다. 국립공원지역에서 전복 양식으로 생활해가지만 생산성은 점점 떨어지고 있다. 주변이 섬으로 둘러싸여 조류 소통이 원활하지 못하고 수심이 낮기 때문이다.

젊은 이장, 섬에 뿌리를 내리다

동천항에 도착하자 이장에게 전화를 했다. 아주 젊은 목소리였다. 잠시 후 예상대로 젊은 이장이 배를 끌고 동천항으로 나왔다. 구도로 가는 뱃길 양쪽으로 전복 양식장이 빽빽하게 들어차 있었다. 구도는 모두 24가구가 거주하고 있다. 이 중 20가구가 전복 양식을 하고 있다. 빈집이 세 가구 정도 있다.

이장 추호연은 올해 38세로 총각이었다. 고향에 내려온 지 4년 되었다. 섬에 형님이 어머니를 모시고 살았다. 하지만 어머니가 노환에다 몸까지 불편해지면서 장애를 가진 형님이 더 이상 모실 수 없었다. 도시에서 꿈꾸던 요리사 일을 접고 섬으로 들어와 전복 양식을 시작했다. 어머니는 고관절을 다쳐 비탈진 집에서 한 발짝도 나올 수 없는 형편이었다. 갯바위에서 톳을 뜯고 찬바람을 맞으며 김 양식을 하면서 평생을 살았던 터라 고관절이 아픈 것은 다양한 수순이었다. 그렇게 해서

마을 뒷산에 올라보면 보길도와 소안도 뒤로 당사도가 보인다. 그 너머에 추자도가 있다. 옛날에는 제주도로 가는 배들이 구도 앞바다를 지나 소안도에서 바람과 물때를 맞춰 떠났다. 소안도에는 제주목사와 관련된 비석들이 있다.

자식들을 가르쳤던 것이다. 이제 그 어미는 몸을 움직일 수 없으니 자식 된 도리로 마땅히 섬으로 들어와 모셔야 하지만 쉽지 않은 결정이었을 것이다.

소안도에서 고등학교까지 졸업하고 대학에 진학했다. 하지만 배우는 일보다 돈 버는 일을 택했다. 동대문시장에서 커튼 등을 만들어 학교에 설치하는 자영업을 시작했다. 그렇게 번 돈은 고향으로 내려 보내 전복 양식 시설에 보탰다. 사실 이장이 정말 하고 싶은 것은 따로 있었다. 요리사가 되는 것이 꿈이었다. 그렇다고 추씨가 꿈을 포기한 것이 아니었다.

지금 그는 100여 칸의 전복 양식을 하고 있다. 당장 돈이 되는 것은 아니지만 빠르면 추석 무렵에 출하할 수 있을 것 같단다. 전복은 2년 6개월에서 3년은 키워야 팔 수 있을 만큼 자란다. 이제 몇 개월만 키우면 첫 수확을 볼 수 있을 것이다. 하지만 수확하더라도 다시 시설을 확장할 생각이다. 보통 100칸 정도 시설을 준비하는 데 1억 5천에서 2억 원 정도의 비용이 필요하다. 여기에 전복에게 줄 미역이나 다시마 양식을 겸해야 한다. 일 년에 3억 원은 있어야 전복 양식을 할 수 있다. 시설을 늘리면 그만큼 비용도 늘어나게 된다. 볼라벤처럼 큰 태풍이 휩쓸고 지나가면 큰 낭패다. 구도 전복 양식장의 시설 피해는 없었지만 태풍이 흔들고 지나가면 가두리 시설 안에 있는 전복이 심한 스트레스에 시달리게 된다. 그만큼 폐사율이 높아진다.

작은 섬에 멋진 레스토랑을 기대한다

배나무나 사과나무의 낙과는 피해 보상을 받지만 전복이나 우럭 등 가두리 시설 안에 있는 수산물의 폐사는 쉽지 않다. 시설 피해도 전부 파손되어야 5천만 원, 반쯤 파손되면 절반밖에 피해 보상을 받지 못한다. 보통 한 칸에 1,000미에서 1,200미가 들어간다. 그중 태풍으로 30~40퍼센트, 스트레스로 10~20퍼센트 정도 폐사한다. 이장이 생각할 때 전복도 10년을 넘어가지 못할 것으로 예상했다. 해수온도 상승 때문이다. 4년 전까지만 해도 3만 미 정도 어린 전복을 넣으면 1톤이 나왔다. 그런데 지금은 4만 미 정도 넣어야 같은 양을 키워낸다. 그만큼 폐사를 많이 하기 때문이다. 노화처럼 밀식 양식을 하는 곳에서는 폐사율이 더 높다. 10년 이내에 전복 양식도 김 양식처럼 한계에 이를 것이 분명하다. 땅심을 회복하기 위해 휴경하는 것처럼 양식어장도 일정한 기간을 쉬는 것이 필요하다. 하지만 대체어장이 없는데다가 시설 확대를 원하기 때문에 시도하지 못하고 있다. 그런 상황은 특히 완도가 더 심각하다. 전라남도 어민후계자 신청자의 절반 정도는 완도 출신이라고 할 정도로 많다. 그래서 잠시 꿈을 뒤로 미루었다. 앞으로 몇 년 더 전복 양식을 하고서 고향에 펜션도 짓고 작은 레스토랑을 꾸밀 생각을 하고 있다.

경로당을 겸한 마을회관에서 나왔다. 회관 입구에는 이곳이 국립공원임을 알리는 안내판이 세워져 있었다. 2000년에 폐교된 학교에는 어구들이 쌓여 있었다. 뒷산에 오르자 전복 양식어장과 동천항이 한눈에 들어왔다. 완도 화흥포에서 출발한 배가 막 동천항에 접안했다가 소안항을 향해 떠나고 있었다. 구도 앞을 지나지만 수심이 낮아 여객선이 접안할 수 없다. 정상으로 오르는 길 양쪽으로 정비되지 않는 잡목과 넝쿨식물들이 엉켜 있었다. 그 사이로 쑥들이 자라고 있었다. 한겨울임에도 불구하고 따뜻한 날씨 탓인지 쑥들이 눈에 띄었다. 등산을 하고 내려오는 한 어머니가 이곳 노인들은 초봄에 쑥을 캐서 용돈벌이를 한다고 일러줬다. 추 이장은 이곳에 작은 올레길이라도 낼 계획을 갖고 있었다. 전망이 좋아 숲을 정비하고, 노화도와 다리가 연결되면 지금보다 훨씬 좋을 것이다. 그 무렵이면 이장은 요리사가 되어 있을 것이다. 작은 섬에서 자신의 꿈을 버리지 않고 지켜가는 젊은이가 있어 고마웠다.

개황 | 구도(鳩島)

위치 | 전남 완도군 소안면 구도리
면적 | 0.39km² **해안선 |** 2.4km **육지와 거리 |** 14.6km(완도항)
가구수 | 29 **인구(명) |** 80(남: 44 여: 36) **어선(척) |** 41 **어가 |** 15
어촌계 | 구도리

폐교현황 | 구도분교(2000년 폐교)
전력시설 | 한전계통
급수시설 | 간이상수도 1개소

특산물 | 김
특이사항 | 섬의 모양이 비둘기를 닮아서 구도라 했다는 설과 섬에 서식하는 비둘기가 많아서 구도라고 했다는
설이 있다. 소 없는 마을의 전설이 구전으로 전해지며 그로 인해 이 섬에서는 아직도 소를 키우지 않는다. 마을
앞 무인도에서 농어 낚시가 잘된다.

30년 변화 자료

구분	1973	1985	1996
주소	전남 완도군 소안면 구도리	좌동	좌동
면적(km²)	0.39	–	–
인구(명)	275	189	108
	(남: 138 여: 137)	(남: 95 여: 94)	(남: 54 여: 54)
가구수	48	38	32
급수시설	우물 19개	우물 17개	간이상수도 1개소,
			우물 6개
전력시설	–	한전계통	한전계통
어선(척)	21	30	19
어가	48	35	21

완도군 보길면

군외면

완도읍

노화읍

보길면

38

39

소안면

38   보길도
39   예작도

38

고산은 왜 보길도로 갔을까
보길면 보길도

예송리 상록수림이 불에 탔다는 아픈 소식을 들은 것은 볼라벤이 지나가고 난 한참 후였다. 태풍이 지나간 후 마을 숲의 안위가 걱정되어 섬에 들렀다가 갯돌밭에 밀려온 엄청난 양식 시설을 보고 깜짝 놀랐다. 인간의 욕심에 자연은 이런 답을 하는구나 싶었다. 바다는 더 파랗고 생기발랄했고 무슨 일이 있었냐는 듯 고요했다. 인간의 삶과 자연의 충돌을 보는 순간이었다. 그리고 한 달 후 상록수림이 불에 탔다. 불은 밀려온 양식 시설에서 시작되었다. 화재의 원인이야 전문가들이 판단할 일이지만 자연과 인간의 갈등을 해결하는 방식이 너무 '인간'적임에 놀라웠다.

보길도를 처음 찾은 것은 25년 전 늦여름이었다. 철지난 해수욕장을 아내와 함께 찾았다. 결혼을 하기 전 이야기다. 완도에서 여객선을 탔다. 배를 직접 접안할 수 없어 작은 '종선'을 타고 섬으로 들어가야 했다. 지금은 보길도와 노화도를 잇는 연도교가 만들어졌다. 땅끝에서 노화도까지 반 시간이면 충분하다. 차를 가지고 간다면 10여 분이면 보길도까지 들어갈 수 있다. 교통이 편리해졌지만 자꾸 옛날이 그리워진다.

송시열이 제주 귀양길에 남겼다는 '글쓴바위'로 가는 길에 아침 해를 맞았다. 조선시대 대척점에 섰던 두 거물이 한 섬에서 흔적을 남겼다. 한 사람은 부황리에 연못을 파고 정자를 지어 은둔처로 삼았고, 또 한 사람은 백도의 끝자락바위에 글을 남겼다.

뾰족한 섬, 보길도

보길면에는 본섬(보길도)·백도·예작도·장사도 등의 유인도가 있었다. 장사도는 사람들이 모두 떠나 무인도가 되어 보길도와 노화도를 잇는 다리의 징검다리로 변했다. 예작도는 예송리 앞에 있는 유인도다. 백도는 조류에 의해 모래가 쌓이면서 본섬과 육계사주로 연결되었다. 보길도는 노화도·소안도와 함께 해남생활권이다. 보길도 나들목인 청별 선창은 노화도 이목리와 소안도 맹선리를 잇는 오랜 뱃길이었다. 지금은 숙소와 식당으로 번화가가 되었지만 몇십 년 전만 해도 사공이 거처하는 작은 집이 하나 있었을 뿐이다. 최근까지도 노화읍장을 보기 위해 배를 타고 나가야 했다. 옛날에는 배를 이용하고 봄과 가을에 곡식을 거두어 사공에게 뱃삯을 주었다. 고산은 이곳에서 깨끗한 마음으로 이별을 한다 해 '청별'이라 했다.

《동국여지승람》에는 보길도를 "둘레가 63리이고 목장이 있다"고 적고 있다. 조선 후기 《호구총서》(1789)에서 대여길항, 소여길항, 부용동, 월송정, 득문리, 중리, 정자리, 황원동, 통리, 선창구미 등 마을을 확인할 수 있다. 모두 보길도 동북쪽에 위치해 노화도와 해남으로 연결되는 마을이다. 남쪽 해안은 망월봉·격자봉·광대봉 등 급경사를 이루고 계절풍이 심해 사람들이 정착하기 어렵다. 이곳에 마을을 이룬 예송리도 파도와 바람을 막기 위해 울창한 상록수 방풍림을 조성해야 했다.

보길도는 고려 현종 9년(1018년) 이래 노화읍과 함께 영암군에 속했다. 완도군이 1896년(고종 33년) 설군되자 보길면으로 독립되었다. 1914년 행정구역 개편으로 노화면에 통합되었다 1986년 보길면으로 독립했다. 그런데 보길도라는 지명 유래가 재미있다. 보길도는 격자봉(425미터)을 중심으로 좌측에 망월봉(366미터), 우측에 광대봉(310.5미터)이 둘러싸여 있는 뾰죽한 섬이다. 섬 이름이 이 '뾰죽섬'에서 비롯되었다는 설이다. 《청해진 완도군 향토사》에 따르면 '뾰족한'의 '쌍비읍(ㅃ)'은 한자로 표기하면 '叱' 자로 표현되어 '甫叱'로 적게 되며 음으로 읽으면 '보질'이 된다는 것이다. '보질'이 구개음화되어 '보길'이 된 것이다. 보길도 남서쪽 보옥리 앞에 실제로 보죽산이 있다. 아주 뾰죽한 산이다. 또 다른 지명 유래로는, 풍수지리에 능한 지관이 섬을 살핀 뒤 "十用十一口"(甫吉)라는 글을 남기고 갔다고 한다. 이 섬에 명당자리 열한 곳이 있는데 열 곳은 사용되고 한 곳도 이미 정해졌다는 의미로 해석했다. 이로부터 보길도로 불렀다는 것이다. 그 한 곳은 고산(윤선도, 1587~1671년)이 머물렀던 부용동을 의미하는 것일까. 고산은 선조 20년(1587년) 서울 종로구에서 태어나 광해군·인조·효종·현종 등 다섯 임금을 모신 조선 중기의 대표적인 정치가이자 문학인이다.

부용동에 들다

노화도 산양 선착장에 배가 닿자 사람들이 삼삼오오 짝을 지어 차에 올라탔다. 보길도로 가는 사람들이다. 노화읍을 지나 다리를 건너자 곧바로 청별항이다. 예송리로 갈까 부용동으로 갈까 잠시 망설였다.

부용동은 보길도에서 유일하게 바다와 접하지 않는 마을이며 고산이 눈을 감은 곳이다. 그곳으로 향했다.

보길도 사람들의 족보를 살펴보면 16세기부터 조상들이 살았던 것으로 확인되었다. 그 전까지 섬에 사람이 살지 않았다는 것은 아니다. 현 세대의 조상만 따져보면 그렇다. 보길도에는 당시 섬의 상황을 가장 잘 읽을 수 있는 소중한 자료가 남아 있다. 고산의 5대손인 윤위(1725~1756년)가 남긴 《보길도지(甫吉島識)》(1748)이다. 고산이 보길도와 인연을 맺은 것이 1637년이니까 111년, 고산이 세상을 떠난 지 78년의 기록이다.

황원포에서 잠시 멈췄다. 고산이 처음 발을 디딘 곳이다. 지금은 부황리라 부르지만 옛날에는 '환동이'라 불렀다. 한때 '황원동'이라고도 했다. 《보길도지》에도 "배를 정자 머리 황원포에 댔다. 정자에서 황원포까지는 10리이며, 황원포에서 격자봉 아래까지는 5리 남짓하다"라고 했다. 고산이 세 차례 20여 년의 유배생활을 하면서도 예순을 넘길 정도로 장수할 수 있었던 것은 금쇄동이나 부용동처럼 은둔 생활을 할 수 있는 힐링 장소를 갖고 있기 때문이었을 것이다. 유명한 〈오우가〉〈산중신곡〉〈산중속신곡〉〈어부사시사〉〈몽천요〉 등 훌륭한 문학작품을 남긴 것도 마찬가지였다.

고산은 51세에 부용동과 인연을 맺었다. 인조가 청나라에 항복했다는 소식을 듣고 통분하여 세상을 등지고 제주로 가던 중이었다. 잠시 황원포에서 순풍을 기다렸다. 그곳에서 물길을 따라 오르면 세연정과 안택 낙서재와 격자봉으로 이어진다. 낙서재에 서면 아늑하고 포근하며 좌우에 높은 산과 낮은 봉우리들이 부용동을 내려 뻗어 있다. 등산객들이 주차장에 차를 두고 낙서재를 지나 격자봉으로 오르고 있었다. 《보길도지》에도 "사방이 산으로 둘러싸여 있어 푸른 아지랑이가 어른거리고, 무수한 산봉우리는 마치 반쯤 핀 연꽃과 같다"고 했다. 부용동의 탄생이다. 고산은 67세에 부용동에 세연정을 증축하고, 석실, 회수당, 무민거, 정성당 등을 짓고 제자들을 가르치기 시작했다. 유일하게 물을 가두어 농사를 지을 수 있는 곳이다. 지금은 세연정 주변에 큰 마을이 자리를 잡았다. 주변에 제법 너른 논과 밭을 일구어 농촌의 면모를 엿볼 수 있다. 윤위가 남긴 글을 보자.

이곳에는 사는 사람들이 적어서 벼랑 위나 암석에 의지한 수십 호에 지나지 않으나 산새와 들짐승이 우짖는 소리가 들리고, 나무 그늘이나 풀 밑에서 자고 쉬며, 고사리도 따고 상수리와 밤을 줍기도 하면서 아침저녁으로 왕래하는 사람들은 돼지나 사슴들과 벗한다.

부용동은 격자봉을 중심으로 동쪽에는 광대봉, 서쪽에는 망월봉 등 크고 작은 산이 동남쪽과 서남쪽 해안으로 둘러싸여 배산임해(背山臨海)의 명당이다. 외부에서 접근하기 어려운 바위산이며 절경이다. 유일한 길은 배를 타고 황원포로 들어와 세연정을 통해 걸어오는 길이다. 특히 부용동 앞은 장사도가 있어 밖으로 노출도 되지 않는다. 최고의 은거지다. 해남 윤씨의 중시조이자 고산의 고조부인 윤효정(호는 어초) 이후 해남에 거주하기 시작했다. 해남 윤씨의 종가인 녹우당에는 어초와 고산의 사당이 있다. 해남 윤씨가는 조선시대 해남 일원의 갯벌의 입안을 받아 간척하였다. 해남 외에도 진도 굴포, 노화도, 고금도 등 도서지역 간척에 큰 관심을 가졌다. 보길도는 간척농지를 연결하는 중간 거점이다. 해남의 본가와도 멀리 떨어져 있지 않은 곳이다. 작인들의 힘이 강해진 조선 후기 부용동의 역할은 컸을 것이다. 육로보다 뱃길을 이용하는 것이 물산을 이동하는 데 편리했다. 도서지역을 오가며 농지를 관리할 거점으로서 보길도는 최적지가 아니었을까. 부용동에도 계곡물에 의존해 농사를 지을 수 있는 100여 두락의 농지가 있었다. 당시 보길도에서 유일한 농사지을 땅이었다. 양식어업이 본격적으로 시작되기 전, 보길도에서 육지로 유학을 보낼 수 있는 재력을 갖춘 사람들도 부용동 사람들이었다.

자연과 과학의 만남, 세연정

부용동에는 조선시대 최고의 별서조원(농장이나 들에 지은 집)의 아름다움을 엿볼 수 있는 세연정(洗然亭, 1992년 복원)이 있다. 고산이 머물던 안택으로 가려면 반드시 거쳐야 하는 곳이다. 외지인의 출입을 살필 수 있고 손님을 맞을 수 있는 곳이다. 개울을 막아 세연지를 만들고 큰 바위를 옮기고 소나무를 심었다. 연못 가운데 섬을 만들어 정원을 가꾸었다. 연못 건너편 좌우에 무희들이 춤추었다는 무대 '동대' '서대'가 있다. 그의 권력을 가늠할 만하다. 계곡을 따라 십 리 남짓 오르면 낙서재가 있다. 격자봉을 마주하고 동쪽으로 개울이 흐른다. 부황천이다. 그 건너 암벽에 차를 마시며 책을 읽었다는 '동천석실'이 있다.

하염없이 내리던 눈이 잠시 멈춘 듯싶더니 다시 내린다. 붉은 동백꽃 위로 흰 눈이 소담스럽게 쌓였다. 고산도 이곳에서 내리는 눈을 보았겠지. 절해고도 깊은 산속에 신선처럼 살 수 있는 공간을 조성하는 것은 쉬운 일이 아니다. 보길도는 물론 노화도 주민들도 동원되었다고 한다. 진도 굴포와 고금도에서 소작하던 작인들의 도움도 받았을 것이다. 당쟁으로 현실정치의 한계를 절감한 고산이 해남에 종택을 두고 이곳에 자리를 잡은 것은 치밀한 분석을 통한 결과가 아니었을까.

고산이 보길도에 자리를 잡은 이유는 '구전설화'를 통해서도 확인된다. 해남을 출발하여 제주로 향하던 중 도선은 풍랑이 심해 보길도에

바다는 섬사람에게 걸림돌이자 디딤돌이다. 언제 불어닥칠지 모르는 바람이 불고, 한 걸음도 걸어서 나갈 수 없는 곳이지만 아이들의 교육과 결혼 그리고 노후의 생활까지 모두 책임지는 곳이다.

정박을 했다. 꿈에 신선이 나타나, '제주로 갈 것 없다. 보길도가 제주에 지지 않을 낙지(樂地)이니 이곳에서 지내라'고 현몽했다. 이튿날 뱃머리를 돌려 등문에 배를 대고 10리쯤 골짜기를 올라갔다. 산으로 에워싸인 모습은 부용화가 피어오르는 것 같았다. 그곳에 부용동이 있었다.

남인인 고산과 치열한 예송논쟁을 했던 서인 대표인 송시열도 보길도와 인연이 있다. 송시열은 숙종이 장희빈을 통해 얻은 왕자를 원자로 정하려 하자 정통성을 문제 삼아 반대하다 제주도로 유배당했다. 험한 뱃길에 보길도 백도리에 머문 우암은 바위에 자신의 심정을 노래한 글을 썼다. 그 글이 글쓴바위로 전한다. 당시 중앙에서 벌어졌던 정쟁의 흔적은 세연정의 판석보를 둘러싼 설화에도 남아 있다. 판석보는 판자 모양의 돌을 굴뚝처럼 만들어놓은 다리다. 서인들을 피해 부용동에서 지낼 때 밥 짓는 흔적을 없애기 위해 연기를 판석보로 보내 흩어지게 해서 은거지를 위장했다고 전해진다. 판석보를 건너는 소리를 5리나 떨어진 낙서재에서도 들을 수 있었다고 한다. 판석보의 본래 기능은 계곡물을 막아 물을 가두고, 논에 물을 대듯 인공 못에 물을 공급하기 위해 만든 것이다. 과학적이고 물리적인 원리를 이용한 건축과 조경 방식이다.

신들도 위아래가 있다

산이 좋고 골이 깊은 곳이면 어김없이 신들이 있다. 고산이 머물렀던 곳에도 좌장당신이 있었다. 보길도에서 가장 큰 당신(堂神)은 부용리 당신이다. 당신의 위아래는 섬마을 설촌 순서와 관련이 있다. 처음 섬에 들어온 입도조가 정착한 마을에 있는 당신이 가장 큰 어른이다. 그런 곳은 물이 좋고 땅이 좋아야 한다. 자족할 수 있는 조건을 갖춘 곳이어야 한다. 좋은 택지를 주신 신들에게 감사할 수밖에 없다. 섬을 대표하는 당신이 되는 것이다. 고산이 눈여겨보았던 부용리가 그곳이다. 보길도 노인들은 큰 당산에서 예송리, 월송리, 예작도 등으로 분가해 당신이 내려왔다고 생각한다. 보길도 서부 산지에 위치한 부용리·부황리·예송리·월송리는 상위 마을이고 동부 갯가에 위치한 통리·여항리·중리·백도리는 하위 마을이라는 말도 한다. 부용리 당은 '덕당(德堂)'이라 하고 예송리 당은 '택당'(澤堂)이라 하며, 월송리나 예작도의 당은 손자당이라고 해 격을 달리한다. 부용리와 예송리의 당신만 '쇠머리'를 제물로 받는다. 부용리에서 신을 받아 올 때 쇠머리를 올렸기 때문이란다. 먹고살 것이 없어도 예송리 당제에는 반드시 쇠머리를 제물로 올렸다. 손자당에는 쇠머리를 올려서는 안 된다. 대신 쇠발목을 올린다. 당신도 위아래가 엄했던 모양이다.

예송리 당신은 물을 관장하는 우물신이다. 부용리와 달리 이곳에서는 물이 귀하다. 산이 급하고 돌산이라 물을 얻기가 쉽지 않기 때문이다. 이곳을 '산신당 고랑'이라 부른다. 많은 당집을 다녀봤지만 이렇게 음 기운이 강한 곳은 처음이다. 당할머니는 산신당 고랑 '한가시나무'

작은 섬 예작도와 상록수림으로 유명한 예송리 앞 바다가 평화롭다. 보길도 동남쪽에 위치해 파도와 바람이 거센 곳이다. 파도와 바람을 막기 위해 심어놓은 마을 숲이 인상적이다.

에 거주한다고 믿는다. 한기가 느껴질 정도다. 이 물은 먹거나 길어다 쓸 수는 있지만 빨래를 해서는 안 된다. 산신당 고랑은 성역이다. 젊은 사람들이 당제 폐지를 주장할 때 노인들은 "우리가 먹는 물은 당할머니가 내린 물이다"라며 맞서기도 했다.

무섭다, 자연이. '살아야 되나, 말아야 되나'

보길도는 섬들 중에서 경지 면적이 가장 적다. 30여 년 전까지 고구마와 보리가 식량이었다. 오죽했으면 "보길도 큰애기 쌀 서 말 먹고 시집가기 힘들다"는 말이 있었겠는가. 1960년대 백도·통리·중리·여황리 일대에 지주식 김 양식이 시작되었으며, 1980년대는 부류식 김 양식과 톳 양식이 주 소득원이었다. 청별항을 기점으로 백도·중리·통리·예송리 등은 톳 양식과 전복 양식 등 기르는 어업이 중심이며 선창구미·보옥리·정자리 등은 멸치, 돔 등의 활어를 잡는다.

보길도 최초의 양식어업은 지주식 김 양식이었다. 1970년대에 정자리·정동리의 갯벌을 중심으로 말뚝을 박아 발을 매어 김 농사를 지었다. 그 후 예송리·통리·중리·여항리·백도리 등을 중심으로 톳 양식을 시작했다. 일본으로 전량 수출되던 톳은 김 양식을 대체했다. 수출이 어려워지면서 다시마와 미역 양식이 시작되었다. 1980년대 예송리 몽동해수욕장은 온통 미역건조장이었다. 최근에 전복 양식으로 전환되었다. 양식어업이 발달하면서 부자 마을이었던 부용리는 가난한 마을이 되었다. 대신 백도리 등 가난한 마을들은 보길도에서 가장 잘사는 마을로 변했다. 고산 유적을 찾는 사람들이 증가하고, 해수욕장이 알려지자 민박집들도 늘어났다. 고향을 떠난 청년들 중에는 돌아오는 사람들도 늘어났다. 고향에서 바다농사를 짓는 것이 훨씬 낫기 때문이다. 전복 양식을 한다고 매양 돈을 버는 것은 아니다. 이번 태풍처럼 대형 태풍이 심통을 부리면 한꺼번에 전 재산을 잃고 빚더미에 올라앉는다. 여기에 주민들끼리 연대보증이라도 했다면 주민 모두 신용불량에 차압을 당해야 한다.

볼라벤이 통리와 중리와 예송리를 덮쳤다. 태풍 길목에 위치해 늘 위험에 노출되어 있었지만 몇 해 동안 태풍이 피해간 탓에 욕심이 생겨 시설을 확대했다. 그 탓에 피해가 더욱 컸다.

이번 설 명절에는 누가 짐을 싸들고 아이들 손을 잡고 돌아올까. 보길도에는 다른 섬과 달리 아이들 울음소리를 들을 수 있다. 식당에는 심심찮게 젊은이들이 모여 가족과 식사를 함께 하는 모습도 보인다. 친목 모임도 늘어나고 있다. 이게 모두 전복 양식을 하는 바다가 있기 때문이다. 바다 일은 힘들지만 정년이 없다.

마음이 급했다. 배에서 내리자마자 노화도를 지나 예송리로 향했다. 다리를 지나 청별항을 뒤로하고 통리해수욕장을 끼고 예송리로 향하다 차를 멈췄다. 철 지난 바닷가라 해수욕객이 없는 것은 당연한 일이지만 그 자리에 전복 양식을 하는 가두리 시설이 산더미처럼 쌓여 있었다. 그냥 쌓아놓은 것이 아니라 바다에 있던 양식장이 밀려와 모래밭에 쌓인 것이다. 그 옆에는 주민 몇 명이 양식 시설에 넣을 그물을 손질하고 있었다. 중리와 통리에는 150여 가구 중 90여 가구가 전복 양식으로 생활하고 있는 곳이다. 2011년과 2012년 연이어 '무이파'와 '볼라벤' 태풍에 큰 피해를 입었다. 당시 완도군 전복 양식장의 80퍼센트

바람과 파도가 거칠고 수심이 깊은 곳에 몽돌해변이 생긴다. 그래서 한동안 몽돌해변 앞 바다는 양식을 하기 어려운 곳이었다. 특히 해조류 양식이 유명한 완도에서는 더욱 그랬다. 최근에는 양식 기술이 발달하면서 오히려 조류 소통이 잘 되는 곳을 찾기도 한다.

가 파괴되었다. 빚을 내서 전복 양식을 시작했던 사람들은 태풍으로 빚만 고스란히 안게 되었다. 그 충격으로 병원에 입원한 사람도 있었다. 왜 그렇지 않겠는가. 전복 양식을 시작하려면 수억 원이 한꺼번에 들어가야 하고 그것도 3년은 기다려야 전복을 팔 수 있기 때문에 아직 자금회전이 되지 않는 농가들도 많았다. 보상금은 동등하게 5천만 원이다. 이것도 모든 사람들에게 보상된 것이 아니었다. 바다에 있어야 할 전복 양식 시설들은 해수욕장의 모래밭에 처박혔다. 예송리는 더 심할 것이라는 생각이 들었다. 예송리는 갯돌해변(검은자갈해변)과 마을숲 상록수림으로 유명한 곳이다. 100여 가구 중 70여 가구가 전복 양식을 하며 살고 있는 마을이다. 이들은 모두 20대에서 40대에 이르는 청장년층들이다. 도회지에서 생활하다 전복 양식으로 부자 되는 꿈을 갖고 고향으로 돌아온 사람들도 상당수 있었다.

전복 양식을 하는 사람들은 대부분 적게는 2억에서 많게는 10억에 이를 정도로 많은 돈을 수협 등 금융기관에서 대출을 받은 사람들이다. 200여 칸을 새로 시설하려면 최소 2억 원 이상의 돈이 필요하다. 아직 귀어자금이나 집이나 가두리 양식을 담보로 대출받은 돈도 갚지 못한 상황에서 다시 빚을 내야 할 형편이 되었다.

보길도는 연간 2,500톤 규모의 전복을 생산했다. 국내 전복 생산량의 25퍼센트에 이른다. 모두 510어가가 전복 양식으로 한 해 1,000억 원이 넘는 소득을 올리는 부자섬이었다. 고향을 떠난 젊은 사람들이 많이 돌아왔던 것도 고향에서도 부자로 살 수 있을 것이라는 기대 때문이었다. 무이파 때는 200억 원의 피해를 입었지만 볼라벤 때는 1,000억이 넘을 것이라고 했다. 등산객을 실은 차량이 예송리 마을 앞 주차장에 차를 세웠다. 일부 등산객들은 산더미처럼 쌓인 양식장 더미를 뒤에 두고 싸온 도시락을 꺼내서 먹고 있었다.

개황 | 보길도(甫吉島)

일반현황

위치 | 전남 완도군 보길면
면적 | 32.99km² **해안선** | 56.9km **육지와 거리** | 18.3km(완도항)
가구수 | 1,186 **인구(명)** | 2,834(남: 1,433 여: 1,401) **어선(척)** | 872 **어가** | 986
어촌계 | 백도리·선창리·여항리·예송리·월송리·정동리·정자리·중리[보길]·통리

공공기관 및 시설

공공기관 | 면사무소(061-550-6621), 보길치안센터(553-7112), 노화파출소(550-2428), 보길우체국(553-7004), 보건지소(550-6881), 보길중리보건진료소(553-6897), 보길정자보건진료소(553-6456), 노화농협(552-1388), 소안수협(553-7181)
교육기관 | 보길동초등학교(552-9818), 보길초등학교(554-9100), 보길중학교(552-8105)
폐교현황 | 예송분교(2002년 폐교), 정자분교(1997년 폐교), 보길남초등(1999년 폐교), 예작분교
전력시설 | 한전계통 **급수시설** | 지방상수도 1개소

여행정보

교통 | 배편 |
섬내교통 | [버스] 보길버스 소속 대형버스 3대가 예송리지역, 백도중리, 보옥, 선창, 전지역 등의 노선을 1일 10회 운행하므로 버스회사에 수시 문의하여 활용하여야 할 것임
[택시] 보길개인택시(553-8876), 개인택시 등 두 대의 개인택시와 5대의 보길택시가 영업 중이다.
여행 | 고산유적지, 예송리·통리 해수욕장, 낚시터
[일반관광코스]
무박1일코스: 청별선착장-세연정-낙서재-동천석실-예송리해수욕장-중리해수욕장-보옥리갯돌밭(4시간 코스)
1박2일코스: 청별선착장-세연정-낙서재-동천석실-예송리해수욕장-통리해수욕장-중리해수욕장-도치미전망대-송시열글쓴바위-보옥리갯돌밭-뾰족산 등산
2박3일코스: 청별선착장-세연정-낙서재-동천석실-예송리해수욕장-통리해수욕장-중리해수욕장-도치미전망대-송시열글쓴바위-보옥리갯돌밭-뾰족산등산-적자봉등산
[격자봉등산코스]
1코스: 예송리해수욕장(부용동)-산신당제-정상-뿌래기재-보옥리(5시간 소요)
2코스: 부용동-정상-무명봉-예송리해수욕장(4시간 소요)
3코스: 부용동 곡수당-산신당재-정상-뿌래기재-선창리재-남은사-부용리(6시간 30분 소요)
특산물 | 김, 미역, 톳
특이사항 | 영암의 한 부자가 선친의 묘자리를 잡기 위해 풍수자리에 능한 지관을 모시고 두루 살핀 뒤 '十用十一ㅁ, 甫吉'이라는 글을 남기고 갔는데, 이는 이 섬에 명당자리 11곳이 있는데 10곳은 사용되고 나머지 1곳도 정해졌다는 뜻이라고 한다. 이와 관련하여 보길도로 칭하였다고 한다. 보길도 북쪽에는 장자, 노화 등의 섬이 있고 그 외에도 십여 개의 섬들이 여기저기 흩어져 있다. 문화재로는 고산 윤선도(어부사시사) 유적지(사적 제358호)가 있으며 예송리 상록수림은 천연기념물로 지정 보호되고 있다.

30년 변화 자료

구분	1973	1985	1996
주소	전남 완도군 노화면 중리	전남 완도군 노화읍 보길리도	전남 완도군 보길면
면적(km²)	32.8	32.99	–
인구(명)	6,444	5,481	3,712
	(남: 3,293 여: 3,151)	(남: 2,822 여: 2,659)	(남: 1,852 여: 1,860)
가구수	1,117	1,192	1,017
급수시설	우물 187개	간이상수도 14개소, 우물 208개	상수도 시설 1개소, 간이상수도 6개소, 우물 250개
전력시설	–	한전계통	한전계통
어선(척)	225	634	410
어가	572	981	807

신들이 사는 섬

보길면 예작도

노화도 산양항에서 내려 곧바로 예송리로 향했다. 보길도에 있는 마을이다. 마을 숲이 빼어나 천연기념물로 지정되었다. 길이 700미터, 너비 30미터의 300년 된 상록수림이다. 반달 모양의 숲은 녹나무, 동백나무, 후박나무, 팽나무, 쥐똥나무, 붉은가시나무 등으로 구성되어 있다. 숲 뒤로는 마을이 있고 앞으로는 몽돌해변이다. 바다에는 다시마와 전복 양식장이 펼쳐져 있다. 그 너머에 작은 섬들이 둥둥 떠 있다. 기섬, 당사도, 소도, 복생도, 예작도가 보이고 날씨 좋은 날에는 제주도와 추자도까지 보인다.

예송리 포구에서 멈추었다. 더 이상 길이 없다. 찻길도 뱃길도 없다. 예작도가 손에 잡힐 듯 가까운 거리다. 헤엄을 쳐서 건널 만한 거리이다. 그런데 도선도 없다. 모두 16가구가 사는 작은 섬이다. 이장에게 전화를 했다. 그런데 전화를 받지 않았다. 선창에서 하염없이 기다리다 배를 가지고 나가는 주민들에게 부탁을 해 세 번 만에 배를 탈 수 있었다. 전복과 다시마(미역) 양식을 하는 예송리 주민의 배였다. 다시마를 채취하기 위해 바다로 나가는 길이었다. 배가 없이는 한 발짝도 움직일 수 없는 것이 뱃길이다.

예송리에서 손에 잡힐 듯 가까운 곳에 있지만 예송리와 예작리의 삶은 너무나 다르다. 사이에 바다가 있기 때문이다. 다니는 배도 없다. 다행스러운 것은 학교가 폐교되지 않았다는 점이다. 한때 전국 사물놀이 경연대회에서 준우승을 해 언론의 주목을 받기도 했던 섬이다.

작은 학교 풍물패, 전국대회를 휩쓸다

예작도는 조선 순조대에 김해 김씨가 입도한 후 다른 성씨들이 들어와 마을을 형성했다. 최초 입도조인 김해 김씨 후손들이 예의범절이 밝아 다른 사람들의 모범이 되어 예작도(禮作島)라 했다. 일제강점기 월송리와 통합하여 예송리에 속하였다가 해방 후 분리되었다. 정확한 시기는 알 수 없지만 예작도를 섬에재기(섬재기, 섬재이) 또는 도애재기 등으로 불렀다.

예작도 선창은 온통 양식용 로프와 전복 양식 시설로 가득 차 있었다. 한눈에 전복 양식으로 먹고사는 섬이라는 것을 읽을 수 있었다. 아이들 두 명이 선창에서 뛰놀다 학교로 올라갔다. 작은 섬에서 어린 학생을 만날 것이라는 생각을 못했다. 학생들 뒤를 쫓아갔다. 운동장에 몇 명의 대학생들이 학교를 기웃거리고 있는 것이 아닌가. 손에는 그림을 그리는 붓과 페인트칠을 하는 롤러를 들고 있다. 모 커피숍의 후원

으로 벽화 자원봉사를 하는 대학생들이었다. 아이들이 신이 났다. 창
문으로 들여다보니 선생님 한 분이 교실에 계셨다.

선생님의 허락을 받고 교실 안에서 아이들이 그려놓은 그림을 구
경했다. 학생은 모두 4명이고 선생님 두 분이 근무하는 작은 학교다.
1990년대 후반 예작분교가 전국 매스컴을 떠들썩하게 한 적이 있었다.
당시 전교생 6명으로 구성된 사물놀이패가 전국대회에서 준우승을 했
던 것이다. 갑작스럽게 몰려든 언론들로 인해서 아이들이 큰 고통을 받
았다고 했다. 그 뒤로 카메라를 든 사람들에게 비호감으로 변했다. 지
금 아이들의 선배들 이야기다.

작은 섬에서 살아남기

마을을 둘러보다 마을회관으로 가는 길에 녹두밭에서 지심을 뽑고 있
는 할머니를 만났다. 연세가 팔순이시다. 보길도 중리에서 스물세 살
에 이곳으로 시집왔다. 그런데 이곳에 시집온 이유가 독특했다. 아버지
께서 예작도로 가면 '김 양식은 하지 않아 고생은 덜 할 것 같'고 해서
보냈다. 당시 중리 앞은 갯벌이 발달해 지주식 김 양식을 할 수 있었다.
새벽에 나가 김을 뜯고 밤새 세척과 김발 뜨기, 동이 트면 널어 말리기
등 고생이 너무 심했다. 아버지가 말씀하신 대로 김 양식으로 인한 고
생은 면했지만 그 고생이 차라리 나을 뻔했다. 할머니가 시집올 때는
섬에 물이 아주 귀했다. 섬에서 해결하지 못하고 바다 건너 예송리까지
가서 물을 길러 와야 했다. 모두 여자들 일이었다. 당시 옷들은 손빨
래를 해서 풀을 먹여 다리미로 다려야 했기 때문에 역시 물이 많이 필요
했다. 여기서 끝이 아니었다. 작은 섬이지만 적지 않는 소를 키웠다. 풀
을 베어 먹일 때는 시도 때도 없이 풀을 베었고, 풀이 없던 계절에는 소
죽을 끓였다. 풀을 베는 일도 소죽을 끓이는 일도 물을 길러 오는 일도

모두 여성들 몫이었다.

할머니가 일러준 대로 마을 뒷산으로 올라갔다. 막 마을을 벗어나자 길가에 예사롭지 않는 나무가 반겼다. 그런데 어쩌나. 죽어가고 있었다. 나무 주변에 목책을 둘러 보호를 하고 치료도 받은 흔적이 남아 있었다. 표지판을 보니 천연기념물로 지정된 그 유명한 '예작도 감탕나무'였다. 할머니당으로 마을에서도 모시고 있다. 이곳을 '큰덜'이라 부른다.

1990년대 초반 경향신문(1991. 3. 5) "한국의 명목(名木)"에 컬러 사진과 함께 소개되었다. "40여 호밖에 살지 않는 작은 섬이 우리나라 유일한 천연기념물(338호, 1983년 8월 19일 지정)인 감탕나무를 보존하고 있는 섬으로 유명하다. 예작도 감탕나무는 높이 15미터, 가슴둘레 2.7미터, 수령이 3백 년가량 되는데 할머니당을 지키고 있는 신목이다"라고 소개되어 있다. 감탕나무는 더운 날씨를 좋아하는 상록성 난대식물이다. 완도가 북방한계선이다. 껍질을 벗겨서 으깨면 끈적끈적한 액이 나온다. 아교와 송진을 끓여 만든 감탕을 얻을 수 있다.

감탕나무 신목으로 모시다

수령이 300여 년이 되었다는 예작도 감탕나무를 이곳에 처음 정착한 홍씨와 김씨가 마을을 지켜주는 신목으로 모셨다. 이곳으로부터 150미터 숲 속으로 들어가면 어른 세 명이 손을 잡아야 안을 수 있는 소나무가 있다. 숲으로 들어서자마자 범상치 않은 기운을 느낄 수 있었다. 원시림에 가까운 숲에 생을 다한 나무들이 넘어져 있었다. 그곳을 지나자 큰 소나무 주변으로 돌로 작은 울을 쳐놓은 성역을 발견했다. 주변에는 몇 그루의 소나무가 있었고, 감탕나무를 비롯해 상록수림들이 자라고 있었다. 소나무 밑에 있는 돌은 제단으로 보였다. 소나무 앞에는

작은 섬에 신이 산다. 울창한 숲 속에 아름드리 소나무와 길목에 있는 감탕나무가 주인공이다. 신들은 나이가 들지 않는다는데 작은 섬의 신은 너무나 인간적이다. 수백 년 섬을 지켜오면서 그 사이에 나이가 들었다. 하지만 그 자태만은 의연하다.

새끼줄이 둘러져 있었다. 오른쪽에는 헝겊을 엮은 것들이 세월의 흔적을 엿볼 수 있었다.

소나무 주변을 돌아보았다. 자신의 죽음을 아는지 의연했다. 밑동은 오래전에 곤충들에게 내주었던지 껍질이 벗겨지고 속살이 그대로 드러났다. 소나무의 푸른 잎은 찾기 어려웠지만 기하학적으로 새겨진 나무껍질의 자태는 영험함을 잃지 않고 있다. 또 곧게 뻗어 기둥처럼 하늘을 향한 형상은 섬사람들의 소원을 신에게 전하는 신목 그대로였다. 나무 왼쪽 돌 밑에 자꾸 눈길이 갔다. 조심스럽게 돌을 들어내니 뼈가 있었다. 제를 지내고 묻어놓은 제물이었다.

매년 음력 섣달에 청결한 남녀 노인을 뽑아 설날에는 검은 돼지를 잡아 제사를 지내고 있다. 감탕나무가 있는 곳으로부터 5백여 미터를 더 가면 어른 셋이서 잡아야 할 만큼 둘레가 큰 소나무가 있다. 할아버지당이다. 제당을 표시하는 금줄에 톱하늘소가 자리를 잡고 움직이질 않고 있었다. 침엽수 뿌리를 먹고사는 녀석이다. 신목을 이렇게 만든 녀석으로 의심은 가지만 확신할 수 없다. 감탕나무와 소나무, 할머니와 할아버지 당이 있어 작은 섬에는 사고가 없고 싸움이 없다고 한다.

할아버지당 앞에 가만히 앉았다. 그리고 두 손을 모았다. 무사히 섬들을 돌아볼 수 있도록 도와달라고 빌었다. 아직도 가야 할 섬들이 많다. 한국의 섬문화 답사기를 완간할 수 있게 도와달라는 개인적인 소망도 이야기했다. 섬사람들이 모두 건강하고 마을이 안녕하고 전복과 다시마 양식이 잘되게 해달라고 했다.

개황 | 예작도(禮作島)

일반현황

위치 | 전남 완도군 보길면 예작리
면적 | 0.33km² **해안선 |** 2.4km **육지와 거리 |** 19.5km(완도항)
가구수 | 26 **인구(명) |** 49(남: 26 여: 23) **어선(척) |** 16 **어가 |** 25
어촌계 | 예작리

공공기관 및 시설

폐교현황 | 보길초등예작분교
전력시설 | 한전계통
급수시설 | 지방상수도

여행정보

특산물 | 붉은 도미
특이사항 | 마을 개척자인 김씨 후손들이 예의범절이 밝아 타의 모범이 되고 영원히 후손에게 계승하기 위하여 예작도라 하였다고 한다. 또 다른 유래는 마을 앞 방풍림이 고기잡이를 하고 돌아오는 어부를 반갑게 맞이하는 예절 있는 방풍림이라 하여 예작도라 부른다고도 한다. 한 해의 풍어와 주민의 만수무강을 기원하는 당제를 매년 정월 대보름에 지냈다. 천연기념물 제338호로 지정된 수령 300년 된 감탕나무가 있다. 삼직엽초와 심산고목에 향기 짙은 석산초가 자생하고 있다.

30년 변화 자료

구분	1973	1985	1996
주소	전남 완도군 노화면 예송리	전남 완도군 노화읍 예작리	전남 완도군 보길면 예작리
면적(km²)	0.18	0.327	0.33
인구(명)	128	105	54
	(남: 60 여: 68)	(남: 52 여: 53)	(남: 26 여: 28)
가구수	26	24	22
급수시설	우물 1개	우물 22개	우물 2개
전력시설	–	한전계통	한전계통
어선(척)	5	18	20
어가	25	22	20

완도군 노화읍

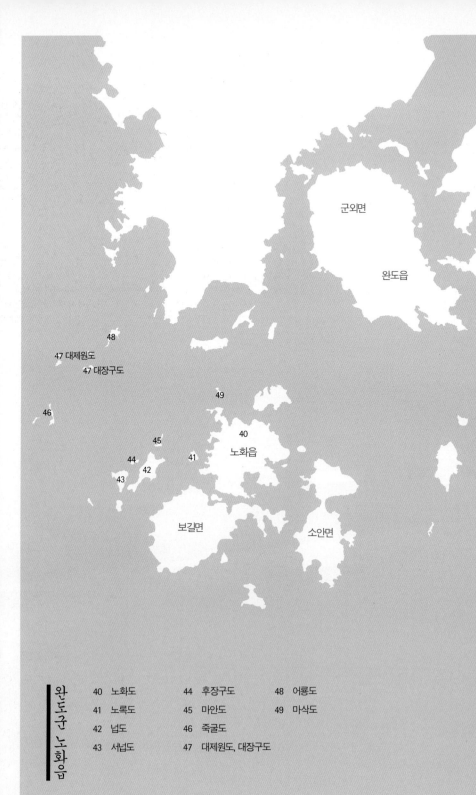

군외면

완도읍

48

47 대제원도

47 대장구도

49

46

40

45

노화읍

44

41

42

43

보길면

소안면

완도군 노화읍

40 노화도   44 후장구도   48 어룡도
41 노록도   45 마안도   49 마식도
42 넙도   46 죽굴도
43 서넙도   47 대제원도, 대장구도

40

작은 목포, 전복으로 살다
노화읍 노화도

십여 명의 젊은이들이 청정바다에서 막 따온 전복 상자를 트럭에 실었다. 차에는 커다란 수족관이 갖춰져 있었다. 가까운 거리가 아니라 멀리 갈 모양이다. 전복을 따서 크기별로 상자에 담던 작업을 하던 할머니들이 매섭게 불어대는 겨울바람을 피해 트럭 앞에 옹기종기 모여 앉았다. 그 뒤로 큰 배와 선외기 수십 척이 호수 같은 바다에서 일광욕 즐기듯 줄 지어 있다. 트럭이 빠져나가자 다른 트럭이 선창에 꽁무니를 내민다. 노화도에서 땅끝을 오가는 대형 철부선에는 하루에도 수십 대의 트럭이 전복을 싣고 뭍으로 빠져나간다. 노화도 미라리의 풍경이다. 사실 이목리에서 잘포리와 당산리를 지나 미라리에 이르면서 물샐틈없이 바다를 가득 채운 전복 양식장에 놀랐다. 괜찮을까. 바다도 숨을 쉬어야 하는데. 한편으로 걱정도 되었다.

이슬섬, 이보다 아름다운 이름이 있을까.
노화도는 《고려사》의 '영암군 황원군조'에 '삼내도(三內島)·죽도(竹島)·노도(露島)'가 있다고 했다. 황원군은 지금의 화원반도 일대를 말한다. 삼내도는 넙도·서넙도·마안도, 죽도는 죽굴도를, 노도는 노화도를 말한다. 노화도가 '노도(露島)'라는 지명으로 처음 등장한 것이다. 이후 노화도는 조선시대까지 고문헌에 '노도(露島)', 노슬도(露瑟

섬과 섬 사이는 물길이고 뱃길이다. 노화도 이포리와 보길도 청별항 사이가 그런 곳이다. 그곳에 그물을 가득 내리고 전복을 키웠다. 너무 욕심이 과했나. 물길의 소통을 막으니 전복도 잘 자라지 못하고 뱃길도 막히고 있다.

島), 노량(露梁), 노아도(露兒島), 노아(老兒) 등으로 소개되었다. 노도는 '이슬섬'이라는 의미로 해석된다. 노슬도도 이슬섬의 향찰표기의 하나로 풀이하기도 한다. 소안도나 보길도가 인근에 있지만 노화도가 먼저 언급되었던 점이 주목된다.

노화도는 400여 년 전 등산리 염등마을로 전주 이씨가 처음 들어와 정착해 소금을 구웠다고 한다. 염등리 서쪽 좌우로 당포리와 당산리가 있고 그 앞에는 노록도라는 섬이 있다. 바닷물이 빠지면 건너갈 수 있는 섬이다. 동쪽으로도 마을 앞까지 바닷물이 들어왔다. 염등리 마을은 동남쪽은 갯벌이 발달했고, 서쪽은 수심이 좋고 섬이 바람을 막아주어 배가 드나들기 좋은 선창을 가졌다. 농사를 짓기 좋고 바다로 나가기 좋은 곳이다. 지금도 염등리에 갈대꽃이 많아 '갈꽃섬'이라 부르다 '노화도(蘆花島)'가 되었다고 전하기도 한다.

노화도는 완도읍, 금일읍과 함께 읍이다. 지금처럼 뱃길이 좋지 않던 시절에 완도와 목포를 잇는 중간 거점이었다. 또 보길도와 소안도를 아우르는 행정중심이었고, 2일과 7일에 열리는 노화읍장은 보길도와 소안도는 물론 횡간도, 넙도, 백일도, 흑일도, 당사도, 예작도 등 크고 작은 섬의 상권을 아우르는 큰 장이었다. 그래서 작은 목포라 했다. 이제 사정이 바뀌었다. 보길도와 노화도를 잇는 다리가 연결되자 노화도는 보길도를 찾는 관광객들이 잠깐 들렀다 가는 곳으로 전락하고 있다. 보길도까지 가는 뱃길은 한 시간 정도 걸리지만 노화도를 거쳐서 가면 배 타는 시간이 30분으로 절약된다. 노화도에 특별한 볼거리가 없기 때문이다.

갈꽃섬 '노도'

노화도는 고려부터 조선 세조까지 노도(露島)로 표기했다. 《고려사》와 《세종실록》, 《단종실록》, 《세조실록》 등에서 확인된다. 그런데 15세기 《성종실록》에는 노아도라 표기했고, 이후에는 두 지명이 함께 사용되었다. 노화도에 '갈꽃'이 아름다워 '갈꽃섬'이 노화도(蘆花島)가 되었다는 설과 고산 윤선도가 어린 종을 데리고 들어와 노아도(奴兒島)라 했다는 설이 있다. 고산이 노후에 생활했던 부용동은 노화도와 가까운 보길도에 있다. 지금은 다리로 연결되어 쉽게 오갈 수 있다.

　보길도는 산이 높고 골이 깊어 물은 좋지만 농사지을 땅이 적다. 반대로 노화도는 산이 낮아 구릉이며 작은 섬들로 이루어져 있으며 해안 굴곡이 심해 갯벌이 발달했다. 개간과 간척을 하기 좋은 곳이다. 구전에 따르면 구석리 석중마을 '송원두'라는 지명은 고산이 마을까지 밀려오는 바닷물을 막기 위해 쌓은 제방이라고 한다. 또 고산이 농사를 짓기 위해 조성했다는 저수지도 있었다. 이 마을에는 고산의 부인 설씨 할머니의 묘역이 있다. 매년 해남과 보길도의 후손들이 제사를 지내고 있다. 이 마을 곳곳에는 고산과 관련된 지명과 설화가 전해진다. 또 고산은 석중마을 뒷산 돌을 이용해 이목리 갯벌을 간척했다고 한다.

보길도에서는 소금을 얻기 어렵지만 노화도는 노화염전, 신흥염전, 충도염전, 평화염전, 동화염전 등이 있었다. 특히 노화염전은 1990년대 후반까지 소금을 생산했다. 또 노화도에서 가장 오래된 마을인 염등리는 지명에서 추정할 수 있듯이 소금을 구워 자염을 생산한 곳이라고 한다. 해남과 가깝고 보길도에 근거지까지 마련한 고산의 입장에서 노화도는 전해오는 이야기처럼 경제활동을 하기 좋은 섬이었을 것이다.

노화도는 삼도진(1883년)이 설치되었다가 폐진(1895년)되고 이듬해에 완도군이 설군되면서 노화 보길면이 되었다. 1914년 행정구역 개편으로 두 면은 노화면이라 했다. 1980년 노화읍으로 승격되었다. 산하에 넙도출장소(1964년 설치)가 있으며, 한때 보길도도 노화읍(1980년 보길출장소 설치)에 속했다가 1986년 분면되었다.

갯벌을 막아 농사를 짓다

산양선착장에서 내려 채석장을 지나 고개를 넘었다. 겨울철인데 밭에는 배추가 가득했다. 열댓 명의 어머니들이 모여서 배추를 손질해 상자에 담고 계셨다. 봄동이다. 노화도와 청산도에서 많이 볼 수 있는 모습이다. 따뜻하고 해풍이 좋아 섬에서 나는 봄동은 인기 만점이다. 그 덕에 겨울철이면 으레 묵혀둔 밭들이 제구실을 한다. 인구가 줄고 고령화가 진행되면서 논과 밭에 잡초만 자랄 줄 알았는데 반가운 일이다. 양하리 입구에서 멈췄다. 마을 입구에 서 있는 장승이 차를 세웠다. 마치 태워 달라고 손을 드는 것 같았다. 조선 인조 때 김씨, 박씨 등이 농사짓기 좋은 곳이라 생각하여 마을을 이루었다는 곳이다. 도청리 앞들이 간척되기 전에는 노화도에서 가장 좋은 육답이 있었다. 양하저수지를

고산이 마을 뒷산의 돌을 이용해서 제방을 쌓아 갯벌을 간척해 만들었다고 전해지는 들녘이다. 가까운 마을에 고산의 부인 설씨 할머니가 묻혀 있다. 또 고산이 노후에 머물렀다는 보길도 부용동이 지척이다.

지나 다시 고개를 넘자 넓은 들이 펼쳐졌다. '앞들'이라는 곳이다. 노화도는 물론 농사지을 땅이 부족한 인근 보길도와 소안도 등 섬 주민들의 쌀을 책임졌던 벌판이다. 섬 동쪽에 있는 양하리, 충도리, 구석리 등은 농사에 의존하는 마을이다. 옛날에는 땅을 가지고 있어야 힘이 있었지만 이젠 바다가 돈이다. 동부에 위치한 학교들은 폐교가 되었지만 서부에 위치한 마을은 젊은 사람들이 들어와 학교가 지속되고 있다. 어장이 좋아 양식을 할 수 있기 때문이다.

노화도는 1980년대까지 농업의존도가 높은 섬이었다. 주민들 숙원사업도 농토를 늘리는 것이었다. 노화도 농지 개간사업은 보길도에 자리를 잡았던 고산 윤선도가 노복을 데리고 시작했다고 전한다. 고산과 관련된 석중리 '송원두' 제방, 부인 설씨와 바위 및 샘 이야기 등이 전해져 내려오고 있다. 지금은 농지로 변했지만 대당리 앞들, 소금을 구웠다는 염등리, 광산이 있는 구목리까지 바닷물이 들어왔다. 1980년대 충도리를 사이에 두고 이목리와 천구리를 연결해 넓은 노화 들이 간척되었다. 덕분에 노화 동남쪽에 위치한 도청리와 구석리는 많은 농사를 지을 수 있었다. 선양리는 광산으로, 이포리는 상업중심지로 살 만했지만 등산리와 고막리는 농지도 없고 수산개발도 이루어지지 않아 가난한 마을이었다. 이러한 마을의 위치를 뒤바꾼 것이 전복 양식이었다.

당시에는 바다에서 잡은 고기와 마른 미역과 김을 가지고 와서 노화에서 쌀로 바꿔 갔다. 앞들은 도청리·대당리·포전리·활목·와뚱 지역 주민들이 농사를 짓는 땅이다. 대당리나 노화초등학교 앞에까지 바닷물이 들어왔다. 포전리와 충도 사이에 송장바위·인사바위·광대바위를 잇는 제방을 쌓았다. 방조제 주변으로 염전을 조성하고 안쪽은 농경지로 바꾸어 쌀농사를 지었다. 이들 염전 중 노화염전이 가장 늦게까지 소금을 생산했다. 노화도에서 천일염전을 했던 곳은 이포리 노화염전과 동천리 동아염전, 두 곳이다. 두 염전은 충도를 양쪽으로 깊숙이 들어온 바다를, 작은 섬을 징검다리 삼아 막아서 '앞들'과 염전으로 조성한 것이다. 노화초등학교 정문 앞들을 '버던들'이라 부른다. 지명으로 본다면 옛날에 '자염'을 생산한 곳이다. 인근에 염등리라는 지명도 자염과 깊은 관련이 있는 지명이다. 옛날에 바다와 갯벌이었다는 것을 지명에서도 확인할 수 있다.

전복섬, 작은 목포의 영광을 재현할까

앞들을 지나 삼거리에서 보길도 방향으로 고개를 넘자 제법 큰 시가지가 나타났다. 노화읍의 중심지 이목리다. 도청리가 농업의 중심이라면 이목리는 상업의 중심이다. 지금은 해남 갈두항에서 출발한 객선이 가장 가까운 산양진에 닿지만 옛날에는 모두 이목리로 통했다. 맞은편은 보길도 청별항이다. 여객선 2척이 하루에 한 번씩 완도—노화—목포를 연결했다. 1982년에는 뱃삯이 1,180원이었다. 같은 뱃길을 운항하는 쾌속선이 하루에 3회 운항했지만 요금이 2,140원으로 비쌌다. 이외에 새마을 도선 한 척이 주변 섬을 동편과 서편으로 나누어 격일제로 2회 왕복 순항했다.

지금처럼 농협이나 수협이 섬에 들어와 금융 업무를 보기 전에는 목포에 있는 객주들이 상권은 물론 수산업을 좌우했다. 2일과 7일에 열리는 노화읍장은 지금도 인근의 크고 작은 섬의 주민들이 애용하는 5일장이다. 1960년대 말까지 김, 미역, 멸치 등 건어물의 상권은 이름만 대면 알 수 있는 목포 객주들에 의해서 좌우되었다. 생필품의 공급도 이들이 맡았다. 그래서 '소목포'라고 불렀다. 한때 파시가 형성될 정도로 번성했던 섬이다. 신안 비금도와 함께 병원(대우병원)이 설립되어 섬 주민들이 의료 혜택을 받을 수 있었지만 외환위기 이후 대폭 축소되었다. 지금도 보길, 소안 등 인근 작은 섬 주민들이 수산물 판매, 선박 건

전국의 전복 생산량 대부분은 완도산이다. 또 완도산의 대부분은 노화도와 보길도와 소안도에서 공급된다. 그중 노화도가 으뜸이다. 빨리 시작한 만큼 어장도 노화되어 대책 마련이 요구되고 있다.

조 및 수리, 의료서비스, 생필품 구입, 교통서비스 등을 이용하고 있는 완도 서부 중심지다.

1980년 바다를 매립해 시가지를 조성한 후 지금처럼 잘 정비된 시가지 모습을 갖추었다. 두 블록 안으로 들어가면 좁은 골목길이 지금도 남아 있다. 옛날 파시철에 형성된 상가들을 엿볼 수 있다. 보길도와 소안도는 다도해 해상국립공원 지역에 포함되지만 노화도는 제외되어 있다. 이런 이유로 광산 개발과 매립 간척이 가능했다.

예나 지금이나 노화도가 교통의 요충지인 것 같다. 조선시대에는 강진 칠량이나 마량에서 연안 수로를 따라 큰 바다로 나갈 때 거치는 길목이었다. 소안도, 보길도 등과 함께 제주도로 가는 관리나 궁가에서 보내는 조세 수취인들이 순풍을 기다리던 섬이었다. 제주도로 귀양 가던 정철이 보길도에 글을 남긴 것이 그 예다. 또 추자도와 멀리 제주도까지 오가며 멸치를 잡기도 했다. 목포대 나승만 교수가 김금님(1939년생)씨에게서 채록한 〈강강술래〉에 잘 나타나 있다. 그녀는 보길도 여향리에서 태어나 포전리에 시집왔다. 주로 부른 노래가 강강술래, 둥당애타령, 시집살이 노래, 아리랑타령, 남원산성, 달거리 화투 노래, 창부타령, 노들강변, 청춘가 등이다. 어머니가 부른 노래에는 당시 시대상이 잘 반영되어 있다.

배짓는 선창에 배를 지어 / 서른 명의 젓군실코 / 추자바다 멸잡이 가다 / 바람때 맞나 배리했네 / 니가 가라 내가 가라 / 용왕땅이 가까온가 / 한라산이 가까온가 / 아이고 아이고 내신세야 / 아주여영 죽었구나. (강강술래)

바다농사를 짓다

미목리 앞 바다는 전복 양식장이 섬처럼 떠 있다. 보길대교를 건너지 않고 잘포리로 향했다. 전복에게 먹이를 주기 위해 전복 양식장 사이에서는 미역 양식과 다시마 양식을 하고 있다. 배 한 척이 한창 미역 채취를 하고 있었다. 옛날에는 양식 줄을 배 위로 올려 낫으로 잘라냈지만 지금은 모두 기계로 하고 있다. 잘포리는 마을 앞 작은 개안 이름이다. '개'는 바다를, '안'은 선창을 의미한다. '구미'라고도 한다. 작은 선창이 '잘포'로 되었을 개연성이 크다. '잘포기미'라고 불렀다고 했다. 한자로는 '자포리(煮布里)'라 했다. 옛날에는 잘모리재를 넘어 소당마을을 거쳐야 당산리로 갈 수 있었다. 잘포리에서 당산리로 이어지는 길이 있다.

당산리에 이르자 이름만큼이나 인상적인 당산나무가 마을을 굽어보고 있었다. 400여 년이 되었을 것으로 추정되는 팽나무다. 마을에서는 당산나무로 모시고 매년 풍어제를 지냈다.

이곳에서 노력도까지는 바닷물이 빠지면 연결되는 신비의 바닷길이다. 언젠가 당사도를 갔다가 이목 선창에서 내린 적이 있다. 다시 택시를 타고 산양진으로 향했다. 그때 택시기사는 완도에서 유일하게 인구가 느는 곳이 노화도라며 젊은 사람도 많고 들어오는 사람도 꽤 있다고 자랑했다. 전복 양식이 만들어낸 현상이다. 동쪽으로는 소안도, 남쪽으로는 보길도, 서쪽으로는 넙도가 방파제 역할을 하기 때문에 조류 소통이 좋은 반면에 큰 파도가 없다. 가두리나 전복 양식어장으로 이보다 좋을 수 없다. 주변 섬들이 남동풍과 북서풍을 막아주기 때문에 당산리, 염등리, 당포리, 삼마리, 미라리 등 노화도 서쪽에 있는 마을이 전복 양식을 많이 할 수 있다. 2011년 무이파와 2012년 볼라벤 태풍으로 보길도 중리와 통리 그리고 예송리 일대 전복 양식장이 완전히 파괴되었는데도 이곳은 멀쩡했다.

보길도와 노화도를 잇는 다리가 놓이면서 노화도와 땅끝을 오가는 뱃길을 찾는 사람이 많아졌다. 보길도로 가는 관광객이 노화도를 통하면 한 시간여 시간을 벌 수 있기 때문이다. 하지만 정작 노화도는 관광객을 붙들 자원을 마련하지 못하고 있어 아쉽다.

　　전복은 패류 가운데 값이 가장 비싸다. 중국에서는 해삼·물고기 부레·상어지느러미와 함께 강장식품으로 꼽는다. 그래서 '패류의 황제'로 부른다. 전복은 조류 소통이 좋은 연안 암초지대에서 미역, 다시마, 감태, 대황 등 해초를 먹고산다. 인간은 언제부터 전복을 먹기 시작했을까. 패총(조개무지)에서 전복 껍데기가 발견된 것으로 보아 선사시대부터 먹었을 것으로 추정된다. 《자산어보》에 전복은 "살코기는 맛이 달고 진해서 날로 먹어도 좋고 익혀 먹어도 좋지만 말려서 포를 만들어 먹는 것이 좋다"고 했다. 중국 여러 문헌에서도, "전복을 진상했다, 동해 진미다, 세금으로 바쳤다"는 기록이 확인되고 있다.

　　어물전에서 행세깨나 하는 놈치고 임금님 수라상에 오르지 않는 놈 없고, 진상품 물목에 오르지 않는 놈 없다. 그중에 제일 귀한 대접을 받은 것이 전복이다. 고려시대까지 전복은 서민들이 즐겨 먹는 식품이었다. 껍데기는 도자기와 함께 고려 공예를 대표하는 나전칠기에 이용

나무는 거짓말을 하지 않는다. 일제강점기, 한국전쟁, 새마을운동, 경제개발기 등 한국 사회의 질곡을 나이테에 새겨넣고 있다. 당산나무가 그냥 되는 것이 아니다. 마을 사람들이 정월이면 밥을 짓고 정화수와 명태를 제물로 올리는 이유가 여기에 있다.

되었다. 송나라 사신 서긍은 《고려도경》에서 "서민이 가장 많이 먹는 해산물로 미꾸라지, 전복, 새우, 대합, 굴, 게 등이 있다"고 했다. 그리고 "고려 나전은 그 기법이 매우 세밀하여 귀히 여길 만하며 나전이 장식된 말안장도 매우 정교하다"고 소개했다. 조선시대에 전복은 임금께 진상되는 공물로 기록되어 있다. 제주목사 이건이 쓴 《제주풍토기》에는 "해녀들이 갖은 고생을 하면서 전복을 따지만 탐관오리 등살에 거의 뜯기고 스스로는 굶주림에 허덕인다"고 했다. 전복은 아미노산이 풍부하고 간장 보호, 피로 회복, 심근경색 예방, 고혈압에 좋다. 특히 노약자나 장기간 병원치료를 받아 허약해진 사람에게 영양 보충으로 최고다. 전복 껍데기는 나전칠기에 이용될 뿐만 아니라 한방에서는 석결명(石決明)이라 해 눈을 밝게 하는 약재로 이용하였다. 동양 사람과 달리 서양 사람들은 전복을 좋아하지 않는다. 패류 중 껍질이 두 개(이매패)가 아니라 하나(일매패)이기 때문에 먹으면 사랑에 실패한다는 말 때문이라고 한다.

완도 전복의 사업성을 일찍 간파한 것은 '제주잠녀(해녀)'들이다. 지금은 할머니가 되어버린 이들은 돈을 벌기 위해 뭍으로 물질을 나왔다 섬 총각과 결혼해 그 섬에 정착했다. 오직 김과 미역만 쳐다보던 섬마을 사람들은 잠녀들 덕에 전복을 딸 수 있었다. 초기에는 잠녀나 다이버를 활용해 마을어장에서 자연산 전복만 채취했지만 10여 년 전부터 전복 양식이 대중화되면서 김 양식과 어류 양식을 대체하기 시작했다. 전복은 봄과 가을에 작은 전복씨(치패)를 넣고 3년 정도 미역과 다시마를 주어 길러야 판매할 수 있다. 전복 양식은 목돈이 필요하고 자금 회수율도 늦다. 그 사이에 태풍이나 해일 등 자연재해라도 닥치면 회복하기 어렵다.

"여기는 할머니 말고는 전부 전복을 해라."

전복직판장 관리인의 말처럼 미라리는 100여 가구 중 90여 가구가 전복 양식을 하고 있다. 노화도를 비롯해 완도 섬에는 지난 외환위기 때 귀향해 전복 양식을 하면서 정착한 젊은이들도 있다. 막 트럭에 전복을 옮겨 실은 김광토(54세)씨는 200여 칸 전복 양식으로 일 년에 2억 정도 수익을 올린다. 일 년이면 마을 전복 거래량이 수백억은 쉽게 넘을 것 같다.

김 양식으로 호황을 누릴 때 너도나도 김발을 막았다. 결과적으로 바다는 오염되고 윤기가 잘잘 흐르던 김은 상품가치가 떨어졌다. 결국 그것이 가격 하락으로 이어졌다. 노화도는 김 양식 쇠퇴 이후 새로운 기회를 얻고 있다. 과욕불급(過慾不及)이다. 김 양식 시절 교훈을 잊지 말아야 할 것이다. 벌써 노화도에 전복 양식을 하던 주민들이 새로운 양식장을 찾아 떠나고 있다. 바다는 거짓말을 하지 않는다.

● ─ 조선의 섬은 어떤 곳이었을까

조선시대에 섬은 어떤 의미를 가졌을까. 수군진으로 활용되던 섬들은 15, 16세기에는 병선용이나 목재용 소나무 재배지나 말을 공급하는 목장지로 개발되었다. 영암에 속한 노도·보길도, 강진에 속한 완도·고이도(고금도)·선산도(청산도)·조약도(약산도) 등이 대표적이다. 한때 노화도에는 600여 마리의 말들이 사육되기도 했다. 이 무렵 서남해역에는 왜선과 왜구가 자주 출몰했다. 이들은 어민들은 물론 전복을 채취하는 포작간(鮑作漢)들의 의복, 식량 등을 약탈했다. 또 범죄로 유배된 자들이나 주인을 피해 도망친 노비들이 섬으로 숨어들기도 했다. 왜구의 약탈이 극에 달하고 조선의 대응이 소홀해 달량진사변(을묘왜변, 1555년)이 발생하기도 했다.

《동국여지승람》(1481)에 따르면, 15세기 완도 일원의 행정관할지는 영암·해남·강진·장흥이었다. 영암군에 속한 도서는 노화도와 소안도, 해남군은 완도, 강진군은 고이도(현 고금도)와 조약도(현 약산도)·신지도, 장흥도호부에는 금당도가 속했다. 하지만 행정력이 섬에까지 미치지 못해 아전을 비롯한 토호세력들에 의해 섬 주민들의 삶은 피폐해져갔다. 《일성록》에는 '아전들의 규정에 벗어난 과도한 세금 징수와 추자도민의 권익을 보호하기 위하여' 노아도(노화도)·길도(보길도)·잉도(넙도)에 삼도진을 설치하고 종9품의 별장을 두었다고 했다. 《일성록》은 조선 영조 36년(1760년)부터 1910년 8월까지 조정과 내외 신하와 관련된 일기다. 정조가 세자 시절 기록하기 시작한 임금 입장의 공식기록이다.

그리고 17, 18세기에 섬은 군량미를 해결하기 위한 둔전이나 권력가의 부를 축적하는 궁방전으로 이용되었다. 또 새로운 자원을 마련하기 위해 봉산의 목재나 염전을 만들어 자염을 생산했다. 모두 세금을 부과해 새로운 재원을 확보하기 위한 수단이었다.

그 사이 섬사람들의 삶은 더욱 피폐해졌다. 견디다 못한 섬사람들이 주도해 일으킨 계미민란(1882년)이 이를 잘 보여주고 있다. 그 이듬해인 1883년 노화도 도청리에 삼도진(1883년)이 설치되었다. 삼도진은 수군만 아니라 노화도·보길도·소안도를 관할했다. 즉 서남해안을 방어할 목적도 있었겠지만 조세와 징세 목적이 더 강했다. 그로부터 10여 년 후, 완도군이 지도군·돌산군과 함께 설군되었다. 완도에서 유배생활을 하며 섬사람들이 받는 피해를 직접 목격한 이도재가 전라감사로 부임해 건의해 설치한 것이었다. 당시 내무대신 박정양은 창군의 배경을 '도서지역 주민들이 부당하게 취급되었던 모순을 제거'하려는 것이라고 밝혔다. 19세기에 이르러서야 중앙정부의 행정이 섬에 미치기 시작했다. 그렇다고 섬과 섬사람의 소외와 차별이 해소된 것은 아니었다.

개황 | 노화도(蘆花島)

위치 | 전남 완도군 노화읍
면적 | 25.30km² **해안선 |** 58.4km **육지와 거리 |** 14.5km(완도항)
가구수 | 2,036 **인구(명) |** 4,935(남: 2,468 여: 2,467) **어선(척) |** 1,034 **어가 |** 1,277
어촌계 | 이목·도청리[노화]·미라리·당산리·대당리·북고리·불목리·소당리·
신리[노화]·천구리·충도리·포전리·잘포리·석중리

공공기관 및 시설

공공기관 | 읍사무소(061-550-6281), 노화치안센터(553-5112), 우체국(553-6004), 노화119안전센터(530-
0984), 동부보건진료소(554-1226), 노화농업인상담소(550-5852), 노화농협(555-4815), 완도소안수협(553-
4602)
교육기관 | 노화북초등학교(553-4902), 노화초등학교(553-9707), 노화중앙초등학교(553-4667), 노화중학
교(553-4724), 노화고등학교(553-4845)
폐교현황 | 노화동초등학교
전력시설 | 한전계통 **급수시설 |** 간이상수도 13개소

여행정보

여행 | 당산리와 노록도 사이 약 1km 정도 바다가 매월 사리때마다 바닷길이 열린다. 굴앞 가족해수욕장.
특산물 | 김, 전복, 옥제품
특이사항 | 대당리에는 유적인 고인돌이 있어 오래전부터 사람이 살기 시작하였음을 알 수 있다. 또한 가장 오
래된 마을인 염등마을은 400년 전 전주 이씨가 처음 입도하여 거주하면서 제염을 하였다고 한다. 염등리 앞
300ha에 달하는 갯벌에 갈대꽃 앞이 장관을 이루어 갈대 노(蘆), 꽃 화(花) 자를 써 노화도라 하였다 한다.
문화재로는 고종 33년(1886)에 세운 행별장이공영기영세비(行別將李公永基永世碑)와 관찰사김공성근영세불
망비(觀察使金公聲根永世不忘碑)가 있으며, 대당리의 지석묘군은 남방형 고인돌로 도서지방 선사시대 연구의
기초자료가 된다. 농악놀이와 함께 매년 정월 초하룻날 당제를 모셨다. 동양 최대 납석과 옥석광산이 위치하
고 있으며, 연간 65만 톤을 동남아로 수출하기도 했다.

30년 변화 자료

구분	1973	1985	1996
주소	전남 완도군 노화면	전남 완도군 노화읍 노화리	전남 완도군 노화읍
면적(km²)	25.01	-	-
인구(명)	14,866	12,340	6,958
	(남: 7,536 여: 7,330)	(남: 6,339 여: 6,001)	(남: 3,571 여: 3,387)
가구수	2,514	2,476	2004
급수시설	우물 382개	상수도 시설 1개소, 간이상수도 12개소, 우물 485개	상수도 시설 1개소, 간이상수도 27개소, 우물 485개
전력시설	자가발전	한전계통	한전계통
어선(척)	763	1,075	712
어가	1,557	1,371	907

41

수사슴, 짝을 그리워하다
노화읍 노록도

산양진에서 북고리를 지나 삼마리에 이르면 삼거리에 이른다. 오른쪽
은 미나리로 가는 길이요 왼쪽은 당산리로 가는 길이다. 두 마을 모두
큰 마을이며 전복의 메카라는 노화읍에서도 대표적인 전복 양식지다.
당산리로 가는 길을 택했다. 염등리를 지나 고개를 넘자 당산 선착장
과 작은 섬 노록도가 한눈에 들어왔다. 노록도 허 이장과 전화통화를
하고 시간이 꽤 흘렀다. 섬은 바로 앞에 있는데 오는 배가 없었다. 잠
시 후 전화가 왔다. 다른 선창에서 기다리고 있었다. 이장의 얼굴 표정
이 시원하고 밝았다. 사람도 섬을 닮은 탓일까? 활기찼다.

　노록도는 영암의 부속도서였다. 당산리에 사는 김씨가 처음 들어
와 살기 시작했다. 그 뒤로 박씨, 최씨 등이 들어와 마을을 이루었다.
1960년대 20여 가구에 100여 명이 살기도 했다. 지금은 15가구가 살
고 있다.

두 살림 한 지붕(?)

마을은 큰 마을인 당산리로부터 독립했지만 어촌계는 통합되어 있다.
당산리에 속한 마을에서 노록리로 이름을 달기까지 어려움이 많았다.
큰 마을에서 쉽게 분가를 시켜주지 않았기 때문이다. 노록도로 들어오
기 위해서는 꼭 거쳐야 하는 길목이 당산리 선창이다. 큰 마을의 괄시가

심했다. 여전히 어촌계는 당산 어촌계에 속해 있다. 법적으로는 어촌계는 10호 이상이면 분할이 가능하지만 기존 어촌계원들의 동의가 반드시 필요하다. 노록도 섬 주변 갯바위에서 미역, 톳, 가사리, 세모 등을 채취했다. 갯바위에서 채취한 해초들은 당산 어촌계원들이 똑같이 나누었다. 옛날에는 노록도 사람들만 이용했다고 한다.

불편한 사이였지만 한 달이면 두 마을 사이에 몇 차례 길이 열린다. 그믐날을 전후해 500여 미터의 바닷길이 열린다. 신비의 바닷길은 진도 회동과 모도 사이에 열리는 바닷길이 폭과 거리로 보면 으뜸이지만 노록도 바닷길은 알려지지 않은 곳이다. 겨우 마을 주민들이 고둥을 줍고 해초를 뜯기 위해 찾을 뿐이다. 이곳에도 진도의 뽕할머니처럼 애틋한 이야기가 전해진다. 노록도에 수사슴이 살고 있었다. 이 사슴은 당산리에 사는 암사슴이 너무나 그리웠다. 바닷길이 열리자 암사슴을 만나기 위해서 당산리로 향했다. 그러나 만남을 이루지 못하고 바닷길을 건너다 죽고 말았다고 한다. 당산리와 노록리 사이 '돗단바구끝'이 옛날부터 관행적으로 전해오는 마을 간 경계지역이다. 갯벌에서 나는

바다는 경계가 없다. 하지만 양식장은 구분이 있다. 큰 섬의 어촌계에 속한 작은 섬의 어민들은 다수결 원칙이라는 민주주의의 투표에서 소외된다. 조상 대대로 이용하던 전체 회의에서 결정되면 갑자기 비워줘야 한다.

바지락이나 해초를 뜯어 생활하던 시절에는 의미가 있었다. 옛날에는 겨울에 김발, 여름에는 연승(주낙)으로 생활했다. 노록도에만 김 가공 공장이 아홉 개나 있었다. 당시는 전복 양식은 들어오기 전이라 '장샛기미', '끝짝지', '신들바구끝' 등 갯바위에서 채취하는 자연산 미역과 톳도 큰 도움이 되었다. 양식어업이 발달하면서 갯벌이나 갯바위보다 바다가 더 가치가 있다. 두 마을 사이 바다에 전복 양식장이 가득한 것을 보면 잘 알 수 있다.

지금은 노록리나 당산리 모두 전복 양식을 주업으로 한다. 그런데 규모가 다르다. 당산리에 비해 노록리 주민들은 절반 수준이다. 최근 섬 서쪽에 옛날 김 양식을 했던 자리로 양식어장을 확대하고 있다. 이 사업이 마무리되면 노록도도 큰 마을 수준으로 전복 양식을 할 수 있을 것으로 기대한다. 뱃길은 불편했지만 식수는 아주 좋았다. 주민들이 식수로 먹고 김 공장에 사용할 충분한 양이었다. 김 양식도 시설이 많아지면서 '안통'이라 해수 유통이 안 되고 '석쇠'(잘피)가 많아 중단되었다. 지금은 젊은 사람들은 전복 양식에 매달리고 있다. 전복 양식도 마을어장이 좁아 한 가구당 150칸으로 제한을 하고 있다. 귀어를 한 사람에게 쉽게 어장을 나누어 줄 수 없는 것도 이런 이유 때문이다. 목포에서 사업을 하다 들어온 박상남(1959년생)씨는 선친의 양식장을 운영하다 마을 주민의 집을 사서 따로 양식장을 운영하고 있다. 부모 연고가 있는 상태에서 어촌에서 집[戶]을 갖는다는 것은 마을어장을 이용할 수 있는 권리로 이어진다. 이를 '재지금 난다'고 말한다. 노록도에는 최근에 다섯 가구가 되돌아왔다. 즉 고향을 떠났다가 귀향한 사람들이다. 모두 전복을 하기 위해서 돌아왔다. 귀촌이 가능했던 이유는 부모님이 고향에서 어장을 지키고 있었기 때문이다.

●─ 전복, 완도를 전복시키다

완도는 김이 유명했다. 지금은 전복으로 바뀌었다. 전국 전복 생산량의 70~80%가 완도에서 공급되고 있다. 특히 노화도·보길도·소안도는 바다가 온통 전복 양식장이다. 전복은 세계적으로 100여 종에 이른다. 이 중 우리나라에는 참전복을 비롯해 오분자기·말전복·까막전복·시볼트전복이 있다. 우리가 흔히 접하는 전복이 참전복이다. 오분자기와 말전복과 시볼트전복은 수온이 따뜻한 제주도 연안에서 서식한다. 다 자란 참전복은 무게가 120그램이지만 시볼트전복은 800~1,000그램에 이른다. 오분자기는 호흡할 때 사용하는 구멍이 7~8개이며 참전복은 4~5개이다. 전복은 주로 미역, 다시마, 감태 등 갈조류를 먹는다.

남자들이 전복을 땄다고?

인간은 언제부터 전복을 먹기 시작했을까. 패총(조개무지)에서 전복 껍데기가 발견된 것으로 보아 선사시대부터 먹었을 것으로 생각된다. 조선시대에는 해산물을 채취하는 포작인(浦作人)과 잠녀가 있었다. 전복은 공물과 토호들 수탈의 대상이었다. 제주에서는 포작인들이 견디다 못해 출륙하자 잠녀들에게 그 역이 전가되기도 했다. 오늘날 해녀들이 전복을 따는 것은 이런 역사와 관련이 있다. 얕은 곳에서 미역 등 해초를 채취하던 잠녀들은 더 깊은 곳으로 들어가 전복을 채취해야 했다.

《자산어보》에는 전복을 복어(鰒魚)라고 했다. "살코기는 맛이 달아서 날로 먹어도 좋지만 가장 좋은 방법으로는 말려서 포를 만들어 먹는 것이다. 그 장(腸)은 익혀 먹어도 좋고 젓갈을 담가 먹어도 좋으며 종기 치료에 효과가 있다. 봄과 여름에는 독이 있는데 이 독에 접촉하면 살이 부르터 종기가 되고 환부가 터진다"고 기록했다. 《난호어묵지》에 "전복은 동·서·남해 모두 있다. 강원과 고성 등에서 나는 놈은 껍질이 작고 살이 메마르며, 울산·동래·강진·제주 등지에서 나는 놈은 껍질도 크고 살이 두텁다"고 했다. 또 《탐라지(耽羅誌)》에는 전복이 말[馬], 감귤과 함께 임금께 진상되는 공물 중의 하나로 기록되어 있다. 이건의 《제주풍토기》에는 "해녀들이 갖은 고생을 하면서 전복을 따지만 탐관오리의 등살에 거의 뜯기고 스스로 굶주림에 허덕인다"고 했다. 전복 갈취가 그만큼 심했다. 또 여수 횡간도에는 진상할 전복을 잡는 포작군이 배치되기도 했다. 중국 여러 문헌에서도 "전복을 진상했다. 동해 진미다. 세금으로 바쳤다"는 기록이 확인되고 있다. 이렇듯 전복은 옛날부터 귀한 대접을 받았다. 오늘날에도 '패류의 황제'로 군림하고 있다. 청정한 해역에서 자라는 미역과 다시마만 먹고 자란 전복은 아미노산이 풍부하고 간장 보호, 피로 회복, 심근경색 예방, 고혈압에 좋다. 특히 노약자나 장기간 병원 치료를 받아 허약해진 사람에게 영양 보충으로 최고다. 날것은 생복(生鰒), 찐 것은 숙복(塾鰒), 말린 것은 건복(乾鰒)이라 했다. 지금처럼 보관이나 운반시설이 좋지 않았던 시절에는 전복을 말려 사용했다. 이런 전복을 명포(明鮑)나 회포(灰鮑)라고 했다.

자연 전복과 양식 전복 어떻게 구별하나

자연산과 양식산을 구분하는 일은 어렵다. 횟집에서 내놓은 갖가지 회를 볼 때 이것이 양식산일까 자연산일까 궁금하다. 내가 만난 섬 주민은 그냥 양식산이 주라고 생각하고 먹으라고 권했다. 최소한 속았다는 생각은 들지 않을 것이라고 했다. 양식산을 주라고 했는데 자연산을 내놓은 횟집 주인은 없을 테니까. 그만큼 자연산을 찾기 어렵다는 이야기다.

비싼 전복이 대중화에 이르기까지 양식 전복의 역할이 컸다. 궁금증부터 해결하자. 양식산과 자연산을 구분하는 가장 쉬운 방법으로 껍데기다. 자연산은 껍데기에 많은 부착생물이 붙어 있지만 양식산은 매끈하다. 다음은 색깔로 구분한다. 자연산은 회색을 띠지만 양식산은 푸른색을 띤다.

그렇다면 어린 전복(치패)을 바다에 뿌린다면 어떻게 될까. 만재도에서 생긴 일이다. 만재도는 목포에서 쾌속선으로 다섯 시간을 가야 닿는 섬이다. 맛은 다르지 않은데 상인들은 자연산과 양식산을 구별할 줄 안다. 가두리에 넣어 키우는 것도 아니고 어린 치패를 바다에 넣어 3~4년을 키웠기 때문에 맛의 차이는 없다. 그런데도 구분하는 것은 상술이라는 것이다. 소비자들에게 팔 때는 자연산이라고 하면서 팔고는 해녀들이나 어촌계에서 구입할 때는 양식산과 자연산을 엄격하게 구분한다. 그런데 무레꾼들이 잠질을 해서 잡아낸 것을 어떻게 구별하는 것일까. 어촌계장이 전복을 뒤집어 보여주었다. 양식산은 어린 새끼 때 껍질 크기로 푸른 색깔이 그대로 남아 있었다. 이것은 전복이 커도 사라지지 않는다. 신기한 일이었다. 그래서 해녀들이 전복을 잡아오면 어촌계에서 구입을 하면서도 대, 중 그리고 양으로 구분했다. 처음에는 양이 무슨 의미인 줄 몰랐다. 그게 양식산이었다. 아무리 큰 전복이라도 자연산 중간 크기의 값도 못 받는다. 양식 전복은 다시마와 미역을 먹이로 준다. 다시마는 전복을 살찌우고 미역은 패각을 단단하게 키워준다. 반면에 자연산 전복은 다시마와 미역만 아니라 여러 가지 해초들을 먹는다.

출처 :《바다맛기행》, 자연과생태, 2012.

개황 | 노록도(老鹿島)

일반현황

위치 | 전남 완도군 노화읍 노록리
면적 | 0.18km² **해안선** | 2.3km **육지와 거리** | 18.3km(완도항)
가구수 | 17 **인구(명)** | 34(남: 14 여: 20) **어선(척)** | 14 **어가** | 17

공공기관 및 시설

폐교현황 | 노록분교(1996년 폐교)
전력시설 | 한전계통
급수시설 | 우물 2개소

여행정보

교통 | 배편 | 완도 화흥포항에서 출발해 노화도로 들어가는 정기여객선이 운항되며 노화도 당산리에서 소형 어선을 이용하기도 한다.
특산물 | 김, 톳
특이사항 | 지형이 사슴 모양 같아 노록도라 하였다. 매월 두 차례 일곱, 여덟물 간조 때 바닷길(치등)이 열려, 당산리 마을과 연결되어 속칭 '모세의 기적'이 일어나는 곳이기도 하다.

30년 변화 자료

구분	1973	1985	1996
주소	전남 완도군 노화면 등산리	전남 완도군 노화읍 노록리	좌동
면적(km²)	0.18	–	–
인구(명)	110	98	59
	(남: 53 여: 57)	(남: 50 여: 48)	(남: 22 여: 37)
가구수	20	24	15
급수시설	우물 1개	우물 4개	간이상수도 1개소, 우물 2개
전력시설	–	한전계통	한전계통
어선(척)	–	17	11
어가	18	24	15

넙도바다,
노화의 상권을 결정했다

노화읍 넙도

솔지 끄트머리에 배가 닿자 건축용 자재를 실은 트럭 세 대가 빠져나 갔다. 작은 섬에 새로 집을 짓거나 리모델링을 한다는 것은 먹고살 만 한 섬이라 생각해도 될 것 같다. 그러니까 넙도를 처음 방문했던 것이 20년 전쯤으로 생각된다. 그때는 해안도로가 없었다. 선창에서 내려 한참을 산길을 따라 걸었다. 그때는 '물때'가 뭔지, 김 양식은 어떻게 하는지, 어촌계가 무엇인지 도무지 아는 것이 없었다. 그때 친절하게 설명해주시고 밥과 술을 주시던 노인들은 찾을 수 없었다. 왜 그렇지 않겠는가. 그 사이 내 머리카락도 하얗게 변하기 시작했는데. 나에게 어촌에 대한 공부를 많이 시켜주었던 섬이다. 완도의 다른 마을들은 김 양식이 쇠퇴했지만 넙도만은 여전히 활기찼고 김 양식이 가장 활발했던 섬이었다. 완도의 어촌을 이해하기 위해서는 김 양식을 이해하지 않고 는 불가능했다. 걷고 또 걷던 그 길을 차를 타고 방축리로 향했다.

넙도는 1600년 무렵 공씨가 처음으로 입도했지만 이후 김씨와 홍씨 가 들어와 마을을 이루었다. 보길도 우두리에 묘를 쓴 이가 풍수로 보 니 넙도가 소의 먹이에 해당한다고 해서 풀섬(넙도)라고 했다고 한다. 또 섬 모양이 게를 닮아 넙게라고 했다는 설도 있다. 넙도의 넙에 해당 하는 한자 표기는 '笏(잉)'이다. 고금면의 넙도(笏島), 신기리의 넙구지 (笏口地), 약산면의 넙고리(笏古里), 완도읍 중도리의 넙구지(笏久只)

등도 '풀'을 의미하는 荕을 '잉'이 아니라 '넙'으로 읽는다.

넙도리는 넙도·서넙도·마안도·후장구도·어룡도·죽굴도·대제원도 등 유인도와 대장구도·멍섬(가도)·소장구도·상송도·하송도·계도·소계도·외모도·소외모도·형제상도·형제하도·소제원도·가덕도(민등섬)·문어남도·문어북도·잠도·안도 등 무인도로 구성되어 있다.

옛날부터 넙도는 섬은 작지만 뱃길이 좋은 편이었다. 완도와 목포를 오가는 객선이 넙도를 들렀고, 한때 목포에서 추자도로 가는 객선도 넙도를 거쳐 갔다. 《고려사》의 '영암군 황원군조'에도 넙도가 제주도를 오가며 바람을 기다리고 피하는 중간 기착지 역할을 했다고 한다. 황원군은 지금의 해남군 문내면 일대의 화원반도 지역이다. 당시 넙도·서넙도·마안도를 삼내도(三內島)라 했으며, 제주로 가는 뱃길은 나주 출발, 해남현 출발, 탐진(강진) 출발 등이 있다. 강진에서 출발해 넙도에 이르러 추자도까지 가기 위해 바람과 물때를 보았을 것이다.

노화읍장은 완도에서도 가장 큰 오일장이다. 그 장을 쥐락펴락했던 섬이 넙도다. 김이 좋고 수출도 활발해 작은 목포·노화의 상권을 좌우했던 섬이다.

가장 최근에는 노화도와 남창을 오가는 배가 넙도를 거쳐 가기도 했다. 지금은 해남 땅끝과 노화도 두 곳에서 넙도로 갈 수 있다. 영암군에 속했던 넙도는 1896년 4월 완도군 설군과 함께 넙도면으로 시작했다가 1916년 노화면으로 통합되었다. 그리고 넙도의 인구가 증가함에 따라 1964년 넙도출장소가 설치되었다.

넙도는 유인도 중 완도의 서쪽 가장자리에 있는 섬이며, 해남과 가깝다. 동쪽 끝에는 금일읍 장도가 있고, 여수시 초도와 접하고 있다. 완도의 동서의 길이, 즉 넙도와 장도 사이의 해상 거리는 70킬로미터 정도다. 유인도를 기준으로 한 것이다. 뭍에서야 한 시간이면 달릴 수 있는 거리지만 바다는 사정이 다르다.

넙도에는 객선이 닿는 솔지 선창 외에 마을이 있는 내리와 방축리 등 세 곳에 포구가 있다. 그리고 10여 년 전에 선창을 연결하는 해안도로가 만들어졌다. 옛날에는 내리와 방축리를 잇는 작은 오솔길이 있었다. 길을 따라가다 만나는 첫 마을이 내리다. 좌청룡 우백호로 둘러싸여 아늑한 마을이라 해서 붙인 이름이다. 조선시대에는 진상할 전복을 채취하는 포작간이 모여 사는 마을이라 해서 포리(鮑里)라고 했다. 지금은 140여 가구가 사는 큰 마을이다. 학교, 출장소, 경찰서, 금융기관 등 관공서가 위치해 있다. 옛날 기억을 더듬어 산 능선 길을 찾았다.

넙도 김값, 노화상권을 결정했다

섬사랑호가 도착했다. 노화도에서 넙도를 거쳐 마안도, 후장구도, 서넙도 등 주변의 작은 섬들을 순항하는 배다. 노화읍에서 시장을 보고 들어오는 주민들이 쏟아져 나왔다. 노화읍장은 2일과 7일이다. 인근 소안·보길·넙도 등 인근 섬 주민들이 생필품을 살 수 있는 유일한 시장이다. 교통이 편리해져 해남읍까지 나가 생필품을 사 오기도 하지만 배에서 내리는 곳이 오일장이 열리는 곳이라 노화읍장은 여전히 인기다. 한때 넙도 어민들이 구매력이 높아 노화읍장을 흔들었다. 완도에서 가장 늦게까지 대규모 김 양식을 지속해온 마을이라 김 시세가 좋은 날이면 노화시장이 흥청댔다. 김 공장이 20여 개가 있었으니 김 양식이 얼마나 활발했는지 알 수 있다. 시장바구니를 든 주부부터 양식용 자재를 실은 트럭까지 모두 노화읍 이목리 선창에서 구입한다.

지금은 김 양식 대신에 전복 양식으로 바뀌었고, 방축리에 10여 가구가 김 양식을 하고 있다. 옛날처럼 어장이 마을 앞에 있는 것이 아니라 넙도와 추자도 사이 먼 바다에서 이루어지고 있다. 완도는 전국 김의 60퍼센트를 차지할 정도로 김 양식의 메카였다. 지금은 전복 양식으로 바뀌었지만 군외면 당인리와 함께 넙도가 유일하게 김 양식의 영화를 이어가고 있다.

당할머니에게 소를 바치다

내리를 지나 방축리에 도착했다. 선창을 만들기 위해 마을 앞 송도를 사이에 두고 좌우로 제방을 쌓았다. 작은 섬 송도에 오르자 가마우지가 깜짝 놀라 물을 박차며 내리 쪽으로 날아올랐다. 보길면 정자리와 마주 보는 바다는 온통 전복 양식 시설이다. 물이 빠진 갯벌에는 주민 두 명이 굴을 까고 있었다. 마을 지명은 앞에 연못이 있어 방죽구미라 부른 데서 유래했다고 한다. 90여 호가 살고 있다. '목너머'로 넘어가면 바다를 사이에 두고 서넙도와 마주 보고 있다. 이곳에는 전복의 어린 새끼(치패)를 육상에서 기르고 있다. 섬 서편 길을 따라 올라가면 저수지까지 길이 이어져 있다. 중간에 '한세'라는 지명이 있다. 후장구도에 사는 사람들이 소리쳐서 배를 불렀던 곳이다.

방축리와 목너머 사이에 오래된 소나무 몇 그루와 무너져가는 작은

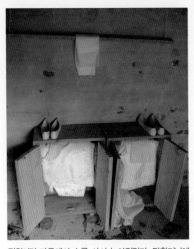

정월이면 마을에서 소를 사서 놓아길렀다. 당할머니에게 바칠 제물이었기 때문이다. 텃밭에 들어가 무를 먹어도 뭐라 하지 못했다. 바다의 풍흉을 당할머니가 좌우했기 때문이다. 지금도 매년 소를 잡는다. 금방이라도 하얀 고무신을 신은 할머니가 한복을 곱게 입고 나올 것 같다.

당집이 있다. 문을 가만히 열어보니 잠겨 있지 않았다. 방 안에 작은 나무로 마루처럼 제단을 만들었다. 왼쪽에 옹기와 향과 초가 있었다. 정면 벽에는 합판을 붙이고 가운데에 길지 두 개를 걸어두었다. 당집은 쓰러져 있었지만 길지로 사용하는 한지가 색이 바래지 않은 것으로 보아 최근까지 당제를 지낸 것 같았다.

생각해보니 그 길이 내리까지 이어지는 옛날 오솔길이었다. 중간에 넙도출장소와 초등학교도 있었다. 그 사이에 작은 모래 해변이 있어 해수욕장으로 이용하기도 했다. 방축리 사람들이 걸어 다니다 쉬어갔다는 '목재'를 넘어서자 내리 마을이 보이기 시작했다. 한눈에 봐도 큰 마을이다. 초등학교는 물론 중학교까지 있으니 작은 섬치고는 사람이 많이 사는 섬이다. 김에서 전복으로 이어지는 경제활동이 세대를 이어 섬살이를 가능케 했다. 지금도 젊은 사람들이 들어오고 있다니 얼마나 다행인가.

마을로 들어서는 고갯마루에는 소나무와 후박나무 등 마을 숲이 울창하다. 숲 속에 돌담과 기와를 얹은 작은 집이 자리해 있었다. 당집이다. 방축리 당집은 잡초가 우거졌고, 건물도 무너진 반면에 내리는 깨끗하게 단장되어 있었다. 그리고 주변에 넓은 주차장도 새로 마련을 했다. 방축리 당산제는 멈췄지만 내리에서는 당산제가 이어지고 있다.

바다 쪽에 있었던 당집은 200여 년 전에 마을 주민의 현몽으로 현재의 위치로 옮겨왔다고 한다.

내리 당산제의 특징은 여자의 복식을 신주로 모신다는 점이다. 원래 당이 있었던 곳은 '바닷'이라는 곳이었다. 이는 옛말로 '보내는 곳', 즉 송별장의 의미로 '작별'이라는 뜻을 가지고 있다.

내리 마을은 매년 초에 마을총회를 열어 당제를 지낼 제주를 선정하고 제물로 쓸 송아지를 구해서 놓아 길렀다. 이때 송아지가 농작물에 피해를 주어도 쫓거나 욕을 하는 것을 금기시 했다. 제관은 제주 부부와 집사 한 명으로 모두 세 명이었다. 제주 부부는 친가는 물론이고 처가까지 부정과 유고가 없어야 했다. 그만큼 엄격하게 지냈다. 동지 섣달이 되면 샘을 청소하고 금기가 시작되었다. 당 샘에 금줄을 치고 부정한 곳에 출입을 삼갔다. 술과 담배는 물론 마을 주민과 대화도 삼갔다. 제관 부부는 제물을 준비하고 집사는 독축과 집례를 맡았다. 그리고 정월 초하루 오후 2시에 당제를 올렸다. 한 시간 후 당에서 내려와 갯가에 상을 차리고 여자들이 나와 갯제를 지냈다. 갯제는 풍년과 풍어를 기원하며 재난과 질병을 예방하기 위한 것이었다.

지금도 내리에서는 당제를 지낼 때 살아 있는 소를 구입해 직접 잡아서 제물을 만들고 있다. 이렇게 직접 소를 잡아 당제를 준비하는 마을은 전국에서도 몇 마을 남아 있지 않다. 단지 보전을 위한 전통은 오래 지속되지 않는다. 문화 자체가 삶의 연장이고 그 속에서 만들어진 것이기 때문이다. 김 양식이나 전복 양식은 모두 마을어장에서 이루어지고 있다. 주민들이 공동으로 이용해왔던 바다가 여전히 제 기능을 하고 사유화되지 않고 마을공동체의 기반 아래 운영되고 있기 때문이다. 지속가능한 전통문화는 행사를 위한 자금 지원이 아니라 삶의 지속에서 비롯된다는 것을 일러준다.

개황 | 넙도(芿島)

일반현황

위치 | 전남 완도군 노화읍 내리
면적 | 2.57km² **해안선** | 12.5km **육지와 거리** | 21km(완도항)
가구수 | 307 **인구(명)** | 744(남: 383 여: 361) **어선(척)** | 270 **어가** | 291
어촌계 | 내리·방축리

공공기관 및 시설

공공기관 | 노화읍 넙도출장소, 넙도경찰관출장소(061-553-4354), 보건진료소(553-4360), 넙도우체국(554-0004)
교육기관 | 넙도초등학교(554-2995), 넙도중학교(553-4480)
전력시설 | 한전계통
급수시설 | 지방상수도 1개소, 간이상수도, 우물 1개소

여행정보

교통 | 배편 | 해남 땅끝마을과 노화 이목항에서 정기여객선이 각 1일 3회 운항한다.
여행 | 농림어업체험지(김생산, 조개캐기, 낚시)
특산물 | 김, 톳
특이사항 | 말바위 설화가 구전으로 내려오고 있으며, 매년 정월 초하룻날에는 당제를 지냈다. 섬에는 약 2km에 이르는 백사장이 있으며 인근 해역에 풍부한 어족자원이 많아 가을이면 낚시꾼들로 성시를 이룬다.

30년 변화 자료

구분	1973	1985	1996
주소	전남 완도군 노화면 방서리	전남 완도군 노화읍 넙도리	좌동
면적(km²)	2.08	4.11	–
인구(명)	1,659	1,515	1,041
	(남: 851 여: 808)	(남: 788 여: 727)	(남: 524 여: 517)
가구수	284	336	264
급수시설	우물 29개	간이상수도 1개소, 우물 198개	간이상수도 1개소, 우물 30개
전력시설	–	한전계통	한전계통
어선(척)	239	207	232
어가	223	298	202

43

하늘이 내린 천연 양식장
노화읍 서넙도

"형님 나오셨어요? 어디 가시려고요?"

"응, 작은 목포 가는데. 자네는?"

"나는 큰 목포 가요."

포구에서 만난 팔순의 노인과 육순의 젊은 노인이 반갑게 인사를 나누었다. 팔순 노인은 넙도 포구에서 집 안이 빤히 들여다보이는 마안도에서 살고 있었다. 노인이 이야기하는 '작은 목포'는 노화읍 이포리를 일컫는 말이다. 목포로 이어지는 뱃길이 있었고, 인근 보길도와 소안도를 아우르는 중심지로 파시가 형성되기도 했다. 지금도 인구가 1만여 명에 이르러 완도 체도를 제외하고는 가장 큰 섬이다. 그래서 이곳 주민들은 노화도를 '소목포'라고 불렀다.

풍랑주의보에 여관신세라

새벽같이 땅끝에서 첫배를 타고 넙도 포구에 내렸다. 서넙도에 들어가기 위해서였다. 넙도 포구는 인근 마안도·소장구도·서넙도로 가려면 꼭 들러야 하는 포구다. 노화도에서 출발한 섬사랑호가 이곳에 들러서 작은 섬을 거쳐서 노화읍 이포리 동천항으로 돌아간다.

넙도리는 내리·방축리·서리 세 마을을 합해서 부르는 이름이다. 내리에는 마안도와 하장구도 두 개의 유인도가 딸려 있다. 방축리와

농사지을 땅은 없었지만 신이 준 바다가 있었다. 좌우 앞뒤로 섬들이 바람을 막고 물길은 열어주었다. 젊은이를 부르고 척박한 땅을 풍요로운 삶의 터전으로 만들어준 고마운 바다다.

서리를 합해서 '방서리'라 했다. 서리는 넙도의 서쪽에 있어 '서넙도'라고 도 한다. 이 세 마을은 일제강점기부터 김 양식으로 유명한 곳이었다. 당시 송·죽·매 세 등급으로 나누어 일본으로 수출했다. 섬은 작지만 김 생산량이 많고 품질이 좋아 수협에서 직접 나와 경매를 했다.

마침 노화 장날이었다. 5일장을 보고 돌아오는 사람들이 배에서 내 렸다. 서넙도로 가는 사람은 혼자다. 겨울에 넙도에서 더 작은 섬으로 들어가는 사람이 이상했는지 승무원이 어디에 가냐고 물었다. 선실 안 에 들어서자 마을 주민으로 보이는 남자가 누워 있었다. 나도 한쪽에 자리를 잡았다.

내릴 사람이 없어서인지 배는 마안도와 후장구도를 거치지 않고 곧 장 서넙도까지 달렸다. 주변에 전복 양식장과 미역 양식장이 펼쳐져 있 었다. 반 시간도 걸리지 않아 서리 포구에 도착했다. 작업 트럭 두 대 가 먼저 빠져나갔다. 겨울비까지 부슬부슬 내렸다. 마을까지 걸어가

바다와 마을이 한눈에 내려다보이는 마을 뒤 외딴 골 돌담 안에 바다를 지키고 마을의 안녕을 지키는 할머니가 살고 있다. 마을 사람들은 매년 정월이면 정성을 다해 할머니를 모신다.

기에는 제법 되는 거리였다. 트럭 신세를 졌다. 선실에서 만난 주민 이완배(65세)씨와 동행이었다. 잘됐다 싶었다. 트럭에서 내려 이씨의 집 안으로 들어섰다. 마당에는 금방 전복을 따다 일을 보러 갔는지 플라스틱 소쿠리에 칼이 담겨 있었다. 이씨는 전날 노화읍에 있는 시장에 갔다가 풍랑주의보로 여관에서 하룻밤을 지냈다. 시장을 보고 타려고 했던 마지막 배가 주의보로 결항을 했기 때문이었다. 서리 사람들만 아니라 섬사람들이 흔히 겪는 일이다. 특히 작은 섬에 가는 배가 자주 있지 않기 때문에 주의보라도 내리면 거처가 없다면 어김없이 여관신세를 져야 한다. 그래서 아예 선착장 주변에는 주민숙소를 마련하는 경우도 있다. 이씨가 도착하자마자 아내는 손님 숟가락을 하나 더 얹어 아침을 내왔다. 김밥을 먹었다고 사양을 했지만 소용이 없었다. 이씨는 아침을 먹자마자 전복에게도 아침을 줘야 한다면 채비를 했다. 잠깐 커피를 마시는 짬을 이용해 궁금한 것을 물었다.

이씨는 10년 전까지 김 양식을 했다. 마을 주민들 중 20여 가구는 지금도 김 양식을 하고 있다. 나머지 40여 가구는 전복 양식으로 전환했다. 이씨는 1970년대 초반에 김을 가장 비싸게 팔았다고 했다. 100장 한 톳에 6천 원이나 받았다. 당시 직접 손으로 떠서 건장에서 말리던 시절이었다. 지금도 한 톳이 같은 값에 판매되고 있다. 화폐가치를 따지면, 그때 김 값이 얼마나 좋았는지 알 수 있다. 한때 영화를 누렸을 김 공장들은 전복 양식 자재 창고로 사용되고 있다.

김 양식이 번성했다면 틀림없이 당집도 잘 갖춰지고 정성껏 지냈을 것이다. 완도의 대부분 섬들이 그랬기 때문이다. 당시에는 지금처럼 김발에 인공포자(씨앗)를 붙일 수 없었다. 바다에 김발을 넣어 포자를 붙였기 때문에 정성이 대단했다. 부정한 일은 생각도 할 수 없었다. 섣달이나 정월에 아이를 낳게 될 산모가 있으면 뭍으로 보냈다. 심지어 마을 밖에 별도로 거처를 마련해두기도 했다.

아버지의 바다로, 아들이 온다

마을 안길로 접어들었다. 능선을 따라 오를수록 방축리와 서리 사이 전복 양식장이 눈에 잘 들어왔다. 볼수록 양식장 위치로 최고다. 서리·멍섬·방축리·후장구도가 양식장을 빙 둘렀다. 지난가을 큰 태풍으로 보길도의 중리와 예송리 일대의 전복 양식 시설들이 큰 피해를 입었지만 이곳은 멀쩡했다. 이를 두고 하늘이 주신 천연 양식장이라 하는 모양이다. 샛바람은 소안도와 넙도가 막아주고 남풍은 작은 멍섬과 큰 보길도가 버텨준다. 그래서 태풍의 주요 경로인 남동풍을 피할 수 있었다. 가끔 하늬바람으로 돌아서는 바람이 있어 피해를 입기도 하지만 아주 드문 경우다. 뱃길이 불편하지만 사람들이 둥지를 틀고 머물 수 있는 것도 천연 양식장 덕이다.

이제 대세는 전복이다. 몇 해 전부터 젊은 사람들이 하나둘 모여들고 있다. 앞 바다의 전복 양식 때문이다. 다른 마을에서 보기 어려운 30대 젊은이도 심심찮게 볼 수 있다. 바다가 고향으로 젊은이를 부른 것이다. 한때 뭍으로 쫓아낸 것도 바다였다. 물론 부모의 욕심이었다. 나처럼 갯일을 하지 말라는 소리를 밥 먹듯 했었다. 내 눈에 흙이 들어가기 전에는 고향으로 돌아올 생각하지 말라는 유언도 남겼다. 아버지 말대로 바다를 박차고 나갔던 아들은 이제 뭍을 박차고 바다로 들어왔다. 덕분에 젊은 이장 이씨를 비롯해 30여 명의 청년들이 모여 사는 섬이 되었다. 고향 선후배, 초등학교 선후배 들이다. 57가구에 160여 명이 사는 섬에 청년 회원이 30여 명이다. 자유롭고 여유로운 바다생활이 매력이라고 입을 모은다. 아버지가 지킨 바다에 아들이 눌러앉았다. 그 아들의 아들은 바다가 보이는 초등학교에서 뛰논다. 바다가 그들의 미래다.

개황 | 서넙도(西笏島)

일반현황

위치 | 전남 완도군 노화읍 서리
면적 | 1.04km² **해안선 |** 5.4km **육지와 거리 |** 21km(완도항)
가구수 | 75 **인구(명) |** 179(남: 107 여: 72) **어선(척) |** 100 **어가 |** 72
어촌계 | 서리

공공기관 및 시설

폐교현황 | 노화초등 서리분교
전력시설 | 한전계통
급수시설 | 해수담수화 1개소

여행정보

교통 | 배편 | 노화 이목항에서 정기여객선이 1일 3회 운항.
특산물 | 김, 톳, 전복
특이사항 | 섬 지형이 게 같다고 하여 게도 또는 기도(게의 사투리)라 하였으나 넙도의 서쪽에 위치하고 있으므로 서넙게라 부르다 서넙도로 변경되었다.

30년 변화 자료

구분	1973	1985	1996
주소	전남 완도군 노화면 방서리	전남 완도군 노화읍 서리	좌동
면적(km²)	1.04	0.29	–
인구(명)	348	269	260
	(남: 176 여: 172)	(남: 125 여: 114)	(남: 140 여: 120)
가구수	56	59	71
급수시설	우물 17개	우물 26개	우물 14개
전력시설	–	한전계통	한전계통
어선(척)	32	50	64
어가	52	57	59

44

바다에 홀리다
노화읍 후장구도

섬에 도착하자 차가운 봄비가 내렸다. 곡우에 내리는 비는 농부들에게는 반가운 손님이다. 백곡을 윤택하게 해주는 비이기 때문이다. '곡우에 가물면 땅이 석 자나 마른다'고 했다. 그해 농사는 망치는 것이다. 나무에 물이 가장 많이 오르는 시기다. 깊은 산으로 '곡우물'을 마시러 가기도 했다. 산다래, 자작나무, 박달나무에 상처를 내 나오는 고로쇠물이다. 농부들만 바쁜 것이 아니었다. 흑산도 근처에서 겨울을 보낸 조기가 북상하여 올라오기 때문이다. 이때 잡은 조기를 '곡우사리'라고 했다. 조기어장으로 조기잡이 배들이 모여들었다. 곡우비와 함께 섬을 찾았으나 나를 반긴 것은 팔순이 다 된 할머니와 짖지 않은 누렁개뿐이었다.

넙도 목너머에서 저수지로 가는 길에 소나무숲 사이로 떨어질 듯 이어진 두 개의 작은 섬이 보였다. 집들이 보이지 않았다면 저곳에 사람이 살 것이라 생각할 수 없을 만큼 작고 척박해 보였다. "그래도 하루에 배가 두 번씩 댕겨라"라며 노인이 일러준 말이 생각났다. 승무원에게 후장구도를 간다고 이야기하자 다시 한 번 얼굴을 쳐다보았다. 그곳에 뭐하러 가냐는 눈치였다.

"오늘 나올 꺼요. 전화 주세요."

전화를 하지 않으면 배를 대지 않는 섬이다. 그래도 얼마나 다행인

넙도 방축리에서 보는 후장구도의 모습이다. 작은 섬 두 개가 연결되어 있는 것처럼 보인다. 그 섬에는 전복 양식을 하는 젊은 부부와 바다가 좋아 들어와 평생 바다를 보고 살며 요즘 조개껍데기 공예에 푹 빠진 할머니가 살고 있다.

가. 후장구도와 지척에 서넙도가 있다. 그곳에는 젊은 사람도 많고 옛날부터 김 양식으로 돈섬이라 했다. 지금은 전복 양식으로 힘이 꽤 센 섬이다. 객선이 정기적으로 다닐 수 있었던 것도 이러한 힘과 무관치 않다고 믿고 있다. 그 사이에 있는 후장구도도 그 덕을 보고 있다. 배는 나를 선창에 내려놓고 하얀 물보라를 일으키며 서리로 달려갔다.

섬 모양이 장구처럼 생겨서 붙여진 지명이다. 노화읍에 딸린 섬 중에는 장구도라는 이름을 가진 작은 섬은 후장구도 외에도 대장구도와 소장구도가 있다. 대장구도는 한 가구가 살고 있으며, 소장구도는 무인도다. 후장구도는 200여 년 전에 소씨가 들어와 마을을 이루었다. 노화읍 넙도에 속한 방축리에 딸린 마을이다. 방축리와 후장구도는 500미터 거리에 불과하다. 옛날에는 양식을 하지 않고 자연산 톳을 한 가구당 60층을 채취해 소득을 올렸다. 가을철에는 줄돔(돌돔)이나 농어를 잡아 노화읍장에 팔았다. '개포'가 좋았기 때문이다. 특히 서끝과 지추바구 등에서 해초가 잘 자랐다. 지금도 우뭇가사리나 톳을 채취하고 있다. 후장구도는 섣달그믐에 당제를 지냈는데 제물로 고기를 놓지 않았다. 당할머니가 비구니였기 때문이었다. 섬 동쪽에 열댓 명 정도 들어갈 수 있는 큰 동굴이 있었다. 횡간도 간첩 사건 이후 돌과 시멘트로 입구를 막았다.

육지 큰애기, 며칠이나 살겠어

선창에는 팔순을 이태 앞둔 할머니가 선창에서 미역 줄을 사리고 있었다. 전복에게 줄 미역 양식을 마친 후 갈무리를 하는 중이었다. 이장을 찾자 바다를 가리키며 "전복 밥 주고 있어요"라고 일러줬다. 나이가 믿기지 않을 정도로 허리도 곧고 얼굴도 깨끗했다. 주름살도 적었다. 할머니가 섬에 들어온 것은 스물넷이었다. 군인이었던 남편을 만나 결혼을 하고 1년 만에 시부모님 제사를 지내기 위해 처음 섬에 들어왔다. 작은 섬에다 교통도 불편했을 텐데 지리산 산골 인근 읍내에서 생활하다 처음 보는 바다가 신기했다. 사치스럽고 여린 '큰 애기'를 본 섬사람들은 며칠이나 살지 모르겠다고 쑥덕거렸다.

그런 아가씨가 60년이란 세월을 섬에서 지낼 수 있었던 힘은 어디서 온 것일까. "내가 바다에 홀렸나 봐"라는 대답을 할머니가 해주셨다. 그렇지 않고서는 피붙이도 없고 객선도 없는 곳에서 남편만 보며 짠물이 나는 우물 하나로 평생을 살 수 있었을까. 남편도 시집와서 잠깐 김양식을 거들었을 뿐 모두 할머니 몫이었다. 대부분 개포에서 톳과 가사리를 뜯어 생활했다. 후장구도에서 나는 것만으로는 부족해, 건너편 서리(서넙도)와 방축리(넙도) 주민들이 채취한 것도 모아다 팔았다. 뭍에 연고가 있어 큰 벌이는 아니지만 장사가 잘되었다. "짜발짜발 살다 보니까 나이도 먹고, 속고 살고." 할머니의 말끝에, 그리고 표정에서도 흔히 볼 수 있는 후회나 아쉬움을 찾기 어려웠다. 막 속에서 생활하며 40여 년을 견딜 수 있었던 것은 바다에 홀려서만은 아니고 할머니가 갖고 있는 '긍정의 힘' 덕분이었을 것이다. 빗줄기가 제법 굵어졌고 봄바람도 차가웠다. 하지만 할머니는 차양이 넓은 모자를 쓰고 전혀 동요도 없었다. 오히려 집은 산 위 외딴 곳에 있다며 커피라도 한 잔 대접하지 못하는 것을 아쉬워했다. 아들이 노화읍에 집을 마련하고 섬에 들어가는 것을 한사코 말렸지만 노인에게는 작은 섬이 더 편하고 즐겁다고 했다. 더구나 요즘에는 조개껍질 공예에 푹 빠졌다. 누구에게 배운 것도 아니었다. 물이 빠지면 톳이나 우뭇가사리만 아니라 갯가에 나는 조개껍질을 줍는 것도 즐거운 일이다. 산골 마을에 살 때 고둥을 줍기 위해 치마를 걷어 올리고 애를 썼던 것에 비하면 여기는 천지에 널려 있었다. 그렇게 만든 작품들을 팔아 짭짤한 용돈 벌이도 했다 하니 솜씨가 보통이 아니었다.

후장구도 주민들은 뱃길이 여의치 못할 때는 넙도 방축리의 목너머 선착장을 이용했다. 다른 마을 선착장을 이용하면서 작은 섬사람의 설움은 또 얼마나 컸을까.

젊은 부부, 섬에 들다

지금은 여섯 가구만 살고 있지만 1960년대 말에는 18가구까지 살았다. 그때는 파출소와 학교도 있었다. 할머니와 이야기를 나누는 사이에 빗줄기가 굵어졌다. 이장으로부터 전화가 왔다. 비가 오니 집에 가서 커피라도 마시며 기다리라는 것이다. 전복 밥 주는 일이 곧 끝날 것 같다는 말도 덧붙였다. 며칠 전 전화를 했던 터라 목소리가 익숙했다. 날씨는 흐렸지만 고씨의 목소리는 맑고 희망찼다.

방축리와 후장구도 사이 양식장에서 전복에게 먹이를 주던 이장 고복길(1973년생)씨 부부가 일을 마쳤는지 뱃머리를 섬으로 돌렸다. 잠시후 부부가 집 안으로 들어섰다. 젊었다. 목포에서 생활하다 부모님의 건강이 좋지 않아 10년 전에 하던 일을 접고 섬으로 들어왔다. 고씨는 이곳에서 태어나 분교를 졸업하고 목포로 나갔다. 고씨는 자신의 고향이기에 그렇다 치겠지만 도시에서 자란 고씨 아내의 섬 생활이 궁금했다. 아이들 둘은 목포에서 초등학교와 중학교를 다니고 있었다.

젊은 사람들이 섬 생활을 하려면 반드시 해결해야 할 부분이 교육문제다. 대부분의 학교들이 폐교되었기 때문이다. 인근 큰 섬이나 뭍으로 유학을 보내야 한다. 다행히 고씨처럼 친가든 처가든 맡아줄 사람이 있다면 행운이다. 이 경우에도 비용이 뭍에 비해 몇 배는 더 들어간다. 거점 섬을 이용하려면 통학선이 갖춰져야 한다. 뭍의 통학버스처럼 말이다. 통학선과 통학버스를 단순비교하면 통학선을 운행하기란 결코 쉽지 않다. 섬의 특성을 고려해야 하기 때문이다. 또 통학선과 도선을 겸할 수 있다면 더욱 좋다. 하지만 여기에는 항만법 등 관련법이 검토되어야 한다.

후장구도에서 생활하기 위해서 가장 시급한 것은 식수였다. 우물이 한 개 있지만 바닷물 수위가 높아질 때는 물에 잠겨 이용할 수 없었다. 고씨는 생수를 가지고 식수와 음식 조리용으로 사용하고 있었다. 얼마 전 추자면 횡간도에서도 식수로 생수를 사용하는 것을 본 적이 있다. 모두 제주시에서 제공하고 있다고 했다. 상수도시설이 불가능한 작은 섬에 식수공급은 제주처럼 지자체에서 해결해주는 정책이 필요하다. 빨래나 허드렛물은 우물이나 빗물을 사용하고 있었다. 지척에 넙도 주민들이 사용하는 저수시설이 있지만 그림의 떡이다. 완도군에서 집집마다 물탱크를 만들어주기도 했다. 하지만 근본적인 대책은 아니다. 해저로 관을 묻어 물 걱정 없이 살 수 있게 되기를 바랄 뿐이다. 한때는 객선도 없었지만 다행스럽게 노화읍에서 서리를 오가는 뱃길이 열렸다. 마을 주민들이 양식 자리를 일부 양보하고 마을 뒤쪽으로 배가 닿는 선창을 만들었다. 출타할 일이 있으면 미리 선장에게 연락을 해야 한다. 빗줄기가 굵어지자 고씨가 작업용 비옷을 건네주었다. 손수 마안도를 거쳐 넙도 선창까지 실어다 주었다. 가끔 섬에서 만나는 젊은이를 보면 괜스레 뿌듯하다.

개황 | 후장구도(後長久島)

일반현황

위치 | 전남 완도군 노화읍 내리
면적 | 0.12km² **해안선** | 2.1km **육지와 거리** | 21km(완도항)
가구수 | 9 **인구(명)** | 18(남: 10 여: 8) **어선(척)** | 11 **어가** | 9

공공기관 및 시설

폐교현황 | 후장분교(1991년 폐교)
전력시설 | 한전계통
급수시설 | 우물 2개소

여행정보

교통 | 배편 | 노화 이목항에서 정기여객선이 1일 3회 운항한다.
특산물 | 김, 톳
특이사항 | 연근해에서 각종 어패류 채취가 가능하다. 매년 섣달 그믐날 풍어와 마을 주민의 안녕을 위해 당제를 모셨는데, 제사상에 고기를 올리지 않는 풍습이 있다고 한다.

30년 변화 자료

구분	1973	1985	1996
주소	전남 완도군 노화면 내리	전남 완도군 호화면 후장구리	전남 완도군 노화읍 내리
면적(km²)	0.14	0.11	-
인구(명)	80	48	14
	(남: 38 여: 42)	(남: 22 여: 26)	(남: 6 여: 8)
가구수	15	12	5
급수시설	우물 1개	우물 2개	우물 3개
전력시설	-	자가발전(발전기 1대)	한전계통
어선(척)	1	10	5
어가	15	12	5

작은 섬의 시집살이

노화읍 마안도

"검은 바위 보이제라. 그러면 배가 못 들어가라."

섬사랑 8호 항해사의 대답은 단호했다. 눈앞에 섬을 두고 객선이 지나건만 발길을 돌려야 했다. 몇 차례 넙도를 방문할 때마다 혹시나 하고 물었지만 그때마다 배를 접안하기 좋은 물때가 아니었다. 결국 후장구도에 들렀다 반장 고복길씨의 배로 마안도를 돌아볼 수 있었다. 객선이 닿는 날보다 닿지 않는 날이 더 많은 섬이다. 물이 빠지면 배를 접안할 수 없기 때문이기도 했지만 처음부터 선착장을 만들 때 이런 특성을 고려하지 않는 점이 더욱 문제였다. 배를 가지고 일을 하는 젊은이들이야 문제가 없지만 노인들은 불편한 점이 한두 가지가 아니었다.

마안도는 섬 모양이 말의 안장 같아 '말안장섬'이라 부르다가 한자 지명으로 바뀌면서 마안도라 했다. 많이 살 때는 10여 가구가 살았다. 지금도 8가구가 살고 있다. 마안도는 50년 전만 해도 섬에서 결혼을 해서 분가하면 마을에서 돈을 모아 이웃 섬으로 이사를 시켰다. 어장이 작아 먹고살기 힘들었기 때문이었다. 김 양식을 할 때는 가구당 60책과 자연산 톳은 150층이나 했다. 이 정도면 당시 양식 규모로는 작은 것이 아니었다.

자식이 결혼을 하면 다른 마을로 내보냈다

반세기 전만 해도 마안도에는 아주 특이한 마을 관습이 있었다. 섬에 살고 있는 원주민 남자가 결혼하여 분가를 하면 마을에서 자금을 주어 다른 섬으로 이주시키는 전통이 있었다. 보통 섬이나 연안의 마을에서는 결혼을 해서 분가하면 '호'를 들어야 한다. '호'는 어민들에게 아주 특별한 의미를 갖는다. 단순한 집이 아니라 어장을 이용할 수 있는 권리를 마을 주민들로부터 승인받는 절차다. 마을어업의 가치가 높은 시절에는 매우 엄격했다. 외지인이 마을어장을 이용하려면 이사는 물론 마을회의를 통해 호를 받아야 한다. 마을 주민들 중에도 분가를 하여 새로 집을 짓거나 사서 별도의 '솥'을 걸고 살림을 하면 호를 받을 자격이 주어진다. 외지인은 '호'에 가입하려면 마을 주민에 비해 두 배 정도의 비용을 지불해야 한다. 옛날에는 쌀 수십 가마에 해당하는 비용을 마을에 냈다. 일종에 마을발전기금 같은 것이다. 마을 지선어장에서 양식 행위를 하려면 수협은 물론 마을어촌계에 가입해야 하기 때문이다. 마을마다 '동네규칙'을 정해서 운영을 하고 있다. 자원이 한정되어 있는 까닭에 이를 지키고 지속가능한 이용을 위한 묘책이었다. 개포(조간대)에서 미역, 우뭇가사리, 톳, 김(석자김)을 채취해 생활할 때는 정말 엄격했다. 또 지주식 김 양식을 할 때도 동네 규칙은 잘 지켜졌다. 마을 공동기금을 이용해 분가한 젊은 주민을 이웃 마을로 이주시키는 것이 섬 주민들이 공생할 수 있는 유일한 방법이었기 때문이었다. 지금도 전복 양식이 활발한 섬마을 중 대체어장을 갖고 있지 않은 마을 주민들 중에는 새로운 어장을 찾아 1, 2억의 입호금을 주며 이사를 하는 경우도 있다.

가고 싶다고 아무 때나 갈 수 없는 것이 섬이다. 그래도 큰 섬은 뱃길이라도 자유롭지만 그 길도 없는 작은 섬이 부지기수다. 조차가 심한 섬은 길이 있어도 접안이 가능한 시간이 바뀌기 때문에 배 시간이 늘 바뀐다. 갈 수 없는 날도 많다.

다수결의 원리가 빚어낸 폐해

섬에 도착한 날은 비가 부슬부슬 오는 날이었다. 날씨와 관계없이 젊은 사람들은 모두 바다에 나가고 섬은 텅 비어 있었다. 전복 먹이를 주는 시간이었다. 마을로 들어서자 최근 지은 산뜻한 집들이 반겼다. 도심 지역의 집들 못지않았다. 따지고 보면 모두 전복 양식 덕이었다. 하지만 마안도 섬사람들의 속내는 여간 불편한 것이 아니다. 마안도는 마을도 어장도 모두 넙도 내리에 딸려 있다. 두 섬 사이에 경계(마을지선)가 없는 것은 아니다. 지주식 김 양식을 할 때만 해도 마안도 김 양식장은 섬 주민들이 살아가는 데 부족함이 없었다. 어장 운영과 관리도 모두 마안도 사람들에 의해서 결정되었다. 하지만 지금은 아니다. 마안도 주민들이 전복 양식을 하고 있는 4천여 칸의 가두리어장도 내리 어촌계가 허가를 낸 어장이다. 마안도 어민들도 내리 어촌계에 속하지만 불과 10여 명에 불과하다. 내리 어촌계에 속하는 내리 마을 주민

뱃길도 도로다. 국가가 책임져야 할 시설이다. 없는 길도 만들고, 육지는 온통 '길 천국'으로 만드는데, 배가 다니지 않는 섬이 많다. 그곳에 사는 주민들도 세금을 내고 투표를 하는 대한민국 국민이다.

200여 명에 비하면 '새발의 피'라 할 만하다. 마안도 주민 김영식(58세)씨는 한때 마안도 사람들이 김 양식을 했던 곳도 모두 내리 사람들이 전복 양식을 하고 있다고 했다.

작은 섬마을 사람으로서의 설움을 토해냈다. 마안도에 전기가 들어온 것이 1987년이었다. 넙도는 마안도보다 7, 8년 먼저 전기가 들어왔다. 전기가 들어오면 김 공장들이 본격적으로 가동을 시작했다. 1990년대 초반 넙도를 처음 방문했을 때 바다는 온통 김발이었다. 지주식 김 양식을 할 때는 마을 간 경계가 지켜졌다. 김씨가 이십대 중반일 때 아버지와 막았던 김발자리에 내리 주민들이 전복 양식을 하고 있다. 섬과 섬 사이, 마을과 마을 사이에 있던 지선어장의 경계는 김 채취선의 등장과 가공공장이 들어서면서 무너졌다.

수산업법은 마을어업은 어촌계만이 면허를 낼 수 있도록 규정하고 있다. 마을어촌계는 어장이 가능한 곳은 대부분 허가를 낸다. 내리어촌계에 속하는 어장은 마안도·후장구도·죽굴도·대장구도·제원도 주변 바다까지다. 우리나라에서 가장 넓은 면허지를 가진 어촌계다. 신규 어장은 해당 어촌계원들이 신청하고 해당 지자체가 결정한다. 내리 어촌계원은 200여 호에 이른다. 이 중 마안도는 전체가 가입했댔자 11호에 불과하다.

전복 양식을 하는 섬의 선창에 크레인은 필수적이다. 전복 시설을 들어 올리고 내려야 하기 때문이다. 마안도는 2년 전 크레인을 설치했다. 내리 어촌계를 통해서 받기 어려워 마안도 주민을 대표해서 김씨가 제안을 했다. 마을 길과 선창 보수 등 내리 이장이나 내리 어촌계의 승인을 받아야 하는 사업들은 좀처럼 하기 어렵다.

전기가 들어온 뒤 냉장고, 세탁기 등이 섬에 들어왔다. 문제는 세탁기였다. 물이 부족하기 때문이다. 마을 주민들은 50, 60드럼이 들어가는 탱크를 만들어 빗물을 보관하고 있다. 세탁기에 사용할 물이다. 식수는 샘물을 이용하고 있다. 여객선이 마을 앞 바다를 하루에 세 번씩 다니지만 접안을 할 수 있는 날은 손으로 꼽는다. 선착장을 조금만 옮기면 되지만 이것도 쉽지 않다. 옛 선착장도 김과 톳을 팔아 만든 마을 자체 자금으로 만들었다. 지금의 선창도 반은 지원을 받고 반은 섬 주민들이 부담했다. 전기를 마을에 끌어올 때도 그랬다. 마을에서 2천만 원을 만들고 섬 주민들이 100만 원씩 융자를 받아서 마련했다. 작은 섬 주민들의 설움이었다.

지주식 김발을 할 때는 자가발전으로 전깃불을 켰다. 새벽 2시부터 7시까지, 저녁 5시부터 10시까지 두 차례 발전기를 돌렸다. 기름값도 문제였고, 발전기 한 대로 돌리다 보니 고장도 자주 났다. 김 값이 오르고 양식 시설도 지주식에서 부류식으로 발전했다. 김씨는 "마장질할 때는 땅을 뺏기지 않았는데, 전기가 들어오고, 자동김발이 들어오면서 빼앗겼다"며 아쉬워했다. 마장질이란 '지주식 김발'을, 자동김발은 '김 채취 기계'를 말한다. 전기가 들어오면서 김 가공공장이 생겼다. 어장이 대규모로 늘어나면서 마안도 일대의 어장은 내리 주민들의 부류식 김 양식장으로 변했다. 그리고 10년 전부터 김 양식장은 차츰 전복 양식장으로 바뀌었다.

"어촌계 이름 석 자가 이렇게 클 줄은 몰랐어라."

김씨의 목소리는 한과 절망이 섞여 있었다. 우리는 사람 취급도 못 받는다는 말이 내내 귀전을 맴돌았다.

개황 | 마안도(馬鞍島)

일반현황

위치 | 전남 완도군 노화읍 내리
면적 | 0.10km² **해안선 |** 3.0km **육지와 거리 |** 18km(완도항)
가구수 | 7 **인구(명) |** 15(남: 9 여: 6) **어선(척) |** 6 **어가 |** 7
어촌계 | 넙도 내리 소속

공공기관 및 시설

공공기관 | 경찰출장소(061-554-8368)
폐교현황 | 마안분교(1986년 폐교)
전력시설 | 한전계통
급수시설 | 우물 2개소

여행정보

특산물 | 김, 톳
특이사항 | 지형이 말의 안장과 같다 하여 마안장도, 또는 말안장섬이라 하다가 마안도라 부르게 되었다.

30년 변화 자료

구분	1973	1985	1996
주소	전남 완도군 노화면 내리	전남 완도군 노화읍 마안리	전남 완도군 노화읍 내리
면적(km²)	0.14	0.13	-
인구(명)	53	48	14
	(남: 25 여: 28)	(남: 24 여: 24)	(남: 5 여: 9)
가구수	11	14	10
급수시설	우물 2개	우물 2개	우물 5개
전력시설	-	자가발전(발전기 1대)	한전계통
어선(척)	0	13	10
어가	11	14	10

46

사람이 그립다

노화읍 죽굴도

작은 섬이라고 하지만 막상 섬에 이르면 생각이 바뀐다. 작은 것은 인간일 뿐이다. 아무리 작은 섬이라도 물이 있고 배가 머물 수 있는 선창이 있는 섬은 인간이 머물기에는 큰 섬이다. 완도의 최서쪽에 있는 유인도는 진도와 경계에 위치한 죽굴도와 대제원도다. 동쪽에는 여수와 경계에 있는 원도가 있다. 몇 번을 나섰다 파도가 높아서, 배가 없어서 땅끝까지 갔다가 돌아서야 했다. 오월 봄날 연휴를 맞아 모처럼 섬으로 들어가는 배가 있어 동행했다. 날씨도 좋았고 파도도 없었다. 여기에 주민을 만나는 행운까지 이어지면 좋으련만. 어장을 하거나 해초를 뜯을 때만 사람이 잠깐 머물고 사람이 살지 않는다는 이야기를 너무 많이 들었기 때문이었다.

대제원도에 잠깐 들러 일하는 사람들과 작업용 자재를 내려놓고 죽굴도로 향했다. 배를 운전하던 최복식(대제원도에 형님 최원복씨가 살고 있음)씨가 선창에 정박해 있던 배를 발견했다. 사람이 있다는 증거였다. 죽굴도는 세 덩어리의 섬이 길게 연결되어 있는 섬이다. 섬이 길면 바람에 의지할 곳도 많고 해초들이 자랄 수 있는 갯바위가 많다. 김 채취선 한 척, 머구리배 한 척 그리고 선외기 두 척이 정박해 있었다. 김 채취선과 머구리배는 외지에서 들어온 배였다.

죽굴도를 방문했을 때 두 가족은 해안으로 몰려온 쓰레기 청소를

두 가구가 사는 섬이다. 하지만 갯바위의 돌미역과 가사리 등 해초 채취권은 여덟 개의 지분으로 나누어져 있다. 외딴 섬을 지키는 이유가 지분 때문인 경우도 있다. 또 그것을 목적 삼아 섬으로 들어오기도 한다.

마치고 새참을 먹고 있었다. 새참은 소주 한 병에 물김치와 구운 고구 마였다. 새참을 마친 두 남자는 태풍으로 부서진 선창을 수리하러 나 섰다. 부실공사인지 몇 달 되지도 않았는데 바닷물이 들고 나자 선창 머리가 부슬부슬 무너졌기 때문이었다.

뱃길이 끊긴 섬

죽굴도는 대나무가 많이 자라 죽도라고 하다가 죽굴도라 불렀다. 지 금도 섬에는 작은 대나무가 빼곡하다. 200여 년 전 해남에서 이씨가 처음 입도했다. 완도군의 설군(1896년)으로 넙도면에 속했다. 그 후 1916년 노화면 서리(서넙도)에 편입되었다. 1980년 노화읍으로 승격되 면서 노화읍 서리 마을로 변경되었다. 1971년에 9가구 51명이 살았지 만 지금은 두 가구가 살고 있다. 죽굴도 주변에 외모도, 잠도 등 작은 섬들을 '외모군도'라 한다. 외모도에도 1970년대 초반까지 최봉규씨가 7대에 걸쳐 살았다. 외딴 섬의 민가들이 무장공비의 은신처가 된다고 해서 모두 옮겼다. 한때 '새마을14호'가 운항을 했다. 그리고 2007년 10월부터 보조항로 지원을 받아 '섬사랑호'가 노화읍 이목항에서 출발한 배가 넙도—서넙도—죽굴도—대제원도—대장구도—어룡도를 운항했다. 지금은 중단되어 서넙도까지만 운항한다. 운항을 중단한 이유가 서넙도에서 죽굴도로 향하는 항로에 전복 등 양식 시설이 많아져 항로가 좁아졌다는 것이 이유였다. 그 이유로 어룡도·대장구도·대제원도·죽굴도 등 외해 항로의 뱃길이 끊겼다. 항로에 문제가 없을 때도 갖가지 이유로 배가 오지 않았다고 했다. 항로에 양식 시설이 있으면 행정에서 처리하면 될 일이 아니냐는 것이었다. 지난 태안 앞바다 허베이스피리트호 유조선이 전복되어 기름이 유출되었을 때 죽굴도 앞 바다에 거대한 오일펜스와 그물망을 쳤다. 죽굴도가 서해에서 완도로 내려오는 해류의 관문이기 때문이다. 이곳에 차단막을 설치해 전복, 김, 미역, 다시마 등 완도군 양식장을 보호하기 위해서였다.

외딴 작은 섬에 사는 사람들은 대부분 미역, 톳, 가사리 등 해조류와 철따라 낚시에 의지해 살았다. 잠도와 죽굴도 사이 김 양식장은 2000년 초반에 개발되었다. 그곳도 해초를 뜯어 생활하던 시절에는 죽굴도에 속하는 지선어장이었다. 하지만 수산업법이 개정되면서 모든 어업권은 어촌계를 통해서 면허를 낼 수 있고, 행사계약을 할 수 있도록 바뀌었다. 죽굴도 주민들도 갯바위에서 해초를 뜯는 맨손어업이나 바다에서 양식어업을 하려면 서리 어촌계를 통해 완도군에 어업면허를 얻어야 했다. 서리 어촌계에서는 죽굴도 앞 김 양식장을 잘포리 주민에게 어업권을 임대해주었다. 한때 죽굴도 주민들 어장이었지만 쳐다만 볼 뿐 권한이 전혀 없다.

섬을 지키는 두 부부

죽굴도에는 사람이 많이 살 때는 10여 가구에 50여 명이 살았다. 먹고살기 위해, 아이들 교육을 위해 하나둘 섬을 떠났다. 오직 한 가구만 오랫동안 섬을 지켰다. 그러다가 몇 년 전 죽굴도가 고향인 김녹산(1948년생)씨가 섬에 들어왔다. 김씨도 30대 중반에 세 자식을 교육시키고 먹고살기 위해 광주로 이사를 갔다. 세 살 작은 아내 소복단씨는 당시 양동시장을 오가며 안 해본 일이 없었다. 그때는 부끄러운 것도 없이 맨발로 뛰어다니며 일을 했다. 오직 자식들만 눈에 들어왔기 때문이었다. 섬에 있던 부모님이 돌아가신 후 고심 끝에 귀향을 했다. 30년만의 귀향이었다. 그리고 일 년 후 섬을 지키던 사람이 바다에서 사고로 죽었다. 다시 한 가구만 남았다.

다행히 작년에 노화읍 미라리에 살던 김일호(1959년생)씨 소정숙(1964년생)씨 부부가 이사를 왔다. 김씨가 죽굴도의 지분을 사서 이사를 들어왔다. 지금도 죽굴도에는 여덟 명이 지분을 갖고 있다. 이 지분은 관행어업권으로 죽굴도 인근 어장에서 어업을 할 수 있는 권리다. 지역에 따라 관행어업권과 어촌계의 면허어업권 사이에 갈등이 발생하기도 한다. 김씨는 노화읍 미라리에서 전복 양식을 800칸 정도 하고 있었다. 죽굴도로 이사를 온 것은 다시마 양식 등을 해보려는 생각에서였다. 이사를 와 몇 달 만에 집 짓는 일을 마쳤다. 선창까지 시멘트와 건축자재를 싣고 오면 손수레로 100여 미터를 운반 후 지게로 져 날라야 했다. 김씨의 아내는 태어나서 처음으로 지게질을 했다. 더 큰 문제는 식수였다. 처음 와서는 물이 짜서 먹을 수 없었다. 마침 태풍이 몰아쳐 바닷물이 섬 위에까지 올라와 간기는 더욱 심했다. 그 물이 땅으로 스며들어 우물까지 들었기 때문이었다. 한동안 생수를 사다 먹었다. 바람이 심하게 불면 배를 송지면까지 가지고 나가 피항을 해야 했

지난 볼라벤 태풍으로 선창머리가 부서졌다. 큰 섬의 복구도 순서를 기다려야 할 판에 두 가구만 사는, 객선도 닿지 않는 작은 섬까지 복구가 되려면 언제가 될지 아무도 모른다. 우선 급한 대로 남자 둘이서 작은 수레를 끌고 나서보지만 자연 앞에서는 왜소해 보인다.

다. 그렇지 않으면 배가 파손되기 일쑤였다.

작은 섬살이를 더 힘들게 만든 것은 큰 섬의 횡포였다. 김씨의 아내 소씨가 고향을 떠났다 들어와 살면서 겪은 이야기였다. 하루는 이웃 섬 주민들이 들어와 갯바위에서 해조류를 채취하고 전복도 따고 있었다. 마을 사람들이 먹고살아야 할 농사 같은 것이니 다음에는 오지 말라고 했다. 그런데 다음에 또 나타나 작업을 하고 있었다. 화가 난 김씨의 아내가 바구니에 들어 있는 것을 바다에 부워버렸다고 한다. 갯바위의 해초들은 마을어업에 속한다. 마을어장인 것이다.

예로부터 해당 섬 주민들이 논밭처럼 가꾸며 살았다. 그래서 법에 앞서 관행어업으로 인정을 해주었던 것이다. 그런데 작은 섬에 주민들이 자꾸 줄어들면서 인근의 큰 섬에서 마을어업 면허권을 앞세워 권리를 주장하는 사례가 있다. 조상대대로 지켜온 섬이지만 갯바위에서 톳이나 미역을 채취하려면 이제는 서리 어촌계에 행사허가를 얻어야 한다. 지난해 김씨 부부도 서리 어촌계에 50만 원을 지불하고 행사계약을 했다. 죽굴도 섬의 갯바위를 제외한 바다는 이제 작은 섬 주민들의 어장이 아니다. 사실상 서넘도 주민들의 어장이 되었다. 어촌계 회의에서 모든 것이 결정되기 때문이다. 두 가구만 있는 죽굴도가 수십 가구가 사는 서넘도의 결정을 바꿀 힘은 없다. 작은 섬을 지키는 사람들은 외롭다.

개황 | 죽굴도(竹窟島)

위치 | 전남 완도군 노화읍 방서리
면적 | 0.21km²   **해안선 |** 3.0km   **육지와 거리 |** 21km(완도항)
가구수 | 5   **인구(명) |** 5(남: 5 여: 0)   **어선(척) |** 4   **어가 |** 5

전력시설 | 자가발전(발전기 1대)
급수시설 | 우물 1개소

특산물 | 검붉은 색의 돌미역
특이사항 | 왕대나무가 많이 자생하여 죽도라 부르다 죽굴도라 개칭하였다.

30년 변화 자료

구분	1973	1985	1996
주소	전남 완도군 노화면 방서리	전남 완도군 노화읍 죽굴리	전남 완도군 노화읍 방서리
면적(km²)	0.12	-	-
인구(명)	51	40	9
	(남: 27 여: 24)	(남: 16 여: 24)	(남: 4 여: 5)
가구수	9	11	4
급수시설	우물 1개	우물 2개	우물 3개
전력시설	-	자가발전(발전기 1대)	자가발전(발전기 1대)
어선(척)	0	8	1
어가	8	11	4

47

섬이 사라졌어요

노화읍 대제원도·대장구도

"우리 섬이 없어졌다면 이해가 되나요?"

점심을 먹다 말고 최씨가 목소리를 높였다. 대제원도는 완도에서는 가장 멀리 떨어져 있는 섬이고, 노화읍과도 객선이 없어 소식을 들을 길이 없는 섬이다. 게다가 생활권도 땅끝 해남에 있다. 어느 날 최씨는 청천벽력 같은 소리를 들었다. 대제원도가 행정구역 안에서 없어졌다는 것이었다. 사람도 살지 않는 섬이라고 한 것이다. 나중에 담당공무원의 실수로 빚어진 해프닝이라 밝혀졌다. 대제원도를 지키며 살고 있는 최영복(1963년생)씨는 그때를 생각하면 화가 치민다고 했다. 작은 섬에 살면서 받은 설움 때문이었다. 그 뒤로도 넙도 등 큰 섬에 사는 사람들은 대제원도에 사람이 살지 않는다고 이야기하고 다녔다고 했다. 나도 비슷한 이야기를 들었던 것이 사실이다. 행정기관에서도 인근 큰 섬사람들로부터도 "어장을 할 때 잠깐 들어가는 사람들이 한두 명 있지만 사람이 거주하지 않는다"는 말을 이구동성으로 했기 때문이다. 왜 그럴까. 이해가 되지 않았다. 최씨는 "그래야 지그들 맘대로 어장을 해 먹을 것 아닙니까"라며 목소리를 더 높였다.

대제원도는 150여 년 전 해남에서 오씨가 처음 들어와 살았다고 한다. 1896년에는 완도군 넙도면에, 1916년에 노화면 넙도리 어룡마을에 속했다. 1980년 노화읍으로 승격되었다. 대제원도에 주소지를 둔

사람은 최씨 어머니, 최씨 부부, 두 아이 등 모두 다섯 명이다. 최씨의 형님 최권복씨도 대제원도로 주소지가 되어 있어 가끔 섬을 오간다. 하지만 실제로 섬을 지키는 사람은 최씨뿐이다. 한때는 세 가구에 열댓 명이 살았다. 북쪽에 있는 소제원도에도 사람이 거주했었다.

작은 섬 사람은 어장 분쟁의 피해

최씨가 넙도 등 큰 섬에 불만을 가지고 있는 것은 오래된 어장 분쟁 때문이다. 대제원도는 1970년대 초반 넙도 방축리와 어장 갈등이 있었다. 당시 마을 주민들은 100만 원을 지불하고 어장지역을 나누고 독립을 했다. 그 후 아무런 문제없이 어장을 이용했다. 톳과 미역을 해서 어장을 구입하기 위해 빚을 낸 돈을 한동안 갚아야 했다. 최씨의 선친도 그 돈을 다 갚고 다음 해 운명했다. 어느 날 내리 주민들이 대제원도에서 해초를 해 가겠다고 연락이 왔다. 당시 최씨는 경찰에 연락을 하기도 했다. 다행히 방축리로부터 구입할 때 권리를 인정한다는 문서가 있어 더 이상 문제가 확대되지 않았다. 나중에 알고 보니 주민들도 모르는 사이에 대제원도가 내리 어촌계로 속했던 것이다.

그 뒤로도 내리와 어장을 둘러싼 불편한 관계는 계속되었지만 김 양식을 하는 동안에는 큰 문제가 되지 않았다. 전복 양식이 시작되면서 상황이 바뀌었다. 새로운 어장을 확보해야 하는 큰 섬들은 작은 섬에 관심을 갖기 시작했다. 미역, 톳, 가사리 등 자연산 해초를 뜯는 관행어업은 섬에 사는 주민들에게 우선권이 있었다. 김 양식은 면허어업이지만 섬과 섬의 경계를 넘나들 정도는 아니었기 때문에 큰 문제가 되지 않았다. 전복 양식으로 전환되면서 점점 외해로 확산되었다. 특히 큰 섬 주변에서 시작된 양식은 시간이 지나면서 새로운 어장으로 대체해야 할 필요성이 높아졌다. 큰 섬의 어촌계가 새로운 전복 양식장 허가

행정기관에서도 섬에 사람이 사는지 모를 정도로 관심 없는 외딴섬이었다. 그런데 그보다 더 멀리에 또 사람이 사는 작은 섬이 보인다. 오늘은 작은 배를 타고 저 섬까지 갈 것이다.

를 작은 섬 인근에 내면서 작은 섬마을과 긴장이 다시 시작되었다. 특히 전복 양식장을 많이 하는 노화도 주변에는 마삭도·마안도·소구장도·죽굴도·대장구도·대제원도 등 작은 섬이 많다. 이 섬들은 모두 해당 큰 마을의 어촌계에 딸려 있으며, 어장 갈등도 한두 번씩 겪었다. 심한 경우에는 법정다툼을 하기도 했다.

태풍 피해에도 큰 섬에서 인정해주지 않아 보상의 어려움을 겪을 때도

최씨의 전복 양식장은 지난 볼라벤 태풍에 부서졌다. 하지만 보상을 받을 수 없었다. 면허는 있지만 내리 어촌계와 행사권을 계약하지 못했기 때문이었다. 보상을 받으려면 면허를 얻어야 하는 것은 물론 반드시 해당 어촌계와 행사계약을 해야 한다. 최씨는 내리 어촌계에서 행사계약을 해주지 않았던 것은 '계약을 해주면 나중에 자기들이 맘대로 할 수 없다'는 것을 잘 알기 때문이라고 했다. 하지만 이미 양식 면허가 있

기 때문에 행사권을 막는 것도 문제가 될 수 있다.

대제원도는 완도군의 설군으로 넙도면에 속했다가 1916년 넙도리 어룡마을에 딸렸다. 노화읍 이목항에서 출발하는 새마을호가 다녔지만 객선이 끊긴 지 오래되었다. 지금은 해남 송지면 선창에서 사선으로 오가고 있다. 대제원도로 가기 위해 최권복(1959년생)씨와 몇 차례 통화했다. 섬을 지키는 최복식씨는 둘째 동생이고, 배를 태워준 최영복씨는 막냇동생이다. 최씨 삼형제는 모두 대제원도에서 태어났다. 막내는 지금 해남 송지에서 전복 양식을 하고 있다. 섬에 일이 있으면 가끔씩 들러 일을 도와주고 있다. 오늘도 선창 공사를 마무리하기 위해 십여 포대의 시멘트를 싣고 섬으로 들어가는 중이었다. 다행히 시간이 맞아 얻어 탈 수 있었다. 그리고 덕분에 죽굴도까지 돌아볼 수 있었다.

대제원도 동쪽에는 선창이 있다. 그곳에는 작업장 겸 간이 숙소가 있고, 그 옆에는 큰 물탱크가 있다. 빗물을 보관하는 곳이다. 선창에서

대장구도는 한 가구가 사는 섬이다. 섬지기는 외출중이고 염소 두 마리가 객을 반겼다. 선창은 새로 했는지 시멘트 냄새가 채 가시지도 않았다.

급경사를 지나 언덕 위에 오르면 태양광발전소가 있다. 제원도는 몇 년전 정부의 신재생에너지 보급정책으로 풍력발전기를 이용해 불을 밝혔다. 그동안 자가발전으로 전기 사용에 어려움이 많았었다. 완도군에서 풍력발전기가 있는 곳은 노화읍 양도·죽굴도·대제원도·대장부도 등 4곳이다. 이곳 외에도 금일읍 원조·장도·석도, 신지면 모항도 등 8곳에 풍력발전기를 설치했다. 10가구 미만이 사는 작은 섬들이다. 황제도에는 60킬로와트 태양광발전소가, 어룡도는 80킬로와트 내연발전소가 건설되었다.

동쪽 해안을 바라보며 북쪽 소제원도 방향으로 10여 분을 걸었다. 나무숲 사이로 하늘색 지붕이 보였다. 하늬바람을 피할 수 있는 옴폭진 곳에 두 채의 집이 있었다. 한 집은 사람이 살고 있는 집이고 다른 한 집은 빈집이었다. 지금 선창이 만들어지기 전에는 소제원도와 마주한 곳의 선창을 이용했는지 흔적이 남아 있었다. 빈집의 헛간에는 녹이

슨 자가발전기와 펌프질을 하는 샘 두 개와 물탱크가 남아 있었다. 그 사이에 선창 보수 작업이 마무리되었다. 최씨는 이제 날씨와 물때를 봐서 해초를 뜯어야 할 것 같다고 했다. 작년에 자연산 톳을 뜯어 팔았다. 1킬로그램에 3천 원도 되지 않아 그만두었다. 가사리는 같은 양에 5만 원이 할 정도로 비쌌지만 양이 적어 뜯을 수 없었다.

염소 두 마리, 섬을 지킨다

섬에서 나오는 길에 대장구도를 들렀다. 대제원도 동쪽에 있는 섬이다. 임진왜란 때 난을 피해 해남에서 신씨가 들어와 마을을 이루었다. 옆에는 소장구도가 있다. 또 섬이 오목하게 만입되어 선창이 좋고 물이 좋아 한때는 10여 가구가 살았다. 선창 주변에서는 다시마 양식을, 옆 소장구도에서는 전복 양식도 하고 있다. 이곳도 대장구도 주민이 직접 양식을 하는 것이 아니라 어장을 임대 주어, 내리 어촌계와 대장구도 주민들이 반씩 나누고 있다. 물론 처음에는 임대료를 모두 대장구도에서 받았다. 객선이 다닐 때만 해도 이씨 할머니와 조씨 두 가구가 살았다. 지금은 조씨가 뭍을 오가며 섬을 지키고 있다. 선창에 오르자 인기척은 없고 염소 두 마리가 반겼다. 느티나무 옆 건물 안에는 버려진 빈 세간만 가득했다. 혹시나 하고 건물들을 기웃거렸지만 역시 사람을 찾을 수 없었다. 작은 섬의 본토박이들은 늙어 섬을 떠났다. 한두 가구가 사는 작은 섬은 어장을 외지인에게 임대해 생활하고 있다. 섬 주민이 죽거나 섬을 떠나면 자연스럽게 어장 이용권은 점유하고 있는 사람에게 우선할 것이다. 작은 섬에 사람이 사는 것은 이러한 이유 때문이다.

대제원도를 떠나오면서 최씨에게 작은 섬에서 어떻게 혼자 사느냐고 물었더니 "배선창 좋고, 물 좋으면 걱정 없다"고 했다. 무서운 것은 해코지하는 사람이라는 말이 긴 여운을 남겼다.

개황 | 대제원도(大諸元島)

위치 | 전남 완도군 노화읍 어룡리
면적 | 0.09km² **해안선 |** 8.0km **육지와 거리 |** 20km(완도항)
가구수 | 3 **인구(명) |** 5(남: 3 여: 2) **어선(척) |** 4 **어가 |** 3

공공기관 및 시설

전력시설 | 자가발전(발전기 2대)
급수시설 | 우물 1개소

여행정보

교통 | 배편 | 정기여객선 운항 없음. 노화도에서 소형어선을 이용.
여행 | 굴압해수욕장
특산물 | 멸치, 전복
특이사항 | 섬 위에서 내려다보니 정자와 같다 하여 정원도라 불렀으나, 지형이 돼지형이어서 재물이 번성할 것이라 하여 대제원도라 하였다고 한다.

30년 변화 자료

구분	1973	1985	1996
주소	전남 완도군 노화면 내리	전남 완도군 노화읍 대제원리	전남 완도군 노화읍 어룡리
면적(km²)	0.08	0.06	0.062
인구(명)	13	11	3
	(남: 7 여: 6)	(남: 4 여: 7)	(남: 2 여: 1)
가구수	3	4	1
급수시설	우물 1개	우물 1개	우물 3개
전력시설	-	미전화지구	자가발전(발전기 1대)
어선(척)	0	1	0
어가	23	4	1

개황 | 대장구도(大長久島)

위치 | 전남 완도군 노화읍 어룡리
면적 | 0.18km² **해안선 |** 8.0km **육지와 거리 |** 21km(완도항)
가구수 | 3 **인구(명) |** 5(남: 3 여: 2) **어선(척) |** 5 **어가 |** 3

전력시설 | 자가발전(발전기 2대)
급수시설 | 우물 1개소

교통 | 배편 | 정기여객선 운항이 없음. 노화도에서 소형 어선을 이용.
특산물 | 김, 톳
특이사항 | 임진왜란 때 난을 피해 해남에서 신씨가 입도한 이래 자손이 번창하여 오늘에 이르고 있다. 완도군 설군으로 인하여 넙도면에 속했다가 1916년 노화면 어룡마을에 편입되었다. 청정해역에서 김과 톳을 양식하여 높은 소득을 올리고 있다. 교통편은 정기여객선 운항이 되지 않아 노화도에서 소형 어선을 이용하여 왕래한다.

30년 변화 자료

구분	1973	1985	1996
주소	전남 완도군 노화면 내리	전남 완도군 호화면 대장구리	전남 완도군 노화읍 어룡리
면적(km²)	0.16	0.13	0.14
인구(명)	78	20	4
	(남: 41 여: 37)	(남: 9 여: 11)	(남: 2 여: 2)
가구수	13	8	2
급수시설	우물 1개	우물 2개	우물 3개
전력시설	–	미전화지구	자가발전(발전기 1대)
어선(척)	0	3	0
어가	13	8	2

작은 섬에 사람이 살 수 있는 것은

노화읍 어룡도

며칠 전 어렵게 섬에 살고 있는 주민과 약속을 하고 찾아갔지만 눈앞에 보이는 섬을 두고 돌아서야 했다. 가는 객선이 없고, 주민은 전복 양식 때문에 바다에 나가 있다는데 한가롭게 데리러 오라 할 수도 없었다. 넘어진 김에 쉬어간다고 땅끝전망대를 찾았다. 그곳에는 1987년 세워진 탑이 있다. 그 후 2002년 갈두산(155미터)에 땅끝 전망대가 세워지고 모노레일도 생겼다. 딱 두 번 올라갔지만 가슴 뭉클한 느낌은 웅장한 타워보다는 갈두산 끝자락에 자리 잡은 작은 토말탑이었다. 그 뒤로 타워보다는 탑을 즐겨 찾는다. 어린아이를 데리고 온 아버지가 탑 주위에서 기념사진을 찍어주고 있었다. 두 쌍의 연인도 서로 사진을 찍어주며 추억을 남겼다. 이어서 대여섯 명의 여자들이 떼를 지어 몰려왔다. 탑이 내려다보이는 곳에 올라앉아 물끄러미 바라보다 고개를 들었다.

탑 너머로 빼곡히 보이는 작은 섬, 내가 가려고 하는 어룡도였다. 그때 전화가 왔다. 전복먹이를 다 주었다며 어디에 있느냐고. 점심시간도 다 되었고 해서 식사 후 선창에서 만나자고 약속했다. 결국 약속시간보다 세 시간 늦게 배를 탔다. 해남 송지면 갈산리 선착장에서 10분 거리도 채 안 되는 섬이었다. 날씨가 꾸물꾸물 곧 비가 내릴 것 같았다.

노화읍에 속하는 네 섬은 노화도의 서북쪽에 위치해 있다. 노화읍

잉어가 여의주를 물고 승천하려는 모습을 하고 있어 섬 이름을 '어룡도'라고 했다는 섬이다. 선창 밖에 작은 무인도가 여의주에 해당한다. 갯바위에서 미역과 톳을 뜯어 생활하던 섬 살림이 전복 양식으로 바뀌었다.

에서 가장 먼 곳에 위치한 섬은 대제원도로 15킬로미터, 어룡도·대장구도·죽굴도 등은 13킬로미터 내외의 거리에 위치해 있다. 그러나 해남 땅끝에서 어룡도까지는 3킬로미터에 불과하며 가장 먼 죽굴도도 9킬로미터에 불과하다. 게다가 완도와 연결하는 객선이 없으니 생활권이 해남일 수밖에 없었다. 한때 노화읍 이포리에서 출발하는 섬사랑호가 다녔지만 지금은 중단되었다. 어룡도의 경우에는 명령항로에 포함되어 있지만 이런저런 이유로 중단되었다.

잉어의 꿈

네 섬 중 가장 큰 섬은 어룡도다. 조선 숙종대에 홍천용씨가 입주하여 농업을 생업으로 삼아 정착했다고 한다. 하지만 섬에서 농사를 짓는 것은 불가능해 보였다. 섬의 생김새가 큰 잉어가 여의주를 물고 승천하려는 모습이라 해서 어룡도(魚龍島)라고 했다고 한다. 어룡은 민화에 자주 등장하는 용이 되기 직전의 물고기다. 긴 수염을 가지고 있으며 물에서 튀어 오르는 모습으로 그려진다. 다손과 부귀영화를 상징하는 문양으로도 사용되며 등용과 입신출세를 의미하기도 하였다.

어룡도에는 '여의주설화'가 전한다. 북쪽 선착장 앞에 있는 돌섬은 구슬처럼 생겨서 주도라고 부르는데 여의주에 해당한다. 섬의 남쪽은 물고기의 긴 꼬리처럼 생겼다. 꼬리 끝에 터진목이라는 지명이 있다. 큰 물고기가 용이 되어 여의주를 물고 승천하려다 개에게 물려 꼬리가 잘려 승천하지 못했다는 이야기가 전해진다. 승천하려던 물고기를 물어 용이 되려던 꿈을 좌절시킨 흔적이 터진목이라는 것이다. 그 사이로 파도가 치거나 물이 많이 들 때 바닷물이 들락거린다.

주목을 받는 작은 섬

박병선(1961년생)씨가 처음 어룡도에 발을 디딘 것은 30년 전이다. 당시 섬에는 18가구가 살고 있었다. 일부 양식은 생각도 못하고 미역과 톳을 뜯어 생활했다. 당시 톳은 300층(1층, 60kg) 가량 생산했다. 모두 자연산이었다. 미역은 그냥 반찬거리나 친척들에게 나눠 주는 정도였다. 돈이 되는 것은 톳이었다. 한 반에 여섯 명씩 세 개 반으로 나누고 해안도 세 구역으로 구분하여 톳을 채취했다. 반별로 공동 생산하여 똑같이 분배했다. 말린 톳은 전량을 상인들에게 넘겼다. 공동 채취 관행이 사라진 것이 10년 정도 되었다. 전복 양식이 시작될 무렵이다. 최근에는 톳뿌리를 채취하여 판매하기도 했다.

어룡도에서 처음 양식을 한 사람이 박씨였다. 섬 북서쪽 '모래통'이라는 구미에 김 양식 시설을 했다. 그 뒤 섬사람들이 김 양식을 하기 시작했다. 박씨가 처음으로 섬에 들어올 때 집값은 600만 원이었다. 30년 전이지만 꽤 비쌌다. 해안권(채취권) 때문이었다. 지금은 14가구가

땅끝전망대에서 본 어룡도의 모습이다. 그 뒤로 죽굴도와 대제원도가 있다. 완도와 진도의 경계에 있는 섬들이다. 진도 울돌목을 지나 추자도와 제주로 가는 배들이 다니는 뱃길이다.

살고 있다. 그런데 놀랍게 30대 6명, 40대 3명, 50대 5명에 이른다. 한집만 빼고 모두 전복 양식을 하고 있다. 본토박이는 네 가구에 불과하고 나머지는 모두 외지에서 들어온 사람들이다. 박씨처럼 초기에 섬에 들어온 사람은 집값이 쌌지만 지금은 2억을 줘도 팔지 않는다. 전복양식을 많이 하는 사람은 700칸에 이르며 보통 500칸 정도는 한다. 이정도 규모면 꽤 큰 편이다.

큰 바다에 바람을 막아줄 섬이 없는데 지난 태풍(볼라벤)에 괜찮았는지 궁금했다. 어룡도는 북서풍과 동풍은 피할 수 있지만 남풍은 막을 길이 없다. 막아줄 섬이 없기 때문이다. 지난 볼라벤 태풍에 양식장은 안녕했을까. 다행스럽게 큰 피해가 없었다. 태풍이 불기 전에 큰 배들은 해남으로 피항했다. 전복 가두리는 일반 어장이 100개의 줄을 내릴 때 어룡도는 400개를 묶었다. 긴 통나무 말목을 바다 밑에 박고 줄을 가두리에 묶어 고정시킨다. 통나무 한 개를 바다에 박는 데 2만 5천

원이니 그 비용도 무시할 수 없다. 줄의 굵기도 보통 양식장의 두 배 정도 굵다. 강한 태풍에도 피해가 거의 없었던 것은 이렇게 준비하는 어룡도 사람들의 지혜 덕분이다. 대신 어장이 좋아 전복이 실하고 좋은 값을 받는다. 노화 사람들이 어룡도에 많이 들어왔다. 박씨는 일찍 들어와 정착했기 때문에 본토박이나 다름이 없다. 어룡도는 장구도·제원도·죽굴도와 함께 내리 어촌계에 속한다. 어룡도를 제외하고는 모두 노화 사람들이 김 양식이나 전복 양식을 하고 있다. 예전에는 쳐다보지도 않았던 작은 섬이 이제는 양식의 최적지로 주목을 받고 있다. 주변에 조류의 소통을 방해하는 시설들이 없고, 오염원도 없으니 이보다 좋을 수 없다. 무인도 주변의 바다도 마찬가지다.

개황 | 어룡도(魚龍島)

위치 | 전남 완도군 노화읍 어룡리
면적 | 0.60km² **해안선 |** 5.4km **육지와 거리 |** 3.8km(해남군 어란항)
가구수 | 12 **인구(명) |** 15(남: 10 여: 5) **어선(척) |** 23 **어가 |** 12

공공기관 | 어룡도태양광발전소(553-4871)
폐교현황 | 어룡분교(1993년 폐교)
전력시설 | 자가발전(발전기 2대)
급수시설 | 우물 2개소

특산물 | 김, 톳
특이사항 | 1910년 점등을 시작한 등대가 있는데 2005년 등대무인화사업으로 기능유지를 위해 원격조정운영을 하고 있어 서남해안 연안항로에서 선박의 지표역할을 하고 있다. 또한 2007년 내연발전소 설립으로 주민들에게 24시간 전기가 공급되고 있다.

30년 변화 자료

구분	1973	1985	1996
주소	전남 완도군 노화면 내리	전남 완도군 노화면 어룡리	좌동
면적(km²)	0.42	0.18	-
인구(명)	124	81	50
	(남: 58 여: 66)	(남: 44 여: 37)	(남: 24 여: 26)
가구수	21	22	16
급수시설	우물 0개	우물 3개	우물 7개
전력시설	-	자가발전(발전기 1대)	자가발전(발전기 2대)
어선(척)	1	16	15
어가	21	21	15

49
작은 섬의 서러움을 누가 알까
노화읍 마삭도

아침부터 배표를 파는 사람과 실랑이를 했다. 분명히 아침에 배가 있다고 해서 시간을 맞춰 새벽같이 도착했다. 표를 달라고 하니 선장에게 전화를 건 후 갈 수 없다고 했다. 마을 사람들이 전복 양식 시설을 하느라 항로를 막고 있기 때문이라고 했다. 표만 팔기 때문에 선장과 직접 이야기하라는 것이었다. 선장실로 올라갔다. 지난해 중반부터 같은 이유로 뱃길이 끊겼다고 덧붙였다. 뱃길은 섬사람에게 도로고 객선은 버스와 같다. 도로가 막혔다면 그렇게 방치했을까. 설령 주민들이 생계를 위해 막았다고 하더라도 해운회사든 해당 기관이든 적절한 조치를 취해야 마땅하다. 더 분노했던 것은 배표를 파는 사람의 대응이었다. 표 파는 사람이 안내해주지 않으면 누구에게 물어보란 말인가. 선장에게 물어보라는 말에 화가 치밀었다. 노화도와 보길도를 오가는 수많은 사람들을 상대하는 곳이지 않는가.

보고도 가지 못한 섬

해남 땅끝 선착장에서 마삭도 선착장까지는 7킬로미터다. 반대편 노화읍 산양진에서 마삭도까지는 2킬로미터 남짓 된다. 그래서 섬사람들은 노화읍장을 이용할 겸 산양진으로 사선을 타고 가서 다시 배를 타고 뭍으로 나간다. 배가 오지 않기 때문이다. 마삭도를 경유해야 하는 배편은 땅끝과 넙도를 오가는 해광운수다. 마삭도를 거치지 않으면 10킬로미터 남짓 거리지만 마삭도를 경유하면 18킬로미터에 이른다. 작은 섬이라 손님이 없기도 하지만 그 전에 바람이 부네, 물이 많이 빠져 접안이 어렵네 등 갖가지 이유로 결항을 밥 먹듯 했다고 한다. 마삭도 앞을 오가는 객선은 큰 배와 작은 배 그리고 섬사랑호까지 10여 척에 이르지만 마삭도 사람들에게는 세워주지 않는 직행버스나 마찬가지다. 어쩌다 배가 닿는 경우에도 선장 눈치를 봐야 했다.

마삭도는 해남에서 황씨·최씨가 처음 입도했다. 그 후 고씨·김씨·공씨가 뗏목을 타고 솔 장사를 하다 섬에 들어왔다. 1916년 노화읍 신리에 속했던 섬은 1955년 마삭마을로 분리했다. 김 양식과 자연산 미역과 톳을 채취해 마을 주민들이 똑같이 분배했다. 일부 주민들은 작은 배를 타고 멀리 추자도까지 가서 연승어업을 했다. 지금은 다섯 가구 중 세 가구가 전복 양식을 하며 살고 있다.

배를 타지 못하고 문전박대를 당한 지 한 달 후 다시 섬을 찾았다. 역시 마삭도에 가느냐는 말에 항해사는 고개를 저었다. 겨우 마을 주민과 전화통화가 되어 배를 기다렸다. 산양진에서 바라본 마삭도는 평화로웠다. 땅끝에서 노화도행 배를 타면서 전화를 했기 때문에 선창에서 배가 기다리고 있을 것으로 생각했다. 아무리 찾아도 마삭도에서 온 배는 없었다. 마삭도 선창이 빤히 보이는데 오고 있는 배가 없었다. 다시 전화를 했다. 할머니가 받았다. 내 전화를 받고 바로 나갔다며 곧 도착할 것이라고 했다. 그리고 반 시간이 지났다. 다시 전화를 했다. 그 후 두 차례 더 전화를 하고 나서야 배가 도착하지 않는 내막을 알았다. 선창에 정박해둔 배가 시동이 걸리지 않아 실랑이를 벌이고 있었다. 밤새 내린 비로 엔진실에 물이 찼던 것이다. 무슨 배가 엔진에 물이 들어갈 정도람. 이해할 수 없었다. "배가 일어설랑가 모르겄소"

라는 할머니의 전화 목소리가 더욱 불안했다. 하지만 달리 방법이 없었다. 그때 마삭도 쪽에서 천천히 아주 천천히 산양진으로 오는 작은 배가 보였다.

선외기라면 진작 도착했을 시간인데 아직도 배는 바다 한가운데 떠있었다. 배를 운전하는 할아버지는 익살스럽고 쉽게 다가가 안기고 싶은 모습이었다. 배도 꼭 할아버지를 닮았다. 3년 전에 봉고엔진을 얹었다는 배는 목선이었다. 바다에 떠 있는 것이 신기했다. 마을에서 제일 나이가 많은 할아버지는 익숙하게 선창에 배를 접안했다. 김상윤(1935년생)씨와의 첫 만남은 그렇게 이루어졌다. 젊었을 때는 마을이장과 어촌계장을 맡기도 했다. 배는 털털거리며 다시 출발했다. 물을 모두 퍼내고 한참 시동을 거느라고 늦었다고 했다. 배는 큰 바다에 떠 있는 작은 나뭇잎처럼 위태로웠다. 그래도 조금씩 앞으로 나아갔다. 땅끝과 산양진을 오가는 장보고호가 거대한 산처럼 보였다. 선상에서 우리 배를 신기하게 구경하던 사람들이 핸드폰과 카메라를 들고 찍기 시작했다. 큰 배가 지나가자 내가 탄 목선은 곧 전복될 것처럼 출렁거렸다. 김노인은 한손으로 키를 잡고 다른 손으로 엔진과 연결한 줄을 당기고 있었다. 엔진 소리가 이상할 때마다 줄을 당겼다. 지금까지 섬을 다니면서 탄 배 중 가장 작고 낡고 느리고, 선장의 나이는 가장 많았다.

큰 섬의 횡포(?), 작은 섬의 속앓이

마삭도에서 전복 양식을 시작한 것은 2, 3년 전이다. 노화, 소안, 보길 등 완도 전복 양식의 중심지가 인근에 있었지만 다른 섬에 비해서 늦게 시작했다. 한때 16가구가 살았던 섬이지만 대부분 떠났고, 전복 양식을 하기 위해서 들어온 세 가구까지 포함해 다섯 가구가 살고 있다. 보

땅끝에서 노화도로 가는 길목에 있는 작은 섬이 마삭도다. 뱃길이 버젓이 있지만 객선을 운항하는 선장은 전복 양식 시설이 뱃길을 막고 있어 객선이 다니기 어렵다며 출항을 거부했다.

통 전복 양식을 하기 위해 외지인이 들어오는 경우 '호'를 드는 비용이 억대에 이르지만 마삭도는 2, 3천만 원에 불과했다. 전복 양식을 하는 어장지로 나쁘지 않는데 왜 입호금이 이렇게 쌀까. 궁금했다.

마삭도 섬사람들은 옛날에는 주낙을 이용해 돔, 쏨뱅이, 간재미 등을 잡고 톳, 돌미역, 가사리 등을 채취해 생활했다. 고기와 해초를 가지고 갈두, 남창, 영전 등에 팔아 쌀과 바꾸었다. 당시 소마삭도 일부 해 암까지도 마삭도 어민들이 해조류를 채취했다. 소마삭도 일대의 어장에서 지주식 김 양식을 했다. 소마삭도 해초 채취는 마삭도 외에 신리도 채취권이 있었다.

노화도 일대에 전복 양식이 시작되면서 마삭도 마을어장은 위협을 받았다. 김 양식장을 할 때는 관심도 없던 소마삭도 주변 어장을 신리 어촌계에서 행사권을 주장하고 나섰기 때문이다. 마삭도는 신리 어촌계에 포함된 마을이었기 때문에 법으로 따진다면 잘못된 것이 아니었다. 수백 년 동안 갯바위에서 해초를 뜯고, 김 양식까지 했다지만 관행어업은 허가어업 앞에서는 꼼짝할 수 없었다. 마삭도 앞에까지 전복 가두리가 설치되었다. 마삭도 주민들과 마을어장 운영을 둘러싸고 갈등이 생겼다. 어장 갈등은 법정까지 갔지만 마삭도 주민들이 지고 말았다. 겨우 마삭도 앞 서너 줄 정도만 주민들이 전복 양식을 할 뿐 소마삭도 주변은 물론 마삭도 앞까지 신리 주민들이 전복 양식을 하고 있다. 섬에 사는 김병채(1946년생)씨는 "낙도에서 섬사람들이 살려면 연승허가라도 줘야 한다"며 목소리를 높였다. 그는 섬 주민 중 가장 젊은 사람이다. 전복 양식을 할 수 없지만 간간이 주낙으로 고기를 잡아 생활하고 있었다.

낙도의 상록수

마삭도는 한때 노화읍에서 가장 먼저 분교가 생기기도 했다. 특히 1970년대에는 노화읍 북고리 출신 교사가 분교장으로 들어와 마삭도를 크게 바꿔놓았다. 경향신문(1972. 5. 16.)에 "5·16민족상"(자세한 내용은 www.516naf.or.kr 참조) 수상자들이 소개되었다. 본상은 전남 장성군 축령산에 삼나무를 심어 울창한 숲을 이룬 임종국이, 그리고 장려상은 마삭분교 교사 전수재가 수상했다. 그곳에 소개된 전수재(1936년생)씨의 활동 내용이다. 이 미담은 대한뉴스 제882호로 소개되어 영상으로 남아 있다.

완도군 낙도인 노화국민교 마삭분교 교사로 5년간 근속하면서 문교부장관이 준 상금과 자비를 들여 학교와 마을에 방송시설을 하여 어업기상통신 뉴스, 아동가정학습, 문맹퇴치 등의 일을 한 것을 비롯하여 마을도서관(장서 650권)과 마을병원을 운영하고 낙도민의 정서생활 개선에 앞장섰다.

마삭도에 동력선이 보급된 것은 1970년 12월 24일이었다. 전 교사가 자비로 동력선을 마련하여 주민의 해상교통과 학생들의 진학을 위한 통학선으로 이용한 것이 계기였다. 또 1966년에는 농한기를 이용하여 주민들과 협동으로 산에서 돌을 운반해 바다에 넣어 톳밭을 마련했다. 1966년 톳 생산액이 30만 원에서 1971년 100만 원으로 증가했다. 당시 톳은 60킬로그램(한 층이라 함)에 5천700원이었다. 톳밭 확대에 성공을 하자 수하식 미역 양식도 시작했다.

마삭도가 가장 활기차고 생동감이 넘치던 시절에 만들어졌을 분교는 빈터만 남았다. 점심도 먹고 섬사람들과 이야기도 충분히 나누었다. 짧은 시간에 두 세대의 이야기를 듣고 나니 작은 섬과 바다가 새롭게 보였다. 주낙을 주섬주섬 챙겨 바다로 나가는 김씨 배를 타고 산양진으로 향했다. 목선이 선창에 매인 채 움찔거렸다.

개황 | 마삭도(馬朔島)

위치 | 전남 완도군 노화읍 마삭리
면적 | 0.17km² **해안선 |** 3.0km **육지와 거리 |** 22km(황도항)
가구수 | 16 **인구(명) |** 19(남: 13 여: 6) **어선(척) |** 4 **어가 |** 13

공공기관 및 시설

폐교현황 | 마삭분교(1989년 폐교)
전력시설 | 한전계통
급수시설 | 우물 2개소

여행정보

교통 | 배편 | 노화읍 산양진과 땅끝(갈두)에서 정기여객선이 운항한다.
특산물 | 김, 톳
특이사항 | 매년 섣달 그믐날 제주 쪽을 향하여 풍어와 주민의 무사를 비는 제를 지냈다. 명절에는 어선에 고사를 지내는 유왕제 풍습이 있다. 노화도 바로 앞에 위치하고 있으며 선외기를 타고 섬을 한 바퀴 순회하면 10여분 정도 돌 수 있는 작은 섬으로 교통편은 노화읍 산양진과 땅끝(갈두)에서 정기여객선이 운항한다.

30년 변화 자료

구분	1973	1985	1996
주소	전남 완도군 노화면 신량리	전남 완도군 노화읍 마삭리	좌동
면적(km²)	0.15	0.11	-
인구(명)	123	83	22
	(남: 64 여: 59)	(남: 53 여: 30)	(남: 10 여: 12)
가구수	15	19	12
급수시설	우물 2개	우물 5개	간이상수도, 우물 4개
전력시설	자가발전	한전계통	한전계통
어선(척)	6	8	5
어가	15	19	11

21세기에 고전소설 속 홍길동이 다시 등장한다면 어떤 행보를 보일까?

그중 율도국을 건설하기 위해 해야 할 사전 작업들은 어떤 것일까? 구체적이고 실질적인 문제를 해결할 수 있는 사람(전략가, 경영가, 건축가, 예술가, 공동체 설계자, 엔지니어 등등)을 만나면서 포섭할까 아니면 무턱대고 이 섬 저 섬 다니면서 감을 잡은 후 본인이 하고픈 것을 무모하게 결행할까?

실제 대자본 중 일부는 이곳저곳 눈에 띄지 않게 섬을 매입하고 있다. 그 자본을 21세기형 율도국을 상상하는 실체로 여겨야 하나?

1973년부터 2011년까지 현대 정부 기관이 발간한 도서(島嶼) 자료들을 찬찬히 살폈다.

섬 관련 각종 통계 하나하나가 어떻게 작성되었을까? 그냥 연구 용역을 주고 통계의 변천에 대해서는 그리 관심 없이 공간(公刊)하는 것에만 의미를 두었을까?

'도서별곡(島嶼別曲)'을 내 안에 내면화하기 위해 필자와는 다른 접근 방법으로 섬사람들을 만났다.

일단은 거점섬을 시작으로 답사하지만, 배편이 여의치 않을 때에는 여객터미널에서 가장 먼저 만나는 객선으로 이 섬 저 섬을 좌충우돌 밟았다.

중학교 이상을 운영하는 섬에서는 섬사람들의 생활이 질과 내용 면에서 그리 어려워 보이지는 않았다.

여서도를 지키고 있던 한 젊은이에게서는 야심차게 자신의 고향 발전상을 설계하는 모습을 보았고, 사선으로 우연히 닿게 된 대장구도에서는 할머니 한 분만 섬에서 마지막 생을 맞는 듯했다. 청산도에서는 "관광객이 너무 많아 섬이 가라앉을 것 같다"는 농담마저 들었다.

최근 3, 4년 사이 급격한 변화를 보이고 있는 것은 작은 섬에 대한 에너지 정책이다. 태양광과 풍력을 이용해 지속가능한 섬 생활을 유지하려 실험하려는 발상이 보이기도 한다.

개황과 자료 변천 통계를 큰 의미 두지 않고 보더라도 기록상으로 사라져가는 섬이 눈에 선할 것이다. 유인도에서 무인도로 전환되는 섬의 수는 계속 늘어난다.

우연인지 다른 전환점의 서곡인지 '완도편'에서는 무인도에서 유인도로 전환된 사례가 나타났다.

지자체장과 관련 공무를 집행하는 사람들의 의식과 정책 지향이, 대자본이 자기팽창적으로 섬을 소유하고 개발하려는 형태로가 아니라, 21세기형 새로운 율도국, 공공적 역발상이 담긴 작은 공동체로 발아될 수 있도록 할 수 있지 않을까?

관광이 아닌 답사로 섬만 찾아다닌 지가 이제 갓 6년을 지났다.

아직도 물때가 눈에 들어오지 않지만, 이제는 어느 섬에 가더라도 따뜻한 밥을 동냥(?)할 자신감은 생겼다.

북망산(北邙山)(?)에 가기까지는 아직 더 찬찬히 밟고픈 섬이 많다.

들풀

부록

섬 가는 길

1928년 〈도서순례기〉 소개

유인도에서 무인도로 변한 섬

완도군 무인도서 등록 현황

연륙·연도 현황

참고문헌

찾아보기

| 섬 가는 길 |

교통편은 쾌속선, 차도선(철부선), 도선, 사선이 있다. 쾌속선은 차를 가지고 갈 수 없으며, 자전거는 가능하다. 차도선은 차를 갖고 갈 수 있으며, 도선은 차는 갖고 갈 수 없지만 자전거는 가능하다. 쾌속선, 차도선, 도선이 없는 경우 사선을 이용해야 한다.

• 청산 방면 : **완도 여객선터미널**

1. 완도 — 청산도(아일랜드호, 청산호)
   ①   29

2. 완도 — 모도(모동, 모서) — 소모도 — 장도 — 청산도 — 여서도(섬사랑7호)
   ①   30   31   32   29   33

3. 여서도 — 청산도 — 장도 — 모도(모동, 모서) — 소모도 — 완도
   33   29   32   30   31   ①

＊청산농협 552-9388

＊청산매표소 552-9381

＊완도여객터미널 552-0116

• 금일, 생일 방면 : **약산면 당목선착장**

1. 당목(약산도) — 일정(금일도)
   14   18

2. 당목(약산도) — 서성(생일도)
   14   25

3. 회진(장흥) — 금당(가학리)
              15

＊완도농협 약산지점 553-9088

＊당목매표소 553-9085

＊금당지점 884-0072, 843-9717

4. 녹동(고흥) — 금당도(울포) — 비견도 — 충도 — 금일도(동송)
              15   16   21   18

＊평화해운 843-2300, 844-4358

5. 녹동 — 금당도(울포) — 신도 — 금일도(도장) — 약산도(당목) — 신지(843-2300)
        15   20   18   14   27

3

4

12   13

15

2

5 ● 영풍리 선창

11

14

● 악산면 당목 선착장

20

18

6

1

27

25

23

● 완도 여객선터미널

28

● 화흥포 여객선터미널

26

31

37

32

30

29

34

15

● 거금도 옥룡 선착장

16

17

20

21

18

33

19

23   22

22

22

• 신지, 고금 방면 552-1171-3

신지도(송곡) ― 고금도(상정)

㉗　　　　⑪

• 넙도 방면 : **땅끝선착장 535 -5786**

땅끝 ― 넙도

⑫

• 소안 방면 : **화흥포여객터미널**

완도(화흥포) ― 노화(동천) ― 소안

❶　　　　㊵　　　　㉞

• 보길, 노화 방면 : **땅끝선착장**

1. 해남(땅끝) ― 노화도(산양) / 보길도는 노화에서 차로 이동

㊵

2. 해남(땅끝) ― 흑일도 ― 백일도 ― 마삭도 ― 노화도(산양)

⑨　　　　⑧　　　　㊾　　　　㊵

3. 해남(땅끝) ― 노화도(산양) ― 횡간도 ― 흑일도 ― 땅끝

㊵　　　　㊱　　　　⑨

＊해광운수 535-5786

＊땅끝매표소 535-4268

＊산양매표소 553-6107

＊넙도매표소 553-4466

• 모황도, 덕우도, 생일(용출) 방면 : **완도선착장**

완도 ― 모황도 ― 생일도(용출) ― 덕우도 ― 황제도

❶　　　㉘　　　㉕　　　㊲　　　㉓

황제도는 홀수일만 운항함

＊청산농협 552-9388

• 흑일, 백일, 당사도

해남 남성 ― 동화도 ― 흑일도 ― 백일도 ― 소안도 ― 당사도

❼　　　⑨　　　⑧　　　㉞　　　㉟

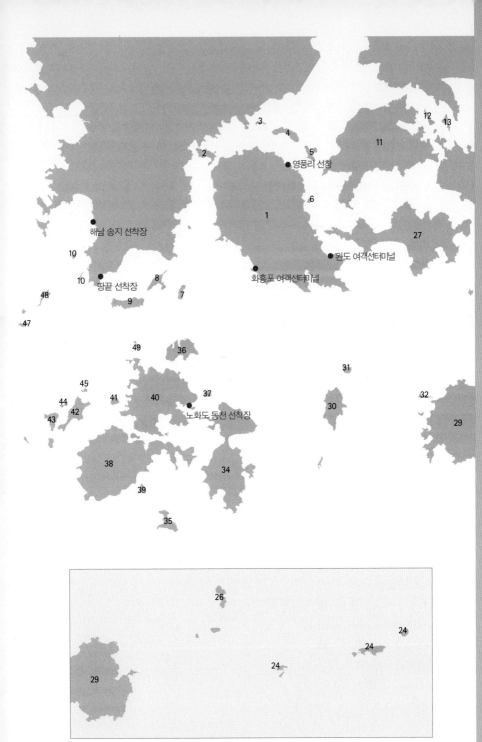

해남 송지 선착장

10

10
땅끝 선착장

48

47

8

7

9

49

36

45

44
42

43

41

40

38

39

35

37
노화도 동천 선착장

3

4

2

5
영풍리 선창

6

1

11

12

13

27

완도 여객선터미널

화흥포 여객선터미널

31

30

32

29

26

24

24

24

29

• 서넙도 방면

노화도(이포리선착장) — 넙도 — 마안 — 후장구도 — 서넙도

⑩   ㊷   ㊺   ㊹   ㊸

• 객선이 없어 사선을 이용해야 하는 섬

1. 어룡도, 대제원도, 장구도(해남 송지선착장)

   ㊽   ㊼   ㊼

2. 장도, 원도(여수 초도 진막선착장)

   ⑥   ㉔

3. 다랑도, 우도, 섭도(금일읍 사동리선착장)

   ㉒   ㉓   ㉒

4. 허우도(거금도 옥룡선착장)

   ⑰

5. 넙도(고금), 초완도(고금 가교리)

   ⑫   ⑬

6. 구도(노화읍 동천선착장)

   ㊲

• 주민이 운영하는 도선을 이용해야 하는 섬

1. 영풍리선창(완도군 군외면) — 사후도

                        ⑤

2. 불목리선창(완도군 군외면) — 고마도

                        ④

• 다리가 놓여 차로 갈 수 있는 섬

1. 해남군 남창 — 달도 — 완도

              ②   ①

2. 강진 마량 — 고금도 — 약산도

           ⑪   ⑭

3. 완도읍 — 신지도

        ㉗

일제강점기 시절 〈동아일보〉 기사 일부를 수록합니다. 당시 정황을 그대로 전하기 위함입니다. 기사문은 현대문에 맞게 살짝 수정했습니다. ─편집자

雲際에 뜬 點點島
碧海에 銀河綠星

1928. 7. 31. 화
島嶼巡禮
莞島海方面(6)
第四隊 崔容煥

● 완도의 옛 자취를 찾아
　二百餘島의 主人

有人無人二百餘島 總支配權을 掌中에

"밥먹으라는 기요"하며 접시만한 쌍소반에 갖다주는 아침밥을 먹는둥 마는둥 먼저 완도읍(莞島邑)을 관상하기로 하고 거리를 나섰다. 그는 군이 본래 신라 문성왕(新羅 文聖王) 시대에는 청해진(淸海鎭)으로 그 중간 일시 폐진이 되었었으나 그 후 다시 가리포진(加里浦鎭)으로 전후 사백여년 동안을 수군방어청의 요새지로 있었기 때문이다. 더구나 완도(莞島)는 완도군의 일개 섬이면서도 완도 전체의 유인도(有人島) 칠십삼도(島)의 총 본영이 되는 곳이요 무인도(無人島) 백삼십개소의 주인이 되어 다도해(多島海) 방면에서는 한 왕국이 되는 까닭이다.

淸海衙門而今安在 靑白堂도 積物倉庫

먼저 동헌(東軒)에 오르다 청해아문(淸海衙門) 간 곳 없고 청백당(靑白堂)의 옛 책실(冊室)도 이금에 군청 물치장으로 향사당(鄕社堂)의 장청이 공주 지방법원 출장소로 되어있으니 군관청(軍官廳) 집사청(執事廳)이 완도면(莞島面) 면사무소로 있는 것은 이상한 일이 아니매 호남제일반(湖南第一番)의 청해관(淸海館)이 이방 사람의 학교로 되었거니 이방이 있던 연청(椽廳)과 향리가 있던 추청(秋廳)이 이곳 자제의 공립보통학교(公立普通學校)로 되어 있는 것은 당연한 일이다. 장방청(長房廳)이 헐리고 관노청(官奴廳)이 없으니 사령청(使令廳)이 이금에 이곳 우편소(郵便所) 있는 것만도 기연이라면 기연이니라 할 것이다.

戰艘 있던 자리엔 發動船의 黑烟뿐

옛날에 육백명 군사를 두고 매월 삭망(朔望)의 두차례씩 점고조련장(點考操練場)은 어디인가? 세미고(稅米庫)도 없어졌으니 그인들 있으랴 하며 포구가로 나갔다. 위가 터진 입구 자 같이 된 바닷가에 주도(珠島)를 앞에 둔 넓은 사장이었던 것이라 한다. 이금에 매축지(埋築地) 모양을 달리한 이곳에서 그때의 기분을 찾을래야 찾을 수가 없다. 질번질번한 거리에 흥성흥성한 상점이 모두 저들의 것이요 오고 가는 발동기선이 옛날 이곳에 배치해 있던 전선(戰船)과 종선(從船)은 아니라 하니 옛날 조선소(造船所)는 더욱이나 찾을 길이 없다. 말 없는 이곳을 등지고 발을 산으로 돌리기로 한다.

雲外萬里도 蒼波 海上浮島는 銀河

멀리 동으로 여수(麗水)를 두고 남으로 제주해협을 격하여 제주도(濟州道)를 서로 해남반도(海南半島)와 진도(珍島)군을 북으로 장흥(長興) 당진(唐津) 해남(海南) 등지를 바라보게 되는 서망산(西望山)에 올랐다. 고개를 들면 운외만리(雲外萬里)에 끝없는 하늘가(天涯)가 멀어지고 눈을 좁히면 은하수(銀河水)의 뿌려 놓은 별모양으로 바다에 동동 떠있는 무수한 섬이 보인다. 불어오는 바람이 시원하고 하늘가에 뭉게뭉게 떠오르는 구름이 또한 겸손하니 태평건곤을 구가한 후인의 시가 거짓말 같지는 아니하다.

群山落落海中浮 誰謂深長利 涉舟 鯨鰐噴波活雨作 脣螺 噓氣作成樓 混顯每結無論憂 漁採連登不絶秋 世值昇樂邊 警息 戊丁歸野慶相謳

望美人兮 天一方도 설 곳조차 廢墟일뿐

오른 데가 서망(西望)이라 하기로 성서(城西)의 성은단(城隱壇)을 찾고 서문(西門)의 망미루(望美樓)가 간 곳 없으니 서편을 바라보아 서방미인을 사모할 수 없고 북문의 첨극루(瞻極樓) 찾을 수 없으니 북두(北斗)를 바라보아 경화(京華)를 자랑할 수 없다. 이제 오십여리에 근한 성곽이 몇 줌 흙으로 남았을 뿐이니 중황봉(衆皇峯)에 올라 중암(中庵)을 찾고 다시 취봉(鷲峯)으로 떨어져 사현(射峴)재 당목당(堂木堂)을 찾은 후 금석계(金石溪)의 관음암(觀音菴)을 찾기로 하고 서망을 떠났다.

隱屏에 가린 初月
龍臺에 잠든 白雲

1928. 8. 3. 금
島嶼巡禮
莞島海方面(9)
第四隊 崔容煥

● 낙조 등진 어부도 한 몫은 낄듯
　芦花島의 八絶景

紅塵絶한 島國에도 同盟休學의 不祥事

이튿날 아침! 안면방해를 한 것은 이곳 완도중학원(莞島中學院)의 동맹휴학사건으로 말미암은 학교 직원과 생도 사이의 논쟁 그것이었다. 특히 말소리가 높아진 것은 얼마 전부터 동교 생도들이 동교 모선생을 배척하여 일부 생도들이 동맹휴학을 하여 말썽을 부려오던 바 전날밤은 퇴학당한 생도 몇 명이 선생이 유숙하려는 여관(내가 마침 유숙한 여관)에 돌을 던졌다는 것이다. 동교는 본래 군내보통학교나 겨우 마치고 외지에 유학할 학자(學資)가 없어서 놀게 되는 생도들을 위하여 재작년에 군내 유지가요, 재산가인 김상근(金商瑾)씨가 단독으로 읍내 동망산(東望山) 아래 바닷가 한적한 곳에 기와집 수십간을 신축하고 이래 오늘날까지 군민의 지성으로 경영하여 오는 중등 정도의 학원이라 한다. 귓결에 들리는 말은 생도들의 요구가 무엇이니 하였으나 동맹휴학의 반갑지 않은 바람은 이곳 섬에까지 불어왔구나 하고 더 알고 싶지도 않았다.

惑晴惑霧 情趣各異 激浪치는 一髮危路

아침 여덟시반에 노화도(芦花島) 방면을 떠난다던 제이완도환(第二莞島丸)이 농무(濃霧)로 말미암아 역시 오십분에야 겨우 완도항(莞島港)을 떠나게 되었다. 아직 채 걷히지 않은 해무는 지척을 분간할 수 없고 지척을 분간할 수 없는 항행은 船長 이하 여객이 모두 불안하였다. 그러나 한시가 좀 지나 왼편으로 대모도(大茅島)를 어렴풋이 지나고 구도(鳩島)를 바른편에 두고 소안도(所安島)와 노화도(芦花島)를 좌우로 하여 보길도(甫吉島)의 일부를 바라보게 될 쯤 해서는 농무에 잦은 하늘이 탁 틔어버리고 웅긋 종긋한 섬이 해무에 목욕을 한 채로 제각기 얼굴을 나타내기 시작하였다. 해무가 없을 때 보는 섬과 농무가 거친 뒤에 보는 섬이 각각 그 정취를 달리 하였으니 소안도 앞을 거쳐 노화도와 보길도의 두 사이를 삐기고 들어가는 것이 더욱 승객들의 어깨를 으쓱하게 한 것이었다.

白波綠波蘆花叢 大島小島長蛇陣

배는 발도(鉢島)도 지나고 구용도(九用島), 지방암(地方岩)도 지나 장사도(長蛇島)를 중간에 두고 노화도 이쪽 이목리(梨木里) 신창에 닻을 놓게 되었다. 건너편이 보길도! 서편 물목으로 내다보이는 것이 잉도(仍島)란다. 그들이 모두 노화도에 속한 섬으로 "노화도"는 주위가 사십리 넓이(廣)가 십리요 "보길도"는 주위가 육십리 길이(長)가 십리 넓이가 또한 십리요 "잉도"는 주위가 십오리 길이가 오리 넓이가 이리라 한다. 작은 잉도는 몸뚱이부터 작은 것이니 할 수 없는 일이나 체통이 노화도보다 더 큰 보길도로서 노화도에 셋방살이는 좀 안된 듯싶다 하면서 노화도에 잠시 내렸다.

朝露같은 露島運命 水軍鎭도 一場春夢

이곳은 본래 옛이름이 노도(露島)로서 일즉 서울 내수사궁(內需司宮)을 받들어 섬겼던 만큼 토지는 기름지고 그 후 고종(高宗) 이십년에 영암군(靈岩郡)의 부속지가 되어 일시 수군진(水軍鎭)을 두었던 만큼 동(東)으로 사"마일"의 바다를 격하여 소안도, 서(西)로 칠"마일"을 격하여 잉도 남(南)으로 이"마일"을 사이두고 보길도, 북(北)으로 십오"마일"을 격하여 해남에 이르게 된 수로가 매우 편리한 곳이라 한다.

明月에 暮鍾울고 梨浦에 쉬는 白雲

팔구백호 사천여 주민의 도민은 그래도 읍지 떨어져 있으니 만큼 문화의 정도는 완도에 비하여 떨어진 감이 없지 않으나 인정 풍속이라든지 또는 반농반어(半農半漁)의 생활 상태가 완도와 조금도 다를 것이 없다. 구태여 다른 것을 찾으면 상황봉(上皇峯)을 중앙에 두고 동으로 노치산(蘆峙山), 서로 개압산(价押山)이 서로 꼬리를 물고 휘휘 둘른 곳에 시내가 흐르고 바다가 둘린 곳에 마안도(馬鞍島), 녹도(鹿島)의 무수한 섬이 에워 싸고 있는 자연의 팔경 그것이다.

　東阜明月 石中採 鹿島晴煙 梨浦歸帆樞庵暮鍾 徵山綠草龍岾宿雲 隱屛初月

蒼海에 春靄돌면
섬놀이의 凌波步

1928. 8. 4. 토
島嶼巡禮
莞島海方面(10)
第四隊 崔容煥

● 윤고산의 화원을 찾아
　甫吉島의 絕勝

赤紫에 芙蓉피고 玉山에 웃는 白蓮

장사도(長蛇島)를 사이에 두고 남으로 나루 하나를 건너면 노화도(芦花島)의 팔경을 배경삼아 남해를 향하고 있는 것이 보길도(甫吉島)이니 그 생김생김이 오히려 팔경을 가진 노화도에 비길 바 아니다. 남(南)으로 적자봉(赤紫峰)에 올라 일망무제한 바다를 건너 제주(濟州) 한라산(漢拏山)을 바라보고 이에 서서 서(西)로 내려와 옥산(玉山)의 백련암(白蓮庵)을 찾고 다시 동(東)으로 떨어져 부용(芙蓉) 골짜기의 이른바 무릉도원을 더듬어 돌아 남이 어느 것 하나 버릴 것 없는 미인의 부침부침이다.

春靄가 어릴 때면 놀아나는 點點島

금산(金山)에 우거진 낙엽수도 볼만하고 망월봉(望月峯)의 달구경도 좋으되 보주산(寶胄山)을 앞에 둔 백련암의 장군대좌(將軍大座) 별당(別堂)이 더욱 명당이며 정자리(亭子里)에서 보는 "섬놀이"구경이 더욱 볼만하다 한다. 봄새날이나 따뜻하고 청명한 날 서북(西北)으로 보이는 잉도(仍島)와 닭섬(鷄島)을 내다 볼 때면 그 사이로 보이는 무수한 섬이 각각 아지랑이 꽃 핀 바다위로 걸음새 좋게 걸어가고 있는데 그는 마치 육방을 앞세운 병부사(兵府使)의 행차(行次)나 다를 것이 없다고 한다.

不幸한 瀛州牧使 철찾아 海上行次

이는 때가 봄이 아니니 시절 덕을 입을 생각도 못하는 일이지만 이에는 재미있는 신화(神話) 비슷한 전설이 있다. 영주[瀛州 : 제주도지고호(濟州島之古號)] 어떤 목사(牧使)가 봄날 배를 타고 이곳을 지나다가 돌연히 일어나는 회오리바람에 탔던 배가 엎어져 목사는 부하, 장졸로 더불어 마침내 다시 돌아오지 못할 수국의 원혼이 되어 해마다 그가 죽은 봄이 되면 그의 군악을 갖춘 행차가 그 같이 섬을 거닐어 자기들의 행진하는 양을 지어 보이는 것이라 한다. 이는 봄이면 정자리에서 흔히 볼 수 있는 것으로 소위 이곳 사람들은 "섬놀이"라고 하여 섬이 그같이 놀기만 하면 비는 당연히 온다는 것이다.

尹孤山花源 자리 謫愁도 잊은 景槪

"영주(瀛州) 가느니 보길도(甫吉島)"라는 한낱 옛날부터 전해온 "민요"가 있다. 이는 삼백여년 전에 이조(李朝)의 지사 윤참의고산(尹參議孤山)이라는 선배가 망명을 하여 제주도로 향하여 가던 도중 경개가 절승한 보길도를 지나다가 그만 이에 마음이 솔곳하여 "영주 가느니 보길도는 어떠하랴"하고 마침내 이 땅에 머무르게 됨으로부터 비롯된 것이다. 그가 살던 황원(黃源)의 어구를 들어가면서부터는 예부터 제철의 모기가 없다는 말을 들어가면서 그의 살던 옛 화원(花源)을 찾아 들어갔다

溪流는 淸操인가 靑松은 高節인 듯

옆으로 광대봉(廣大峯)을 두고 적자봉 북록을 썩 내려나서부터 지질펀펀한 작은 평야를 이룬 곳에는 적자봉과 광대봉에 흐르는 시내가 이리돌고 저리돌아 홋홋한 화원에 곡선미를 더하였다. 몇 백 춘추를 거듭한 오늘날엔 와서는 이미 그의 후손이 끊이고 이금에 터만 남은 그의 살던 집이 고요히 흐르는 시냇물과 한가지로 말이 없으니 입 담은 그의 속깊은 뜻을 알 길이 있으련만 그가 말년에 연못 가운데 손수 심어 놓았던 한포기의 솔은 이금에 늙어 병들었으나 오히려 청청한 맛이 고인의 기개를 말하여 주는 것 같다. 그는 일신을 섬 속에 숨기고 산수(山水)에 낙을 두어 냇가에 제방(堤防) 쌓기와 황폐한 곳에 논(畓) 일구기를 게을리 아니하여 이 땅 후생들에게 끼쳐준 은공이 또한 적지 않다고 한다. 그는 현재 용수포(龍水浦) 아래 저수지(貯水池)인 윤고산보(尹孤山洑)가 그것이며 곳곳 개간된 논이 그것이다.

吉甫普校를 完成 開拓事業도 進行

그 같은 선생을 모셨던 이 섬사람들은 연래의 숙망(宿望) 세가지가 있었으니 하나는 섬 안에 있는 사립보길학교를 완전히 만들어놓자는 것 둘째는 국유림불하(國有林拂下) 일본인의 사유림(私有林) 매수, 셋째로는 간석지(干潟地)의 개척 그것이었다 한다. 첫째는 이 섬안의 유지인 김상근(金商瑾)씨의 성심성의와 도민의 열성으로 이삼년에 수만원의 돈을 들여 교사를 새로 건축하고 다시 그를 보통학교로 하여 이제는 자리가 완전히 잡히고 국유림불하와 간석지개간사업도 역시 전기 김상근씨의 주선으로 원만히 진행 중이다. 그러나 아직 해결되지 못한 것은 이 섬 안의 전체 산림(山林)의 반 수 이상을 차지하고 있는 중촌조(中村組)의 소유산림매수운동, 그것이라 한다. 머리를 왼편에 틀어 얹고 수건도 쓰지 않은 채 김을 매고 있는 부녀들은 그 의복이 큼직하여 노화도 부녀들보다는 좀 깨여보인다 하는 생각을 하면서 선창으로 나와 버렸다.

瀛州三山 어디인가
여기가 仙源世界

1928. 8. 8. 수
島嶼巡禮
莞島海方面(12)
第四隊 崔容煥

● 산림어산이오산위에도산
　　青山島 찾아들어

빤히 보이는 靑山島 가자니 山長水遠

고개만 들리면 "새장구"의 허리와 같이 된 소안도 비자리(榧子里)에서는 이편이 서편 바
다요 저편이 동해가 되고 동해를 향하여 발돋음 하면 대모도(大茅島) 사이의 청산도
(靑山島)가 빤히 보인다. 그러나 배의 항로로는 청산도를 직행할 수 없음은 물론 완도
(莞島)를 갔다가야 다시 청산도를 가게 된다는 것이다. 그렇게 되면 길이 "에이"는 것도
에이는 것이려니와 앞길을 좁이 비듯한 나에게는 항해(港海)의 지루한 생각보다 시각의
바쁜 생각이 앞서 조급하기 끝이 없었다. 그러나 "날개" 돋지 못한 사람이니 더 앙탈할
수도 없는 것이기에 배에 몸을 실어 가는 대로 내버려 두기도 하였다.

碧海蒼浪 조화라고 펄펄 뛰노는 고등어

거의 세 시간 동안이나 허덕거려 완도항에 닻을 놓았던 나의 완도환(莞島丸)은 반 시
를 지체하지 않고 오후 다섯시 경에 다시 완도를 떠나 청산도로 향하게 되었다. 완도
와 신지도(薪智島)의 어구도 벗어나서 소안도의 가고 온 길도 바른편으로 버려두고 망
망한 바다밖에 청산도 가는 길 찾아드니 바람도 더욱 시원하다. 창랑도 더욱 씩씩하
다. 남으로 내닫는 배가 소모도(小茅島)를 가리키며 왼편으로 달아드니 달려드는 파
도를 헤쳐나가는 대로 구름 밖에 청산도도 웅긋중긋, 바다속에 청산도도 차츰 높아진
다. 청산도를 옆에 둔 장도(長島)가 가까워지매 바다에 떼를 지어 뛰노는 것은 물을 것
도 없는 청산도의 당철인 고등어의 무리다. 몇 십간의 주위를 두고 이리뛰고 저리뛰어
노는 것이 마치 뛰염끼기 경쟁을 하는 것 같다.

輸送船에 다 못실어 잡은 고기 놓아주기

고등어의 무리는 기류(氣流)를 따라 또는 "새우"와 "멸치"의 떼를 쫓아 그같이 떼를 이
루는 것이라는데 청산도를 중심으로 그같이 고등어가 출몰하는 시기는 유월초순경부
터 구월하순 전후 사개월 동안이라 한다. 금년은 수십년만에 처음되는 고등어의 풍년

으로 유월 하순경 극성기에 한행보(아침에 나갔다가 저녁에 돌아옴을 가리키는 말)에 어떤 배에서는 삼십여만마리 내지 오륙십만마리를 잡아서 수송선(輸送船)에 싣다 못하여 뱃짐이 부피어 바다에 도로 퍼버린 일까지 있었다 한다. 더구나 금년은 작년에 시험한 바로 시월달에 들어서는 밤이 고등어잡이가 좋다함으로 10월 내쳐 잡으면 그동안 몇 해 동안을 두고 잡은 것보다 낫다고 한다.

沸鼎같은 波市에 娘子群의 醜秋波

그같은 풍성풍성한 말을 들어가면서 지초도(芝草島)를 옆에 끼고 삼태안 같은 청산도의 유명한 도청포(道淸浦)로 돌아들어 포구가에 내리니 파시(波市)의 저자도 풍성풍성해보인다. 도청리마을을 뒤로 두고 서편을 향하여 포구가에 늘어 있는 파시의 거리는 한때인 만큼 정돈되지 못한 채 불결하고 뱃사람들의 들씨는 품이 혼잡을 극한 채 질서가 없어 보인다. 그러나 그들의 푼돈이나마 긁어모으려고 각지에서 몰려든 거리는 이름만이라도 없는 것이 없다. 술집, 여관, 가게, 이발소 그런 것은 말할 것도 없고 일본인의 오복상점출장소와 공의의병원 출장소며 시계 만년필 안경 등의 좀가게까지 그리고 임시 "바라크"의 일본인이 경영하는 목욕탕까지 두 곳이나 되는데 그 모든 것이 잇속 빠른 저네들의 일인 양하여 얄밉지 않음도 아니다. 더구나 푼돈에 침을 흘리는 일녀의 낭자군이 세네 군데에 진을 치고 거리거리에 추파를 건네고 있음은 눈꼴 틀려 볼 수 없는 일이다.

瀛州三山 어디인가 仙源世界 여기로다

그야말로 글자 그대로 물결의 저자와 같이 어지러운 파시를 일순하고 맑고 깨끗한 대선산(對仙山)에 기어오르다 눈이 못미쳐 바다로 내려 영주삼산(瀛洲三山)이 보이지는 않건만 소안도 신지도가 그대로 산이거니, 가히 선원세계(仙源世界)라 하여 "청산도"라 이름한 옛 사람을 나무랄 수 없는 일이다. 섬 덩어리가 대붕산(大鵬山)이 중앙에 소사 동으로 흘러 상산포(桑山浦)에 밟고 선 대선산이 서편에서 명등산(明燈山)을 건너뛰고 남편에 보적산(寶積山)이 있어 호암산(虎岩山) 되고 응봉(鷹峯)을 이루어 명도산(明道山) 되어 북편의 백갈산(白磝山)을 넘어서 대풍산(大豊山)됨은 이상할 것 없으니 과룡산(過龍山)도 산이요, 고성산(古城山)도 산이니 "청산도"가 산이던가? "청산"이 "청산도"이던가? 육십리 위에 고개를 돌려 의심할 만큼 산 위에 산이 놓이었다.

歸帆에 실린 夕照 西海에 잠긴 落日

서남간방을 바라보니 아니나 다를까 멀리 제주도(濟州島)와 청산도(靑山島) 사이의 추자도(楸子島), 장수도(獐水島), 여서도(麗瑞島) 방면을 일원으로 "고등어"잡이를 나갔던 배가 하나 둘씩 떨어지는 햇발과 경쟁을 하다시피 기운차게 두억도(斗億島)를 거쳐 도청포로 달라든다. 닳는 놈! 따르는 놈이 각각 깃발을 날리면서 서로 꼬리를 물고 쫓긴 듯이 따르는 듯이 몰려 들어 어느 것 하나 뺏길 것 없이 승전패전이 한데 엉크러진 한폭의 그림 같은데 어느 틈엔가 그같이 몰려든 수백척 어선으로 포구는 빽빽이 차고 넘었다. 멀리 서해(西海)에 떨어지는 햇발은 차마 보지 못 할 일이다. 바다속으로 바다속으로 잦아드는 것이 활개를 치며 마지막 바다 위에 빛을 뿌리고 출렁. 바닷물이 삼키어 버리는 것은.

내무부가 발간한 《도서백서》(1973년, 1985년) 자료에 나타난 유인도 추가 현황 (섬이름 가나다순)

가덕도(駕德島)

1973년

위치 | 전남 완도군 노화면 방서리

면적 | 0.03km²

해안선 | 0.8km

가구수 | 1

인구 | 5(남:3 여:2)

어선 | 0   어가 | 1

급수시설 | 우물 1개

묘당도(廟堂島)

1973년

위치 | 전남 완도군 고금면 충무리

면적 | 0.11km²

해안선 | 2.7km

가구수 | 39

인구 | 218(남:108 여:110)

어선 | 31   어가 | 38

급수시설 | 우물8개

부도(釜島)

1973년

위치 | 전남 완도군 금일면 소동리

면적 | 0.30km²

해안선 | 3.4km

가구수 | 9

인구 | 57(남:36 여:21)

어선 | 1   어가 | 8

급수시설 | 우물 1개

1985년

위치 | 전남 완도군 금일읍 소동리

면적 | 0.30km²

해안선 | 3.4km

가구수 | 11

인구 | 41(남:20 여:21)

어선 | 9   어가 | 9

전력시설 | 자가발전(발전기 1대)

급수시설 | 우물 2개

1996년

위치 | 전남 완도군 금일읍 부도리

면적 | 0.30km²

해안선 | 3.4km

가구수 | 2

인구 | 5(남:3 여:2)

어선 | 1   어가 | 1

전력시설 | 자가발전(발전기 1대)

급수시설 | 우물 2개

소장구도(小長久島)

1973년

위치 | 전남 완도군 노화면 내리

면적 | 0.05km²

해안선 | 1.4km

가구수 | 5

인구 | 23(남:11 여:12)

어선 | 0   어가 | 5

급수시설 | 우물 1개

1985년

위치 | 전남 완도군 노화읍 소장구리

면적 | 0.04km²

해안선 | 1.4km

가구수 | 2

인구 | 2(남:1 여:1)

어선 | 1   어가 | 2

전력시설 | 미전화지구

급수시설 | 우물 1개

소제원도(小諸元島)

1973년

위치 | 전남 완도군 노화면 내리

면적 | 0.06km²

해안선 | 1.7km

가구수 | 2

인구 | 11(남:6 여:5)

어선 | 0   어가 | 2

급수시설 | 우물 1개

외모도(外茅島)

1973년

위치 | 전남 완도군 노화면 방서리

면적 | 0.04km²

해안선 | 0.7km

가구수 | 2

인구 | 11(남:7 여:4)

어선 | 0   어가 | 2

급수시설 | 우물 1개

지초도(芝草島)

1973년

위치 | 전남 완도군 청산면 도청리

면적 | 0.07km²

해안선 | 1.5km

가구수 | 2

인구 | 7(남:3 여:4)

어선 | 0   어가 | 0

급수시설 | 우물 1개

척찬도(尺贊島)

1973년

위치 | 전남 완도군 고금면 척찬리

면적 | 1.30km²

해안선 | 4.9km

가구수 | 98

인구 | 628(남:328 여:320)

어선 | 75   어가 | 91

급수시설 | 우물 10개

하구룡도(下九龍島)

1973년

위치 | 전남 완도군 노화면 충도리

면적 | 0.02km²

해안선 | 0.8km

가구수 | 1

인구 | 3(남:1 여:2)

어선 | 0

어가 | 0

전력시설 |

급수시설 | 우물 1개

화도(花島)

1973년

위치 | 전남 완도군 금일면 화도리

면적 | 0.10km²

해안선 | 1.0km

가구수 | 9

인구 | 50(남:24 여:26)

어선 | 0   어가 | 5

급수시설 | 우물 1개

위치 | 전남 완도군 금일읍 육산리

면적 | 0.10km^2

해안선 | 1.0km

가구수 | 9

인구 | 43(남:19 여:24)

어선 | 5   어가 | 5

전력시설 | 자가발전(발전기 1대)

급수시설 | 우물 1개

고금면

섬이름	지번	면적	육지와의 거리	위도			경도		
				도	분	초	도	분	초
분도(똥섬)	가교리 산223	612	12.6	126	50	16.6	34	25	3.1
대개도	덕동리 산38-2 외 1필지	27,272	0.3	126	51	17.8	34	23	11.6
민대소도 (민대류도)	청룡리 산318	4,426	0.5	126	46	29.9	34	25	43.7
소개도	덕동리 산39	1,686	15	126	50	16.6	34	25	3.1
송도	청룡리 산1-2	5,000	8						
원도	상정리 산73	8,430	6	126	45	53.5	34	21	51
원도2 (두룡섬)	덕동리 산77 등 7필지	205,091							
위도	덕동리 산84	9,000	23						
입도	덕동리 산76	76,364	14.3	126	51	38	34	25	10.9
장고도	덕동리 산181 외 1필지	9,719	14.9	126	52	17.3	34	24	52.4
종도	청룡리 미등록	2,000	18						
항도	세동리 산252	5,000	14						
해남도	덕동리 산49 외 5필지	17,919	13.3	126	51	50.4	34	23	56.2
황도	상정리 산235	9,620	7	126	51	50.4	34	23	56.2

군외면

섬이름	지번	면적	육지와의 거리	위도			경도		
				도	분	초	도	분	초
계도	황진리 산156	11,832	0.4	126	40	42	34	24	15.2
병도	당인리 산113	7,000	1.5						

				위도			경도		
소화도	당인리 산61	11,802	3.3	126	37	24.4	34	17	25.8
송도	영풍 산243	1,000	0.3						
양도	당인리 산114	71,405	0.6	126	30	33.5	34	18	0.1
장구도	황진리 산225-1 외 7필지	31,440	1.8	126	41	20.6	34	25	18.7

금당면

섬이름	지번	면적	육지와의 거리	위도			경도		
				도	분	초	도	분	초
대가도	가학리 산144-1	160,000	25						
대답다지 (대납다지)	육산리 산309	6,912	25	127	3	7.1	34	24	18.8
대화도	육산리 산311 외 25필지	124,761	28.2	127	2	10.8	34	24	9.9
도각도	가학리 산142 외 7필지	98,578	28.8	127	1	12.5	34	26	56.1
마섬	육산리 산303	2,067	25	127	2	50	34	27	37.1
민등섬(여)	육산리 산304	579	31.7	127	3	3.4	34	27	35.3
소답다지 (소납다도)	육산리 산310	9,315	29.5	127	2	57.5	34	24	15.8
소질마도	가학리 산147	8,231	26.8	127	0	21.9	34	26	1.5
소화도	육산리 산301	22,810	25						
송도(솔섬)	육산리 산308	6,545	29.4	127	2	45.6	34	24	40.2
아내여 (송아지목)	육산리 산306	1,098	28.7	127	2	4.9	34	25	15.6
재도(계도)	가학리 산145	9,894	25						
재도(황도)	가학리 산149	5,034	26.7	127	0	33.6	34	25	22.9
중앙도	육산리 산305	4,959	33.6	127	4	53.3	34	26	37.3
중화도	육산리 산302	33,719	25						
질마도	가학리 산146 외 1필지	65,342	27.2	127	0	43.2	34	26	8.4
향도	차우리 산135	50,000	25						
황도	육산리 산148	50,000	25						

섬이름	지번	면적	육지와의 거리	위도			경도		
				도	분	초	도	분	초
거미서도	사동리 산56-1	1,000	16						
고래여 (땅콩섬)	동백리 산261	21,557	35	127	4	48.9	34	11	20.5
다라지도 (넉타섬)	장원리 산97	17,844	16						
대굴도	화목리 산89-1 외 1필지	8,431	25.7	127	1	11.5	34	20	47.5
대마도	장원리 산94, 산96	86,689	40.1	127	8	50.8	34	12	15.2
대병풍도	사동리 산258	84,940	35.5						
대사도	충동리 산616	70,911	14						
대칠기도	장정리 산359	28,463	14						
따라섬 (따리섬, 즙도)	충동리 산612	8,013	32.9	127	5	39.1	34	22	22
민등서도	사동리 96번지 외 1필지	10,000	35.5						
백서(거미여)	동백리(미등록)	5,151	33.4	127	5	26	34	15	25.6
비도	척치리 산519	10,747	14						
소굴도	신구리 산270	7,934	25.8	127	9	6.2	34	12	13.7
소다랑도	사동리 산150-1	19,636	16						
소병풍도	사동리 산260	23,802	38.8	127	9	28.7	34	16	39.1
소사도	충동리 산615	28,908							
소칠기도	장정리 산358	3,074	14						
송도	충동리 산 402~408	197,156	19.5						
송도 (작은송도, 솔섬)	척치리 산221-1	20,727	29.3	127	2	56.4	34	21	43.7
안매도	동백리 산262	60,348	34.8	127	4	20.8	34	11	11.3
알매도 (고려서도)	동백리 산204	7,041	34.4	127	4	31.4	34	11	46.2
용황도	신구리 산29	80,000	15.5						

섬이름	지번	면적	육지와의 거리	위도 도	분	초	경도 도	분	초
우도(애기섬)	사동리 산256	7,933	29.7	127	3	51.4	34	18	39.2
위도	동백리 산95	80,000	15						
작은섬(소도)	사동리 산1-1	24,022	16	127	4	47.8	34	20	2.8
장고도	장정리 산362	37,086	24.6	126	59	37.3	34	24	38.6
장구도	충동리 산613 외 1필지	8,790	32	127	5	20.2	34	21	23.5
장도	화목리 산89-1외 1필지	10,000	14						
정자도	장정리 산361	6,529	23.2	126	59	5.4	34	23	14.4
종달서도	사동리 142	20,000	36						
중도(위도)	덕동리(미등록)	2,720	14.4	126	50	55.2	34	25	50.6
중병풍도	사동리 산259	1,207	38.7	127	9	28.1	34	16	41.5
중칠기도	장정리 산360	11,504	14						
척도	척치리 산408 외 23필지	141,720	26.7	127	1	42.9	34	22	53.1
항도	사동리 산257	20,000	16						
흑도	장원리 산77	30,000	16						
흰여	장원리 산95	23,199	38.5	127	7	59.7	34	13	1.2

노화읍

섬이름	지번	면적	육지와의 거리	위도 도	분	초	경도 도	분	초
가덕도	방서리 산155	22,017							
멍도	방서리 산158 외 22필지	1,000	29						
문어남도	방서리 산154	7,835	21						
문어북도	방서리 산153	12,496	21						
석금도	충도리 산152 외 1필지	1,000	24						
소마식도	신양리 산1-1 외 2필지	18,942	6.77	126	34	52.2	34	14	19.8
소와모도	내리 산477	1,000	30						
소자도	방서리 산152	1,000	21						

섬이름	지번	면적	육지와의 거리	위도 도	위도 분	위도 초	경도 도	경도 분	경도 초
소장구도	내리 산423 외 31필지	98,417	19	126	28	32.7	34	17	16.1
송도	고막리 산82	2,000	29						
송도	내리 산44	1,000	19						
송도	방서리 산60	3,000	19						
송도	충도리 산73	10,017	4.5	126	37	22	34	11	24.2
송도	충도리 산73	2,000	19						
안도	방서리 산150	3,000	31						
외모도	내리 산481 외 8필지	73,885	18.7	126	23	0	34	13	32.1
육도	충도리 산237	11,207	4.27	126	37	16	34	10	53.2
자도	동고리 산123	12,000	21						
작은할미섬(소고도)	동천리 산190 외 9필지	19,735	19	126	36	55.8	34	11	48.5
잠도	방서리 산151	76,562	22						
장구섬	동천리 산1~3	21,322							
침도	충도리 산88 외 2필지	3,000	29						
큰할미섬(대고도)	동천리 산183 외 11필지	48,398	4.94	126	37	11.3	34	11	44.4
하구룡서(하구룡도)	충도리 산225 외 11필지	42,824	4.11	126	37	27	34	10	59.8
하형제도	내리 산233	1,000	29						
형제상도	내리 산232	1,000	29						

보길면

섬이름	지번	면적	육지와의 거리	위도 도	위도 분	위도 초	경도 도	경도 분	경도 초
가덕도	중통리 산256	3,000	22						
가도	장자리 산186	60,000	22						
기도	중통리 산255	4,000	22						
남도	중통리(미등재)	60,000	22						
동마도	장자리 산47	3,000	22						

동추도	중통리 산101	1,000	22						
목섬(항도)	중통리 185 외 4필지	25,021	2.36	126	35	11.4	34	9	17.3
미역섬(미정도)	장자리 산187	7,636	7.55	126	30	2.1	34	8	34.4
복생도	예송리 산113	7,558	6.15	126	34	33.7	34	6	50.6
사도	장자리 산188	12,000	22						
상도	장자리 산189	1,000	22						
소도	예송리 산107	18,744	4.63	126	34	24.8	34	7	39.6
옥매도	장자리 산186	10,986	7.47	126	30	14.4	34	8	26.2
치도	부황리 산113	3,000	22						
황도	장자리(미등재)	3,000	31						

생일면

섬이름	지번	면적	육지와의 거리	위도			경도		
				도	분	초	도	분	초
구도	봉선리 산299	176,430	27.6	127	0	46.8	34	13	25.7
낭도	봉선리 산304	15,954	25.8	127	1	5.1	34	19	8.4
도룡남도	봉선리 산301	50,083	24.3	126	59	52.3	34	18	20.9
매물도	봉선리 산300	48,397	9.3	126	59	26.3	34	13	11.3
목섬	봉선리 산303	35,824	25.4	127	0	50	34	19	12.6
소덕우도	봉선리 산305	63,417	25.4	127	0	20.7	34	16	55.9
송도	봉선리 산306	47,452	28.5	127	0	37.4	34	12	54
형제도	봉선리 산297	39,372	25.9	127	0	17.2	34	16	4.2

소안면

섬이름	지번	면적	육지와의 거리	위도			경도		
				도	분	초	도	분	초
농서도	서중리(미등재)	3,000	20.6						
대서도	이월리 산548	2,000	11.6						
소구도	횡간리 산271-1	1,041	3.71	126	37	43.1	34	11	55.6
여강태도	소진리(미등재)	2,000	21.2						
장수도	당사도 산26	214,328	44.5						

| 큰여도 | 소진리 산429 | 3,000 | 21.6 | | | | | | |

| 큰여도 | 이월리 산548 | 2,000 | 15.3 | | | | | | |

섬이름	지번	면적	육지와의 거리	위도			경도		
				도	분	초	도	분	초
갈마도	동고리 산7-2	38,777	0.8						
내룡도	월양리 산369-1 외 2필지	24,793	0.6	126	51	40	34	18	9
농어바위	월양리 미등록		1.6	126	51	76.7	34	17	60.2
달해도	월양리 산266 외 2필지	93,023	0.3	126	49	59.2	34	18	1.3
소등도	동고리 산7-3	4,719	0.75	126	54	22.1	34	20	14.3
송도	송곡리 770 외 4필지	7,637							
송도	송곡리 산244, 770외 3필지	7,637	3	126	46	7.6	34	20	57.1
외룡도	월양리 산370 외 1필지, 12-3	61,746	1.1	126	51	56.8	34	17	57.7
제도	월양리 산12-2	9,064	1	126	53	22.3	34	18	14.1
진섬(장도)	월양리 산372	164,107	2						
치도	신리 산77-1 외 1필지	45,570	0.7	126	47	34.5	34	21	4.9
혈도	동고리 산7-4	53,455	1.6						
형도	월양리 산12-1	10,046	0.6	126	53	13.8	34	18	19.8

섬이름	지번	면적	육지와의 거리	위도			경도		
				도	분	초	도	분	초
대죽도	장용리 산248	21,620	16.7	126	54	42	34	24	30.3
섬어두지 (어두도)	해동리 산1-1	102,642	20.4						
소죽도	장용리 산247	7,934	16.6	126	54	34.1	34	24	23
정개도	장용리 산249	2,138	16.5						

섬이름	지번	면적	육지와의 거리	위도			경도		
				도	분	초	도	분	초
장도	장좌도 734 외70	46,000	0.2						
주도	군내리 산259	14,000	0.05						

청산면

섬이름	지번	면적	육지와의 거리	위도			경도		
				도	분	초	도	분	초
납자도	당락리(미등록)	16,000	19.9						
내랑도	국산리 산333	6,000	19.9						
대항도	모도리 산1276	195	9.94	126	45	16.7	34	12	
두억도	도청리(미등재)	6,000	17.7						
불근도	모도리 산631	112,000	16.9						
상도	청계리 산302	18,000	22.7						
지초도	도청리 산221 외 8필지	71,408	1.44	126	50	59.1	34	11	
항도	등촌리 산1 외 19필지	147,423	6.35	126	55	38.3	34	11	
호적도	국산리 산334	3,000	19.9						

| 연륙, 연도 현황 |

출처: 《대한민국 도서백서》 행정안전부, 2011년 발행(2010년 12월 말 기준)

완도군 연륙도서의 연륙연도와 거리

섬이름	연륙연도	거리(m)	도로명
고금도	2007년	760	고금대교(고금도—마량)
달도	1968년	560	남창교(달도—남창)

＊(2010년 12월 말 현재)

완도군 연륙도서의 연도와 거리

섬이름	연도년	거리(m)	다리이름
완도—달도	2011년	500	완도대교
완도—신지도	2005년	840	신지대교
약산도—고금도	1998년	306	약산대교
노화도—보길도	2008년	620	보길대교

육지와 차량 통행이 가능한 완도군 유인도서

섬이름	면적(km²)	인구(명)	비고
완도	90.288	22,461	달도 경유
고금도	43.230	4,570	
신지도	31.271	3,757	완도, 달도 경유
약산도	28.800	2,515	고금도 경유
달도	1.126	217	

강판권, 《역사와 문화로 읽는 나무사전》, 글항아리, 2010

고광민, 《어구》, 제주대학교박물관, 2002

고석규 외, 《장보고시대의 포구조사》, 해상왕장보고기념사업회, 2005

국립문화재연구소, 《완도군》, 2002

국립민속박물관, 《초분》, 2003

국립해양문화재연구소, 《여서도》, 해양문화유산조사 보고서 11, 2014

국립해양유물전시관, 《新羅人 張保皐 : 바닷길에 펼친 교류와 평화》, 2006

국립해양유물전시관, 《전통한선과 어로민속》, 금성인쇄출판, 1997

국립환경과학원, 《특정도서 정밀조사》, 2011

국립환경과학원, 《전국 무인도서 자연환경조사 : 완도》, 2012

국토지리정보원, 《한국지명유래집 전라·제주편》. 2011

吉田敬市, 《朝鮮水産開發史》, 朝水會, 1954

김경옥, 《조선후기 島嶼硏究》, 혜안, 2004

김문경·김성훈·김정호, 《장보고 : 해양경영사연구》, 이진, 1993

김문경, 《장보고연구》, 연경문화사, 1997

김성훈, 《21C 장보고 정신 구현》, 해상왕장보고기념사업회, 2003

김소남, 《청해비사》, 농촌계몽문화사, 1955

김영희, 《섬으로 흐르는 역사》, 동문선, 1999

김재근, 《한국의 배》, 서울대학교출판부, 1994

김재원 외, 《한국서해도서조사보고》, 을유문화사, 1957

김정호·김희문, 《청해진 옛터 완도지역 지명 유래조사》, 해상왕장보고기념사업회,
  2003

김정호, 《섬, 섬사람들》, 학연문화사, 1991

김준, 〈어촌사회의 구조와 변동〉, 전남대학교 박사학위논문, 2000

김준, 《갯벌을 가다》, 한얼미디어, 2004

김준, 《어촌사회 변동과 해양생태》, 민속원, 2004

김준, 《새만금은 갯벌이다-이제는 영영 사라질 생명의 땅》, 한얼미디어, 2006

김준, 《김준의 갯벌이야기》, 이후, 2009

김준, 《바다에 취하고 사람에 취하는 섬여행》, Y브릭로드, 2009

김준, 《대한민국 갯벌문화사전》, 이후, 2010

김준, 《어촌사회학》, 민속원, 2010,

김준, 《소금밭 섬여행》, 비틀맵, 2011

김준, 《섬문화 답사기-신안편》, 서책, 2012

김준, 《섬문화 답사기-여수 고흥 편》, 서책, 2012

김준, 《바다맛기행 - 바다에서 건져 올린 맛의 문화사》, 자연과생태, 2013

김준, 《어떤 소금을 먹을까 - 아빠와 함께 떠나는 소금여행》, 돌고래, 2014

노화읍지편찬위원회, 《노화읍지》, 2012

목포대박물관, 《완도군지표조사자료》, 1983

목포대학교도서문화연구소, 〈보길도 조사보고〉, 《도서문화 제8집》, 1991

목포대학교도서문화연구소, 〈청산도 조사보고〉, 《도서문화 제9집》, 1991

목포대학교도서문화연구소, 〈금일지역 조사보고〉, 《도서문화 제10집》, 1992

목포대학교도서문화연구소, 〈완도 소안도지역의 사회문화적 성격 연구〉, 《도서문화
　　제11집》, 1993

목포대학교도서문화연구소, 〈완도군 약산지역(조약도) 조사보고〉, 《도서문화 제12
　　집》, 1994

목포대학교도서문화연구소, 〈완도군 고금도 조사보고〉, 《도서문화 제13집》, 1995

목포대학교도서문화연구소, 〈완도군 신지도 조사보고〉, 《도서문화 제14집》, 1996

목포대학교도서문화연구소, 〈완도군 노화읍 조사보고〉, 《도서문화 제15집》, 1997

목포대학교도서문화연구소, 〈완도군 체도 조사보고〉, 《도서문화 제16집》, 1998

목포대학교도서문화연구소, 〈완도군 생일도 공동연구〉, 《도서문화 제22집》, 2003

목포대학교박물관, 《전라남도 완도군의 문화유적》, 1995

문화재관리국, 《한국민속종합조사보고서(어업용구편)》, 1992

박수현, 《재미있는 바다생물이야기》, 추수밭, 2006

박수현, 《바다생물 이름 풀이사전》, 지성사, 2008

박종길·서정화, 《물새 : 한국의 야생조류 길잡이》, 신구문화사, 2008

배인철, 《나만의 남도여행》, 한얼미디어, 2006

뿌리 깊은 나무 편집부, 《한국의 발견 전라남도》, 뿌리 깊은 나무, 1983

사단법인 완도군항일운동기념사업회, 《완도군항일운동사》, 2000

서긍, 《고려도경》, 민족문화추진회 옮김, 서해문집, 2005

신순호, 《도서지역의 주민과 사회》, 경인문화사, 2001

신지면지편찬위원회, 《신지면지》, 2008

아세아해양사학회, 《장보고 대사의 활동과 그 시대에 관한 문화사적 연구》, 해상왕장
　보고기념사업회, 2007

엔닌, 《엔닌의 입당구법순례행기》, 김문경 역, 중심, 2001

완도군문화원, 《완도의 옛 지명 : 지명유래편》, 1998

완도군지편찬위원회, 《완도군지》, 1977;1992;2011

완도군항일운동기념사업회, 《완도군항일운동사》, 2000

완도읍지편찬위원회, 《완도읍지》, 2010

윤근일·김성배·정석배, 《청해진에 대한 종합적 고찰 : 청해진유적 발굴조사 성과를
　중심

으로》, 해상왕장보고기념사업회

윤명철, 《장보고시대의 해양활동과 동아지중해》, 학연문화사, 2002

이균영, 《해방의 땅 소안도》,

이우신·구태회·박진영, 《한국의 새》, LG상록재단, 2000

이재언, 《한국의 섬(완도편)》, 아름다운사람들, 2011

이종묵·안대회, 《절해고도에 위리안치하라》, 북스코프, 2011

이중환, 《택리지》, 이익성 역, 을유문화사, 2002

이해준, 《역사 속의 전라도》, 책가, 2011

자연보호중앙협의회, 《자연실태종합조사보고 제2집》, 1982

전남문화재연구원, 《완도 보길도 윤선도유적》, 2009

전라남도, 《전남의 섬》, 2002

정근식·김준, 《해조류양식 어촌의 구조와 변동》, 경인문화사, 2004

최강식, 《천년을 여는 미래인 해상왕 장보고》, 청아출판사, 2003

최덕원, 《다도해의 당제》, 학문사, 1984

최성락·정영희·김세종, 《완도 고금도진 : 발굴조사 종합보고서》, 목포대학교박물관,
　2011

최성락·정영희·김영훈, 《완도 고금 이충무공 유적》, 목포대학교박물관, 2009

한국도서연구회, 한국도서연구회지(남도특집), 1995

《韓國水産誌 三輯》, 朝鮮總督府農商工部, 1910

《韓國水產誌 一輯》, 朝鮮總督府農商工部, 1908

한상복·전경수, 《한국의 낙도민속지》, 집문당, 1992

해양수산부 국립수산과학원, 《한국어구도감》, 2002

해양수산부, 《한국의 해양문화》, 2002

행정안전부, 《한국도서백서》, 2011

허경회, 《완도지역의 설화와 민요》, 목포대학교도서문화연구소, 1992

허일 외, 《장보고와 황해 해상무역》, 국학자료원, 2001

목포대학교도서문화연구소, 〈완도군 금당도 조사보고〉, 《도서문화 제17집》, 2001

국립해양문화재연구소, 《여서도》, 해양문화유산조사 보고서 11, 2014

| 찾아보기 |

ㄱ

가는개 179
가교리 129, 133, 136
가두리 20, 183, 199, 200, 224, 298, 315, 316, 400, 447, 463, 464, 485, 495, 542
가락리 411
가래 415~417
가리포진 24, 39, 43, 74, 128
가리포첨사 38, 39, 43, 74, 128
가리포해전대첩비 40
가메섬 242
가섭 200
가시나무 36, 416
가학리 175, 177~180, 182~184, 186, 187, 407, 411, 412, 419
각망 250
간척농지 28, 131, 133, 181, 182, 457
간척사업 28, 80, 161
간척지 19, 20, 28, 162, 168
간첩 96, 105, 437, 512
간통 198 〈???〉
갈고둥 321
갈꽃섬 478, 479
갈두산 539
감동가 421
감목관 308
감목리 209, 217, 249
감성돔 200, 240, 258, 259, 262, 324, 433
감탕나무 36, 471, 470, 472
감태 83, 84, 335, 486, 494
강강술래 484

강릉 유씨 95
강진만 80, 125
강진장 80, 125
강진청자축제 67
강진현 74, 125, 127, 153, 155, 217, 308, 309, 346
개매기 415~417
개안 272, 485
개포 193, 194, 239~241, 246, 248, 249, 251, 259, 260, 279, 280, 511, 512, 518
갯강구 321, 322
갯공사 394
갯돌해변 464
갯멧꽃 216
갯방풍 216
갯제 69, 78, 79, 89, 96, 164, 166, 167, 184, 185, 287, 289, 502
갱번 185, 277~280, 284~287, 291, 299
거무나리 102, 108, 111
거문도항 29
거북손 321
거점섬 207, 208, 514
건강망 415
검나리 102
검모산 160
겐도 선창 310, 311
격자봉 455~458
경상좌수사 40
경주 이씨 237
경주 정씨 190, 392
계미민란 44, 212, 489

계화도간척사업 362
고군산도항 29
고금대교 125, 127, 128, 136
고대구리어업 386
고등어 250, 337, 339
고등어잡이 건착망 340
고등어파시 337, 336, 339, 345
고물샘 285
고흥 21, 29, 127, 157, 173~175, 178, 190,
　　198, 200, 206, 207, 210, 227, 231, 242,
　　264, 273, 400
곡우물 510
곡우비 510
곡우사리 510
공도정책 409
공동삼림 233
공동어장 277
공동의례 175
공동작업 144, 240, 248, 277, 278
공동화현상 251
공북산 160
공유수면 119
공출 91, 92
관둔전 212
광대바위 482
광대봉 455, 457
광양 21, 127, 227
광어 20, 161, 236
광업권 102
광주학생독립운동 313, 314
구계등 34, 35, 37, 414
구들장논 19, 287, 348~350, 353, 354, 381
구폐절목 410
국립공원 36, 37, 352, 353, 400, 448, 484
굴앞 272, 273

굴참나무 36
굿판 87
궁방전 212, 418, 489
궁방토 161, 162
궁복 83
궁파 83
귀양 20, 25, 74, 484
그물어업 376
금갑도진 128
금갑진 27, 126
금당별곡 221
금장 210, 233
기계 유씨 216
기미가요마루(君代丸) 29
기선산 126
김발고사 185
김틀 79
김해 김씨 392
까막전복 494
꽂대 440, 441
꽂섬 95, 96, 113
끄슬쿠 350
끝짝지 493

ㄴ
나잠업 251
나주 125, 310, 312, 357, 420, 422, 436,
　　498
나진 23
낙망 250
낙안 21, 129
낙지통발 67, 75
낙타섬 264
낙하유도어구 250
남붕환 31

남쪽으로 튀어 370

남창장 19, 56, 57, 63, 75, 76

남창포구 57

낭장망 95, 164, 200, 223, 232, 238, 239,
  251, 250

내리 499~502, 504, 519~522, 543

내연발전소 301, 535

내정리 317

너구털산 159

너메 390

넙게 497

넙치 250

노두길 60, 61, 70

노학봉 309

노화염전 480, 482

녹나무 467

녹동길 175

녹우당 457

농어 74, 161, 258, 259, 386, 511

ㄷ

다라지도(다라지섬) 263, 264

다랭이논 28, 231, 288, 349, 373, 397

다랭이밭 51

다시마대학 214

달량진 27, 128

달량진사변 128, 489

담수화시설 144

당굿 286

당목마을 162

당목항 136, 206, 207, 227

당산 78, 285, 286, 460

당산나무 108, 111, 158, 163, 164, 166,
  178, 276, 279, 284, 287, 383, 485

당산리 477, 478, 485, 491~493

당산제 78, 79, 96, 162, 164, 165, 174, 175,
  178, 277, 284, 285, 501, 502

당인리 41~45, 109, 500

당집 35, 105, 106, 111, 163~165, 183, 184,
  285, 300, 301, 333, 346, 347, 355, 428,
  460, 501, 502, 507

당포리 478, 485

당할머니 105, 106, 158, 163, 164, 284,
  286, 460, 461, 500, 501, 512

대개포간척사업 133

대마도 27

대모도 258, 334, 369

대모망 250

대물 포인트 258

대병풍도 263

대봉산 336, 338, 341, 353

대부망 250

대야리 19, 28, 72, 77, 85, 86

대체어장 447, 518

대한독립단 422

대한혼 421

덕동리 127, 129, 133, 136

덕석 360, 363

덜리 353

도강현 153, 308

도남리 128, 129, 133

도부 182, 210, 231

도부장수 182

도서금주령 128

도암만 24, 57, 66, 67, 74, 80, 139, 153,
  161, 174

도애재기 468

도장리 206, 208, 209

도제 175

도청몰 155

도청항 339, 340, 393
독거도 258
독도 27
독립군 419
독립군가 421
독립운동 298, 423
독살 345, 415
독샘 285
돈섬 67, 100, 103, 219, 511
돌고개 131
돌김 153, 194, 239, 247, 248, 250, 371,
   375
돌돔 511, 258, 394
돌미역 194, 198, 206, 233, 239, 250, 286,
   371, 375, 394, 395, 548
돌산군 212, 489
돌살 345
돔(도미) 57, 74, 117, 161, 250, 258, 386
돗단바구끝 492
동거차도 258
동백꽃 116, 344, 345, 381, 458
동백나무 34, 343~345, 399, 467
동백리 209, 211, 219, 246, 248, 255
동석산 160
동송리 189, 197, 207, 209
동신호 31
동진리 407, 411
동천항 444, 445, 448, 504
동학군 429, 432
동학농민전쟁 44
동화염전 480
되박쟁이(눈) 162
둥당애타령 484
득량만 181, 183
등대도 242

따개비 238
따비 231, 232
땅끝전망대 539
땅콩여 258, 259, 262
땟마 255
뜰채 416

ㄹ
리아스식 해안 23, 283

ㅁ
마도진 54, 312, 334
마람 360, 362, 364, 366
마량진 128
마량항 153, 206, 273
마삭분교 549
마삭줄 36, 381
마을공동기금 518
마을공동어장 132
마을공동체 36, 37, 423, 502
마을도서관 549
마을어업 118, 119, 192, 193, 518, 520, 528
마을어업권 115, 118
마을어장 41, 61, 62, 65, 75, 76, 78, 83,
   116, 143, 155, 162, 193, 210, 251, 264,
   278, 280, 296, 324, 338, 376, 390, 400,
   412, 488, 493, 502, 518, 528, 548, 549
마을어촌계 193, 251, 325, 518, 520
마을자치법 118, 376
마을회의 104, 278, 280, 518
마장질 521, 522
말안장섬 517
말전복 494
망덕산 126, 127, 271
망봉산 126, 159

망월봉 455, 457

망향가 421

매봉산 336, 353

매산태 157

매생이 양식 137, 138, 140, 155, 156, 159

매생이 재기 157, 159

매생이발 157

맹골도 258

맹선리 387, 407, 409, 411~413, 427, 454

머구리배 524

멀꿀 36

며느리밑씻개 397

며느리배꼽 397

면세유 141, 198, 199

면허어업 532, 527

멸치낭장 197, 198

멸치낭장망 200, 223, 251

멸치어장 224, 238~240, 250, 251, 322, 325, 414

명량해전 40, 126, 127

명령항로 101, 136, 146, 292, 320, 540

명륜호 31

명사십리 246, 307, 310~312, 314, 320

명품마을 352, 400

모도분교 374

모래통 541

목계 문서 174, 175

몽돌 34~37, 163, 164, 281, 301, 321, 413~415, 467

무궁화 70, 413

무레꾼 302, 495

무새 289

무안 21, 23, 62, 67, 283, 423

무이파 463, 464, 485

무인도 74, 118, 127, 138, 193, 208, 242, 263, 271, 273, 293, 334, 370, 454, 498, 511, 543

물때 40, 125, 200, 249, 279, 289, 296, 301, 389, 400, 415, 440, 441, 497, 498, 517, 536

미라리 407, 409, 412, 413, 477, 485, 488, 527

미역귀 247

미역바위 36, 273, 279

민꽃게 57, 75, 76, 298

민중봉기 43, 44

ㅂ

바달 502

바지락 32, 53, 56, 62, 67, 77, 87, 115, 131, 132, 161, 191, 192, 272, 376, 493

박목 296

반남 박씨 272, 291

방어 250

방축리 497, 499, 500, 501, 504, 507, 511, 512, 514, 532

방풍림 41, 111, 246, 345, 411, 414, 437, 455

배낭구미 272

배냇소 323

배달청년회 370, 406, 419~422

배롱나무 70

백운산 126, 271, 272, 275, 285, 287, 288

버들개 272, 278

버틴등 407, 419

범산 309

벽랑국 217, 218

벽랑도 217~219

별서조원 458

병포 161, 264, 283, 396

보도연맹 423, 424
보리 사건 186
보리범벅 166, 185, 412
보릿고개 45, 191, 280, 283
보적산 335, 336
보화도 126
복섬 74, 75, 80
볼라벤 73, 190, 255, 438, 447, 453, 463,
  485, 528, 533, 542
볼락 199, 259, 258
봄의 왈츠 347, 355, 357
봉군 397
봉산 174, 175, 489
봉황산 126
부모은덕가 421
부상리 407, 412, 413, 422
부엉산 227
부용동 454~459, 479, 481
부흥리 338, 349, 353
북암리 407, 412
불근도 334, 370, 375
불목리 22, 25, 68, 69
붉은가시나무 467
비견분교 194
비금 21, 208, 354, 362, 483
비자리 374, 405, 407, 410~412, 421, 422
뻘떡게 75

ㅅ
사내호 74, 75, 80
사라호 255
사복시 308
사자봉 436
사초리 67, 75, 80, 139
사패지 161

산감 233
산담 381
산신당 78
산신당 고랑 460, 461
산제 174, 284, 285
살자회 420, 422
삼각망 250
삼도진 128, 480, 489
삼마리 317, 485, 491
삼망산 126
삼문산 155, 159, 160, 167
삼바 73
삼신할머니 77
삼지구엽초 155, 159, 160
삼치잡이 유자망 340
삼치채낚기 374
삼치파시 336, 345
삿갓조개 321
상사리 352, 353
상산 309
상산포 353
상서리 349, 353
상왕봉 24, 346
상정리 131~133, 228
상정선착장 310
상화주 184
상황봉 28
새끼 360, 361, 363, 364
새끼미 272
새마을14호 526
새마을사업 175, 351, 374, 379, 380
새마을운동 379, 486
새마을지도자 166, 286
새마을호 97, 534
새우나무 36

샘굿 89, 387, 351

샛바람 386, 389, 507

생일분교 275

서거차도 258

서어나무 36

서중리 407, 412

서중마을 412, 413

서편제 333, 336, 337, 347, 357

석선터 254, 255

석쇠 493

석장리 39, 40

석화 양식 62, 67, 87

선산도 125, 153, 334, 336, 346, 489

선승락 87

선원도 334

선재목 174, 175

섬 임자 94~96, 100, 101

섬돌이 182

섬사랑호 101, 110, 292, 293, 320, 369,
    371, 372, 392, 393, 435, 499, 504, 517,
    526, 540, 546

섬에재기 468

섬재기 468

섬재이 468

세계농업유산 354

세동리 133

세모 210, 233, 234, 239, 248, 492

세물 289

세미쌀 184

세연정 456~459

소골장 360

소금가마 51, 56

소년남자 421

소년단가 421

소대망 250

소록도 175, 196, 221

소목포 483, 504

소선마을 413

소안노동대성회 420

소안배달청년회 406, 407, 419~422

소안의 봄 423

소안학교 418~421, 423, 424

소안항일운동기념탑 406, 423

소진리 407, 413~415

소치도 77

손죽도 320

송곡리 161, 310~313, 317

송곡항 310

송악 36, 381

송장바위 482

송전 174

송지장 19

쇄국정책 89, 396

쇠금이 272

수군만호진 334, 409

수군방어진 308

수군진 24, 43, 54, 74, 128, 212, 347, 436,
    489

수도개량사업 232

수산업법 115, 118, 280, 324, 520, 526

수성송 27

수의위친계 313, 420, 422

수제 174, 185

수평유도어구 250

수하식 양식 133, 550

순항선조합 29, 30, 31

숭어 19, 57, 100, 106, 161, 184, 377, 416,
    417

숲쟁이 35

슬로라이프 346, 352, 359

슬로시티 29, 319, 336, 345, 346, 354, 359, 372
슬로푸드 346, 359
슬로피쉬 408
승망 250
시볼트전복 494
신간회 313, 314, 422, 423
신들바구끝 493
신등 67
신목 105, 163, 470,~472
신안 주씨 94, 95, 101
신지대교 83, 310
신지진 128
신지항일운동기념탑 314
신풍리 338, 353
신흥염전 480
싹쓸이어업 337, 340
쏘쏘리바람 182
씻김굿 164, 360

ㅇ
아바타 162, 165
안동 권씨 216
안통 493
압해대교 51
약산대교 125, 155
양식어업 32, 75, 133, 142, 166, 193, 194, 233, 249, 277, 280, 317, 325, 376, 447, 448, 458, 461, 462, 493, 526
양식어장 138, 485
양지리 349, 353
양촌리 317
어깨보중 316
어란포진 128
어량 416

어민후계자 447
어부림 35
어살 250, 416
어장 분쟁 208, 278, 532
어촌계 61, 76, 104, 115, 116, 118, 193, 251, 280, 296, 302, 324, 325, 491, 492, 495, 497, 518~522, 526~529, 532, 542, 543, 548
여권신장가 421
여의주설화 541
여튼기미 23
연도교 29, 30, 32, 136, 206~208, 217, 453
연륙교 32, 27, 29, 30, 32, 51, 55, 136, 153, 206, 309
연소마을 197
연승 340, 386, 390, 493, 549
염등리 478, 480~482, 485, 491
염수마을 51
염홍 74
영양염류 57, 67, 74
예작분교 469
오부락당 286
오분자기 494
오징어 250
온금포 180
완도대교 24, 34, 54, 55
완도항 29~31, 39, 253
완도환(莞島丸) 30, 31
외모군도 525
외모도 498, 525
요망대 397, 398
용낭도 273, 275, 282, 293
용내이 272
용냉이굴 190
용냉이섬 281, 282

용마름 363, 364
용왕제 289
용천수 53
용흘래기 고랑가샘 285
우두리 19, 155, 161, 162, 497
우뭇가사리 264, 396, 438, 512, 513, 518
우실숲 35
운암바위 264
울금 177
울억금 177
울포리 177, 178, 186, 193, 197
원담 381
원화주 184
월항리 374, 407, 408~410, 412, 419, 423
유조선 사고 104, 526
유황제 184
육골 180
육답 180
육상가두리 72, 316
윤동마을 127, 136, 146
웅봉산 126
이각망 250
이매패 487
이목리 374, 409, 412, 454, 477, 480, 482, 500
이목항 526, 534
이별가 421
이엉 349, 354, 356, 357, 361~364, 366, 379
이월리 411
이진진 128
인꼬리 182
인사바위 482
일매패 487
일심단 419, 420, 422

임사수군진 127
임촌리 317
입호금 518, 548

ㅈ

자가발전 521, 535, 536
자동김발 521, 522
자염 56, 130, 407, 480, 482, 489
자율어업공동체 144
자토 162
작살기미 162
작은여 375
잘포기미 485
잘포리 477, 485, 526
잠녀 219, 338, 346, 358, 359, 382, 488, 494
잠수문화 219
잠입유도어구 250
잠태 139, 143, 157
장군당 87
장기미 359
장보고호 547
장샛기미 493
장송목 174
장좌리 28, 82, 83, 85~88
장지해수욕장 301
장흥 마씨 221
장흥장 139
재지금 493
전갱이 250
전라관찰사 20
전복치패 67, 298, 488, 495, 500
전석계 346
전승락 87
전어 19, 57, 60, 66, 75, 259

정낭 350

정도리 19, 27, 28, 34, 36, 39

정몽주추모가 421

정유재란 52, 53, 127, 129

정치망 250, 251

제3작환 30

제관 166, 184, 185, 502

제방형 다리 53

제비추첨 76

제주잠녀 488

조간대 62, 139, 142, 233, 277, 415, 416, 518

조금 선창 23, 80

조금나루 23

조기(朝汽) 29

조기어장 198, 510

조기운동가 421

조기잡이 510

조선기선회사 29

조음도 19, 20, 22, 23

종근 160

종선 453

종패지 137

주낙 87, 493, 548~550

주비(주배) 233, 259, 277, 279, 280, 293

주비추첨 76, 104, 260, 278~280

죽방렴 415

죽제품 264

중흥리 353

쥐똥나무 467

지도군 21, 212, 489

지석묘 347

지선어민 161

지선어장 193, 518, 520, 526

지신밟기 89, 424

지주식(김 양식) 74, 75, 79, 86, 103, 139, 148, 155, 179, 191, 233, 283, 315, 412, 461, 469, 518~522, 548

지풍개 179

진도대교 51

진도아리랑 333

진말 347

진산리 168, 412~414

진포 161, 264, 283, 396

쪽대 416

ㅊ

차우리 20, 173, 175~180, 185, 193, 194, 197

참돔 74, 161, 258, 259, 394

참전복 494

참치파시 339

채묘 140, 143

채종지 138~143

척찬리 33, 131, 133

척치리 207, 209, 221, 222, 246

천구리 482

천연대 346

천일염전 129, 130, 482

천초 206, 273, 277, 279, 324, 438

청각 161, 292, 324

청계리 353

청룡리 19, 128

청별 선창 454

청별항 455, 461, 463, 478, 482

청산고등어 339

청산진 128, 308, 409

청산파시 337, 340

청해관 24, 28

청해인 83

청해정 24

청해진 22~25, 82, 83, 85~88, 347

초도분교 148

초분 333, 347, 354~358, 360~363

초분골 355

초빈 360

초장 360

출장 360

총알고둥 321

추자도 21, 40, 57, 409, 410, 413, 446, 447, 484, 498, 500, 542, 546

축정항 29

충도염전 480

치자 67, 69, 70

ㅋ

콩난 399

콩자개덩굴 36

큰개 394

큰개머리 39, 40

큰기미 359

큰멀 272

큰샘 285

ㅌ

탐라국 217, 218

탐진강 57, 66, 67, 74

탐진댐 67

탐진현 25, 153, 308

태극기 마을 412

태양광발전소 257, 535

태풍 29, 36, 41~43, 72, 73, 101, 102, 111, 117, 141, 142, 160, 166, 176~179, 190, 197, 255, 263, 279, 317, 333, 413, 415, 437~439, 442, 447, 453, 462~464, 485,
488, 507, 525, 527, 528, 533, 542, 543

테왁 359

토말탑 539

톱하늘소 472

통리 454, 460~463, 485

통발 75, 76, 164, 190, 343, 440

통보리사초 216

통제사 54

통학선 514, 550

ㅍ

파래 110, 111, 113, 114, 139, 148, 157, 191, 210, 231, 254, 259, 260, 307, 310, 341, 342

파젯굿 185

판석보 459

팔금 21, 208

팥밥 185, 186

팽나무 34, 467, 485

평주 정씨 237

평화염전 480

폐교 90, 109, 110, 143, 148, 194, 223, 234, 235, 241, 320, 326, 419, 442, 448, 468, 481, 514

풀섬 497

풍도해전 311

풍랑주의보 411, 427, 433, 504, 506

풍력발전기 264, 535

풍선배 410, 427, 432

피항 255, 527, 542

ㅎ

하늘수박 296

하늘타리 296

하늬바람 68, 83, 84, 182, 256, 386, 389,

507, 535

하마비 347

학도가 421

한가시나무 460

한세 500

항가치 사건 186

항동리 131, 133, 353

항동마을 130, 131, 133, 140, 353

항만법 514

항일운동 313, 314, 370, 376, 406, 416,
  419~421, 423, 424, 432, 434

해금의 시대 88, 89

해나리 102

해남 윤씨 457

해남생활권 109, 115, 454

해녀 211, 212, 264, 282, 296, 301, 302,
  324, 339, 358, 411, 487, 488, 494, 495

해송숲 83, 101~103, 211, 246, 281, 287,
  310

해수담수화사업 116

해안권 118, 541

해양레저 392, 400

해양의 시대 88

해전기념비 39

해조류 양식권 184

해조류 양식장 209

해조류 채취권 104, 193

해조류박람회 23, 29

해초권 97, 104

해초채취권 208

해태 31, 74, 76, 79

해태 양식 79, 317

해태머슴 283

행사계약 104, 526, 529, 533

행진곡 421

허제비(허수아비) 185

헌석 284, 285

혼인권 207

혼인권역 247

화개리 28

화랑게 272

화염전 129

화홍포 28, 36, 39, 448

황금조기 237

황원포 456, 457

황장목 175

회령포 54, 126

회룡리 19, 131~133

회룡제 102

횡간분교 442

후박나무 82, 343, 383, 399, 428, 467, 501

후시까마루(伏木丸) 29

휴식년제 56, 117

흑산도 27, 111, 211, 312, 340, 510

흑산파시 337, 340

흑일분교 110

흰나리 102

| 서명·인명 찾아보기 |

ㄱ

강정태 418, 420
고금면지 129
고득장 129
고려도경 487
고려사 217, 334, 477, 479, 498
고려사지리지 25, 218
그 섬에 가고 싶다 427, 431
금당도선유기 212, 219
김개수 62
김경천 418, 420, 423
김기한 420
김남두 418, 420, 421
김덕령 39, 89
김사홍 418, 423
김시민 39
김영현 43
김철진 420
김통안 420, 421
김홍남 314

ㄴ

난중일기 125
난호어묵지 494

ㄷ

단종실록 479
대동여지도 218
대동지지 254
대원군 396, 397

덕영직도(德永直道) 28
도서문화 161, 186, 193, 231
도서순례기 335
도선 86
동국여지승람 408, 454, 489
등자룡 129

ㄹ

로베르토 안젤루치 346, 359

ㅁ

만기요람 125
명제세 420
명종실록 436
문승수 314

ㅂ

박기숙 420
박노기 314
박의중 43
박정양 213, 489
박찬승 422
박홍곤 420
백형기 420
보길도지 456
북헌집 219

ㅅ

삼국사기 22
삼미지홍(三尾知弘) 32
선조실록 127
선태섭 420
성종실록 309, 479
세조실록 479
세종실록 334, 479
세종실록지리지 125, 416
소안항일운동사료집 423
송기호 418, 420
송내호 420, 421, 423, 314
송시열 459, 545
송징 82, 85, 86, 88
숙종실록 334, 409
신광희 418, 421
신도일록 311
신동국여지승람 157
신만희 420
신순호 226
신준희 420, 421
신증동국여지승람 25, 125, 153, 157, 219, 309, 334, 346
심성섭 240

ㅇ

양기탁 420
완도 신지 309
완도 향교지 409
완도군지 24, 334

완도마을유래지 408
왕인 86
위백규 212, 219, 221
윤선도(고산) 455, 479, 481
윤위 456, 457
윤효종 457
응와전집 219
이각재 420, 421
이갑준 420
이건 487, 494
이광사 312, 313
이균영 423
이기용 418
이도재 20, 213, 489
이사욱 43
이상돈 43
이세보 311, 312
이순신 89, 127~129
이영 25
이영남 129, 130
이영주 187
이정동 420
이준화 429, 432
이항발 420
일본후기 242
일성록 489
임경업 89, 416
임재갑 313, 314, 422

ㅈ
자산어보 157, 486, 494
장보고 24, 82, 83, 85,
87~89, 346, 347
장석천 313, 314
장한철 334

장흥읍지 205
전남의 섬 74
절해고도에 위리안치하라
312
정광균 187
정남국 418, 420~422
정남균 314
정년 88
정두실 370
정병호 423
정일만 187
정조실록 175
정창남 420
제주풍토기 487, 494
조극환 420
조문환 420
조자근 43
존재전서 212
주채두 418
중종실록 309, 334
진린 126, 129

ㅊ
채바다 218
청해비사 24, 43
청해진 완도군 향토사 22,
24, 74, 455
최강 38~40
최도일 43
최여안 43
최여집 43
최평산 418, 421
최형천 418, 420
충무공 53, 54, 125~127,
129, 130, 436

ㅌ
탐라지 494
태종실록 334

ㅍ
표해록 334
풍아 312

ㅎ
한국수산지 209
허사겸 41~43, 212
혜일 25, 88, 346
호구총서 74, 454
황상남 314

섬문화 답사기
완도편

1판 1쇄 펴낸 날 2014년 12월 15일

지은이 | 김준
책임편집 | 들풀
주 간 | 안정희
편 집 | 윤대호, 김리라
디자인 | 김수혜
마케팅 | 권태환, 함정윤

펴낸이 | 박윤태
펴낸곳 | 보누스
등 록 | 2001년 8월 17일 제313-2002-179호
주 소 | 서울시 마포구 동교로12안길 31(서교동 481-13)
전 화 | 02-333-3114
팩 스 | 02-3143-3254
E-mail | bonusbook@naver.com

ISBN 978-89-6494-157-7 04900
     978-89-6494-176-8 (set)

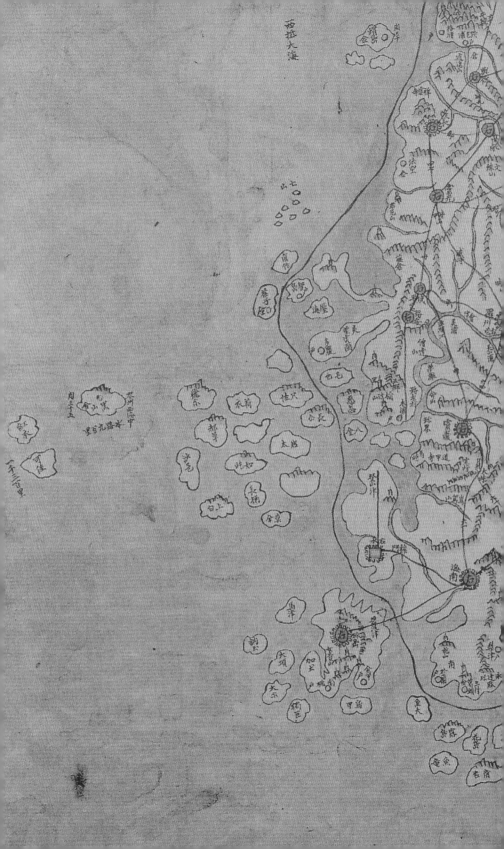